笠井純一［編］

公卿補任記事編年索引

文武四年―仁和三年八月

和泉書院索引叢書 53

目次

凡　例

一　本書は、『公卿補任』中の年紀を伴う任官・叙位等の記事から、『続日本紀』以下の五国史に対応する期間（文武四年～仁和三年八月）のものを採輯し、これを年代順に排列したものである。
一　底本には、『新訂増補国史大系』本『公卿補任』第一巻を用いたが、疑義ある場合は、内閣文庫架蔵の写本（函号一四六・七六）ならびに旧輯国史大系第九巻『公卿補任』（経済雑誌社、明治三十二年）を適宜参照し、注記を付した。なお著しい欠文は、『　』を付して補った場合がある。
一　記事は年月日順に区分し、月ごとに◆印を、日ごとに◇印を付した。
一　同一記事の中に、年紀に関わる異説が記されているものは、その正誤を問わず全て収録し、本文とは別に一項を立てた。但し同月内の記事は、原則として一項にまとめて記した。
一　年紀が「年・月・干支」で記されているものは特に「干支（日付）」で示したが、「年・月・日」で記されたものとは同日であっても区別し、別条を立てた。日付と干支を併記する記事は、原則として「年・月・日」で記されたものと同様に扱った。
一　年紀が「年・月」で記されているものは「是月」条に、「年」のみで記されているものは「是歳」条に、一括して掲げた。
一　年紀が「年・月・干支」で記されていても、当該月にその干支が存在しない場合は、「月・干支（ナシ）」で示し、「是月」条の前に置くこととした。
一　各記事は、記事の懸けられた人名、記事の文、［所在］の順に記した。
一　「記事の懸けられた人名」欄に「――」が置かれたものは、即位・改元など、人事に直接関係しない記事である。

一　「記事の文」は、なるべく原文のまま引用することとしたが、便宜上一部を「…」で省略したり、〈　〉内に文字を補ったり、意改した場合もある。

一　「記事の文」中に付された傍書は、｛　｝内に示した。

一　［所在］欄には年代に続けて、「註記／尻付／頭書」の別を、「註」「尻」「頭」で示した。内容が全く同じであっても所在が異なる記事は、別項を立てた。

一　巻末に人名索引を付し、「記事の懸けられた人名」ごとに、所在と経歴を抄記した。

文武四年

◆八月廿六日

多治比　島　八月廿六日任左大臣。［文武4註］

◇八月是月

大伴御行　正月五日任〈大納言〉。今日叙正三位〔恐誤続紀前年八月正広三〕。［大宝元註］

布勢御主人　正月五日任〈中納言〉。叙従三位〔恐誤続紀前年八月正広三〕。［大宝元註］

◆是歳

大神高市麿　従三位始。今年叙之。［文武4註］

文武五年（大宝元年）

◆正月五日

大伴御行　正月五日任〈大納言〉。今日叙正三位〔恐誤続紀前年八月正広三〕。［大宝元註］

布勢御主人　正月五日任〈中納言〉。叙従三位〔恐誤続紀前年八月正広三〕。［大宝元註］

◇正月十五日

大伴御行　正月十五（十六イ）日薨（年五十六）。［大宝元註］

◇正月廿日

大伴御行　正月…廿日贈正広二右大臣（追贈官位始於此矣。但任年未詳云々）。［大宝元註］

◇正月是月

藤原不比等　三月十九日任〈中納言〉。叙従三位〔恐誤続紀正月正広一〕。［大宝元註］

◆三月十九日

大伴安麿　三月十九日任之〈中納言〉。授従三位〔恐誤続紀係廿一日条〕。［大宝元註］

藤原不比等　三月十九日任〈中納言〉。叙従三位〔恐誤続紀正月正広一〕。［大宝元註］

石上　麿　三月十九日任〈中納言〉（イ同日従三位）。［大宝元註］

紀　麿　三月十九日任〈中納言〉（イ同日従三位）。［大宝元註］

◇三月廿一日

——　改文武天皇五年三月廿一日為大宝元年〔対

馬島献黄金）。［大宝元註］
多治比　島　三月廿一日叙正二位。［大宝元註］
阿倍御主人　三月廿一日叙正三位。任大納言。元中納言。同日叙従二位。任右大臣。本姓布勢。任大臣之後兼大納言之由見扶桑記。［大宝元註］
三月廿一日任大納言。在官三ヶ日。［大宝元註］
石上　麿　三月廿一日任〈大納言〉。元中納言。同日叙正三位。［大宝元註］
三月…廿一日停中納言官。叙従（正歟）三位。任大納言。在官三ヶ日。［大宝元註］
藤原不比等　直広一。同日〈三月廿一日〉任〈大納言〉。元中納言。同日叙正三位。［大宝元註］
三月…廿一日停中納言為大納言。改直広一授正三位。［大宝元註］
紀　麿　同日〈三月廿一日〉任〈大納言〉。即日叙従三位。元中納言。［大宝元註］
三月…廿一日停中納言官。叙従三位。任大納言。在官三ヶ日。［大宝元註］
大神高市麿　或本云。大宝元年辛丑三月廿一日廃中納言。任左京大夫。于時従四位上。労不詳。［文武元註］
三月廿一日廃中納言。任左京大夫。［大宝元註］
大伴安麿　三月…廿一日停中納言為散位。［大宝元註］

◆七月廿一日
多治比　島　七月廿一日薨（年七十八）。在官十二年。遣三品刑部卿さ親王。大納言石上麿等。就第弔賻。［大宝元註］

◆是歳
大伴古慈斐　大宝元年辛丑生。［宝亀6尻］
――　我文武天皇大宝元年。甫制律令。施行天下。［天長7藤原三守註］

大宝二年

◆正月七日
大伴安麿　正月七日式部卿。［大宝2註］
◇正月十七日

大伴安麿　四月七日〈正月十七日続紀〉任式部卿。　[大宝２註]

◆二月是月
下毛野古麿　二月詔古麿等。預定律令。宜議功賞。於是賜田十町封五十戸。　[大宝２註]

◆三月是月
下毛野古麿　三月定〈賜田〉廿町。　[大宝２註]

◆四月七日
大伴安麿　四月七日〈正月十七日続紀〉任式部卿。　[大宝２註]

◆五月九日
小野毛野　五月九〈廿一続紀〉日詔曰。件等人宜参議朝政。本官如故者。　[大宝２註]

◇五月十七日
大伴安麿　五月十七日任三木。元前中納言。　[大宝２註]
五月十七日任三木。　[大宝２註]
粟田真人　五月十七日任〈参議〉。　[大宝２註]
大宝二年五月十七日任三木。　[養老３尻]

高向　麿　同日〈五月十七日〉任〈参議〉。　[大宝２註]
下毛野古麿　同日〈五月十七日〉任〈参議〉。　[大宝２註]
小野毛野　同日〈五月十七日〉任〈参議〉。　[大宝２註]

◆六月十九日
大伴安麿　六月十九日兼兵部卿。　[大宝２註]

◆八月十六日
石上　麿　八月十六日兼大宰帥。　[大宝２註]

◆十二月廿二日
――　十二月廿二日太上天皇崩〈持統天皇也〉。　[大宝２註]

大宝三年

◆正月廿日
刑部親王　正月廿日任〈知太政官事〉。或本以知太政官事。列大臣之上。　[大宝３註]

◆閏四月一日
阿倍御主人　閏四月一日薨〈年六十九〉。在官三年〈中納言三ヶ月。大納言一日。右大臣三年〉。安倍氏陰陽先祖也。　[大宝３註]

大宝四年（慶雲元年）

◆正月七日

石上　麿　正月七日任〈右大臣〉。同日叙従二位。［大宝４註］

大宰帥。正月七日任右大臣。同日叙従二位（六十五）。［大宝４註］

藤原不比等　正月七日叙従二位。［大宝４註］

◆五月十五日

――　改五月十五日為慶雲元年（式部少丞小野馬養奏（此し紫ヵ）雲瑞）。［大宝４註］

◆七月甲申朔

粟田真人　七月甲申（朔し）自唐至。［大宝４註］

◆十一月癸巳（十一日）

粟田真人　十一月癸巳賜大和国田廿丁穀千石。以奉使絶域也。［大宝４註］

◆是歳

藤原豊成　慶雲元年甲辰生。［天平９尻］

文室大市　慶雲元年甲辰生。［宝字９尻］

慶雲二年

◆四月十七日

――　四月十七日大納言四人内省二人置中納言三人（准正四位官封二百戸資人卅人）。［慶雲２註］

◇四月廿日

大伴安麿　四月廿（十七ィ）日任〈中納言〉。［慶雲２註］

兵部卿。四月廿日任中納言。［慶雲２註］

粟田真人　四月廿（十七ィ）日任〈中納言〉。［慶雲２註］

四月廿日任中納言。［慶雲２註］

慶雲二年四月廿日任中納言。［養老３尻］

高向　麿　四月廿（十七ィ）日任〈中納言〉。同日叙正四位下。［慶雲２註］

四月廿日任中納言。［慶雲２註］

阿倍宿奈麿　四月廿（十七ィ）日任〈中納言〉。不経三木。［慶雲２註］

下毛野古麿　四月廿日叙従四位上。兼兵部卿。［慶雲２註］

◆五月七日

刑部親王　五月七日薨〈在官三年〉。［慶雲2註］

◇五月是月

藤原不比等　五月大納言藤原朝臣臥病。詔賜度者廿人〈是賜度者之始也〉。兼以布四百端。米八十石。施京諸寺。［慶雲2註］

◆七月十日

紀　麿　七月十〈十九続紀〉日薨。在官五年。帝深悼惜。特賜葬儀。遣中納言正四位下高向朝臣麿宣命。［慶雲2註］

◆八月一日

大伴安麿　八月一日任〈大納言〉。［慶雲2註］
八月一日任大納言。［慶雲2註］

粟田真人　八月一日叙従三位。［慶雲2註］
慶雲二年…八月一日叙従三位。［養老3尻］

◆九月三日

穂積親王　九月三日任〈知太政官事〉。［慶雲2註］

◆十一月一日

小野毛野　十一月一日任中務卿。叙正四位上。［慶雲2註］

◇十一月十四日

大伴安麿　十一月十四日兼大宰帥。［慶雲2註］

◆十二月廿日

藤原房前　慶雲二年十二月廿日叙従五下。［霊亀3尻］

慶雲三年

◆二月庚辰〈六日〉

大神高市麿　文武紀慶雲三年二月庚辰。左京大夫従四位上大神朝臣高市麻呂卒。以壬申年功。詔贈従三位。大花上利金之子也。［大宝元頭］

◇二月辛巳〈七日〉

穂積親王　二月辛巳〈壬子ィ〉准右大臣皇孫法季禄給之。［慶雲3註］

◆是歳

多治比長野　慶雲三年丙午生。［延暦6尻］

慶雲四年

◆四月是月

中臣意美麿　閏(同ィ)六月日卒。在官四年。兼伯(或本云。和銅元年正月叙従三位。同七年閏六月薨去云々)。(ィ慶雲四年四月任左大弁)。
[和銅4註]

◆六月十四日

――　六月十四日文武天皇崩。　[慶雲4註]

◆七月十七日

――　七月十七日元明天皇臨朝(文武天皇之母。天智天皇之女。草壁太子妃也)。[慶雲4註]

慶雲五年(和銅元年)

◆正月七日

石上　麿　正月七日叙正二位(于時右大臣)。
[慶雲5註]

藤原不比等　正月七日叙正二位。　[慶雲5註]
正月七日叙正二位。　[慶雲5註]
元明天皇慶雲五年正月七日叙正二位。
[養老4尻]

高向　麿　正月七日従三位。同兼摂津大夫。
[慶雲5註]

◇正月十一日

――　改正月十一日為和銅元年(二月四日行即位儀。武蔵国秩父郡献和銅)。　[慶雲5註]

藤原不比等　正月…同十一日任右大臣。　[慶雲5註]

◇正月是月

中臣意美麿　閏(同ィ)六月日卒。在官四年。兼伯(或本云。和銅元年正月叙従三位。同七年閏六月薨去云々)。(ィ慶雲四年四月任左大弁)。
[和銅4註]

◆二月四日

――　改正月十一日為和銅元年(二月四日行即位儀。武蔵国秩父郡献和銅)。　[慶雲5註]

◇二月是月

多治比広成　受領補任云。和銅元年二月任下野守。
[天平9頭]

◆三月十二日

石上　麿　三月十二日任〈左大臣〉(元右大臣。年六十九)。
[慶雲5註]

藤原不比等　三月十二日（或同月十一日）任右大臣（元大納言。年五十）。〔慶雲５註〕
慶雲五年…三月十二日任右大臣（元大納言。年五十）。〔養老４尻〕

大伴安麿　三月十二日叙正三〔二ひさ〕位。辞帥。〔慶雲５註〕

栗田真人　三月十二日兼大宰〔権さ〕帥。〔慶雲５註〕
和銅元年三月十二日兼大宰帥。〔養老３尻〕

小野毛野　三月十二日任〈中納言〉。元三木。中務卿如元。〔慶雲５註〕

中臣意美麿　三月十二日任〈中納言〉。同日兼神祇伯。不経三木。〔慶雲５註〕

◇三月丙午（十三日）

多治比池守　和銅元年三月丙午民部卿従四位下。〔和銅７尻〕

◇三月十三日

下毛野古麿　三月十三（十二し）日兼式部卿。〔慶雲５註〕

◇三月是月

小野毛野　中務卿。三月任中納言。〔慶雲５註〕

大伴道足　和銅元年三月日任讃岐守。〔神亀６尻〕
〔和銅元年三月任讃岐守（従五位上）…く〕〔天平３尻〕

石川石足　和銅元年三月日任河内守（正五位上）。〔神雲６尻〕

◆七月一日

阿倍宿奈麿　七月一日叙正四位上。或本［九月し］為造平城宮長官。〔慶雲５註〕

中臣意美麿　七月一（十ィ）日叙正四位下。〔慶雲５註〕

下毛野古麿　七月一日叙正四位下。為大将軍。〔慶雲５註〕

◆八月五日

高向　麿　〔閏続紀〕八月五（八ィ）日薨。在官四年。三木四年。〔慶雲５註〕

◆閏八月五日

高向　麿　〔閏続紀〕八月五（八ィ）日薨。在官四年。三木四年。〔慶雲５註〕

◆九月戊子（卅日）

多治比池守　和銅元年…九月戊子為平城宮長官。与阿倍

　　朝臣宿奈麿同任。後叙従四位上。　［和銅7尻］

◇九月是月

阿倍宿奈麿　七月一日叙正四位上。或本九月し為造平城宮長官。　［慶雲5註］

◆是歳

白壁王　和銅元年戊申〔二年己酉ヵ〕生。　［宝字3尻］

和銅二年

◆正月六日

大伴旅人　和銅三(或二)年正月六日為大将軍。叙正五位上。　［養老2尻］

◇正月七日

阿倍宿奈麿　正月七日叙従三位。　［和銅2註］

小野毛野　同日〈正月七日〉叙従三位。中務卿。　［和銅2註］

◇正月丙寅(九日)

大伴牛養　和銅二年正月丙寅叙従五位下。　［天平11尻］

◆五月戊午(三日)

大伴牛養　和銅二年…五月戊午日任遠江守。　［天平11尻］

◆十一月一日

長屋王　十一月一日叙〈従三位〉(年二十七)。元正四位上。　［和銅2註］

◇十一月是月

長屋王　十一月任宮内卿。　［和銅2註］

◆十二月十六日

下毛野古麿　兼式部卿。十二月十六(十二ィ)日卒。在官八年。古麿卒去之後。至霊亀二年廾八ヶ年之間。不被任三木。　［和銅2註］

◆是歳

白壁王　和銅元年戊申〔二年己酉ヵ〕生。　［宝字3尻］

高麗福信　和銅二年己酉生。　［宝字9註］

和銅三年

◆正月六日

大伴旅人　和銅三(或二)年正月六日為大将軍。叙正五位上。　［養老2尻］

◇正月是月
鈴鹿王　和銅三年正月従四下（元无位）。［天平3尻］

◆三月是月
藤原不比等　三月日大臣於大和国平城宮始建興福寺金堂。［和銅3註］
多治比県守　和銅三年三月任宮内卿。［神亀6尻］

◆四月廿三日
長屋王　四月廿三日遷式部卿。元宮内卿。［和銅3註］

和銅四年

◆正月是月
巨勢麿　五月七日任中納言。不経三木（去和銅四年正月叙正四位上。六年正月叙従三位）。［和銅8註］

◆四月一日
中臣意美麿　四月一日叙正四位上。［和銅4註］

◇四月壬午（七日）
大伴旅人　和銅…四年四月壬午叙従四下。［養老2尻］
藤原武智麿　和銅四年四月壬午日叙従五上（下イ）。［養老5尻］

◇四月壬子（ナシ）
藤原房前　和銅四年四月壬子日叙従五上。［霊亀3尻］

◇四月是月
阿倍広庭　和銅四年四月叙正五上。［養老6尻］

◆六月是月
中臣意美麿　閏（同イ）六月日卒。在官四年。兼伯（或本云。和銅元年正月叙従三位。同七年閏六月薨去云々）。（イ慶雲四年四月任左大弁）。［和銅4註］

◆閏六月是月
中臣意美麿　閏（同イ）六月日卒。在官四年。兼伯（或本云。和銅元年正月叙従三位。同七年閏六月薨去云々）。（イ慶雲四年四月任左大弁）。［和銅4註］

◆是歳
巨勢祖父　和銅四年叙従五位下。［養老2尻］

和銅五年

◆正月是月
巨勢祖父　和銅…五年正月従四下。　［養老2尻］
大伴道足　〔和銅…五年正月叙正五位下。…く〕　［天平3尻］
◆五月是月
巨勢祖父　和銅…五年…五月任中務卿。　［養老2尻］

和銅六年

◆正月七日
巨勢　麿　正月七日叙従三位。　［和銅6註］
石上宮麿　右大弁。正月七日叙従三位。　［和銅6註］
◇正月是月
巨勢　麿　五月七日任中納言。不経三木（去和銅四年正月叙正四位上。六年正月叙従三位）。　［和銅8註］
藤原武智麿　和銅…同六年正月叙従四下〔上ィ〕。　［養老5尻］
◆四月是月
多治比池守　和銅…六年四月正四位下。　［和銅7尻］
◆十二月五日
石上宮麿　十二月五日卒（マヽ）。　［和銅6註］

和銅七年

◆正月七日
多治比池守　正月七日叙従三位（元正四位下）。　［和銅7註］
〔和銅七年正月七日従三位。…く〕　［天平2尻］
◆四月一日
小野毛野　四月一日薨（或五月。或十四（五ィ日）日）。在官七年。三木七年。　［和銅7註］
◆五月一日
大伴安麿　大将軍。五月一（四ィ）日薨。在官十年（中納言三ヶ日。三木四年。中納言五ヶ月）。不受葬礼。遣大膳大夫従四位下鈴鹿王等。贈従二位（万葉集云。或本云佐保大臣（本

定)此人歟)。　[和銅7註]

小野毛野　四月一日薨(或五月。或十四(五ィ日)日)。在官七年。三木七年。　[和銅7註]

◆閏六月是月

中臣意美麿　閏(同ィ)六月日卒。在官四年。兼伯(或本云。和銅元年正月叙従三位。同七年閏(1)六月薨去云々)。(ィ慶雲四年四月任左大弁)。　[和銅4註]

◆是歳

藤原永手　和銅七年甲寅生。　[勝宝6註]

和銅八年(霊亀元年)

◆正月七日

穂積親王　正月七日叙一品。　[和銅8註]

◇正月是月

大伴旅人　霊亀元年正月叙従四上。　[養老2尻]

◆四月十九日

粟田真人　四月十九日叙正三位。　[和銅8註]

◇四月是月

粟田真人　霊亀元年四月日正三位。　[養老3尻]

◆五月七日

巨勢　麿　五月七日任中納言。不経三木(去和銅四年正月叙正四位上。六年正月叙従三位)。　[和銅8註]

多治比池守　五月七日任大宰帥。或云大弐。　[和銅8註]
〔霊亀元年五月七日任大宰帥。…く〕　[天平2尻]

◇五月是月

巨勢　麿　五月任中納言。　[和銅8註]

大伴旅人　霊亀元年…五月日任中務卿。　[養老2尻]

◆七月十三日

穂積親王　七月十三日薨。労十一年。　[和銅8註]

◆八月是月

多治比県守　霊亀元年八月以従四位下県守為遣唐押使。　[神亀6尻]

◆九月二日

――　九月二(三ィ)日元正天皇受禅。　[和銅8註]

◇九月三日

――― 改九月三日為霊亀元年。左京職献霊亀。 ［和銅８註］

◆十二月四日

――― 十二月四日元明天皇崩。 ［和銅８註］

◆是歳

藤原八束 霊亀元年乙卯生。さ度量弘深。有公輔之才。起家任。 ［天平20註］

霊亀二年

◆正月壬午(五日)

多治比広足 霊亀二年正月壬午従五位下。 ［天平20尻］

◇正月七日

長屋王 式部卿。正月七日叙正三位。 ［霊亀２註］

◆八月癸亥(二十日)

藤原宇合 霊亀二年八月癸亥為遣唐副使。 ［天平３尻］

◇八月己巳(廿六日)

藤原宇合 霊亀二年八月…己巳叙従五位下。 ［天平３尻］

◆是歳

――― 兼式部卿。十二月十六(十二ィ)日卒。在官八年。古麿卒去之後。至霊亀二年幷八ヶ年之間。不被任三木。［和銅２下毛野古麿註］

吉備真吉備 霊亀二年従使入唐。留学受業。我朝学生播名唐国者。唯大臣及朝衡二人而已。 ［宝字８尻］

藤原宿奈麿 生年霊亀二年丙辰。 ［景雲４尻］

霊亀三年(養老元年)

◆正月七日

阿倍宿奈麿 正月七日叙正三位。 ［霊亀３註］

◇正月廿一日

巨勢麿 正月廿一(十八ィ)日薨。在官三年。三位労三年。 ［霊亀３註］

◇正月是月

智努王 養老元年正月従四位下。 ［天平19尻］

多治比広成 養老元年正月日叙正五位下。 ［天平９尻］

◆三月三日

石上麿 三月三(五ィ)日薨(年七十八)。在官十四

(八歟)年(中納言二ヶ日。大納言四年。右大臣四年。左大臣十年)。或云。帝深悼惜焉。詔遣式部卿正三位長屋王。左大弁従四位上多治比真人三宅麿。就第賻之。幷贈従一位。

[霊亀3註]

◆五月是月
石川石足　霊亀三年五月任治部卿。
[神亀6尻]

◆九月是月
多治比三宅麿　霊亀三年九月任民部卿(従四位上)。
[養老5尻]

◆十月廿日
藤原房前　養老元年十月廿日任三木。
[天平9尻]

◇十月丁亥(廿一日)
藤原房前　養老元年十月丁亥従四位下。年三十七。
[霊亀3尻]

◆十一月癸丑(十七日)
藤原麻呂　養老元年十一月癸丑従五下(元美乃介)。
[神亀6尻]

◇十一月十七日
——　改十一月十七(十一ィ)日為養老元年(美乃国多芸郡醴泉発起)。
[霊亀3註]

◇十一月廿日
藤原房前　十一月廿日任〈参議〉。
[霊亀3註]

養老二年

◆正月五日
舎人親王　養老二年正月五日叙一品。
[養老4尻]

◇正月是月
阿倍広庭　養老二年正月日従四上。
[養老6尻]

◆二月二日
粟田真人　或本三(二ィ)月二日薨(三木四年。労十四年)。或又云。三年二月二日薨。
[養老2註]

◇二月是月
阿倍宿奈麿　同日〈三月三日〉(二月ィ)任〈大納言〉。元中納言。
[養老2註]

◆三月二日
粟田真人　或本三(二ィ)月二日薨(三木四年。労十四

年)。或又云。三年二月二日薨。　［養老２註］

◇三月三日

長屋王　三月三日任〈大納言〉。不歴中納言三木(元非三木式部卿)。　［養老２註］

阿倍宿奈麿　同日〈三月三日〉(二月ィ)任〈大納言〉。元中納言。　［養老２註］

三(五ィ)月〔三さ〕日任大納言。労十四年。　［養老２註］

多治比池守　三月三日任〈中納言〉。不歴三木。　［養老２註］

〔養老二年三月三日任中納言。不歴参議。く〕　［天平２尻］

巨勢祖父　或一名邑治。同日〈三月三日〉任〈中納言〉。不歴三木。或本難波(孝徳)朝大臣大紫徳多之孫。　［養老２註］

大伴旅人　同日〈三月三日〉任〈中納言〉。不歴三木。或本為〈巨勢〉祖父上﨟。兼中務卿。　［養老２註］

〔難波朝右大臣長徳之孫。大納言正三位安麿第一子也。一本右大臣御行孫云々。養老二年三月三日任中納言。不経参議。…く〕　［天平３尻］

◆五月三日

阿倍宿奈麿　三(五ィ)月〔三さ〕日任大納言。労十四年。　［養老２註］

◆九月丁未(十六日)

智努王　養老…二年九月丁未為大舎人頭。　［天平19尻］

◇九月是月

藤原武智麿　養老二年九月日任式部卿。　［養老５尻］

石川石足　養老二年九月日任治部卿(両度任歟如何)。従四位下。　［神亀６尻］

◆是歳

藤原不比等　月日雖被任太政大臣。固辞不受。　［養老２註］

元正天皇養老二年。雖被任太政大臣。固辞不受。　［養老４尻］

藤原武智麿　或本。養老五年正月七日叙之〈従三位〉。今年叙僻事歟。　［養老２註］

養老三年

◆正月七日

巨勢祖父　正月七日叙正四位下。　［養老３註］

大伴旅人　同日〈正月七日〉叙正四位下。兼中務卿。　［養老３註］

〔養老三年正月七日正四位下。…く〕　［天平３尻］

藤原房前　同日〈正月七日〉叙従四位上。　［養老３註］

養老…三年正月七日叙従四上。　［天平９尻］

多治比三宅麿　養老三年正月七日正四下。　［養老５尻］

◇正月壬寅（十三日）

石川石足　養老…三年正月壬寅日従四位上。　［神亀６尻］

◇正月是月

藤原武智麿　養老…三年正月日正四下〔上ィ〕。　［養老５尻］

藤原宇合　年月日従五位下。養老三年正月正五上。　［神亀３尻］

養老三年正月日叙正五位上。　［天平３尻］

多治比県守　養老三年正月日叙正四位下。　［神亀６尻］

◆二月二日

粟田真人　或本三〔二ィ〕月二日薨〔三木四年。労十四年〕。或又云。三年二月二日薨。［養老２註］

養老三年二月二日甲子薨。(2) 在官十四年。続日本紀云。正三位。薨。不注中納言。　［養老３尻］

◇二月五日

粟田真人　六月二日〔二月五日続紀〕薨。在官十四年。　［養老３註］

◆三月壬寅（十三日）

大野東人　養老三年三月壬寅日叙従五位下。　［天平11尻］

◆六月二日

粟田真人　六月二日〔二月五日続紀〕薨。在官十四年。　［養老３註］

◆七月是月
多治比県守　養老三年…七月令武蔵国守県守管領相模上野下野三国。［神亀６尻］
藤原宇合　養老三年…七月令常陸守正五位上宇合管安房上総下総三国。［天平３尻］
多治比広成　養老…三年七月令越前守正五位下広成管能登越中越後三国。［天平９尻］

◆九月是月
大伴旅人　九月日兼山背国摂官。為征隼人持節大将軍。或四年三月兼之云々。［養老３註］
多治比三宅麿　養老三年…九月為河内国摂官。［養老５尻］

養老四年

◆正月十日
阿倍宿奈麿　正月十（十一ィ）日薨。（或説廿四日。在官三年）。帝遣使弔賻。［養老４註］

◇正月甲子（十一日）
大伴牛養　養老四年正月甲子正五下。［天平11尻］
県犬養石次　養老四年正月甲子叙従五位下。［天平11尻］
紀　麻路　養老四年正月甲子叙従五下。［天平15尻］

◇正月是月
大伴道足　養老四年正月日正五上。［神亀６尻］
〔養老四年正月叙正五位上。…く〕［天平３尻］
多治比広成　養老…四年正月日叙正五位上。［天平９尻］

◆三月是月
藤原不比等　養老…四年三月加授刀資人卅人。［養老４尻］
大伴旅人　九月日兼山背国摂官。為征隼人持節大将軍。或四年三月兼之云々。［養老３註］
兼中務卿。三月為征隼人持節大将軍。［養老４註］

◆八月一日
藤原不比等　養老…四年…八月一日天皇詔。右大臣病賜度者卅人。大赦天下。同日令都下四十八寺一日一夜読薬師経。免官戸十一人為良。除〔降し〕奴婢十人従官戸。是為救大臣病患也。

◇八月三日　［養老4尻］
藤原不比等　八月三日薨。在官十三年（中納言三ヶ日。大納言八年）。作律令十四巻。諡曰淡海公。
［養老4註］
養老…四年…八月…同三日薨（六十二）。帝深悼惜焉。為之廃朝。挙哀内寝。特有優勅。弔賻之礼。異于群臣。［養老4尻］
◇八月四日
舎人親王　八月四日任〈知太政官事〉。［養老4註］
養老…四年八月四日甲申為知太政官事（年四十五。准大臣）。賜内舎人二人大舎人四人衛士卅人宛行。［養老4尻］
◆十月八日
藤原不比等　十月八日戊子火葬佐保山推山岡。従遺教也。［養老4頭］
◇十月戊子（九日）
石川石足　養老…四年十月戊子日任左大弁。［神亀6尻］
県犬養石次　養老四年…十月戊子為弾正少弼。［天平11尻］
◇十月十日
藤原不比等　養老…四年…十月十日壬寅(3)。詔遣大納言正三位長屋王。中納言正四位下大伴宿祢旅人就右大臣第。宣詔。贈太政大臣正一位。諡曰文忠公。食封資人並如全生。［養老4尻］
◇十月是月
大伴道足　養老四年…十月日任民部大輔。［神亀6尻］
〔養老四年…十月為民部大輔。…く〕［天平3尻］
◆是歳
藤原武智麿　或止非三木〔さ无〕。［養老4註］
佐伯今毛人　養老四年庚申生。［延暦3註］

養老五年

◆正月壬子（五日）
阿倍広庭　養老五年正月壬子正四下。［養老6尻］
藤原宇合　養老…五年正月壬子正四位上。［神亀3尻］

◇正月五日

長屋王　正月五日叙従二位。　［養老5註］

正月五日従二位。　［養老5註］

大伴旅人　兼中務卿。正月五日叙従三位。　［養老5註］

藤原房前　正月五日叙従三位（年三十五）。　［養老5註］

◇正月七日

巨勢祖父　正月七〔五続紀〕日叙従三位。　［養老5註］

藤原武智麿　或本。養老五年正月七日叙之〈従三位〉。今年叙僻事歟。　［養老2註］

養老…五年正月七〔五続紀〕日壬子叙従三位。　［養老5尻］

藤原房前　養老…五年正月七〔五続紀〕日従三位（元従四位上）。　［天平9尻］

大伴旅人　〔養老…五年正月七〔五続紀〕日従三位。…く〕　［天平3尻］

多治比三宅麿　養老…五年正月七〔五続紀〕日正四上。任三木（以異本説所書入也）。　［養老5尻］

多治比県守　養老…五年正月七〔五続紀〕日正四位上。　［神亀6尻］

藤原麻呂　養老五年正月七〔五続紀〕日叙従四位上（元従五下）。　［天平3尻］

◇正月十一日

長屋王　正月…同十一〔五続紀〕日任右大臣（元大納言。卅八歳）。　［養老5註］

正月…十一〔五続紀〕日右大臣。　［養老5註］

多治比池守　正月十一〔五続紀〕日任〈大納言〉。元中納言。　［養老5註］

養老五年正月十一日任大納言。　［天平2尻］

藤原武智麿　元非三木。正月十一〔五続紀〕日任〈中納言〉〔（四十二）さ〕。不歴三木。　［養老5註］

養老…五年正月…同十一〔五続紀〕日任中納言。（不歴三木。年四十二）。　［養老5尻］

◇正月十八日

長屋王　正月…同十八日給帯仗十八人。　［養老5註］

◇正月是月

藤原宇合　養老…五年正月正四上（元正五上）。　［天平3尻］

藤原麻呂　養老…五年正月従四上。　［神亀6尻］

多治比広足　養老五年正月従五上。　[天平20尻]

◆二月辛丑(廿四日)

石川石足　養老…五年六月日〔イ二月辛丑〕兼大宰大弐。
[神亀6尻]

◆三月是月

巨勢祖父　続日本紀云。養老五年三月。中納言従三位巨勢朝臣邑治給帯刀資人四人。[養老2頭]

大伴旅人　続日本紀云。養老五年三月。中納言大伴宿祢旅人給帯刀資人四人。[養老2頭]

藤原武智麿　養老…五年…三月給帯刀資人四人。
[養老5尻]

◆六月辛巳(六日)

県犬養石次　養老…五年六月辛巳任中《(マヽ)》衛士佐。従五上。
[天平11尻]

◇六月辛丑(廿六日)

阿倍広庭　養老…五年…六月辛丑任左大弁。
[養老6尻]

藤原麻呂　養老…五年…六月辛丑左京大夫。
[神亀6尻]

紀　麻路　養老…五年六月辛丑任式部少輔。
[天平15尻]

◇六月是月

多治比県守　養老…五年…六月日任中務卿。[神亀6尻]

藤原麻呂　養老五年…六月任左京大夫。[天平3尻]

石川石足　養老…五年六月日〔イ二月辛丑〕兼大宰大弐。
[神亀6尻]

◆九月是月

多治比広足　養老五年…九月為造宮大輔。[天平20尻]

◆十二月七日

――　十二月七日太上天皇崩(元明天皇。女帝)。
[養老5註]

◆是歳

多治比三宅麿　月日任〈参議〉。[養老5註]
三宅麿今年之外不見如何。[養老5頭]

藤原魚名　養老五年辛酉生。[景雲2註]

養老六年

◆正月十七日

紀　麻路　養老…[六年さ]正月十七日叙従五上。　〔天平15尻〕

◆二月一日

阿倍広庭　二月一日任三木。元左大弁。　〔養老6註〕

◆是歳

山村王　続日本紀曰。久米王後也云々。子云者不審。自用明崩年至今年百七十八年。久米王薨推古天皇十一年。自其年至此事百六十二年。按山村王養老六年生。久米王薨後百二十年。　〔宝字8頭〕

藤原田麿　養老六年壬戌生。　〔神護2註〕

養老七年

◆正月十日

多治比池守　正月十〔七さ〕日叙正三位。　〔養老7註〕

阿倍広庭　正月十〔七さ〕日正四位上。　〔養老7註〕

◇正月是月

多治比池守　養老…七年正月叙正三位。　〔天平2尻〕

石川石足　養老…七年正月日正四位下。　〔神亀6尻〕

大伴道足　養老…七年正月日従四下。　〔神亀6尻〕

〔養老…七年正月叙従四位下。…く〕　〔天平3尻〕

◆八月是月

大伴道足　〔養老…七年…八月兼為右大弁。…く〕　〔天平3尻〕

〔養老…七年…八月任参議（右大弁如元）。…く〕　〔天平3尻〕

◆十一月是月

大伴道足　〔養老…七年…十一月為南海道鎮撫使。…く〕　〔天平3尻〕

◆是歳

藤原豊成　養老七年任内舎人。兼兵部[大さ]丞。　〔天平9尻〕

養老八年（神亀元年）

◆二月四日

――　改二月四日為神亀元年。左京職献白亀。二月四日甲午聖武天皇受禅。　〔養老8註〕

長屋王　二月四日転左大臣。叙正二位。元右大臣従二位(年四十一)。 〔養老8註〕
神亀元年二月四日叙正二位。任左大臣(元右大臣。従二位)。 〔神亀6尻〕

巨勢祖父　二月四日叙正三位。 〔養老8註〕

大伴旅人　二月四日叙正三位。 〔養老8註〕

藤原武智麿　同日(二月四日)叙正三位。 〔養老8註〕

藤原房前　二月四日叙正三位。太子受禅日。 〔養老8註〕

◇二月甲午(四日)

多治比池守　二月甲午益封五十戸。太子受禅日也。 〔養老8註〕

◇二月壬子(廿二日)

藤原豊成　神亀元年二月壬子日授従五位下。任兵部少輔。頗歴顕要。 〔天平9尻〕

◇二月是月

大伴旅人　〔神亀元年二月正三位。…く〕 〔天平3尻〕

藤原房前　神亀元年二月日正三位。 〔天平9尻〕

大野東人　神亀元年二月日従五上。 〔天平11尻〕

◆六月五日

巨勢祖父　六月五日薨。在官七年。 〔養老8註〕

◆九月甲午(ナシ)

――　九月日甲午行即位礼。 〔養老8註〕

◆是歳

多治比広成　神亀元年月日従四位下。 〔天平9尻〕

藤原浜成　神亀元年庚子(4)生。 〔宝亀3尻〕

神亀二年

◆正月是月

大野東人　神亀…二年正月日正五下(或従四下)。 〔天平11尻〕

◆閏正月十九日

藤原宇合　正月七日叙従三位。任式部卿。或云去年閏正月十九日叙。 〔神亀3註〕

◆二月己丑(ナシ)

多治比池守　二〔十一続紀〕月己丑日賜霊寿杖并絹綿。 〔神亀2註〕

◆十一月己丑(十日)

多治比池守　二〔十一 続紀〕月己丑日賜霊寿杖幷絹綿。［神亀２註］

◆是歳

多治比池守　神亀二年月日賜霊寿杖幷絹綿。［天平２尻］

神亀三年

◆正月七日

藤原宇合　正月七日叙従三位。任式部卿。或云去年閏正月十九日叙。［神亀３註］

神亀三年正月七日従三位（式部卿）。［天平３尻］

◇正月庚子（廿一日）

藤原麻呂　神亀三年正月庚子正四上。［神亀６尻］

鈴　鹿　王　神亀三年正月庚子従四上。［天平３尻］

多治比広足　神亀三年正月庚子正五下。［天平20尻］

◇正月乙巳（廿六日）

知　努　王　神亀三年正月乙巳以無位知努王為従四位下。［勝宝９尻］

◆九月是月

知　努　王　神亀三年…九月任左大舎人頭。［勝宝９尻］

◆十月庚午（廿六日）

藤原宇合　神亀三年十月庚午式部卿従三位。［神亀３尻］

◇十月是月

藤原宇合　式部卿。十月知造難波宮事〔続紀係神亀三年〕。［神亀５註］

神亀…五年〔続紀係三年〕十月日知造難波宮事。［天平３尻］

◆是歳

大伴旅人　月日兼知山城国事。［神亀３註］

藤原武智麿　月日兼知造宮司事。［神亀３註］

藤原房前　月日授刀長官。兼近江若狭按察使。［神亀３註］

神亀…三年月日授刀長官。兼近江若狭按察使。［天平９尻］

阿倍広庭　月日兼河内和泉国事。［神亀３註］

神亀四年

◆正月七日
多治比池守　正月七〔廿七ヵ〕日叙従二位。続日本紀曰正月甲戌朔庚子ト云々。［神亀4註］

◇正月是月
多治比池守　神亀…四年正月日従二位。［天平2尻］

◆十月五日
阿倍広庭　十月五日任中納言。叙従三位。元三木正四上。［神亀4註］
十月五日任中納言。［神亀4註］

◆是歳
藤原継縄　神亀四年丁卯生。［神護2註］
藤原是公　神亀四年丁卯生。為人長大。兼有威容。本名黒麿。［宝亀5尻］

神亀五年

◆三月廿八日
舎人親王　神亀五年三月廿八日詔書奉行注。三木一品舎人親王。列左大臣長屋王上。［養老4尻］
三月廿八日詔書奉行注。三木一品舎人親王。列左大臣長屋王上。［神亀5註］

◆六月廿二日
舎人親王　神亀五年…六月廿二日論奏注。知太政官事舎人親王。書同丨大臣上事希有。仍注之。［養老4尻］

◇六月廿三日
舎人親王　六月廿三日論奏注。知太政官事舎人親王。書同大臣上事希有。仍注之。［神亀5註］

◆九月是月
九月日皇太子崩。火葬佐保山。［神亀5註］

◆十月是月
藤原宇合　式部卿。十月知造難波宮事〔続紀係神亀三年〕。［神亀5註］
神亀…五年〔続紀係三年〕十月日知造難波宮事。［天平3尻］

◆是歳
石上宅嗣　中納言従三位乙麿之子也。生年己巳(5)〔神亀

五年戊戌生ィ)。　[神護2註]

坂上苅田麿　神亀五年戊辰生。　[延暦4註]

壱志濃王　神亀五年戊辰(天平五年癸酉ヵ)生。　[延暦6註]

神亀六年(天平元年)

◆二月二日

石川石足　天平元年…三〔二ィ〕月二(四続紀)日従三位。　[神亀6尻]

◇二月五日

長屋王　天平元年二月五日左京人漆部造君足。中臣宮処連東人等告密。称左大臣長屋王私学左道欲傾国家。因さ遣式部卿従三位さ藤原宇合等。将六衛府兵囲長屋王宅。　[神亀6尻]

◇二月九日

長屋王　天平元年二月…九日壬申(6)遣一品舎人親王及大納言等。就其第究問其罪。　[神亀6尻]

◇二月十日

長屋王　三月(或云二月)十日謀反被誅(年四十六)。在官九年。　[神亀6註]

天平元年二月…十日癸酉(7)令王自尽。此日被誅(或自殺。年卌六。或云卅六)。在官九年。其室二品吉備内親王及男四人同日自縊。其告者並授外従五位下。賜食封卅戸田十町。　[神亀6尻]

◇二月十六日

長屋王　天平元年二月…十六日己卯(8)長屋王昆弟姉妹子孫。及妾等合縁坐者。不問男女咸赦除。　[神亀6尻]

◇二月廿四日

長屋王　天平元年二月…廿四日丁亥(9)同王弟姉妹男女見存者預給禄例。　[神亀6尻]

◇二月是月

多治比県守　二月日任権三木。　[神亀6註]

天平元年二月日任権三木。　[神亀6尻]

石川石足　二月日任権三木(〈左大〉弁如元)。　[神亀6註]

天平元年二月日任権三木。　[神亀6尻]

大伴道足　二月日任権三木弁大宰大弐。［神亀6註］
　天平元年二月日任権三木。兼弾正尹。［神亀6尻］

◆三月二日
多治比県守　三月二〔四続紀〕日叙従三位。兼大宰大弐。［神亀6註］
石川石足　三月二〔四続紀〕日従三位。兼左大弁。［神亀6註］
　天平元年…三〔二ィ〕月二〔四続紀〕日従三位。［神亀6尻］
藤原麻呂　天平元年三月二〔四続紀〕日叙従三位。［天平3尻］

◇三月四日
藤原武智麿　三月四日任大納言（超旅人）。［神亀6註］
　三月四日任大納言。労九年。［神亀6註］

◇三月十日
長屋王　三月（或云二月）十日謀反被誅（年四十六）。
　在官九年。［神亀6註］

◇三月是月
多治比県守　天平元年…三月日叙従三位。［神亀6尻］
大伴道足　三月正四下。兼弾正尹。［神亀6註］
　天平元年…三月日正四下。［神亀6尻］
藤原麻呂　三月日叙従三位。［神亀6註］
巨勢奈弖麿　天平元年三月外従五位下。［天平11尻］
紀　飯麿　天平元年三月日叙外従五位下。［勝宝9尻］

◆八月五日
――　改八月五日為天平〔聖暦さ〕元年（左京職貢
　背文亀。其文云。天王貢平知百年）。［神亀6註］

◇八月九日
石川石足　八月九日薨。［神亀6註］
　天平元年…八月九日薨（三木七ヶ月）。［神亀6尻］

◇八月是月
大伴道足　天平元年…八〔九ィ〕月日兼右大弁。［神亀6尻］
藤原房前　天平元年八月日兼中務卿。［天平9尻］

◆九月乙卯（廿八日）

藤原房前　九月日兼民部卿。或本。九月乙卯兼中務卿。按察使如元。［神亀6註］

◇九月是月

藤原房前　九月日兼民部卿。［神亀6註］

大伴道足　天平元年…八〔九ィ〕月日兼右大弁。［神亀6尻］

◆是歳

石上宅嗣　中納言従三位乙麿之子也。生年己巳(5)（神亀五年戊戌生ィ）。［神護2註］

大伴家持　天平元年己巳生。［宝亀11註］

天平二年

◆九月八日

多治比池守　九月八日薨。在官十年（三位労五年。中納言四年）。［天平2註］

今年九月八日薨。遣使弔賻。［天平2尻］

◆十月一日

大伴旅人　十月一日任大納言。改名淡等。元中納言。［天平2註］

十月［一日さ］任大納言。労十三年。［天平2註］

藤原房前　兼民部卿。或本中務卿。十月一日任中衛大将。［天平2註］

◆十一月一日

大伴旅人　〔天平二年十一月一日任大納言。…く〕［天平3尻］

◆是歳

阿倍広庭　月日兼知河内和泉国事。［天平2註］

藤原房前　天平…二年月日任中衛大将。［天平9尻］

天平三年

◆正月七日

大伴旅人　正月七日従二位。［天平3註］

◇正月丙子（廿七日）

巨勢奈弖麿　天平…三年正月丙子従五下。［天平11尻］

◇正月是月

大伴旅人　〔天平…三年正月従二位。…く〕［天平3尻］

多治比県守　宇合同日〈八月日〉任〈参議〉。元権三木。去

正月兼民部卿。〔天平3註〕
天平三年正月日任民部卿。〔天平9尻〕

多治比広成　天平三年正月日従四上。〔天平9尻〕

大野東人　天平三年正月日従四上。官至陸奥出羽按察使兼大養徳守。〔天平11尻〕

大伴兄麿　天平三年正月日叙従五位下。〔天平21尻〕

◆三月是月

藤原麻呂　天平…三年三月日任兵部卿。左〔右し〕京大夫。〔天平3尻〕

◆四月是月

大伴兄麿　天平三年…四月日任尾張守。〔天平21尻〕

◆七月一日

大伴旅人　七月一日薨(或本廿五日。中納言十三年)。労二年。〔天平3註〕
〔天平…三年…七月一日薨。く〕〔天平3尻〕

◆八月是月

藤原宇合　兼式部卿。八月日任三木。卿如元。歴大宰大弐。一名馬養。〔天平3註〕
天平三年八月日任権三木(式部卿如元)。
天平三年八月。引入諸司主典已上於内裏。〔天平3尻〕
而舎人親王宣勅。〔執事続紀〕卿等或薨或老。宜各挙所知堪済務者。三百九十六人挙之。仍任三木六人也。件宇合等也。〔天平3頭〕
天平三年八月日任三木(式部卿如元)。〔天平9尻〕

多治比県守　宇合同日〈八月日〉任〈参議〉。元権三木。去正月兼民部卿。〔天平3註〕
天平三年…八月日任三木。〔天平9尻〕

藤原麻呂　宇合同日〈八月日〉任〈参議〉。兵部卿如元。歴左〔左右さ〕京大夫。侍従。〔天平3註〕
天平三年八月任三木(兵部卿如元)。〔天平9尻〕

鈴鹿王　同日〈八月日〉任〈参議〉。大蔵卿如元。〔天平3註〕
天平三年八月日正四位上。任三木。兼大蔵卿。〔天平3尻〕

葛城王　同日〈八月日〉任〈参議〉。橘氏元〔先く〕祖。

大伴道足　年四十八歟。兼左大弁。［天平3註］
宇合同日〈八月日〉任〈参議〉（元権三木。任右大弁。転正）。［天平3註］
◆九月廿七日
藤原武智麿　九月（廿七続紀）日兼大宰帥。［天平3註］
◆十一月是月
藤原宇合　続日本紀。十一月始置畿内諸道鎮撫使。以一品新田部親王為大惣官。以宇合為副惣官。［天平3頭］
多治比県守　十一月日兼山陽道鎮撫使。［天平3註］
天平三年…十一月日兼山陽道鎮撫使。［天平9尻］
藤原麻呂　十一月為山陰道鎮撫使。贈太政大臣不比等四男。［天平3註］
大伴道足　十一月日為南海道鎮撫使。［天平3註］
◆十二月四日
――　十二月四日勅始給三木食封八十戸。依延暦八年八月廿日符致仕之封准職封減半。［天平3註］
◆是歳
紀　船守　天平三年辛未生。［宝亀12註］

天平四年

◆正月七日
鈴　鹿　王　兼大蔵卿。正月七（廿続紀）日従三位。［天平4註］
葛　城　王　兼左大弁。正月七（廿続紀）日従三位。［天平4註］
◇正月甲子（廿日）
藤原豊成　天平四年正月甲子従五位上。［天平9尻］
石上乙麿　天平四年正月甲子従五上。元従五下。［天平20尻］
◇正月廿日
多治比県守　天平…四年正月廿日任中納言。［天平9尻］
◇正月廿一日
多治比県守　正月廿一（廿続紀）日任〈中納言〉。元三木。［天平4註］
◇正月是月

多治比県守　兼民部卿。正月任中納言。　〔天平４註〕
藤原弟貞　従三位。但馬守。正月叙〈従三位〉。并兼く坤宮大弼。守如元。　〔天平４註〕
石上乙麿　天平四年正月従五位上。　〔天平21尻〕

◆二月廿一日
多治比広足　正月二日薨。或本天平四年二月廿一日薨云々如何。　〔宝字４註〕

◇二月廿二日
阿倍広庭　知河内和泉国事（催造宮長官）。二月廿二（十ィ）〔十一さ〕日薨。三木六年。中納言六年。　〔天平４註〕

◆八月丁亥（十七日）
多治比県守　八月丁亥山陰道鎮撫使。　〔天平４註〕
藤原房前　兼民部卿。或中務卿。中衛大将。八月丁亥日為東海東山道節度使。　〔天平４註〕

◇八月是月
藤原宇合　兼式部卿。八月為西海道節度使。或云大宰帥。　〔天平４註〕
多治比広成　天平…四年八月日為遣唐使。　〔天平９尻〕

◆九月乙巳（五日）
県犬養石次　天平四年九月乙巳右少弁。　〔天平11尻〕
石上乙麿　天平四年…九月乙巳丹波守。　〔天平20尻〕

◇九月是月
石上乙麿　天平四年…九月任丹波守。　〔天平21尻〕

◆是歳
藤原房前　天平…四年月日兼東海道節度使。　〔天平９尻〕

天平五年

◆三月是月
紀　飯麿　天平…五年三月日従五位上。　〔勝宝９尻〕

◆十月是月
多治比広足　天平五年十月任上総守。　〔天平20尻〕

◆十二月庚申（廿七日）
県犬養石次　天平…五年十二月庚申任少納言。　〔天平11尻〕

◆是歳
藤原小黒麿　〔天平五年癸酉生。くし〕　〔宝亀10註〕

壱志濃王　神亀五年戊辰〔天平五年癸酉ヵ〕生。〔延暦6註〕

天平六年

◆正月七日

藤原武智麿　正月七〔十七続紀〕日叙従二位。〔天平6註〕
大宰帥。正月七〔十七続紀〕日叙従二位。〔天平6註〕

多治比県守　正月七〔十七続紀〕日叙正三位。〔天平6註〕

藤原宇合　正月七〔十七続紀〕日叙[さ正]三位。兼式部卿。〔天平6註〕

◇正月十六日

藤原武智麿　正月…十六〔十七続紀〕日任右大臣〔元大納言〕。年五十五。〔天平6註〕
正月…十六〔十七続紀〕日任右大臣。労六年。〔天平6註〕

◇正月是月

多治比県守　天平…六年正月日叙正三位。〔天平9尻〕

藤原宇合　天平…六年正月授正三位。〔天平9尻〕

◆是歳

藤原仲麿　自内舎人遷大学允〔少允続紀〕。天平六年授従五位下。歴任通顕。〔天平15尻〕
押勝〔本名仲麿〕。性聡敏。略渉書記。従大納言阿倍少麿学竿。尤精其術。自内舎人遷大学允。天平六年授従五位下。歴任通顕。〔宝字8尻〕

藤原八束　三月廿二日任〈参議〉。叙従四下。兼大宰帥。又兼信部卿云々。元右衛士督。兼式部大輔大和守〔天平六年任云々〕。書本二無。雖然。依[或さ]本説所書入也。改名真楯。〔天平20註〕

藤原蔵下麿　〔天平六年甲戌生。くし〕〇〔任内舎人出雲介等く〕〔宝亀5註〕

和　家麿　贈正二位大納言高野朝臣弟嗣之孫。其先百済人也。天平六年甲戌生。〔延暦15註〕

天平七年

◆三月是月

吉備真吉備　豊桜彦天皇十二年。天平七年三月随入唐使。
自唐国至。　［宝字8尻］

◆四月戊子（三日）

石川年足　或本曰。天平七年四月戊子日叙従五下。任
出雲守。元少判事。　［天平20尻］

◇四月戊申（廿三日）

多治比広成　天平…七年四月戊申正四上。　［天平9尻］

◇四月是月

石川年足　伝云。率性廉勤。習於治体。起家。任〔補
さ〕少判事。頗任内外任云々。天平七年四
月従五下。任出雲守。視事数年。百姓安之。
聖武天皇旁さ善之。賜絁廿疋。布六十端。
当国稲三万束云々。　［天平20尻］

吉備真吉備　天平七年…四月入唐留学生従五位下下道朝
臣真備。献唐礼一百卅巻。大衍暦経一巻。
大衍暦立成十二巻。測影鉄尺一枚。銅律管
一部。鉄如方響。写律管声十二条。楽書要
録十巻。及三種角弓箭等。授正六位下。拝
大学助。　［宝字8尻］

◆十一月十四日

舎人親王　十一月十四日乙丑薨。年六十。在官十六年。
［天平7註］

◇十一月廿一日

舎人親王　十一月廿一日遣中納言多治比真人県守等贈
太政大臣。　［天平7註］

◇十一月廿二日

舎人親王　十一月…同廿二〔廿三く〕日贈太政大臣。　［天平7註］

天平八年

◆正月辛丑（廿一日）

巨勢奈弖麿　天平…八年正月辛丑超叙正五下。　［天平11尻］

石上乙麿　天平…八年正月辛丑正五下。　［天平20尻］

◇正月是月

石上乙麿　天平…八年正月正五下。　［天平21尻］

吉備真吉備　天平…八年正月授し外従五位下（年四十三）。　［宝字8尻］

大伴家持　天平…八〔マヽ〕年正月薩摩守(10)。　[宝亀11尻]

◆十一月十七日
橘　諸兄　十一月十七日(さ)従三位行左大弁兼侍従左右馬内匠催造監葛城王従四位上佐為王等上表。請賜橘宿祢之姓云々。戴先帝之厚命。流橘氏之殊名。詔依表賜之。改名諸兄。　[天平8註]

◇十一月是月
橘　諸兄　九月十三日己亥任大納言。元三木。不経中納言。年五十四。難波親王之四世孫。治部卿摂津大夫従四位下美務王之子。本名葛城王也。而去天平八年十一月上表。請賜橘宿祢姓云々。　[天平9註]

天平九年

◆二月戊午(十四日)
藤原豊成　天平…九年二月戊午正五上。　[天平9尻]

◆四月十七日
藤原房前　四月十七日薨。年五十七(三木廿一年。中衛大将八年。或云前三木云々)。[天平9註]
天平…九年四月十七日薨(年五十七)。葬儀准大臣(其家辞不受)。　[天平9尻]

◇四月是月
――　今年自四月赤疱瘡之疾発。公卿以下没者不可勝計。　[天平9註]

◆六月十八日
多治比県守　六月十八日薨(又廿三日。又廿五日)。年七十。在官六年。　[天平9註]

◇六月廿五日
多治比県守　天平…九年六月廿五日薨(年七十)。　[天平9尻]

◆七月十三日
藤原麻呂　天平…九年七月十三日薨(四十三)。在官七年。　[天平9尻]

◇七月廿一日
藤原武智麿　七月廿一〔廿五く〕日叙正二〔一く〕位。任左大臣(病間也)(元右大臣。従二位)。　[天平9註]

七月廿一日〔廿五さ〕勅〔詔勅さ〕遣左大弁従三位橘朝臣諸兄等。就右大臣従二位武智麿第。授正一位。即任左大臣。臥病之間也。　〔天平９尻〕

◇七月丁酉〔廿五日〕

藤原武智麿　続日本紀曰。七月丁酉日授正一位。拝左大臣。即日薨云々。　〔天平９頭〕

◇七月廿七日

藤原武智麿　七月…同廿七〔廿五続紀〕日薨〔五十八〕。在官四年。　〔天平９註〕

七月…同廿七日薨〔年五十八〕。在官四年。遣従四位下中臣名代監護葬事。　〔天平９尻〕

◆八月五日

藤原宇合　天平…九年八月五日薨。年四十四〔五し〕。在官七年。三位労六年。　〔天平９尻〕

◇八月十九日

多治比広成　八月十九日任〈参議〉。元遣唐大使。　〔天平９註〕

九月十三日任〈中納言〉。去八月十九日任三木。　〔天平９註〕

天平…九年八月十九日任三木。　〔天平９尻〕

◇八月甲申〔ナシ〕

白　壁　王　天平九年八月甲申従四下〔廿九〕。年月日従四上。　〔宝字３尻〕

◇八月己亥〔ナシ〕

巨勢奈弖麿　天平…九年八月己亥従四下。　〔天平11尻〕

◇八月是月

白　壁　王　天平九年八月叙従四位下。年廿九。　〔宝字６尻〕

◆九月十三日

橘　　諸兄　九月十三日己亥[11]任大納言。元三木。不経中納言。年五十四。難波親王之四世孫。治部卿摂津大夫従四位下美務王之子。本名葛城王也。而去天平八年十一月上表。請賜橘宿祢姓云々。　〔天平９註〕

多治比広成　九月十三日任〈中納言〉。　〔天平９註〕

天平…九年…九月十三日任中納言。叙従三位。　〔天平９尻〕

九月十三日任中納言。叙従三位。［天平９註］

百済南典　九月十三日叙従三位。年七十二。［天平９註］

◇九月己亥（廿八日）

藤原豊成　天平…九年…九月己亥日従四下。［天平９尻］

大伴牛養　天平九年九月己亥正五上。年月叙四位。［天平11尻］

県犬養石次　天平…九年九月己亥叙正五下。年月従四下。［天平11尻］

石上乙麿　天平…九年九月己亥正五上。［天平20尻］

◇九月是月

鈴　鹿　王　九月任〈知太政官事〉。元三木。大蔵卿。准大臣。［天平９註］

阿倍沙弥麿　天平九年九月日叙従五位下。［勝宝９尻］

◆十月七日

藤原房前　天平…九年…十月七日贈左大臣正一位。賜食封二千戸於其家。限以廿年。［天平９尻］

◆十一月是月

大伴兄麿　天平…九年十一月日〔ィ十二月壬戌〕為主税頭。［天平21尻］

◆十二月一日

藤原豊成　十二月一日任三木。兼兵部卿。年三十五。［天平９註］

◇十二月十一日

藤原豊成　天平…九年…十二月十一日任三木。即兼兵部卿。［天平９尻］

◇十二月壬戌（廿三日）

大伴兄麿　天平…九年十一月日〔ィ十二月壬戌〕為主税頭。［天平21尻］

◇十二月丙寅（廿九日）

吉備真吉備　天平…十[12]二年月丙寅加従五位上。高野天皇師之。受礼記漢書。賜姓吉備朝臣。式部少輔従五位下藤原朝臣広嗣。与玄昉法師有隙。出為大宰少弐。到人即起兵反。以討玄昉及真備。［宝字８尻］

◆是歳

大伴牛養　天平九年…年月叙四位。　[天平11尻]

神　王　天平十五〔丁丑カ〕[13]年生。　[宝亀11註]

天平十年

◆正月十三日

橘　諸兄　正月十三日任〈右大臣〉。叙正三位。元大納言従三位。年五十五。　[天平10註]

正月十三日任右大臣。叙正三位。労三年。　[天平10註]

鈴　鹿　王　正月十三日叙正三位。　[天平10註]

多治比広成　同日〈正月十三日〉兼式部卿。　[天平10註]

◇正月是月

巨勢奈弖麿　天平十年正月日任民部卿。兼春宮大夫。　[天平11尻]

◆四月是月

大伴兄麿　天平…十年四月美作守。　[天平21尻]

◆七月是月

阿倍沙弥麿　天平…十年七月日任少納言。　[勝宝９尻]

◆閏七月是月

大伴牛養　天平…十年閏七月任摂津大夫。　[天平11尻]

◆八月是月

多治比広足　天平…十年八月任武蔵守。　[天平20尻]

◆是歳

橘　諸兄　天平十年叙正三位。任右大臣。元大納言従三位。　[天平10尻]

天平十一年

◆正月十三日

橘　諸兄　正月十三日叙従二位〈五十六〉。　[天平11註]

藤原豊成　正月十三日叙二階。兼兵部卿。　[天平11註]

◆四月七日

多治比広成　四月七日薨。在官三年。三木二ヶ月。兼式部卿。　[天平11註]

◇四月十九日

大野東人　四月十九〔廿一続紀〕日任〈参議〉。陸奥出羽按察使如元。　[天平11註]

天平…十一年四月十九〔廿一続紀〕日任三木。　[天平11尻]

巨勢奈弖麿　四月十九〔廿一続紀〕日任〈参議〉。年七十。兼民部卿。春宮大夫。　〔天平11註〕
天平…十一年四月十九〔廿一続紀〕日任三木。　〔天平11尻〕

大伴牛養　四月十九〔廿一続紀〕日任〈参議〉。兼摂津大夫。　〔天平11註〕
天平十一年四月十九〔廿一続紀〕日叙三木。兼摂津大夫。　〔天平11尻〕

県犬養石次　四月十九〔廿一続紀〕日任〈参議〉。兼式部大輔。　〔天平11註〕

◆五月是月

鈴鹿王　五月日兼式部卿。或明年十一月四日。　〔天平11註〕

◆是歳

吉備真吉備　（至従四位上右京大夫。十一年大宰少弐。四十六）。　〔宝字8頭〕

天平十二年

◆正月是月

藤原豊成　正月日兼中衛大将。兵部卿如元。　〔天平12註〕

石川年足　天平…十二年正月従五上。　〔天平20尻〕

多治比土作　天平十二年正月従五位下。　〔景雲4尻〕

◆二月是月

鈴鹿王　二月行幸難波。即為留守。　〔天平12註〕

◆五月是月

橘奈良麿　天平十二年五月　天皇幸右大臣橘朝臣相楽別業。宴飲酣〔暢。続紀〕授大臣男無位奈良麿従五位下。　〔天平21尻〕

◆九月是月

大野東人　兼按察使。大養徳守。九月依大宰少弐従五位下藤原朝臣広嗣謀反。以東人為大将軍。　〔天平12註〕

紀飯麿　天平…十二年九月為討藤原広嗣大〔副続紀〕将軍。　〔勝宝9尻〕

◆十一月四日

鈴鹿王　五月日兼式部卿。或明年十一月四日。　〔天平11註〕

◇十一月十四日

橘　諸兄　十一月十四日叙正二位。五十七。　〔天平12註〕

鈴鹿王　十一月十四日兼式部卿。　〔天平12註〕

◇十一月是月

橘　奈良麿　天平十二年…十一月従五上。　〔天平21尻〕

藤原清河　天平十二年十一月従五下。　〔天平21尻〕

阿倍沙弥麿　天平…十二年十一月日従五位上。遷左中弁。　〔勝宝9尻〕

◆是歳

吉備真吉備　天平…十二年[12]月丙寅加従五位上。高野天皇師之。受礼記漢書。賜姓吉備朝臣。式部少輔従五位下藤原朝臣広嗣。与玄昉法師有隙。出為大宰少弐。到任即起兵反。以討玄昉及真備。　〔宝字8尻〕

藤原田麿　天平十二年坐兄広嗣事流隠岐国。　〔神護2尻〕

藤原宿奈麿　天平十二年坐兄広嗣謀反。流于伊豆国。　〔景雲4尻〕

吉備　泉　右大臣真吉備男。天平十二年甲申生。[14]　〔延暦25註〕

天平十三年

◆閏三月一日

大野東人　閏三月一日叙従三位。依勲功越二階。元従四上。　〔天平13註〕

巨勢奈弖麿　同日〈閏三月一日〉従四位上。民部卿。春宮大夫。　〔天平13註〕

◇閏三月是月

大伴兄麿　天平…十三年閏三月正五下。　〔天平21尻〕

紀　飯麿　天平…十三年壬三月日従四位下。　〔勝宝9尻〕

◆七月一日

巨勢奈弖麿　七月一〔三続紀〕日任左大弁。兼神祇伯。　〔天平13註〕

紀　飯麿　兼右大弁。卒去年未詳（七月一〔三続紀〕日以従四下紀飯丸為右大弁。若今年卒歟）。或十四年不見。権三木三年。　〔天平13註〕

◇七月辛酉（十三日）

巨勢奈弖麿　続日本紀云。天平十三年七月辛酉授従四位上奈弖丸正四位上。　［天平13頭］

◇七月是月

橘　奈良麿　天平…十三年七月任大学頭。　［天平21尻］

藤原清河　天平…十三年七月中務少輔。　［天平21尻］

◆十一月是月

巨勢奈弖麿　十一月日〔同十一日さ〕正四下。二階。七十二。　［天平13註］

紀　飯麿　天平…十三年…十一月為右大弁。　［勝宝9尻］

◆是歳

大伴道足　兼右大弁。卒去年未詳（七月一〔三続紀〕日以従四下紀飯丸為右大弁。若今年卒歟）。或十四年不見。権三木三年。　［天平13註］

藤原種継　天平十三年辛巳生。　［天応2尻］

天平十四年

◆正月是月

巨勢堺麿　天平十四年正月日授内階。　［勝宝9尻］

◆二月一日

巨勢奈弖麿　神祇伯。左大弁。春宮大夫。二月一日叙従三位。　［天平14註］

◆十月三日

県犬養石次　式部大輔。十月三日任右〔左イ〕京大夫。同月（十一月一日或本）〔同日さ、十月十四日続紀〕卒。在官四年。　［天平14註］

◇十月是月

県犬養石次　十月…同月（十一月一日或本）〔同日さ。十月十四日続紀〕卒。在官四年。　［天平14註］

◆十一月一日

県犬養石次　式部大輔。十月三日任右〔左イ〕京大夫。同月（十一月一日或本）〔同日さ、十月十四日続紀〕卒。在官四年。　［天平14註］

◇十一月十一日

大野東人　十一日十一日〔一日原イ及くさ、二日続紀〕薨。依斎月不給喪儀。在官四年。勲四等。　［天平14註］

◆是歳

大伴道足　兼右大弁。卒去年未詳（七月一〔三続紀〕日以従四下紀飯丸為右大弁。若今年卒歟）。或十四年不見。権三木三年。　［天平13註］

藤原豊成　兼兵部卿。中衛大将。或本云。月日兼中務卿。大将如元。止兵部卿。　［天平14註］

藤原田麿　天平十二年坐兄広嗣事流隠岐国。十四年宥罪徴還。隠居蜷淵山。　［神護2尻］

藤原宿奈麿　天平十四年免罪為少判事（廿七）。　［神護2尻］

天平…十四年免罪。［補少判事。くし］　［景雲4尻］

天平十五年

◆正月是月

石川年足　天平…十五年正月正五下。　［天平20尻］

◆五月三日

橘　諸兄　五月三日叙従一位。　［天平15註］

鈴鹿王　五月三日叙従二位。兼式部卿。　［天平15註］

藤原豊成　五月三日叙従三位。　［天平15註］

大伴牛養　摂津大夫。五月三日従四上。　［天平15註］

◇五月癸卯（五日）

中臣清麿　天平十五年五月癸卯日授従五位下。　［宝字6尻］

◇五月五日

橘　諸兄　五月…同五日任左大臣。年六十。元右大臣正二位。　［天平15註］

巨勢奈弖麿　五月五日任中納言（弁如元）。元三木兼左大弁（七十四歳）。　［天平15註］

五月五日任中納言。三木五年。　［天平15註］

藤原豊成　五月…同五日任中納言。元三木中務卿中衛大将。大将如元。　［天平15註］

同日〈五月五日〉任中納言。　［天平15註］

藤原仲麿　五月五日任〈参議〉。　［天平15註］

天平十五年五月五日従四上。同日任三木（民部卿如本）。　［天平15尻］

天平…十五年五月五日叙従四位上。任三木。元民部卿。　［宝字8尻］

紀　麻路　五月五日任〈参議〉。叙従四下。元式部少輔。
[天平15註]
天平十五年五月五日任三木。　[天平15尻]

竹　野　王　或本云。去年五月五日叙〈従三位〉歟。
[天平16註]

◇五月是月

橘　奈良麿　天平…十五年五月正五下。　[天平21尻]

藤原清河　天平…十五年五月旧正五下。為大養徳守。　[天平21尻]

阿倍沙弥麿　天平…十五年五月日正五位下。　[勝宝9尻]

巨勢堺麿　天平…十五年五月日従五位上。　[勝宝9尻]

多治比土作　天平…十五年五月摂津守。　[景雲4尻]

大伴駿河麿　天平十五年五月従五下。　[宝亀6尻]

◆六月五日

藤原仲麿　六月五日兼左京大夫。民部卿如元。
[天平15註]
天平十五年…六月五日兼左京大夫。
[天平15尻]
天平…十五年…六月五日兼左京大夫。

[宝字8尻]

◇六月丁酉(卅日)

中臣清麿　天平十五年…六月丁酉任神祇大副。　[宝字6尻]

◆是歳

藤原仲麿　左大臣武智麿二男〔天平十五年三男有如何〕。　[宝字8註]

藤原家依　天平十五年癸未生。　[宝亀8尻]

神　　王　天平十五〔丁丑ヵ〕(13)年生。　[宝亀11註]

天平十六年

◆二月是月

竹　野　王　二月日叙〈従三位〉。　[天平16註]

◆九月是月

石川年足　天平…十六年九月為東海道巡察使。　[天平20尻]

紀　飯麿　天平…十六年九月日為畿内巡察使。
[勝宝9尻]

◆是歳

大伴牛養　月日兼兵部卿。ィ　［天平16註］

天平十七年

◆正月七日

大伴牛養　正月七日叙従三位（超さ二階）。兵部卿。

［天平17註］

藤原仲麿　正月七日叙正四位上（越二階）。　［天平17註］

◇正月是月

藤原清河　天平…十七年正月旧正五上。　［天平21尻］

藤原仲麿　天平十七年正月叙正四位下（越一階）。

［天平21尻］

天平…十七年正月日叙正四位上（越一階）。

［宝字8尻］

阿倍沙弥麿　天平…十七年正月日正五位上。　［勝宝9尻］

大伴家持　天平十七年正月従五下。　［宝亀11尻］

◆二月是月

大伴兄麿　天平…十七年二月美乃守。　［天平21尻］

◆九月二日

鈴鹿王　九月二〔三さ四続紀〕日薨。在官九年。式部卿。　［天平17註］

◇九月是月

藤原仲麿　九月兼近江守。　［天平17註］

天平十七年…九月兼近江守。　［天平21尻］

天平…十七年…九月日兼近江守。　［宝字8尻］

橘　奈良麿　天平…十七年九月摂津大夫。　［天平21尻］

巨勢堺麿　天平…十七年九月日為式部少輔。　［勝宝9尻］

天平十八年

◆三月一日

藤原仲麿　三月一日兼式部卿。　［天平18註］

天平…十八年三月一日兼式部卿。　［天平21尻］

天平…十八年三月一日兼式部卿。　［宝字8尻］

紀　麻路　三月一日兼民部卿。　［天平18註］

◇三月是月

橘　奈良麿　天平…十八年三月民部大輔。　[天平21尻]

大伴家持　天平…十八年三月宮内少輔。　[宝亀11尻]

◆四月五日

橘　諸兄　四月五日兼大宰帥。六十三。　[天平18註]

◇四月十五日

藤原仲麿　四月十五〈廿二続紀〉日叙従三位。[天平18註]

天平…十八年…四月十五日叙従三位。　[天平21尻]

天平…十八年…四月十五日叙従三位。　[宝字8尻]

紀　麻路　四月十五〈廿二続紀〉日叙従四上。[天平18註]

◇四月廿二日

山村王　天平十八年〈四廿二続紀〉従五位下。　[宝字8尻]

◇四月是月

巨勢奈弖麿　左大弁。四月兼北陸道山陰道鎮撫使。七十七。　[天平18註]

藤原豊成　〈中衛〉大将。四月兼東海道鎮撫使。四十四。　[天平18註]

大伴牛養　兵部卿。四月兼山陽西海両道鎮撫使。　[天平18註]

藤原仲麿　四月…同月兼東山道鎮撫使。　[天平18註]

紀　麻路　四月兼南海道鎮撫使。〈民部〉卿如元。　[天平18註]

石川年足　天平…十八年四月為陸奥守。叙正五上。　[天平20尻]

大伴兄麿　天平…十八年四月従四下。　[天平21尻]

藤原清河　天平…十八年四月従四下。　[天平21尻]

阿倍沙弥麿　天平…十八年四月日従四位下。　[勝宝9尻]

多治比土作　天平…十八年四月民部少輔。　[景雲4尻]

阿倍毛人　天平十八年四月従五下。　[宝亀2尻]

◆六月是月

藤原宿奈麿　天平…十八年六月叙従五位下。任越前守。　くし　[景雲4尻]

大伴家持　天平…十八年…六月民部大輔〔マヽ〕。越中守。　[宝亀11尻]

◆八月一日

紀　麻路　八月一日〈九月廿五日続紀〉兼右衛士督。

◆九月廿五日　［天平18註］

紀　麻路　八月一日〔九月廿五日続紀〕兼右衛士督。　［天平18註］

◇九月是月

石川年足　天平…十八年…九月春宮権亮。　［天平20尻］

紀　飯麿　天平…十八年九月日為常陸守。　［勝宝9尻］

藤原宿奈麿　天平…十八年…九月上総介。職歴内外。依功為従四位下勲四等。加し正四位上。任大宰帥。　［神護2尻］

天平…十八年…九月遷上総介。くし　［景雲4尻］

大伴駿河麿　天平…十八年九月越前守。　［宝亀6尻］

◆十一月是月

石川年足　天平…十八年…十一月左大弁。　［天平20尻］

巨勢堺麿　天平…十八年十一月日為〈式部〉大輔。　［勝宝9尻］

◆是歳

藤原宿奈麿　天平…十八年従五位下。任越前守歟（卅六）。

［神護2尻］

天平十九年

◆正月七日

智努王　正月七日叙〈従三位〉。元従四下。大舎人頭。　［天平19註］

天平十九年正月七〔二十続紀〕日叙従三位。　［勝宝9尻］

◇正月是月

石川年足　天平…十九年正月従四位下。　［天平20尻］

橘　奈良麿　天平…十九年正月従四位下。　［天平21尻］

巨勢堺麿　天平…十九年正月日正五位下。　［勝宝9尻］

◆二月是月

石川年足　天平…十九年…同さ二月春宮大夫。　［天平20尻］

阿倍毛人　天平…十九年二月玄蕃頭。　［宝亀2尻］

◆五月丙子（一日）

中臣清麿　天平…十九年五月丙子日任尾張守。　［宝字6尻］

天平二十年

◆二月一日

巨勢奈弖麿　三〔二原イ及さ〕月一日〔二月十九日続紀〕叙正三位。停左大弁。　［天平20註］

紀　麻路　民部卿。右衛士督。二月一〔十九続紀〕日叙正四位上〔二階〕。　［天平20註］

三原王　二月一〔十九続紀〕日叙〈従三位〉。［天平20註］

石上乙麿　同日〔二月一日〕叙〈従三位〉。中務卿如元。　［天平20註］

藤原魚名　天平廿年二月一日〔七イ〔十九続紀〕〕授従五位下。補侍従。　［景雲2尻］

◇二月廿二日

多治比広足　三〔二イ〕月廿二〔廿三イ〕〔二月月さし〕日任〈参議〉。又叙正四位下。元武蔵守。　［天平20註］

◇二月是月

石上乙麿　天平…廿年二月叙従三位。　［天平21尻］

大伴兄麿　天平…廿年二月正四下。　［天平21尻］

巨勢堺麿　天平…廿年二〔三イ〕月日正五位上。　［勝宝9尻］

◆三月一日

巨勢奈弖麿　三〔二原イ及さ〕月一日〔二月十九日続紀〕叙正三位。停左大弁。　［天平20註］

◇三月三日

藤原仲麿　三月三〔廿二日続紀〕日叙正三位。式部卿如元。　［天平20註］

天平…廿年三月三〔廿二続紀〕日正三位。　［天平21尻］

天平…廿年三月三日叙正三位。兼中務卿。　［宝字8尻］

◇三月十日

石上乙麿　三月十〔廿二原イ及く〕日任〈参議〉。中務卿如元。又或本不歴三木。　［天平20註］

◇三月廿二日

藤原豊成　三月廿二日任〈大納言〉。叙従二位〈越二階〉。中衛大将如元。　［天平20註］

大将。三月廿二日任大納言。労五年。

［天平20註］

石上乙麿　天平…廿年…三月廿二日任三木。 ［天平21尻］

多治比広足　三（二イ）月廿二（廿三イ）〔二月月さし〕日任〈参議〉。又叙正四位下。元武蔵守。 ［天平20註］

石川年足　三月廿二日任〈参議〉。 ［天平20註］
天平…廿年三月廿二日任三木。今日叙従四位下。 ［天平20尻］

藤原八束　三月廿二日任〈参議〉。叙従四下。兼大宰帥。又兼信部卿云々。元右衛士督。兼式部大輔大和守（天平六年任云々）。書本二無。雖然。依或さ本説所書入也。改名真楯。 ［天平20註］

◇三月廿三日

多治比広足　天平…〔同し〕廿年三月廿三〔廿二上文〕日叙正四下。任三木。或本不任三木。 ［天平20尻］

藤原八束　天平廿年三月廿三日叙従四位下。任三木（兼大宰帥。又兼信部卿云々）。元右衛門督兼式部大輔大和守。或本云不歴三木者。于時渤海使楊承慶礼畢。欲帰本蕃。真楯設宴餞焉。承慶甚称歎之。 ［宝字6尻］

◇三月是月

巨勢堺麿　天平…廿年二〔三イ〕月日正五位上。 ［勝宝9尻］

◆四月庚申（廿一日）

——　四月庚申し日太上天皇崩御（浄足姫。元正天皇也）。 ［天平20註］

天平廿一年（天平感宝元年・天平勝宝元年）

◆二月丁巳（廿二日）

——　二月丁巳陸奥国始貢黄金。 ［天平21註］

◇二月是月

紀　飯麿　勝宝元年二月日為大和守。 ［勝宝9尻］

◆四月甲午朔

藤原縄麿　天平廿一年四月甲午朔従五位下（年廿）。 ［宝字8尻］

◇四月一日
巨勢奈弖麿　四月一日任〈大納言〉。同日従二位。元中納
言正三位。年八十（中納言七年）。［天平21註］
大伴牛養　四月一日任〈中納言〉。叙正三位。元三木。
［天平21註］
四月一日任中納言。兵部卿。［天平21註］
百済敬福　四月一日叙従三位。自従五位叙三位始。
［天平21註］
◇四月十四日
———　四月十四日為天平感宝元年。［天平21註］
橘　諸兄　四月十四日叙正一位。［天平21註］
藤原豊成　四月十四日任右大臣。元大納言。中衛大将
如元。年四十七。［天平21註］
四月十四日任右大臣。中衛大将。［天平21註］
天平感宝元年四月十四日丁未任右大臣（元
大納言。年四十六）。［宝字9尻］
竹野王　四月十四日叙正三位。さ［天平21註］
藤原弟貞　四月十四日叙正三位。［天平21註］
◇四月是月
橘　奈良麿　天平勝宝元年四月従四上。［天平21尻］
大伴家持　天平…廿一年四月従五上。［宝亀11尻］
◆閏五月十九日
大伴牛養　閏五月十九（廿九続紀）日薨。労十一年。
［天平21註］
◇閏五月廿七日
大伴牛養　閏五月廿七（十七イ）（廿九続紀）日薨。三木
十一年。中納言三ヶ月。［天平21註］
◇閏五月是月
橘　奈良麿　天平勝宝元年…閏五月侍従。［天平21尻］
◆七月一日
藤原仲麿　天平勝宝元年七月一日任大納言（不経中納
言）。［宝字8尻］
◇七月甲午（二日）
———　七月日甲午高野天皇受禅即位。［天平21註］
◇七月二日
———　改七月二日為天平勝宝元年。［天平21註］

藤原仲麿　七月二日任〈大納言〉。　［天平21註］
七月二日任大納言。元三木。式部卿。　［天平21註］
天平勝宝元年七月二日任大納言。不経中納言。し是豪宗右族皆妬其勢。　［天平21尻］

石上乙麿　七月二日任〈中納言〉。中務卿如元。又或本不任三木。　［天平21註］
七月二日任中納言。労二年。　［天平21註］

紀　麻路　七月二日任〈中納言〉。叙正三位。　［天平21註］
七月二日任中納言。元三木民部卿。右衛士督。労七年。　［天平21註］

多治比広足　同日〈七月二日〉任〈中納言〉。叙正四位上。元三木。　［天平21註］
七月二日任中納言。元三木。労二年。　［天平21註］

大伴兄麿　七月二日任〈参議〉。　［天平21註］
天平勝宝元年七月二日任三木。　［天平21尻］

橘　奈良麿　同日〈七月二日〉任〈参議〉。侍従。　［天平21註］

石川年足　七月二日叙従四上。　［天平21註］

藤原清河　七月二日任〈参議〉。　［天平21註］

◇七月十二日

藤原仲麿　七月…同十二日〔八月十日続紀〕兼紫微令。中衛大将。不歴中納言。元三木式部卿。或中務卿。　［天平21註］

◇七月是月

紀　飯麿　勝宝元年…七月日従四位上。　［勝宝9尻］

巨勢堺麿　天平勝宝元年七月日従四位下。兼紫微少弼。　［勝宝9尻］

多治比土作　勝宝元年七月兼紫微大志。　［景雲4尻］

◆八月九日

大伴兄麿　八月九日兼「式部卿同日兼」〔恐衍〕紫微大弼。　［天平21註］
天平勝宝元年…八月九日兼「式部卿同日兼」〔恐衍〕紫微大弼。　［天平21尻］

三　原　王　八月九〔十続紀〕日任中務卿。　［天平21註］

◇八月十日

藤原仲麿　七月…同十二日(八月十日続紀)兼紫微令。中衛大将。不歴中納言。元三木式部卿。或中務卿。　[天平21註]

紀　麻路　八月十日兼式部卿。元三木。或書云。不歴三木。自式部卿任中納言者。　[天平21註]

◇八月是月

藤原仲麿　八月兼紫微令。中衛大将労七年。
天平勝宝元年…八月日兼紫微令中衛大将。　[天平21註]
枢機之政独出掌握。由是豪宗右族皆妬其勢。　[宝字8尻]

◆十一月三日

三原王　十一月三(廿六続紀)日叙正三位。　[天平21註]

◇十一月己酉(十九日)

――　十一月己酉。八幡大神託宣向京。甲寅遣三木石川朝臣年足。侍従従五下藤原朝臣魚名等。為迎神之使云々。　[天平21石川年足頭]

◇十一月甲寅(廿四日)

――　十一月己酉。八幡大神託宣向京。甲寅遣三木石川朝臣年足。侍従従五下藤原朝臣魚名等。為迎神之使云々。　[天平21石川年足頭]

◇十一月是月

大伴兄麿　十一月正四位上。　[天平21註]

藤原乙麿　年月日従五下。勝宝元年十一月正五上。　[勝宝2尻]

◆十二月是月

佐伯今毛人　天平勝宝元年十二月従五位下。　[延暦3尻]

◆是歳

石上乙麿　天平勝宝元年任中納言者。　[天平20註]

阿倍沙弥麿　勝宝元年月日従四位上。　[勝宝9尻]

藤原葛野麿　勝宝元年乙未生。(15)　[延暦25尻]

巨勢野足　天平廿一己丑生。　[大同5尻]

栢(栖)原東人　或本云(東人)勝宝元年為駿河守。于時東土出黄金東人採而献之。帝美其功曰《く》。勤哉臣也。遂取勤臣之義。賜姓伊蘇志。　[承和9滋野貞主尻]

天平年中

高麗福信　武蔵国高麗郡人也。本姓背奈。其祖福徳属唐将李勣。抜平壌城。来帰国家。為武蔵人焉。福信即福徳之孫也。少年随伯父背奈行文入都。時与同輩挽頭往石上衢。遊戯相撲。巧用其力。能勝其敵。遂聞内裏。召令侍内竪所。自是著名。初任右衛士大志。稍遷。天平中授外従五位下。任春宮亮。聖武皇帝甚加恩幸。〔宝字９尻〕

文室大市　天平中授従四位下刑部卿。〔宝字９尻〕

天平勝宝初年

高麗福信　勝宝初至従四位紫微少弼。改本姓賜高麗朝臣。遷信部大輔。〔宝字９尻〕

天平勝宝二年

◆正月七日

橘　諸兄　正月七〔十六続紀〕日改宿祢賜朝臣。六十七。

藤原仲麿　正月七〔十六続紀〕日叙従二位。中衛大将。〔勝宝２註〕

天平勝宝…二年正月七〔十六続紀〕日叙従二位兼中務卿。〔勝宝２註〕

天平勝宝…二年正月七日叙従二位。〔天平21尻〕

紀　麻路　正月七〔十六カ〕日兼式部卿。〔宝字８尻〕

多治比広足　正月七〔十六続紀〕日叙従三位。〔勝宝２註〕

◇正月是月

橘　奈良麿　正月日改宿祢賜朝臣。〔勝宝２註〕

◆三月是月

藤原乙麿　勝宝…二年三月大宰少弐。〔勝宝２尻〕

◆四月是月

大伴家持　勝宝二年四月兵部少輔。〔宝亀11尻〕

◆八月是月

大伴伯麿　天平勝宝二年八月従五位下。〔宝亀９尻〕

◆九月一日

石上乙麿　九月一日薨。在官二年〔三位労二ヶ月。三

木三年）。　［勝宝2註］

◆十一月一日

藤原乙麿　大宰帥。十一月一日さ以正五位上叙従三位。
即任帥。依八幡大神教也。　［勝宝2註］

◆十二月是月

佐伯今毛人　天平勝宝…二年十二月正五上。　［延暦3尻］

◆是歳

藤原仲麿　月日兼中務卿。　［勝宝2註］

藤原永手　以累世相門起家従五位下。天平勝宝二年月
至従四位上（四十六）。　［勝宝8尻］

吉備真吉備　天平勝宝二年左降筑前守。俄遷肥前守。　［宝字8尻］

天平勝宝三年

◆正月七日

大伴兄麿　正月七（廿五続紀）日叙従三位。紫微大弼。　［勝宝3註］

石川年足　正月七日兼左大弁。　［勝宝3註］

石上宅嗣　天平勝宝三年正月七（廿五続紀）日叙従五位
下。任治部少輔。　［神護2尻］

◇正月戊戌（十四日）

中臣清麿　天平勝宝三年正月戊戌（己酉続紀）従五位上。　［宝字6尻］

◇正月是月

藤原浜成　天平勝宝三年正月従五位下（廿八）。　［宝亀3尻］

◆三月是月

藤原清河　三月為遣唐大使（民部卿。即叙正四下。二
階。或明年三月云々）。　［勝宝3註］

◆九月乙巳（廿六日）

石川年足　九月乙巳（丑し）叙従三位。兼大宰帥（或本
无三位）。〈左大〉弁如元。　［勝宝3註］

◇九月乙丑（ナシ）

石川年足　或本。去年勝宝三年九月乙丑日叙従三位兼
大宰帥。如何。左大弁。　［勝宝4註］

◆是歳

藤原乙麿　今年薨。但不詳。　［勝宝3註］

天平勝宝四年

◆三月是月

藤原清河　三月為遣唐大使〔民部卿。即叙正四下。二階。或明年三月云々〕。［勝宝３註］

三月日為遣唐大使民部卿正四位下〔越二階〕。［勝宝４註］

◆四月是月

藤原八束　治部卿。四月兼摂津大夫〔国史注八束くし〕。［勝宝４註］

◆五月是月

阿倍島麿　天平勝宝四年五月任伊与守。従五下。［宝字４尻］

◆七月一日

三原王　中務卿。七月一日薨。［勝宝４註］

◇七月八日

栗栖王　七月八〔十六日続紀〕日叙〈従三位〉。［勝宝４註］

◆八月一日

紀麻路　九〔八ィ〕月一〔七続紀〕日兼大宰帥。［勝宝４註］

◇八月廿三日

文室知努　八月廿三日〔九月廿二日続紀〕改王姓為文室真人。［勝宝４註］

天平勝宝四年八月廿三〔廿二続紀〕日改王為文室真人。［勝宝９尻］

◆九月一日

紀麻路　九〔八ィ〕月一〔七続紀〕日兼大宰帥。［勝宝４註］

◇九月七日

文室大市　勝宝四年九月七日賜文室真人。［宝字９尻］

◇九月廿二日

文室知努　八月廿三日〔九月廿二日続紀〕改王姓為文室真人。［勝宝４註］

◇九月是月

石川年足　九月十六〔廿八く続紀〕日叙従三位。即兼大宰帥。或本云。去年九月叙兼云々。如何。［勝宝５註］

◆十月二日
百済敬福　十月〔二日〈〉〕任常陸守。　［勝宝４註］

◆十一月是月
橘　奈良麿　十一月為但馬因幡按察使。兼令検校伯耆出雲石見非違事。　［勝宝４註］
藤原宿奈麿　天平勝宝四年十一月任相模守。　［景雲４頭］
大伴伯麿　天平勝宝…四年十一月上野守。　［宝亀９尻］

◆是歳
吉備真吉備　天平勝宝…四年為入唐副使。　［宝字８尻］

天平勝宝五年

◆正月壬子（十日）
藤原八束　正月壬子叙従四位上。　［勝宝５註］
天平勝宝五年正月壬子叙従四位上。　［宝字６尻］

◆三月卅日
巨勢奈弖麿　兼神祇伯。造宮卿。三月卅日薨。労五年。　［勝宝５註］

◆四月是月
巨勢堺麿　天平勝宝…五年四月日為丹波守。　［勝宝９尻］

◆九月十六日
石川年足　九月十六〔廿八〈続紀〉〕日叙従三位。即兼大宰帥。或本云。去年九月叙兼云々。如何。　［勝宝５註］

◇九月是月
紀　飯麿　勝宝…五年九月日為大宰大弐。　［勝宝９尻］

◆十月甲戌（七日）
栗　栖　王　国史。天平勝宝五年癸巳十月甲戌。中務卿従三位栗栖王薨去云云。　［勝宝５頭］

◆是歳
栗　栖　王　補任不詳。薨歟。国史天平勝宝五年薨〔し无〕。　［宝字２註］
吉備真吉備　天平勝宝…五年自唐廻着益久島。従此漂蕩。　［宝字８尻］
多治比今麿　勝宝五癸巳生。　［弘仁８尻］

天平勝宝六年

◆正月十三日
藤原永手　正月十三〔十六続紀〕日叙〈従三位〉。 [勝宝6註]

◇正月十六日
橘　奈良麿　正月十六日叙正四位下。 [勝宝6註]
藤原八束　正月十六日従四位上。くしィ [勝宝6註]

◇正月是月
吉備真吉備　天平勝宝…六年正月着紀伊国牟漏崎。 [宝字8尻]

◆四月庚午（五日）
中臣清麿　天平勝宝…六年四月庚午復神祇大副。 [宝字6尻]

◇四月是月
文室智努　四月任摂津大夫。 [勝宝6註]
天平勝宝…六年四月任摂津大夫。 [勝宝9尻]
紀　飯麿　勝宝…六年四月日為大蔵卿。 [勝宝9尻]
多治比土作　天平勝宝六年四月尾張守（従五位下）。 [景雲4尻]

◆六月是月
吉備真吉備　天平勝宝…六年…六月授正四位下。拝大宰大弐。 [宝字8尻]

◆七月丙午（十三日）
中臣清麿　天平勝宝…六年…七月丙午為左中弁。歴文部大輔。 [宝字6尻]

◆八月是月
紀　飯麿　勝宝…六年…八月日為右京大夫。 [勝宝9尻]

◆是歳
秋篠安人　勝宝六年辛卯(16)生。 [延暦24尻]

天平勝宝七年

◆是歳
和　気王　天平勝宝七年賜姓岡真人。任因幡掾。 [宝字8尻]
吉備真吉備　天平勝宝…七年遷造東大寺長官。

〔宝字8尻〕

藤原内麿　大納言真楯三男。母従五位下安陪〔倍ｌ〕帯麿女。勝宝七年丙申生。(17)　〔延暦13註〕

藤原乙叡　右大臣継縄二（一）男。母尚侍従三位百済王明信。勝宝七年丙申生。(18)　〔延暦13註〕

藤原園人　勝宝七年生。　〔延暦25尻〕

藤原葛野麿　勝宝元年乙未生。(15)　〔延暦25尻〕

天平勝宝八年

◆正月是月

佐伯今毛人　天平勝宝…八年正月春宮大夫。　〔延暦3尻〕

◆二月是月

橘　諸兄　二月日上表致仕。詔許之（在官十九年）。　〔勝宝8註〕

二月致仕。　〔勝宝8註〕

◆五月乙卯（二日）

――――　五月乙卯太上天皇崩（聖武）。　〔勝宝8註〕

◇五月十九日

藤原永手　五月十九日任権〈中納言〉。〔即叙従三位し〕式部卿如元。不歴三木。或本。天平宝字元年五月十九日任権中納言。　〔勝宝8註〕

天平勝宝…八年五月十九日叙従三位。任権中納言。元式部卿。　〔勝宝8尻〕

巨勢堺麿　天平宝字元年〔勝宝八五十九ィ〕従四位上。　〔勝宝9尻〕

◆是歳

紀　麻路　月日薨歟。或本。天平宝字元年薨歟。三木七年。中納言八年。　〔勝宝8註〕

藤原内麿　大納言真楯三男。母従五位下安陪〔倍ｌ〕帯麿女。勝宝七年丙申生。(17)　〔延暦13註〕

藤原乙叡　右大臣継縄二（一）男。母尚侍従三位百済王明信。勝宝七年丙申生。(18)　〔延暦13註〕

天平勝宝九年（天平宝字元年）

◆正月六日

橘　諸兄　正月六日薨。生年甲申。在官十九年。号井手左大臣。或西院大臣。造栄山寺。○三木七年。大納言二年。右大臣六年。左大臣十

四年。前官二年。　［勝宝９註］

正月六日薨。　［勝宝９註］

◆二月是月

藤原魚名　受領補任云。宝字元年二月任備中守。　［景雲２頭］

◆五月十日

藤原魚名　天平宝字元年五月十日従五位上。任備中守。　［景雲２尻］

◇五月十九日

藤原豊成　五月十九日〔二十続紀〕日叙正二位。同日任左大臣。　［勝宝９註］

天平勝宝九年五月十九〔廿続紀〕日叙正二位。弟大納言仲満〔執政専権。勢傾大臣。大臣天資弘厚。時望攸帰。仲満毎欲中傷。未得其隙。続紀〕第三子乙縄〔縄続紀〕。平生与三木橘奈良麿相善。由是七月二日奈良麿等謀反伏誅。仲満〔誣以党逆。続紀〕左遷日向掾。大臣為大宰員外帥。即進発至難波別業。依病留連。　［宝字９尻］

藤原仲麿　五月十九日〔二十続紀〕日任紫微内相。元大納言。詔曰。令外別置紫微内相一人。令掌内外諸兵事。其官禄皆准大臣。兼中衛大将。近江守。　［勝宝９註］

天平宝字元年…五月十九日任紫微内相〔兼中衛大将近江守。年五十二〕。令掌諸兵事。其官禄皆准大臣〔五月十九日詔曰。令外別置紫微内相一人。令掌内外諸兵事。其官禄給職分雑物者皆准大臣〕。　［宝字８尻］

藤原永手　五月十九日任権〈中納言〉。〔即叙従三位〕式部卿如元。不歴三木。或本。天平宝字元年五月十九日任権中納言。　［勝宝８註］

式部卿。五月十九日転任中納言。　［勝宝９註］

◇五月丁卯（二十日）

中臣清麿　天平勝宝…九年五月丁卯正五位下。　［宝字６尻］

◇五月是月

藤原仲麿　五月任紫微内相。労九年。　［勝宝９註］

橘　奈良麿　五月為左大弁。在官九年。［勝宝９註］
阿倍沙弥麿　宝字元年五月日正四位下。［勝宝９尻］
白　壁　王　宝字元五正四下。［宝字３尻］
文室大市　宝字元年五月正四位下。［宝字９尻］
石上宅嗣　天平勝宝…九年五月日正五下〔従五上イ〕。
［神護２尻］
多治比土作　宝字元年五月従五上。［景雲４尻］
藤原浜成　宝字元年五月大蔵少輔。［宝亀３尻］
佐伯今毛人　天平宝字元年五月従四下。［延暦３尻］

◆六月八日
石川年足　六月八日兼神祇伯兵部卿。［勝宝９註］
文室知努　六月八〔十六続紀〕日任〈参議〉。即兼治部卿。［勝宝９註］
天平宝字元年六月八〔十六続紀〕日任三木。同日兼治部卿。［勝宝９尻］

◇六月乙酉（九日）
藤原乙麿　六月乙酉美作守。乙麻呂〈宝字〉二年以後不載之。国史。三年十一月丁卯任式（武カ）部卿。四年六月癸卯薨歟。［勝宝９註］

◇六月九日
巨勢堺麿　天平宝字元年…六月九日以紫微少弼兼下総守。［勝宝９尻］

◇六月是月
文室浄三　六月叙〈従二位〉。此人。若僻事歟。［勝宝９註］
文室大市　宝字元年…六月為弾正尹。［宝字９尻］
石上宅嗣　天平勝宝…九年…六月任相模守。［神護２尻］
大伴家持　勝宝…九年六月為〔転ひ〕〈兵部〉大輔。［宝亀11尻］

◆七月二日
藤原豊成　七月二日坐事左降。大宰員外帥。称病留難波。或本。開文不任左大臣。如何。○依舎弟恵美大臣説言坐事。し［勝宝９註］
大宰員外帥。七月二日坐事任帥。元右大臣。［勝宝９註］
天平勝宝九年五月十九〔廿続紀〕日叙正二位。弟大納言仲満〔執政専権。勢傾大臣。大臣天資弘厚。時望攸帰。仲満毎欲中傷。未得其隙。続紀〕第三子乙綱〔縄続紀〕。平生与三木橘奈良麿相善。由是七月二日奈良麿等謀反伏誅。仲満〔誣以党逆。続紀〕左遷日向掾。大臣為大宰員外帥。即進発至難波別業。依病留連。　〔宝字9尻〕

橘　奈良麿　七月二日謀反伏誅（或本遠流者如何）。後贈太政大臣正二位。承和十八十五贈従三位者。　〔勝宝9註〕

巨勢堺麿　天平宝字元年…七月二〔四ィ〕日叙従三位（二階）。　〔勝宝9尻〕

◇七月八日

巨勢堺麿　天平宝字元年…七月…同八日兼左大弁。　〔勝宝9尻〕

◇七月己卯（ナシ）

佐伯今毛人　天平宝字元年…七月己卯兼右京大夫（春宮大夫如元）。　〔延暦3尻〕

◇七月是月

橘　奈良麿　[皇代記云。し]天平勝宝九年七月。左大臣藤原豊成左降大宰員外帥。橘奈良丸。大伴古丸遠流者。古丸者若三木兄丸歟。奈良丸。承和十年八月十五日贈従三位者。贈太政大臣年月可尋之〔也し〕。　〔勝宝9頭〕

紀　飯麿　宝字元年七月日為右大弁。　〔勝宝9尻〕

山背王　七月叙〈従三位〉。　〔勝宝9註〕

藤原恵美朝獦　天平宝字元年七月日叙従五位下。為陸奥守。　〔宝字6尻〕

藤原乙縄　天平宝字元年七月正六位上藤原朝臣乙縄為日向員外掾。　〔宝亀10尻〕

◆八月一日

紀　飯麿　宝字元年…八月一日任三木（正四位下叙同日可尋）。後兼右大弁紫微大弼。　〔勝宝9尻〕

◇八月戊寅（二日）

多治比広足　…又云。八月戊寅勅。其身衰病老力弱就列。不教諸姪。悉為賊徒。如此之人。何居宰輔。仍解中納言。以散位帰第云々。宝字四年正月廿一日薨。　〔勝宝9註〕

◇八月三日

多治比広足　八月三日依老耄罷中納言。或本曰。宝亀九年七月三日解官者如何。七月姪党坐子宣逆而免。又云。…　［勝宝９註］
八月三日免官。　［勝宝９註］

石川年足　八月三日任中納言。労十年。　［勝宝９註］

巨勢堺麿　八月三（四続紀）任〈参議〉。左大弁如元。兼紫微大弼兵部卿（但未詳）。　［勝宝９註］
天平宝字元年…八月三（四し続紀）日任三木。即兼兵部卿下総守。後以病請仮満解云々。　［勝宝９尻］

藤原八束　八月三日正四位下。　［勝宝９註］

阿倍沙弥麿　八月三日任〈参議〉。　［勝宝９註］

紀　飯麿　八月三（四ィ）日任右大弁。　［勝宝９註］

塩　焼　王　八月三日賜氷上真人。叙従三位。　［勝宝９註］

◇八月四日

阿倍沙弥麿　宝字元年…八月四日任三木。　［勝宝９尻］

石川年足　八月四（三ィ）日任中納言。元三木。

◇八月廿八日　［勝宝９註］

――　改八月廿八日為天平宝字元年。駿河国献蚕産。　［勝宝９註］

◇八月是月

山　背　王　八月賜藤原姓。　［勝宝９註］

藤原八束　天平宝字二（元上文）年八月叙正四位下。任中務卿。　［宝字６尻］

◆十一月是月

佐伯今毛人　天平宝字元年…十一月為摂津大夫（或三年兼之者。受領補任二年）。　［延暦３尻］

◆是歳

紀　麻路　月日薨歟。或本。天平宝字元年薨歟。三木七年。中納言八年。　［勝宝８註］
月日卒。　［勝宝９註］

大伴兄麿　紫微大弼。左大弁（任日可尋）。薨年未詳。　［勝宝８註］
或本。天平宝字二（元ィ）年謀反。
左大弁（月日兼之。ィ）　［勝宝９註］

白壁王　天平宝字元年月叙正四位下。〔宝字6尻〕

文室知努　天平宝字…二年六月兼出雲守。或本云。三年任三木。又二年任者。雖然小野宮本説。元年任定可書入也。〔勝宝9尻〕

巨勢堺麿　天平宝字元年〔勝宝八五十九ィ〕従四位上。〔勝宝9尻〕

橘　奈良麿　天平宝字元年三木橘奈良麿等謀欲除之。事渉廃立。反為所滅。〔宝字8藤原恵美押勝尻〕

石上宅嗣　天平宝字元年為紫微少弼。〔神護2尻〕

紀　船守　天平宝字元年中起家任授刀。〔宝亀12尻〕

天平宝字二年

◆三月是月

阿倍沙弥麿　八月一日〔月日不審〕兼大宰帥。同日兼中務卿云々。三月日〔四月二十日続紀〕卒去。給役夫二百人。〔宝字2註〕

◆四月廿日

阿倍沙弥麿　八月一日〔月日不審〕兼大宰帥。同日兼中務卿云々。三月日〔四月二十日続紀〕卒去。給役夫二百人。〔宝字2註〕

◇四月是月

藤原恵美真光　天平宝字二年八〔四ィ〕月日従五位上。〔宝字6尻〕

山　村　王　天平宝字二年四月〔三五十七続紀〕従五位上山村王任紀伊守。〔宝字8尻〕

◆六月是月

文室知努　天平宝字…二年六月兼出雲守。或本云。三年任三木。又二年任者。雖然小野宮本説。元年任定可書入也。〔勝宝9尻〕治部卿。六月日兼任出雲守。〔宝字2註〕

大伴家持　宝字二年六月因幡守。〔宝亀11尻〕

◆八月一日

―――　八月一日庚子大炊王受禅即位。〔宝字2註〕

石川年足　兼兵部卿。神祇伯。八月一日叙正三位。〔宝字2註〕

阿倍沙弥麿　八月一日〔月日不審〕兼大宰帥。同日兼中務卿云々。三月日〔四月二十日続紀〕卒去。給

役夫二百人。〔宝字２註〕

氷上塩焼　八月一日叙ィ〈従三位〉。〔宝字２註〕

船　王　八月一日叙〈従三位〉。〔宝字２註〕

池田王　八月一日叙〈従三位〉。〔宝字２註〕

◇八月廿五日

藤原恵美押勝　八月廿五日任大保。〔元紫微内相ㇾ〕。勅加姓中恵美両字。改名仲麿為押勝。擬右大臣官。給功封三千戸功封田一百町。兼聴鋳銭挙稲及用恵美家印。〔宝字２註〕

天平宝字…二年八月廿五日遷任大保（左大臣官也）。即優勅加姓中恵美二字。改仲麿曰押勝。賜功封三千戸田百町。聴鋳銭及挙稲及恵美家印。〔宝字８尻〕

石川年足　八月廿五日任〈大納言〉。〈兵部〉卿伯如元。或云。宝字四年任御史大夫。元中納言。兵部卿。不任大納言。可尋之。〔宝字２註〕

◇八月是月

河内王　五月四日叙〈従三位〉。去二年八月ㇾ日叙従三位国史女王之由載之乎。〔宝字４註〕

藤原八束　天平宝字二〔元上文〕年八月叙正四位下。任中務卿。〔宝字６尻〕

藤原恵美真光　天平宝字二年八〔四ィ〕月日従五位上。〔宝字６尻〕

藤原恵美訓儒麿　天平宝字二年八月日叙従五位下。〔宝字６尻〕

藤原楓麿　天平宝字二年八月叙従五位下。〔宝亀３尻〕

◆十一月是月

藤原縄麿　天平宝字二年十一月任備中守。年月正五位下。〔宝字８尻〕

天平宝字二年十一月任備中守（従五下）。〔宝亀２註〕

藤原魚名　天平宝字…二年十一月任上総守。〔景雲２尻〕

受領補任云。宝字…二年十一月任上総守者。〔景雲２頭〕

藤原楓麿　天平宝字二年…十一月文部少輔。〔宝亀３尻〕

◆是歳

大伴兄麿　紫微大弼。左大弁（任日可尋）。薨年未詳。
或本。天平宝字二〔元ィ〕年謀反。
［勝宝8註］
左大弁。（或本説）月日謀反。［宝字2註］

文室知努　天平宝字…二年六月兼出雲守。或本云。三年任三木。又二年任者。雖然小野宮本説。元年任定可書入也。［勝宝9尻］

藤原乙麿　六月乙酉美作守。乙麻呂〈宝字〉二年以後不載之。国史。三年十一月丁卯任式（武ヵ）部卿。四年六月癸卯薨歟。［勝宝9註］

白壁王　宝字二年正四上。［宝字3尻］
天平宝字…二年月正四位上。［宝字6尻］

紀　飯麿　兼右大弁。月日兼河内守。紫微大弼。
［宝字2註］

竹野王　至于今年補任不詳。薨歟。［宝字2註］

百済南典　至于今年補任不詳。薨歟。［宝字2註］

栗栖王　補任不詳。薨歟。国史天平勝宝五年薨〔し无〕。［宝字2註］

和気王　天平宝字二〔当作三〕年追尊祖父舎人親王。曰崇道尽敬皇帝。仍又被〔所ひし〕叙王也。
同年月叙従四位下。［宝字8尻］

藤原縄麿　天平宝字二年十一月任備中守。年月正五位下。［宝字8尻］

佐伯今毛人　天平宝字元年…十一月為摂津大夫（或三年兼之者。受領補任二年）。［延暦3尻］

坂上田村麿　従三位左京大夫兼右衛士督苅田麿子。正四位上犬養之孫。宝字二年戊戌生。くし
［延暦24尻］

天平宝字三年

◆正月壬子（ナシ）

佐伯今毛人　天平宝字…三年正月壬子為造西〔大脱ヵ〕寺長官。［延暦3尻］

◇正月是月

石上宅嗣　天平宝字…三年正〔五ィ〕月任三河守。
［神護2尻］

◆五月十七日

山村王　天平宝字二年四月〔三五十七続紀〕従五位上

山村王任紀伊守。〔宝字８尻〕

◇五月是月

藤原恵美訓儒麿　天平宝字…三年五月為美乃守。〔宝字６尻〕

石上宅嗣　天平宝字…三年正〔五ィ〕月任三河守。〔神護２尻〕

阿倍毛人　天平宝字三年五月文部少輔。〔宝亀２尻〕

◆六月一日

紀　飯麿　六月一日叙正四位上。〔宝字３註〕

藤原八束　六月一日正四位上。〔宝字３註〕

藤原御楯　一名千尋。六月一日任〈参議〉。即授従四位上。〔宝字３註〕

白　壁　王　従三位。六月一日叙。〔宝字３註〕

◇六月庚戌（十六日）

中臣清麿　天平宝字三年六月庚戌正五位上。〔宝字６尻〕

◇六月是月

舎人親王　宝字三年六月追称崇道尽敬天皇。〔天平７註〕

白　壁　王　天平宝字…同三し年六月従三位。〔宝字６尻〕

藤原恵美真光　天平宝字…三年六月従四位下。〔宝字６尻〕

藤原恵美訓儒麿　天平宝字…三年…六月叙従四位下。〔宝字６尻〕

藤原恵美朝獦　天平宝字…三年六月日正五位下。〔宝字６尻〕

藤原魚名　天平宝字…三年六月正五位上。〔景雲２尻〕

藤原百川　本系云。百川幼有器度。歴任顕要。天平宝字三年六月従五位下。後為智部少輔。〔宝亀２尻〕

阿倍毛人　天平宝字三年…六月従五上。〔宝亀２尻〕

◆十一月四日

紀　飯麿　十一月四日兼民部卿（或義部卿）。河内守如元。〔宝字３註〕

◇十一月丁卯（五日）

藤原乙麿　六月乙酉美作守。乙麻呂〈宝字〉二年以後不載之。国史。三年十一月丁卯任式（武カ）部卿。四

年六月癸卯薨歟。〔勝宝９註〕

◇十一月是月

藤原恵美押勝　十一月賜帯刀資人廿人。通前卅人。〔宝字３註〕

文室大市　宝字…三年十一月為節部卿。〔宝字９尻〕

阿倍毛人　天平宝字三年…十一月仁部大輔。〔宝亀２尻〕

◆是歳

文室知努　天平宝字…二年六月兼出雲守。或本云。三年任三木。又二年任者。雖然小野宮本説。元年任定可書入也。〔勝宝９尻〕

和気王　天平宝字二〔当作三〕年追尊祖父舎人親王。曰崇道尽敬皇帝。仍又被〔所ひし〕叙王也。同年月叙従四位下。〔宝字８尻〕

粟田道麿　宝字三年内薬佐。従七位下。賜朝臣。〔宝字８尻〕

佐伯今毛人　天平宝字元年…十一月為摂津大夫（或三年兼之者。受領補任二年）。〔延暦３尻〕

五百枝王　宝字三〔四ヵ〕年庚子生。(19) く〔弘仁３註〕

天平宝字四年

◆正月二日

多治比広足　正月二日薨。或本天平四年二月廿一日薨云々如何。〔宝字４註〕

◇正月七日

藤原恵美押勝　正月七〔四続紀〕日叙従一位（越一階）。〔宝字４註〕

藤原真楯　本名八束。無ィ本。或本。正月七日叙従三位。為大宰帥者。更改名八束為真楯。〔宝字４註〕

藤原巨勢麿　正月七日叙〈従三位〉。〔宝字４註〕

◇正月十一日

藤原恵美押勝　正月…同十一〔四続紀〕日転大師（太政大臣官）。賜随身（天皇即召大師。賜随身契）。〔宝字４註〕

石川年足　正月十一日任御史大夫。元大納言兵部卿神祇伯。兵部卿伯如元。〔宝字４註〕

文室知努　正月十一日任中納言。元三木。治部卿。

◇正月廿一日　［宝字４註］

多治比広足　八月三日依老耆罷中納言。或本曰。宝亀九年七月三日解官者如何。七月姪党坐子宣逆而免。又云。八月戊寅勅。其身衰病老力弱就列。不教諸姪。悉為賊徒。如此之人。何居宰輔。仍解中納言。以散位帰第云々。宝字四年正月廿一日薨。［勝宝９註］

続日本紀今年正月廿一日薨。［宝字４頭］

◇正月是月

石川年足　正月任御史大夫（労四年）。し［宝字４註］

藤原清河　〈遣唐〉大使。正月詔曰。久不来帰。所鬱念也。二月兼文部卿。［宝字４註］

紀　飯麿　正月日兼美作守。又兼義部卿。［宝字４註］

藤原真楯　天平宝字…四年正月叙従三位為大宰帥。更改名真楯。［宝字６尻］

藤原恵美押勝　天平宝字…四年正月叙従一位（越一階）。［宝字８尻］

◆二月是月

藤原清河　二月兼文部卿。［宝字４註］

藤原楓麿　天平宝字…四年二月但馬介。［宝亀３尻］

◆三月一日

白　壁　王　「三月一日勅准格正四上自今以後為従三位官」〔恐衍〕［宝字４註］

◆五月四日

河　内　王　五月四日叙〈従三位〉。去二年八月し日叙従三位国史女王之由載之乎。［宝字４註］

◆六月癸卯（ナシ）

藤原乙麿　六月乙酉美作守。乙麻呂〈宝字〉二年以後不載之。国史。三年十一月丁卯任式（武カ）部卿。四年六月癸卯薨歟。［勝宝９註］

◆八月一日

阿倍島麿　八月一日任三木。［宝字４註］

◇八月七日

藤原不比等　廃帝三年。天平宝字四年八月七日勅曰。先朝太政大臣藤原朝臣者。非唯功高於天下。是復皇家之外戚也。是以先朝贈正一位太政大臣。准周礼。宜依斉太公故事。追以近江国十二郡為淡海公。余官如故。継室従一位県狗養橘宿祢。贈正一位以さ為大夫人。又大師押勝奏偁。臣故父及叔者位已窮高。官〔官位さ〕尚未足。伏願廻所帯大師之任。欲譲南北両左大臣者。依請。所請南卿（武智麿左大臣）。贈太政大臣。北卿（贈左大臣房前）転贈太政大臣。　〔養老４尻〕

藤原武智麿　天平宝字四年八月七日贈太政大臣（中納言九年。大納言六年。右大臣四年。左大臣七ケ月）。　〔天平９註〕

廃帝三年天平宝字四年八月七日有勅。以贈太政大臣不比等為淡海公之次。大師押勝奏偁。故臣父已窮高位。官尚未足。伏願廻臣所帯大師之任。欲譲南北両左大臣者。依請。南卿武智麿贈太政大臣。〔北卿房前転太政大臣（元贈左大臣正二位也）。さ〕　〔天平９尻〕

藤原房前　宝字四年八月七日贈太政大臣。　〔天平９尻〕

◇八月是月

藤原御楯　八月正四位下。　〔宝字４註〕

阿倍島麿　天平宝字四年八月日叙従四下。任三木。　〔宝字４尻〕

◆十一月是月

藤原恵美押勝　天平宝字…四年…十一月任大師（号太政大臣官為大師）。天皇即召大師賜随身契。　〔宝字８尻〕

◆是歳

石川年足　八月廿五日任〈大納言〉。〈兵部〉卿〈神祇〉伯如元。或云。宝字四年任御史大夫。元中納言。兵部卿。不任大納言。可尋之。　〔宝字２註〕

五百枝王　宝字三〔四ヵ〕年庚子生[19]。く　〔弘仁３註〕

天平宝字五年

◆正月戊子（二日）

藤原是公　天平宝字五年正月戊子正六位上藤原黒麿授従五位下。補神祇大副。　〔宝亀５尻〕

石川名足　天平宝字五年正月戊子従五下。　〔宝亀９尻〕

◇正月七日
藤原巨勢麿　ィ正月七日叙〈従三位〉。　［宝字５註］
天平宝字六年正月叙従三位（或去年正月七日叙之）。任三木。　［宝字６尻］
藤原魚名　天平宝字…五年正月七〔二一続紀〕日従四位下。　［景雲２尻］
◇正月十一日
藤原浜成　宝字…五年正月十一日大判事。　［宝亀３尻］
石川名足　天平宝字五年正月…同十一日下野守。　［宝亀９尻］
◇正月十四日
文室浄三　正月十四日叙正三位。即改名知努為浄三。本名知努。　［宝字５註］
阿倍嶋麿　正月十四日叙従四位上。　［宝字５註］
◇正月是月
藤原恵美真光　天平宝字…五年正月従四上。職歴鎮国衛驍騎将軍。兼美濃飛騨按察使。　［宝字６尻］
藤原恵美訓儒麿　天平宝字…五年正月日任大和守。　［宝字６尻］
石上宅嗣　天平宝字…五年正月上総守。　［神護２尻］
藤原田麿　天平宝字五年正月授従五位下。為西海道節度使。　［神護２尻］
藤原宿奈麿　天平宝字五年正月任上野守。　［景雲４頭］
◆二月一日
――　二月一日勅。中納言。准格正四位上。自今以後為従三位官。　［宝字５註］
◆三月一日
巨勢堺麿　四（或三）月一日薨。兵部卿（或本無卿）。紫微大弼。下総守（秩満歟如何）。或書云。任三木之後。以病請仮。秩満解任者。三木大弁五年。　［宝字５註］
◇三月九日
阿倍嶋麿　三月…同月九日卒去。在官二年。　［宝字５註］
◇三月乙未（十日）
阿倍嶋麿　続日本紀三月丙戌朔乙未卒云々。十日也。　［宝字５頭］
◇三月是月

藤原清河　三月日叙正四位下。或本。　[宝字５註]

阿倍嶋麿　三月正四位下。　[宝字５註]

◆四月一日

巨勢堺麿　四(或三)月一日薨。兵部卿(或本無卿)。紫微大弼。下総守(秩満歟如何)。或書云。任三木之後。以病請仮。秩満解任者。三木大弁五年。　[宝字５註]

◆七月六日

藤原御楯　七月六日叙正四位上。　[宝字５註]

◇七月是月

紀　飯麿　十(七)月日転左大弁。　[宝字５註]

◆八月是月

藤原清河　〈遣唐〉大使。文部卿。八月迎使至自唐国。　[宝字５註]

藤原御楯　或書云。八月日高野天皇及帝幸薬師寺。還幸授刀督従四位上御楯第宴飲。授御楯正四位上(二階)。其室従四位下藤原恵美朝臣児従正四位下。後任伊賀近江按察使。　[宝字５註]

石上宅嗣　天平宝字…五年…八月為遣唐副使。遂相代留。　[神護２尻]

◆十月九日

藤原御楯　十月九(廿し廿八続紀)日叙従三位。　[宝字５註]

◇十月是月

紀　飯麿　十(七)月日転左大弁。　[宝字５註]

藤原恵美朝獦　天平宝字…五年十月日従四位下。為仁部卿。　[宝字６尻]

和　気　王　天平宝字…五年十月為節部卿。　[宝字８尻]

文室大市　宝字…五年十月任出雲守。　[宝字９尻]

◆是歳

藤原縄主　参議従三位大宰帥蔵下麿之長子。母従五位上粟田馬養女。正五位上廉刀自。天平宝字五年辛丑生。　[延暦17註]

天平宝字六年

◆正月一日

氷上塩焼　正月一日鎮国驍騎将軍兼美乃飛驒信乃按察

使。［宝字６註］

藤原恵美真光　天平宝字…六年正月一〈四歟〉日任三木。
〔十二月一日正四位上為大宰帥〕［宝字６尻］

◇正月四日

文室浄三　正月四日任御史大夫。元中納言。
［宝字６註］
正月四日任御史大夫。［宝字６註］

氷上塩焼　去正月四日任三木。［宝字６註］
正月四日任〈参議〉。［宝字６註］

藤原巨勢麿　正月四日任三木。［宝字６註］

紀　飯麿　正月四日叙従三位。［宝字６註］

◇正月是月

藤原巨勢麿　天平宝字六年正月叙従三位（或去年正月七日叙之）。任三木。［宝字６尻］

紀　飯麿　宝字六年正月日叙従三位（依病解官）。上表乞骸骨。詔許。［宝字６尻］

中臣清麿　天平宝字…六年正月日従四位下。［宝字６尻］

石川豊成　天平宝字六年正月日叙従四位下。［宝字６尻］

阿倍毛人　天平宝字…六年正月左中弁。［宝亀２尻］

大伴家持　宝字…六年正月薩摩守。［宝亀11尻］

◆二月一日

藤原恵美押勝　二月一日叙正一位。［宝字６註］
天平宝字…六年二月一日叙正一位。［宝字８尻］

◆四月是月

石川豊成　天平宝字六年…四月兼尾張守。［宝字６尻］

◆五月是月

藤原恵美押勝　五月日給帯刀資人六十人。通前百人。［宝字６註］
天平宝字…六年…五月日賜帯刀資人六十人。通前一百人。［宝字８尻］

◆七月廿日

紀　飯麿　宝字六年…七月…廿日給役夫。［宝字６尻］

◇七月是月

紀　飯麿　月日致仕。七月日薨。［宝字６註］

七月日薨。〔宝字6註〕
宝字六年…七月薨。在官六年。〔宝字6尻〕

◆九月是月
石川年足　九月薨。年七十五。労三年。兵部卿。神祇伯。勲十三等。〔宝字6註〕
文室浄三　九月優老賜策杖。〔宝字6註〕

◆十一月是月
氷上塩焼　十一月任中納言。〔宝字6註〕
藤原巨勢麿　天平宝字…六年十一月遣件人奉幣香椎廟。以為征新羅調習軍旅。〔宝字6尻〕

◆十二月乙巳（一日）
藤原継縄　天平宝字七年正月九日〔六年十二月乙巳ィ〕叙従五位下。〔神護2尻〕

◇十二月一日
白壁王　十二月一日任中納言。〔宝字6註〕
十二月一日任〈中納言〉。不歴三木。〔宝字6註〕
天平宝字…六年十二月一日任中納言。〔宝字6尻〕
藤原弟貞　十二月一日任〈参議〉。〔治部卿。く〕起姓。左大臣長屋王男。母太政大臣藤原朝臣不比等女。仍給母姓藤原。〔宝字6註〕
藤原恵美真光　十二月一日叙正四位上（二階）。即兼大宰帥。〔宝字6註〕
天平宝字…六年正月一〔四歟〕日任三木。〔十二月一日正四位上為大宰帥し〕〔宝字6尻〕
藤原恵美訓儒麿　十二月一日任〈参議〉。〔宝字6註〕
天平宝字…六年十二月一日任三木。〔宝字6尻〕
藤原恵美朝獦　十二月一日任〈参議〉。〔宝字6註〕
天平宝字…六年十二月一日任三木。〔宝字6尻〕
中臣清麿　十二月一日任〈参議〉。年六十。左大弁。神祇伯（大副歟）。勲四等。〔宝字6註〕
天平宝字…六年…十二月一日任三木。兼左大弁。神祇伯〔大副歟〕。〔宝字6尻〕
石川豊成　十二月一日任〈参議〉。兼右大弁。

文室浄三　十二月一日兼神祇伯。　［宝字６註］

氷上塩焼　十二月一日任〈中納言〉。　［宝字６註］

藤原真楯　十二月一日任〈中納言〉。不歴三木。或本経三木。本名八束〈兼治〈ィ信〉部卿ィ〉。　［宝字６註］

十二月一日任中納言。労十四年。　［宝字６註］

天平宝字…六年十二月一日任中納言。　［宝字６尻］

◇十二月十一日

藤原恵美押勝(20)　天平宝字…六年…十二月…十一日逆謀頗泄。高野天皇収中宮院鈴印。押勝囲之。令男三木訓儒麿等奪之。天皇遣少尉坂上苅田麿等射殺之。免官位并除藤原姓字也。功封等悉収之。即遣使固三関。其夜相招党与。遁自宇治。奔拠近江国。山背守日下部子麿。衛門少尉佐伯伊多智等。直取田原道。先焼勢多橋。押勝即見之失色。走高島郡領角家足之宅。是夜有星。落于押勝〔臥屋之上。続紀〕大如甕。伊多智等馳到越前国。斬守藤原恵美辛加知。押勝不知。而偽立中納言従三位氷上真人塩焼。為今帝。真光朝獦等皆為三品。余各有差。遣精兵数十人而入愛発関。司物部広成等拒而却之。押勝進退失拠。即乗船向浅井郡塩津。急有逆風船欲漂濤。於是更取山道。直指愛発。伊多智摧之。八九中箭而亡。押勝即還到高島郡三尾崎。与佐伯三野大野真本等相戦。従午及申。官軍疲頓。于時〔従五位下藤原朝臣蔵下麿将兵忽至。続紀〕真光引衆而退。三野等乗之。殺傷稍多。押勝遥望衆敗。乗船而亡。諸将水陸両道攻之。押勝阻勝野鬼江。尽鋭拒戦。官軍攻撃之。押勝衆潰。独与妻子三四人乗船浮江。　［宝字８尻］

◇十二月十八日

藤原恵美押勝(21)　天平宝字…六年…十二月…十八日軍士石村々主石楯獲而斬之。及其妻子徒党卌四人。

皆斬之江頭。伝首京師。在官七年。但第六子刷雄。以少修禅行独免死。配流隠岐国。〔宝字8尻〕

◇十二月是月

氷上塩焼　十二月兼美作守。〔宝字6註〕

藤原恵美押勝　天平宝字…六年…十二月大師男従四位上真光。従四位下訓儒麿。従四位下朝獦。並為三木。従五位上少陽麿（小湯続紀）。従五位下薩雄。辛加知。執棹。皆任衛府国司。官莫不姻戚。独擅権威。猜防日甚。時道鏡禅師常侍禁掖。甚被寵愛。押勝患之。懐自不安。『八年八月乙巳逆謀泄解免官位并藤原姓字九月二日[22]』諷高野天皇。為都督使。掌兵自衛。准拠諸国城（試続紀）兵之法（四畿内三関近江丹波播磨等兵事使掌）。管内兵士。毎国廿人。五日為一番。集都督衙。簡閲武芸。奏聞畢後。私益其数。用太政官印而行下之。而大外記高丘比良麿[23]。懼禍及己。密奏此事及中宮（二字或衍）。〔宝字8尻〕

◆是歳

紀　飯麿　月日致仕。七月日薨。〔宝字6註〕

天平宝字七年

◆正月是月

藤原永手　正月日兼兵部卿。〔宝字7註〕

藤原清河　兼〈遣唐〉大使。文部卿。正月任常陸守。其身在唐。〔宝字7註〕

藤原蔵下麿　天平宝字七年正月従五位下。為少納言。〔宝字8尻〕

和気王　天平宝字…七年正月為伊与守。〔宝字8尻〕

石上宅嗣　天平宝字…七年正月為文部大輔。〔神護2尻〕

藤原田麿　天平宝字…七年正月任美濃守。〔神護2尻〕受領補任云。天平宝字七年正月任美乃守者。〔神護2頭〕

多治比土作　宝字…七年正月正五位下。〔景雲4尻〕

阿倍毛人　天平宝字…七年正月正五下。為河内守。〔宝亀2尻〕

藤原楓麿　天平宝字…七年正月大判事。〔宝亀3尻〕

石川名足　天平宝字…七年正月伊勢守。〔宝亀9尻〕

紀　広純　天平宝字七年正月従五下。為大宰員外少弐。〔宝亀11尻〕

佐伯今毛人　天平宝字…七年正月為造東大寺長官（小野宮本不見）。〔延暦3尻〕

◇正月九日

藤原継縄　天平宝字七年正月九日〔六年十二月乙巳ィ〕叙従五位下。〔神護2尻〕

◆四月是月

藤原恵美訓儒麿　四月日兼丹波守。左右京尹如元。〔宝字7註〕

中臣清麿　四月日兼摂津大夫。左大弁。〔宝字7註〕

藤原浜成　宝字…七年四月民部大輔。〔宝亀3尻〕

◆七月是月

藤原田麿　天平宝字…七年…七月陸奥出羽按察使。〔神護2尻〕

◆九月十一日

道鏡禅師　九月十三〔廿続紀〕日為大臣。職封戸一准大臣。天平宝字八年九月十三日任之。元少僧都。天平宝字七九十一任之。〔宝字8註〕

◇九月是月

山村王　天平宝字…七年九月日従五位上山村王正五位下。〔宝字8尻〕

◆十月丙戌（十七日）

藤原弟貞　月日任礼部卿。十一（十ィ）月丙戌薨。〔宝字7註〕

◆十一月丙戌（ナシ）

藤原弟貞　月日任礼部卿。十一（十ィ）月丙戌薨。〔宝字7註〕

◆是歳

藤原弟貞　月日任礼部卿。十一（十ィ）月丙戌薨。〔宝字7註〕

藤原巨勢麿　九月十八日父押勝謀反。同共伏誅。第三男也。或本云。去年薨歟。未詳。三位二年。三木三（二ィ）年。〔宝字8註〕

藤原豊成　天平宝字八年九月…廿八日癸亥勅。逆臣仲万呂奏右大臣豊成不忠之由。故即左降。今

既知讒詐。復其官位。宣先日所下勅書官符皆悉焼却。従配所（七年）帰京。［宝字９尻］
藤原綱継　天平宝字七年生。［天長２尻］

天平宝字八年

◆正月乙巳（七日）
大伴潔足　天平宝字八年正月乙巳従五下。為刑〔義カ〕部少輔。［延暦９尻］
◇正月七日
文室浄三　正月七日叙従二位。伯如元。［宝字８註］
藤原清河　正月七日叙従三位。身在唐。大使。民部卿。常陸守。［宝字８註］
中臣清麿　正月七日叙従四位上。左大弁。［宝字８註］
石川豊成　正月七日叙従四位上。［宝字８註］
◇正月己未（廿一日）
佐伯今毛人　天平宝字…八年正月己未為宮城監。［延暦３尻］
◇正月是月
山村王　天平宝字…八年正月為少納言。［宝字８尻］
和気王　天平宝字…八年正月従四位上。［宝字８尻］
粟田道麿　宝字…八年正月外従五下。［宝字８尻］
藤原蔵下麿　天平宝字…八年正月備前守。［宝字８尻］
石上宅嗣　天平宝字…八年正月為大宰少弐。［神護２尻］
藤原田麿　天平宝字…八年正月正五位下。［神護２尻］
藤原継縄　天平宝字…八年正月任信乃守。［神護２尻］
大伴伯麿　天平宝字八年正月伊豆守。［宝亀９尻］
◆四月是月
多治比土作　宝字…八年四月文部大輔。［景雲４尻］
◆五月十一日
弓削浄人　天平宝字八年五月十一日従四位下。非三木僻事歟。［宝字８註］
◆六月一日
藤原御楯　六月一日薨。一名千尋。在官六年。五十。［宝字８註］
◆八月二日
氷上塩焼　八月二（一ィ）日兼式部卿。［宝字８註］
◇八月己巳（四日）

佐伯今毛人　天平宝字…八年…八月己巳任肥前守〈〈宮城〉監如元〉。　［延暦3尻］

◇八月乙巳（ナシ）

山村王　天平宝字…八年…八月乙巳押勝逆謀頗泄。高野天皇遣少納言山村王収中宮院鈴印。押勝聞之。遣兵邀而奪之。山村王密告消息。遂果君命。天皇嘉之。　［宝字8尻］

藤原恵美押勝　『八年八月乙巳逆謀泄解免官位幷藤原姓字』(24)　［宝字8尻欠文］

◇八月是月

藤原継縄　天平宝字…同年八月越前守。　［神護2尻］

◆九月一日

文室浄三　九月一〔四続紀〕日致仕。詔許。　［宝字8註］

◇九月二日

藤原恵美押勝　『八年八月乙巳逆謀泄解免官位幷藤原姓字九月二日』諷高野天皇為都督使掌兵自衛。(24)　［宝字8尻・欠文］

◇九月九日

山村王　九月…九日任左兵衛督。元正五位下少納言。　［宝字8註］

◇九月十日

藤原永手　兵部卿。九月十（十一ィ）日任〈大納言〉。叙正三位。元中納言。六十。　［宝字8註］

氷上塩焼　九月十日〔一日ひし〕被誅（三木一年中納言三年）。　［宝字8註］

中臣清麿　九月十日正四位下。依恪勤功也。　［宝字8註］

◇九月乙巳（十一日）

藤原縄麿　天平宝字…八年九月…乙巳従四位下。　［宝亀2註］

◇九月十一日

藤原恵美押勝　『八年八月乙巳…九月』…十一月逆謀頗泄。(24)　［宝字8尻・欠文］

白壁王　九月十一（十ィ）日叙正三位。　［宝字8註］

藤原真楯　九月十一（十ィ三ィ）日叙正三位。勲二等。兼授刀大将。　［宝字8註］

山村王　九月十一日任〈参議〉。叙従三位。　［宝字8註］

和気王　天平宝字…八年…九月十一日任三木。叙従三位〔元正五位下〕。〔宝字8尻〕
九月十一日任〈参議〉。叙従三位。〔宝字8註〕

吉備真吉備　天平宝字…八年…九月十一日従三位。同十一日任三木。〔宝字8尻〕
九月十一日任〈参議〉。即叙従三位兼中衛大将。生年七十。勲二等即任参議。ひし〔宝字8註〕
宝字八年九月十一日仲満謀反。大臣計其必定走。分兵遮之。甚有籌略。賊遂陥謀。以功授従三位勲二等。為三木中衛大将。後加〔以下ひ无〕正三位。〔宝字8尻〕

藤原縄麿　九月十一日任〈参議〉。〔宝字8註〕
宝字八年九月十一日従四位下。〔宝字8尻〕
天平宝字…八年九月十一日任参木者。〔宝亀2註〕

粟田道麿　九月十一日任〈参議〉。〔宝字8註〕
天平宝字八年九月十一日任三木。

弓削清人　九月十一日任〈参議〉。〔宝字9尻〕
同日叙正三位。〔宝字8註〕

藤原蔵下麿　九月十一日叙〈従三位〉。〔宝字8註〕

◇九月十二日

藤原恵美押勝　九月十二日止官位。○参議七年。大納言九年。中衛大将紫微内相二年。大保三年。大師五年。し号恵美大臣。〔宝字8註〕

石川豊成　九月十二日正四位下。〔宝字8註〕

◇九月十三日

藤原豊成　九月十三〔十四ィ〕日更任右大臣。〔宝字8註〕
天平宝字八年九月…同十三日戊申[25]豊成朝臣復右大臣。賜帯刀卅人。授従一位。仲満呂伏誅。〔宝字9尻〕

道鏡禅師　九月十三〔廿続紀〕日為大臣。職封戸一准大臣。天平宝字八年九月十三日任之。元少僧都。天平宝字七九十一任之。〔宝字8註〕

◇九月十八日

藤原恵美押勝　九月…十八日軍士石村々主石楯獲而斬之。　［宝字８尻］

藤原巨勢麿　九月十八日父押勝謀反。同共伏誅。第三男也。或本云。去年薨歟。未詳。三位二年。三木三(二ィ)年。　［宝字８註］

藤原恵美真光　九月十八日父押勝謀反。同共伏誅。大宰帥。[二男。ひし]在官三年。　［宝字８註］

藤原恵美訓儒麿　九月十八日父押勝謀反伏誅。一男。　［宝字８註］

藤原恵美朝獦　九月十八日父押勝謀反伏誅。三男。　［宝字８註］

◇九月甲寅(二十日)

藤原浜成　宝字…八年九月甲寅従五位上。同日正五下。　［宝亀３尻］

◇九月廿八日

藤原豊成　天平宝字八年九月…廿八日癸亥(26)勅。逆臣仲万呂奏右大臣豊成不忠之由。故即左降。今既知讒詐。復其官位。宣先日所下勅書官符皆悉焼却。従配所(七年)帰京。［宝字９尻］

◇九月是月

藤原豊成　九月…同月(廿四ィ)日叙従一位。元蒙[罪左降大宰員外帥。被優也。元前右大臣。号難波大臣。し]　［宝字８註］

天平宝字八年九月舎弟大師仲満謀反。走近江国。　［宝字９尻］

藤原永手　九月任大納言。〈中納言〉労八年。　［宝字８註］

文室大市　宝字…八年九月正四位上。為民部卿。　［宝字９尻］

藤原楓麿　天平宝字…八年九月従四下。　［宝亀３尻］

紀　船守　天平宝字…八年九月大師押勝謀反。高野天皇遣使収中院鈴印。押勝聞之令其子訓儒麿等奪之。天皇遣使射殺之。于時授刀従七位下船守令〔念ひ〕射殺之。依此功授従五位下勲五等。　［宝亀12尻］

◆十月丙寅(三日)

藤原小黒麿　天平宝字八年十月丙寅従五下[(卅五)。くし]　［宝亀10尻］

◇十月壬申(九日)

藤原是公　天平宝字…八年十月壬申播磨守。　〔宝亀5尻〕

◇十月十日

紀　古佐美　天平宝字八年十月十日従五下(卅一)。　〔延暦4尻〕

◇十月甲戌(十一日)

藤原小黒麿　天平宝字八年十月…甲戌任伊世守。　〔宝亀10尻〕

◇十月是月

――――　十月日高野姫天皇又即位。遷天皇於淡路国。
廃帝位号淡路公。重即帝位。　〔宝字8註〕

和　気　王　十月任兵部卿丹波守。〔在官二年。〕　〔宝字8註〕
天平宝字…八年…十月任兵部卿丹波守。　〔宝字8尻〕

石川豊成　十月兼大蔵卿。右大弁如元。　〔宝字8註〕

粟田道麿　受領補任云。宝字八年十月以後権中将兼因幡守。　〔宝字9頭〕

石上宅嗣　天平宝字…八年…十月日正五位上。任常陸守。　〔神護2尻〕

藤原田麿　天平宝字…八年…十月右中弁。兼外衛中将。　〔神護2尻〕

藤原楓麿　天平宝字…八年…十月美乃守。　〔宝亀3尻〕

藤原浜成　宝字…八年…十月従四下。　〔宝亀3尻〕

大伴伯麿　天平宝字八年…十月右〔左ィ〕衛門佐。　〔宝亀9尻〕

石川名足　天平宝字…八年十月従五上。　〔宝亀9尻〕

藤原乙縄　天平宝字…八年十月叙従五下。　〔宝亀10尻〕

◆十一月戊戌(五日)

藤原是公　天平宝字…八年…十一月戊戌山城守。　〔宝亀5尻〕

◇十一月十一日

弓削(浄)清人　十一月十一日任上総守。道鏡禅師弟也。　〔宝字8註〕
同日〈十一月十一日〉叙正三位。　〔宝字8註〕

◇十一月是月

紀　広庭　天平宝字八年十一月従五下。為上総介。

◆十二月是月

［宝亀６尻］

石川名足　天平宝字…八年…十二月備前守。［宝亀９尻］

◆是歳

吉備真吉備　天平宝字八年真備朝臣生年数満七十。其年進致仕表。入京以病帰家。急有兵乱召入内。参謀軍務。畢授功。［宝字８頭］

藤原魚名　天平宝字…八年従四位上。任宮内卿。［景雲２尻］

藤原宿奈麿　仲満謀反(27)。走於近江。即日奉詔。将兵数百。追而討之。授従四位下勲四等。尋加正四位上。任大宰帥。［景雲４尻］

職歴内外。依功為従四位下勲四等。加し正四位上。任大宰帥。［神護２尻］

坂上苅田麿　宝字…八年恵美仲麿作逆。先遣其息訓儒麿邀奪鈴印。苅田麿与将曹牡鹿島足共奉詔載馳。射訓儒麿而殺之。以功徳授従四位下勲二等。賜姓大忌寸。補中衛少将。兼甲斐守。語在廃帝紀。［延暦４尻］

〔以下し係頭書〕或本云。苅田麿宝字中任授刀。八年仲麿作逆。先其息訓儒麿邀奪鈴印。苅田麿将曹牡鹿島足共奉詔載馳。射訓儒麿而殺之。以其功授従四位下勲二等。補中衛少将。家世事弓馬数朝。天皇寵遇。別封五十戸云々。［延暦24坂上田村麿尻］

天平宝字九年（天平神護元年）

◆正月己亥（七日）

藤原是公　天平神護元年正月己亥従五位上。［宝亀５尻］

多治比長野　天平神護元年正月己亥従五下。［延暦６尻］

◇正月七日

――　改正月七日為天平神護元年。［宝字９註］

藤原永手　正月七日「正三位」〔し无恐衍〕国史正三位。［宝字９註］

吉備真吉備　兼中衛大将。正月勲二等。〔正月七日国史従三位し〕［宝字９註］

山村王　〔正月七日しィ〕兼治部卿左兵衛督。　［宝字9註］
高麗福信　正月七日叙〈従三位〉。并拝造宮卿。歴武蔵近江守。　［宝字9註］
藤原継縄　天平神護元年正月七日従五位上。　［神護2尻］
大伴伯麿　天平神護元年正月七日従五位上。　［宝亀9尻］

◇正月十一日
大伴伯麿　天平神護元年正月…同十一日右少弁。　［宝亀9尻］

◇正月是月
藤原永手　兼兵部卿。正月叙従二位勲二等。　［宝字9註］
白壁王　正月勲二等。　［宝字9註］
藤原真楯　本名八束。治部卿。正月勲二等。　［宝字9註］
吉備真吉備　兼中衛大将。正月勲二等。〔正月七日国史従三位し〕　［宝字9註］
中臣清麿　兼左大弁。神祇伯。仲満平後加。正月勲四等。　［宝字9註］
藤原縄麿　正月勲二〔三続紀〕等。兼勅旨卿侍従。　［宝字9註］
粟田道麿　正月勲二〔三続紀〕等。　［宝字9註］
石上宅嗣　天平神護元年正月従四位下。　［神護2尻］
藤原田麿　神護元年正月正五位上。　［神護2尻］

◆二月己巳（八日）
藤原是公　天平神護元年…二月己巳任左兵衛佐。　［宝亀5尻］

◇二月是月
――　二月改授刀衛為近衛府。又置外衛府。有大将已下。従五位上。藤原田麿為外衛大将。　［宝字9註］
弓削清人　上総守。二月従四上。或云不歴参議。ひし
藤原蔵下麿　二月日為近衛大将。兼左京大夫。伊与土左按察使。　［宝字9註］
石上宅嗣　天平神護元年…二月日任中衛中将〈常陸〉

守如元）。　〔神護2尻〕

藤原田麿　神護元年…二月転外衛大将。し　〔神護2尻〕

紀　広純　天平神護元年二月左降薩摩守。後陸奥守。　〔宝亀11尻〕

◆三月是月

和気王　神護元年三月賜功田五十町。　〔宝字8尻〕

佐伯今毛人　天平神護元年三月大宰大弐。　〔延暦3尻〕

◆七月七日

文室大市　七月七日叙〈従三位〉。出雲按察使如元。或云邑珍。　〔宝字9註〕

◇七月是月

粟田道麿　天平神護元年七月日任飛騨員外介。又或本云。神護元年八月日坐和気王謀反事。左降飛騨員外介被幽死。　〔宝字9尻〕

藤原楓麿　天平神護元年七月右衛士〔兵衛くし〕督。　〔宝亀3尻〕

◆八月戊申（ナシ）

藤原是公　天平神護元年…八月戊申左衛士督。

〔宝亀5尻〕

◇八月是月

和気王　神護元年…八月坐謀反。初皇統无嗣。紀朝臣益女以巫鬼着。得幸和気。心挟窺窬賂幣物。粟田道麿。大津宿祢大輔〔浦続紀〕。石川永手等与和気善。人士心疑頗泄其事。和気知之。其夜迯竄。索獲於率川社中。流伊豆国。到山背国相楽郡絞之埋狛野。　〔宝字8尻〕

石川豊成　八月任大宰帥。　〔宝字9註〕

粟田道麿　天平神護元年七月日任飛騨員外介。又或本云。神護元年八月日坐和気王謀反事。左降飛騨員外介被幽死。　〔宝字9尻〕

◆九月一日

石川豊成　九月一日叙従三位。　〔宝字9註〕

◆十月是月

――　十月淡路天皇崩于配〔廃し〕所。　〔宝字9註〕

◆閏十月一日

道鏡禅師　閏十月一〔二一続紀〕日任〈太政大臣〉。元大臣。

◇閏十月是月　〔宝字９註〕

阿倍毛人　天平神護元年壬十月従四下。〔宝亀２尻〕

◆十一月一日

中臣清麿　十一月一日叙従三位。〔宝字９註〕

◇十一月廿七日

藤原豊成　十一月廿七日甲申薨（年六十二。在官十一年）。歴四代。号難波大臣。元大納言中衛大将。し◯三木七年。中衛大将十八年。中納言六年。大納言二年。右大臣九年。前官八年。又右大臣二年。〔宝字９註〕

◇十一月是月

藤原継縄　天平神護元年…十一月正五位下〔従四位下二階ィ〕。尋従四位下。〔神護２尻〕

藤原家依　天平神護元年十一月従五下。〔宝亀８尻〕

◆是歳

藤原蔵下麿　天平神護元年近衛中将。〔宝字８尻〕

高麗福信　神護元年授従三位。国史。本位正四位下也。可列〈文室〉大市之奥。〔宝字９尻〕

天平宝字年中

坂上苅田麿　宝字中任授刀少尉。〔延暦４尻〕

〔以下し係頭書〕或本云。苅田麿宝字中任授刀。〔延暦24坂上田村麿尻〕

天平神護二年

◆正月七日

藤原永手　正月七〔八続紀〕日任右大臣。〔神護２註〕

正月七〔八続紀〕日任右大臣。〔神護２註〕

◇正月八日

白壁王　正月八日任大納言。元中納言。〔神護２註〕

藤原真楯　正月八日任〈大納言〉。式部卿如元。元名八束。〔神護２註〕

吉備真吉備　正月八日任中納言〈元三木〉。〔神護２註〕

正月八日任〈中納言〉。中衛大将如元。〔神護２註〕

天平神護二年正月八日任中納言。〔宝字８尻〕

石上宅嗣　正月八日任〈参議〉。中衛中将如元。〔神護２註〕
天平神護…二年正月八日任参議。〔神護２尻〕

◇正月己巳（十三日）
壱志濃王　天平神護二年正月己巳従五下。〔延暦６尻〕

◇正月十六日
藤原永手　正月…同十六〔十七続紀〕日任左大臣。即叙正二位（十月廿日転左大臣イ）。〔神護２註〕
正月…同十六〔十七続紀〕日正二位。労三年。〔神護２註〕

◇正月己亥（ナシ）
藤原是公　天平神護…同二年正月己亥従四位下。〔宝亀５尻〕

◇正月是月
吉備真吉備　正月日任中納言（労三年）。〔神護２註〕

◆二月是月
山村王　治部卿。左兵衛督。二月賜功田五十町。〔神護２註〕

◆三月十三日
吉備真吉備　三月十三〔十二続紀〕日任〈大納言〉。中衛大将如元。〔神護２註〕
三月十三（十六イ）日丁卯[28]任大納言。〔神護２尻〕

◇三月十六日
藤原真楯　三月十六〔十二続紀〕日薨。贈太政大臣。三木十五年。中納言五年。大納言一年。〔神護２註〕

◇三月是月
吉備真吉備　三月任大納言。〔神護２註〕
藤原継縄　天平神護…二年三月任右大弁。〔神護２尻〕

◆五月甲子（十日）
藤原継縄　右大弁。七月廿二日任〈参議〉〔或云し五月甲子任〕。三十九。〔神護２註〕

◆六月壬子（廿八日）
百済敬福　刑部卿。六月壬子薨。歴左大弁出雲守〔守し无〕讃岐権守等。〔頭書云〕続日本紀。六月朔乙酉壬子廿八日也。〔神護２註〕

◆七月十一日

文室大市　七月十一〔廿ィ〕日任〈参議〉。兼外衛大将。丹波守如元。〔出雲按察使如元。し〕　［神護２註］

七月十一日任三木。　［神護２註］

◇七月十二日

藤原田麿　七月十二〔十一ィ〕日任〈参議〉。歴外衛大将大宰大弐兵部卿。　［神護２註］

◇七月廿二日

藤原継縄　右大弁。七月廿二日任〈参議〉〔或云し五月甲子任〕。三十九。　［神護２註］

天平神護…二年…七月廿二日任三木。右大弁如元。　［神護２尻］

◇七月是月

藤原田麿　神護元年…二年七月外衛大将兼丹波守叙従四位下。歴外衛大将し大宰大弐兵部卿。　［神護２尻］

石川真守　天平神護二年七月従五下。為近江介〔卅七〕。　［延暦９尻］

◆八月是月

石川名足　天平神護二年八月正五下。　［宝亀９尻］

◆九月十九日

吉備　泉　天平神護二年九月十九日従五下。く　［大同５尻］

◇九月是月

藤原百川　天平神護二年九月正五下。為山陽道巡察使。後為左中弁。兼侍従内匠頭。　［宝亀２尻］

阿倍毛人　天平神護…二年九月為畿内巡察使。　［宝亀２尻］

◆十月甲申〔二日〕

藤原是公　天平神護…同二年…十月甲申従四位上。　［宝亀５尻］

◇十月二十日

藤原永手　正月…同十六〔十七続紀〕日任左大臣。即叙正二位〔十月廿日転左大臣ィ〕。　［神護２註］

吉備真吉備　十月廿日任右大臣。叙従二位〔年七十二〕。中衛中将如元。　［神護２註］

十月廿日任右大臣。　［神護２註］

弓削浄人　十月廿日任〈中納言〉。叙正三位。元三木。
（或不歴三木。ィ）　［神護２註］
藤原縄麿　十月廿日正四位下。　［神護２註］
円興禅師　大僧都。十月廿日日任〈参議〉。［神護２註］
基貞禅師　大律師。正四位上。十月廿日任〈法参議〉。
［神護２註］

◇十月乙巳（廿三日）
道鏡禅師　十月廿三日〔（国史廿日）し〕授法皇〔王ひし〕
位。事非恒典。乙巳法王月料准供御。
［神護２註］

◇十月廿三日
道鏡禅師　十月廿三日〔（国史廿日）し〕授法皇〔王ひし〕
位。事非恒典。乙巳法王月料准供御。
［神護２註］
円興禅師　十月…同廿三日准大納言。［神護２註］
基貞禅師　十月廿三日乙巳詔。法王〔皇し〕宮月料准供
御。法臣大僧都第一修行進守大禅師円興准
大納言。法三木大律師修行進守大禅師正四
位上基貞准三木云々。［神護２註］

◇十月廿七日
石上宅嗣　十月廿七〔廿五続紀〕日正四位下。［神護２註］
十月廿七日正四下。ひし　［神護２尻］

◆十一月五日
藤原宿奈麿　十一月五日叙〈従三位〉。後改名良継。
［神護２註］

◇十一月是月
多治比土作　天平神護二年十一月従四位下。［景雲４尻］
大伴伯麿　天平神護…二年十一月正五下。［宝亀９尻］
藤原種継　天平神護二年十一月従五下。［天応２尻］

◆十二月十二日
藤原田麿　十二月十二日癸巳叙従四位上。〈外衛〉大将
如元。［神護２註］
神護元年…二年…十二月癸巳従四位上。［神護２尻］

◇十二月是月
大伴伯麿　天平神護…二年…十二月正五上。［宝亀９尻］

◆是歳

石川豊成　大蔵卿。月日止右大弁。　〔神護２註〕

藤原宿奈麿　大師押勝起家〔宅続紀〕於楊梅宮南。東西構楼。高臨内裏。南西〔面続紀〕之門。便以為櫓。人士側目。稍有不臣之譏。于時押勝之男三人並任三木。良継位在子姪之下。仍与従四位下佐伯宿祢今毛人。従五位下石上朝臣宅嗣。大伴宿祢家持等同謀。欲害大師。即皆捕其身。下吏験之。良継対曰。良継独為謀首。他人曾不預知。於是強劾大不敬。除姓奪位。居二歳。仲満謀反。走於近江。即日奉詔。将兵数百。追而討之。授従四位下勲四等。尋加正四位上。任大宰帥。天平神護二年月日従三位。…くし　〔景雲４尻〕

天平神護三年(神護景雲元年)

◆正月七日

藤原魚名　神護景雲元年正月七日正四位下。　〔景雲２尻〕

◇正月十一日

石川名足　天平神護…三年正月十一日陸奥守。鎮守府将軍。　〔宝亀９尻〕

◇正月是月

藤原楓麿　神護景雲元年正月大宰大弐。　〔宝亀３尻〕

◆二月丁未(廿七日)

吉備　泉　天平神護…三年二月丁未以近衛将監従五下吉備朝臣泉為大学員外助。く　〔大同５尻〕

◇二月是月

藤原田麿　外衛大将。二月任右兵衛督。　〔神護３註〕

藤原百川　景雲元年二月右兵衛督(余官如元)。　〔宝亀２尻〕

大伴伯麿　天平神護…三年二月くし兼造西大寺次官。　〔宝亀９尻〕

藤原乙縄　天平神護三年二月大蔵大輔。　〔宝亀10尻〕

◆三月己巳(二十日)

藤原小黒麿　天平神護三年三月己巳式部少輔。　〔宝亀10尻〕

紀　古佐美　天平神護三年三月己巳丹波守。　〔延暦４尻〕

◇三月二十日

高麗福信　三月廿日任法王宮大夫。此日始置法王宮職。［神護3註］

◆五月癸酉（廿五日）

藤原是公　天平神護…三年五月癸酉内豎大輔。左衛士督下総守等如元。くし ［宝亀5尻］

◆七月庚戌（三日）

石川真守　天平神護…三年七月庚戌右京亮。［延暦9尻］

大伴潔足　天平神護三年七月庚戌大判事。［延暦9尻］

◇七月是月

弓削清人　七月兼内豎卿。衛門督。上総如故。し ［神護3註］

大伴伯麿　天平神護…三年…七月兼駿河守（〈右少〉弁〈造西大寺〉次官如元）。［宝亀9尻］

◆八月戊子（十一日）

大伴潔足　天平神護三年…八月戊子因幡介。［延暦9尻］

◇八月十六日

――　改八月十六（十三ィ）日為神護景雲元年。

［神護3註］

◇八月丙午（廿九日）

佐伯今毛人　神護景雲元年八月丙午左大弁〈造東大寺〉長官如元）。［延暦3尻］

◇八月是月

大伴家持　神護景雲元年八月大宰少弐。［宝亀11尻］

◆十一月廿二日

山村王　十一月廿二（十七続紀）日薨。治部卿。左兵衛督。大和守〔〈任日可尋〉しィ〕。在官四年。［神護3註］

◆十二月乙酉（九日）

多治比長野　景雲元年十二月乙酉東大寺次官。［延暦6尻］

◇十二月是月

藤原乙縄　神護景雲元年十二月大判事。［宝亀10尻］

◆是歳

神王　日本後紀云。天平神護三年授従五下。及天宗高紹天皇登極授従四位下。尚美努摩内親王為大舎人頭。［宝亀11頭］

吉備　泉　神護景雲元年壬戌従五上。く㉙　［大同5尻］

天平神護年中

大中臣子老　天平神護｜年四月従五下。　［宝亀12尻］

神護景雲二年

◆正月七日

藤原縄麿　正月七（十続紀）日叙従三位。　［景雲2註］

石上宅嗣　正月七（十続紀）日従三位。中衛中将。常陸守。　［景雲2註］

藤原乙縄　神護景雲…二年正月七日従五上。　［宝亀10尻］

◇正月乙卯（十日）

藤原縄磨　神護景雲二年正月乙卯従三位。元正四位上民部卿。く　［宝亀2尻］

◇正月是月

道鏡禅師　神護景雲二年正月居西宮前殿。大臣以下公卿百寮賀拝。　［神護2尻］

多治比土作　景雲二年正月以左京大夫兼任相模守。

◆二月癸巳（十八日）　［景雲4尻］

大中臣子老　神護景雲二年二月癸巳中務少輔。　［宝亀12尻］

藤原種継　神護景雲二年二月癸巳美作守。　［天応2尻］

◇二月十八日

弓削清人　三（二イ）月十八日任〈大納言〉。　［景雲2註］

中臣清麿　三（二イ）月十八日任〈中納言〉。神祇伯如元。元参議。ひし　［景雲2註］

藤原魚名　二月十八日任〈参議〉。　［景雲2註］

神護景雲…二年二月十八日従三位三木。　［景雲2尻］

◇二月是月

藤原永手　二月日叙従一位。　［景雲2註］

藤原百川　景雲…二年二月為武蔵守（本官如元）。　［宝亀2尻］

藤原家依　神護景雲二年二月補侍従。任式部少輔。　［宝亀8尻］

石川名足　受領補任云。神護景雲二年二月任大和守。

元備前守者。〔宝亀9尻〕
藤原小黒麿　神護景雲二年二月安芸守。〔宝亀10尻〕

◆三月十八日
弓削清人　三(二ィ)月十八日任〈大納言〉。〔景雲2註〕
中臣清麿　三(二ィ)月十八日任〈中納言〉。神祇伯如元。元参議。ひし〔景雲2註〕

◇三月是月
弓削清人　三月任大納言。〔景雲2註〕

◆七月是月
大伴伯麿　神護景雲二年七月兼遠江守。〔宝亀9尻〕

◆十月是月
藤原百川　景雲…二年…十月従四下。〔宝亀2尻〕

◆十一月癸未(十三日)
藤原継縄　右大弁。十一月日癸未兼外衛大将。弁如元。〔景雲2註〕
石川豊成　大蔵卿。十一月癸未日兼宮内卿。〔景雲2註〕
文室大市　〔十一月癸未兼外衛大将ひィし〕〔景雲2註〕
藤原是公　神護景雲二年十一月癸未兼侍従内蔵頭。〔宝亀5尻〕
石川真守　神護景雲二年十一月癸未中務少輔。〔延暦9尻〕

◇十一月己亥(廿九日)
紀　船守　神護景雲二年十一月己亥為検校兵庫軍監。〔宝亀12尻〕

◇十一月是月
弓削清人　十一月兼帥。元中納言。し 同月為検校兵庫将軍。内豎卿。衛門督。上総守如元。〔景雲2註〕
藤原縄麿　十一月兼民部卿。〔景雲2註〕
藤原魚名　十一月従三位〔恐誤〕。年四十八。〔景雲2註〕
藤原田麿　十一月任大宰大弐。外衛大将去歟。同月為検校兵庫〔副続紀〕将軍。〔景雲2註〕
藤原百川　景雲…二年…十一月為中務大輔。尋為〔検校兵庫続紀〕副将軍。〔宝亀2尻〕

◆十二月癸丑(十三日)
藤原是公　神護景雲二年…十二月癸丑兼下総守。

〔宝亀５尻〕

神護景雲三年

◆正月庚午（一日）

神　王　性恭謹少文。接物淡若。雖居顕要。克有終焉。神護景雲三年正月庚午従五下。〔宝亀11尻〕

◆二月壬寅（三日）

藤原永手　二月壬寅叙従一位（天皇幸大臣家賞）。〔景雲３註〕

◇二月癸亥（廿四日）

吉備真吉備　中衛大将。二月癸亥叙正二位（ィ天皇幸于家賞）。先是大学寮釈奠［其ひし］儀未備。［吉備］［ひし］大臣稽礼典器物始修礼容。〔景雲３註〕

◇二月乙丑（廿六日）

吉備　泉　［神護景雲…三年二月乙丑正五下。く］〔大同５尻〕

◇二月是月

藤原家依　神護景雲…三年二月正五下。〔宝亀８尻〕

◆三月戊寅（十日）

大中臣子老　神護景雲…景雲三年三月戊寅美作守（介ィ）。〔宝亀12尻〕

紀　船守　神護景雲…三年三月戊寅兼紀伊介（近衛将監如元）。〔宝亀12尻〕

佐伯今毛人　神護景雲…三年三月戊寅因幡守。〔延暦３尻〕

◇三月是月

藤原百川　景雲…三年三月兼宮内大輔。〔宝亀２尻〕

◆四月辛酉（廿四日）

佐伯今毛人　神護景雲…三年…四月辛酉従四上。〔延暦３尻〕

◇四月是月

大伴伯麿　神護景雲…三年四月従四位下。〔宝亀９尻〕

◆五月是月

大伴伯麿　神護景雲…三年…五月権右中弁（〈造西大寺〉次官如元）。〔宝亀９尻〕

◆六月乙巳（九日）

吉備　泉　［神護景雲…三年…六月乙巳右衛士督。く］

［大同5尻］

◇六月十九日
大中臣清麿　神祇伯。六月十九日為大中臣（或任中納言之日為大中臣云々〔云々し作者〕）。　［景雲3註］

◇六月是月
石川豊成　宮内卿。六月兼右京大夫。　［景雲3註］

◆七月是月
藤原楓麿　神護景雲…三年七月信乃守。　［宝亀3尻］

◆八月甲寅（十九日）
多治比長野　景雲…三年八月甲寅大和守。　［延暦6尻］

◇八月十九日
藤原魚名　大蔵卿。八月十九日兼左京大夫。　［景雲3註］

◇八月是月
藤原家依　神護景雲…三年…八月兼大和守（〈式部〉少輔侍従如元）。　［宝亀8尻］

◆十月一日
弓削清人　十月一（卅ィ）日従二位。大宰帥（元宿祢。而今改朝臣）。　［景雲3註］

◇十月是月
藤原百川　景雲…三年…十月為河内守（左中弁。右兵衛督。内匠頭。余官〔くし〕如元）。俄授従四位上。　［宝亀2尻］

◆十一月癸酉（九日）
多治比長野　景雲…三年…十一月癸酉従五上。　［延暦6尻］

◇十一月是月
藤原家依　神護景雲…三年…十一月正五位上。遷兼丹波守。　［宝亀8尻］

神護景雲四年（宝亀元年）

◆四月一日
大中臣清麿　七（四くしイ）月一日任〈大納言〉。叙正三位。兼東宮傅（或云六年正月七日兼傅者）。元中納言神祇伯。　［景雲4註］

◆五月是月
大伴駿河麿　神護景雲四年五月出雲守。従五位上。

◆六月甲午(三日)　〔宝亀6尻〕

石川豊成　十月一日正三位。宮内卿。〔六月甲午但国史父ーー有不審又中納言云々くし〕　〔景雲4註〕

◇六月辛丑(十日)

藤原永手　〔六月辛丑摂知近衛外衛左右兵衛事くし〕　〔景雲4註〕

吉備真吉備　〔六月辛丑知中衛左右衛士事くし〕　〔景雲4註〕

◇六月甲辰(十三日)

佐伯今毛人　神護景雲…四年六月甲辰兼播磨守。　〔延暦3尻〕

◇六月是月

石川豊成　六月日兼右京大夫。　〔景雲4註〕

◆七月一日

大中臣清麿　七〔四くしィ〕月一日任〈大納言〉。叙正三位。兼東宮傅(或云六年正月七日兼傅者)。元中納言神祇伯。　〔景雲4註〕

◇七月十三日

藤原宿奈麿　七月十三〔廿ひしィ〕日任〈参議〉〔(或云今日任中納言。不歴参木)。くし〕　〔景雲4註〕

宝亀元年七月十三〔卅ィ或今日叙従三位〕日任参議。くし　〔景雲4尻〕

多治比土作　七月十三(廿ィ)日任〈参議〉。叙従四位上。兼治部卿。　〔景雲4註〕

宝亀元年七月十三日任三木。　〔景雲4尻〕

◇七月辛巳(廿一日)

吉備　泉　神護景雲…四年七月辛巳従四下。く　〔大同5尻〕

◇七月是月

大中臣清麿　七月任大納言。叙正三位。兼東宮〔他戸親王ひし〕傅(或云六年正月兼傅者)〔光仁天皇践祚日くし〕)。　〔景雲4註〕

藤原宿奈麿　七月日任三木。　〔景雲4註〕

多治比土作　ィ七月治部卿。左京大夫讃岐守如元。　〔景雲4尻〕

藤原家依　宝亀元年七月従四位下。　〔宝亀8尻〕

◆八月癸巳（四日）

――十「一」〔当衍〕月一日光仁天皇即位（八月癸巳日高野天皇崩。依遺詔云々。大納言白壁王為太子。十月一日即帝位）。［景雲４註］

◇八月四日

白　壁　王　八月四日為皇太子（天皇崩日也）。［景雲４註］

藤原百川　宝亀元年八月四日高野天皇崩。未立皇太子。時議所立。群臣異論。公与右大臣永手朝臣。内臣良継朝臣。定策立白壁為皇太子。尋兼越前守。後為右大弁（余官如元）。［宝亀２尻］

◇八月七日

道鏡禅師　神護景雲…同四八七〔廿一続紀〕補下野国薬師寺別当。発遣之。［神護２尻］

◇八月十八日

藤原魚名　八月十八日兼但馬守。［景雲４註］

◇八月廿日

藤原宿奈麿　八月廿〔廿一ひィ〕日任〈中納言〉。兼大宰帥。［景雲４註］

八月廿（廿一ィ）日任中納言。後改名良継。［景雲４註］

◇八月庚戌（廿一日）

吉備　泉　神護景雲…四年…八月庚戌大学頭。く［大同５尻］

◇八月廿一日

道鏡禅師　〈弓削清人〉八月廿一日坐事配流。〔土佐国道鏡同日也くし〕［景雲４弓削清人註］

弓削清人　八月廿一日坐事配流。〔土佐国道鏡同日也くし〕元宿祢也。而今改朝臣。大宰帥。補任云。弓削御浄。○参議三年。中納言三年。大納言三年。［景雲４註］

◇八月丁巳（廿八日）

紀　船守　神護景雲…四年八月丁巳兼紀伊守（〈近衛〉将監如元）。［宝亀12尻］

大伴潔足　神護景雲四年八月丁巳因幡守。［延暦９尻］

◇八月是月

藤原継縄　外衛大将。右大弁。八月遣三木外衛大将守

継縄奉幣於伊勢云々。〔景雲4註〕

藤原宿奈麿　宝亀元年…八月日兼大宰帥。くし　〔景雲4尻〕

文室大市　十一月廿七日従三位。或去年八月任員外中納言云々。〔宝亀2註〕

藤原乙縄　神護景雲…四年八月従四下。〔宝亀10尻〕

◆九月七日

吉備真吉備　中衛大将九月七日乞骸骨。〔景雲4註〕

宝亀元年くし九月七日乞骸骨。〔宝亀2註〕

◇九月乙亥（十六日）

石川真守　神護景雲…四年九月乙亥少納言。〔延暦9尻〕

◇九月是月

藤原宿奈麿　九月ひ兼式部卿。〔景雲4註〕

九月式部卿。く　〔景雲4註〕

宝亀元年…九月兼式部卿。くし　〔景雲4尻〕

石上宅嗣　中衛中将。九月兼大宰帥。中将如元。〔景雲4註〕

藤原乙縄　神護景雲…四年…九月土佐守。兼美作守。〔宝亀10尻〕

藤原小黒麿　神護景雲…四年九月中衛少将。〔宝亀10尻〕

大伴家持　宝亀元年九月左中弁兼中務大輔。〔宝亀11尻〕

◆十月己丑（一日）

藤原小黒麿　宝亀元年十月己丑従五上。〔宝亀10尻〕

◇十月一日

――　改十月一日己丑為宝亀元年（肥後国献白亀）。〔景雲4註〕

――　十「一」〔当衍〕月一日光仁天皇即位（八月癸巳日高野天皇崩。依遺詔云々。大納言白壁王為太子。十月一日即帝位）。〔景雲4註〕

藤原永手　十月一日叙正一位。〔景雲4註〕

白壁王　十月一日即天皇位。〔景雲4註〕

藤原宿奈麿　十月一日叙正三位。〔景雲4註〕

宝亀元年…十月一日叙正三位。くし　〔景雲4尻〕

石川豊成　十月一日正三位。宮内卿。〔六月甲午但国史父ーー有不審又中納言云々くし〕

〔景雲4註〕

文室大市　十月一日叙正三位。〔或本十一月一日任中納言正三位同日云々。くし〕〔景雲4註〕

藤原魚名　十月一日正三位。兼左京大夫。〔景雲4註〕

◇十月六日

大伴家持　神護景雲〔マヽ〕…四年十月六日民部大輔。〔宝亀11尻〕

◇十月九日

文室浄三　十月九日薨。有家伝(三位労十一年。三木四年。中納言三年。御史大夫三年前官七年)。〔景雲4註〕

◇十月是月

吉備真吉備　十月止〈中衛〉大将。〔景雲4註〕

藤原家依　宝亀元年…十月従四上。〔宝亀8尻〕

大伴伯麿　宝亀元年十月任右〔左ィ〕中弁。〔宝亀9尻〕

大伴家持　宝亀元年…十月正五下。〔宝亀11尻〕

◆十一月一日

――――　十「一」〔当衍〕月一日光仁天皇即位(八月癸巳日高野天皇崩。依遺詔云々。大納言白壁王為太子。十月一日即帝位)。〔景雲4註〕

文室大市　十月一日叙正三位。〔或本十一月一日任中納言正三位同日云々。くし〕〔景雲4註〕

藤原田麿　外衛大将。十一月一日叙正四位下。〔景雲4註〕

藤原継縄　十一月一日従四位上。〔景雲4註〕

藤原百川　宝亀元年…十一月一日己丑[30]皇太子即位於大極殿。是日授正四下。〔宝亀2尻〕

◇十一月甲子(六日)

神　王　宝亀元年十一月甲子以歳〔威くし〕強叙従四位下。〔宝亀11尻〕

◇十一月甲午(ナシ)

某[31]　或本云。…弁官補任云。…又云。…又云。

宝亀元年十一月甲午任左大弁三木宮内卿越前守如元。兼中宮大夫。停左大弁。〔宝亀12大伴伯麿尻〕

◆十二月乙未(七日)

藤原永手　十二月乙未賜山背国相楽郡出水郷山二百町。〔景雲4註〕

◆是歳

藤原蔵下麿　任兵部卿。〔景雲4註〕

宝亀初年

坂上苅田麿　宝亀初加正四位下。出為陸奥鎮守府将軍。居無幾徴入歴近衛員外中将。丹波伊与等国守。〔延暦4尻〕

宝亀二年

◆正月七日

紀　家守　宝亀二年正月七日従五下。〔天応2尻〕

◇正月十一日

大中臣清麿　正月十一〔廿三続紀〕日兼皇太子傅。〔宝亀2註〕

藤原継縄　正月十一日正四位下。〔宝亀2註〕

◇正月辛巳(廿三日)

藤原小黒麿　宝亀…二年正月辛巳正五下。〔宝亀10尻〕

◇正月是月

藤原家依　宝亀…二年正月日兼皇后宮大夫。〔宝亀8尻〕

大伴伯麿　宝亀…二年正月兼春宮亮。〔宝亀9尻〕

大中臣諸魚　宝亀二年正月皇后宮少進。〔延暦9尻〕

◆二月廿二日

藤原永手　二月廿二日己酉薨。在官六年。号長岡大臣。〔宝亀2註〕

文室大市　或本。宝亀二年二月廿二日左大臣永手薨之後。遣詔使之時。臣正三位中納言兼中務卿文室真人大市者。〔宝亀2尻〕

◇二月庚戌(廿三日)

藤原永手　二月…庚戌詔遣正三位中納言文室真人大市等弔賻。兼贈太政大臣。又遣正四位下田中朝臣多太麻呂等四位三人。監護喪事。○中納言九年。大納言三年。右大臣十ケ月。左大臣六年。〔宝亀2註〕

◇二月廿七日

文室大市　或本。宝亀二年二月…同〔七月ひ〕廿七日兼弾正尹。〔宝亀2尻〕

◇二月是月

文室大市　三月十三日任〈大納言〉。不歴中納言。或本。
元中納言。国史云。宝亀二年二月中納言任。
[宝亀２註]

◆三月十三日

大中臣清麿　三月十三日拝右大臣。叙従二位（元大納言
正三位）。東宮傅如元。[宝亀２註]

藤原良継　三月十三日任〈内臣〉。元中納言。禄賜並同
大納言。但食封一千戸。不経大納言。（列
大納言上。くし）本名宿奈麿。[宝亀２註]

（藤原宿奈麿）改名良継。三月十三日任内臣。
[宝亀２註]

文室大市　三月十三日任〈大納言〉。不歴中納言。或本。
元中納言。国史云。宝亀二年二月中納言任。

藤原魚名　三月十三日任中納言。[宝亀２註]
三月十三日任〈大納言〉。不経中納言。元三
木左京大夫兼中務卿。公卿伝云。是日任中
納言。九月任大納言。[宝亀２註]

石川豊成　三月十三日任〈中納言〉（元三木。右京大
夫）。宮内卿右京大夫如元。くし[宝亀２註]
三月十三日任中納言。右京大夫。[宝亀２註]

藤原縄麿　三月十三日任〈中納言〉。不経三木。或本元
三木。[宝亀２註]

藤原百川　三月十三日大宰帥。くし弁官補任云。元名
雄田麿。後止内匠頭。[宝亀２註]

◇三月是月

吉備真吉備　三月日致仕（依累抗表許之）。[宝亀２註]
三月致仕。[宝亀２註]

大中臣清麿　三月任右大臣。[宝亀２註]

文室大市　三月任中納言。[宝亀２註]

石上宅嗣　三月遷式部卿。中衛大将。大宰帥。
受領補任云。宝亀二年三月。自大宰帥。遷
任式部卿者。[宝亀２頭]

藤原縄麿　三月任中納言。或本不経三木云々。[宝亀２註]

藤原魚名　三月任大納言（労六年）。くし[宝亀２註]

藤原百川　宝亀…二年三月為大宰帥。〔宝亀２尻〕
藤原種継　宝亀二年三月伊与〔或紀伊〕守。〔天応２尻〕

◆閏三月戊子（一日）

藤原継縄　壬三月戊子兼但馬守。〔宝亀２註〕
藤原小黒麿　宝亀…二年…閏三月戊子兼美乃守。〔宝亀10尻〕
紀　船守　宝亀二年閏三月戊子朔兼但馬介。〔宝亀12尻〕
紀　古佐美　宝亀二年壬三月戊子朔兵部少輔〔征夷副使イ〕。〔延暦４尻〕

◇閏三月辛丑（十四日）

紀　古佐美　宝亀二年壬三月…同月辛丑式部大輔。〔延暦４尻〕

◇閏三月庚午（ナシ）

神　王　宝亀…二年壬三月庚午任左大舎人頭。〔宝亀11尻〕

◇閏三月是月

藤原田麿　十一月…同十六（廿七続紀）日従三位（イ壬三月兼左衛門督。参川守）。〔宝亀２註〕
受領補任云。宝亀二年閏三月。以左衛士兼任三川守。〔宝亀２頭〕
藤原浜成　宝亀二年閏三月刑部卿。〔宝亀３尻〕
藤原家依　宝亀…二年…壬三月式部大輔。兼近江守。〔宝亀８尻〕
石川名足　宝亀二年壬三月兵部大輔。〔宝亀９尻〕
紀　広純　弁官補任云。宝亀二年閏三月任右少〔中イ〕弁。〔宝亀11尻〕

◆四月是月

藤原蔵下麿　四月日（五月己亥〈しイ〉）任大宰帥。〔宝亀２註〕

◆五月己亥（十四日）

藤原蔵下麿　四月日（五月己亥〈しイ〉）任大宰帥。〔宝亀２註〕
大中臣子老　宝亀二年五月己亥伊世守。〔宝亀12尻〕

◇五月是月

藤原楓麿　宝亀二年五月以右衛士督兼任讃岐守。〔宝亀３尻〕

◆六月廿日

多治比土作　六月廿日卒。兼治部卿。在官二年。　[宝亀2註]

◆七月丁未〔廿三日〕

多治比長野　宝亀二年七〔十一イ〕月丁未正五下。　[延暦6尻]

◇七月廿七日

文室大市　或本。宝亀二年二月…同〔七月ひ〕廿七日兼弾正尹。　[宝亀2尻]

◇七月是月

藤原田麿　七月兼兵部卿。　[宝亀2註]

石川名足　宝亀二年…七月民部大輔。くし　[宝亀9尻]

大中臣諸魚　宝亀二年…七月右衛士大尉。　[延暦9尻]

◆九月是月

藤原魚名　三月十三日任〈大納言〉。不経中納言。元三木左京大夫兼中務卿。公卿伝云。是日任中納言。九月任大納言。　[宝亀2註]

藤原種継　宝亀二年…九月山背守。　[天応2尻]

◆十一月一日

石川真守　宝亀二年十一月一日従五上。　[延暦9尻]

◇十一月乙酉〔三日〕

佐伯今毛人　宝亀二年十一月乙酉正四下。　[延暦3尻]

◇十一月丁亥〔五日〕

紀　船守　宝亀二年…十一月丁亥従五上。　[宝亀12尻]

◇十一月八日

藤原百川　十一月八〔廿三続紀〕日任〈参議〉。右大弁内匠頭内豎大輔越前守如元。　[宝亀2註]

宝亀…二年…十一月八日任三木。天皇甚信任之。委以腹心。内外機務莫不関知。大臣素属心於桓武天皇。龍潜之日共結交情。及宝亀天皇践祚之日。私計為皇太子。于時庶人他部在儲弐位。公数出奇計。遂廃他部。桓武天皇為太子。致身尽力。服事儲宮。君有着薬。興沐禱請。即以平復。　[宝亀2尻]

阿倍毛人　十一月八〔十三イ〕日任〈参議〉。　[宝亀2註]

宝亀二年十一月八日参木。〔于時従四位上也し〕　[宝亀2尻]

◇十一月十六日

藤原継縄　十一月十六〔廿七くしイ〕日己巳(32)〔酉続紀〕従三

位。外衛大将。　[宝亀2註]

藤原田麿　十一月…同十六〈廿七続紀〉日従三位〈ィ壬三月兼左衛門督。参川守〉。　[宝亀2註]

◇十一月廿三日

石上宅嗣　十一月廿三日任中納言。　[宝亀2註]

式部卿。〈くし〉十一月廿三日任〈中納言〉。　[宝亀2註]

◇十一月丁未（廿五日）

壱志濃王　宝亀二年十一月丁未従四下。　[延暦6尻]

多治比長野　宝亀二年七〈十一ィ〉月丁未正五下。　[延暦6尻]

◇十一月戊申（廿六日）

藤原田麿　十一月戊申正四位上。　[宝亀2註]

大伴潔足　宝亀二年十一月戊申従五上。　[延暦9尻]

◇十一月廿七日

文室大市　十一月廿七日従二位。或去年八月任員外中納言云々。　[宝亀2註]

◇十一月庚戌（廿八日）

文室大市　或本。宝亀二年…十一月庚戌日叙従二位。　[宝亀2尻]

大伴潔足　宝亀二年十一月…庚戌正五下。　[延暦9尻]

◇十一月是月

阿倍毛人　十一月…同月正四位下〈或云三年任くし〉。　[宝亀2註]

藤原蔵下麿　十一月為春宮大夫。　[宝亀2註]

大伴伯麿　宝亀…二年…十一月従四上。　[宝亀9尻]

大伴家持　宝亀…二年十一月従四下〈弁官補任。正五上者〉。　[宝亀11尻]

◆十二月是月

文室大市　或本。宝亀二年…十二月兼治部卿。　[宝亀2尻]

◆是歳

菅原清公　宝亀二生。桓武天皇給衣粮令勤学〈給料之起始於此矣〉。　[承和6尻]

宝亀三年

◆二月丁卯（十六日）

藤原継縄　二月丁卯任大蔵卿。兼左兵衛督。

◇二月戊辰（十七日）　［宝亀3註］

大中臣清麿　二月戊辰叙正二位。東宮傅如元。

◇二月是月　［宝亀3註］

文室大市　兼治部卿。弾正尹。二月上表乞骸骨。勅不許之。［宝亀3註］

大伴家持　宝亀…三年二月兼式部〔権ィ〕大輔。［宝亀11尻］

◆四月十九日

藤原楓麿　四月十九日任〈参議〉。叙正四位下。元右衛士督。兼讃岐守。［宝亀3註］

宝亀…同三年四月十九日正四位下。任参木。［宝亀3尻］

藤原浜成　四月十九日任〈参議〉。元従四位下。刑部卿。［宝亀3註］

宝亀…三年四月十九日任参木。［宝亀3尻］

◇四月庚午（二十日）

大中臣子老　宝亀…三年四月庚午神祇大副。［宝亀12尻］

多治比長野　宝亀…三年四月庚午三河守。［延暦6尻］

大伴潔足　宝亀…三年四月庚午治部大輔。［延暦9尻］

石川真守　宝亀…三年四月庚午遠江守。［延暦9尻］

◇四月丁丑（廿七日）

石川真守　宝亀…三年四月…｜丁丑越中守。［延暦9尻］

◇四月廿八日

道鏡禅師　宝亀三四廿八於配所入滅。世云弓削法王〔皇ひ〕是也。［神護2尻］

◆五月是月

——　五月日廃太子。［宝亀3註］

大中臣清麿　五月停傅。依廃坊也。［宝亀3註］

◆九月乙酉（八日）

石川豊成　九月乙酉日薨。右京大夫。宮内卿。三木十年。中納言二年。［宝亀3註］

◆十一月丁丑（一日）

藤原継縄　十一月丁丑転兼宮内卿。［宝亀3註］

◇十一月癸巳（十七日）

阿倍毛人　十一月癸巳日卒。在官二年。［宝亀3註］

◇十一月是月

藤原浜成　十一月従四上大蔵卿。一名浜足。　［宝亀３註］

宝亀…三年…十一月従四上大蔵卿。　［宝亀３尻］

◆是歳

阿倍毛人　〈宝亀二年〉十一月…同月正四位下〔或云三年任くし〕。　［宝亀２註］

藤原百川　右大弁。ィ兼内豎大輔。越前守。　［宝亀３註］

――――　今年大唐白居易生。　［宝亀３註］

宝亀四年

◆正月十四日

大中臣清麿　東宮傅。正月十四日兼之（立坊日）。　［宝亀４註］

◇正月己巳（ナシ）

大中臣子老　宝亀…四年正月己巳従五上。　［宝亀12尻］

◇正月是月

――――　正月日以山部〔倍ひし〕親王為皇太子。　［宝亀４註］

◆六月是月

石川名足　宝亀…四年六月〔ィ或六年七月任者〕大宰大弐。　［宝亀９尻］

◆七月是月

大伴駿河麿　宝亀四年七月以鎮守府将軍兼任陸奥守。　［宝亀６尻］

◆九月是月

石川名足　宝亀…四年…九月従四位下。　［宝亀９尻］

◆十二月甲申（十四日）

石上宅嗣　式部卿。十二月甲申日改石上賜物部朝臣。　［宝亀４註］

◆是歳

藤原魚名　中務卿。月日兼近衛大将。　［宝亀４註］

宝亀五年

◆正月七日

藤原良継　正月七日叙従二位。専政得志。升降自由。　［宝亀５註］

藤原楓麿　正月七日戊申叙正四上。　〔宝亀５註〕
藤原百川　右大弁。正月七日正四上。　〔宝亀５註〕
藤原是公　宝亀五年正月七日正四位下。　〔宝亀５尻〕
藤原浜成　正月七日正四位下。　〔宝亀５註〕

◇正月是月
藤原種継　宝亀…五年正月従五上。　〔天応２尻〕

◆三月甲辰（五日）
藤原是公　宝亀五年…三月甲辰兼春宮大夫。式部大輔。侍従如元。〔五月五日任参議或今日兼左大弁くし〕　〔宝亀５尻〕
神　王　宝亀…五年三月甲辰兼美作守。　〔宝亀11尻〕
紀　古佐美　宝亀…五年三月甲辰伊世守。　〔延暦４尻〕

◇三月是月
文室大市　三月転中務卿。　〔宝亀５註〕
藤原浜成　三月任刑部卿。兼武蔵守。　〔宝亀５註〕
藤原家依　宝亀…五年三月治部卿。　〔宝亀８尻〕
大伴家持　宝亀…五年三月相模守（止〈左中〉弁）。　〔宝亀11尻〕
紀　広純　弁官補任云。宝亀…五年三月河内守。　〔宝亀11尻〕

◆五月四日
藤原楓麿　五月四〔五続紀〕日叙従三位。　〔宝亀５註〕

◇五月五日
藤原蔵下麿　五月五日任〈参議〉。大宰帥如元。〔天平六年甲戌生。くし〕〇〔任内舎人出雲介等く〕　〔宝亀５註〕
藤原是公　五月五日任〈参議〉。春宮大夫侍従左衛士督式部大輔等如元。　〔宝亀５註〕
宝亀五年…三月甲辰兼春宮大夫。式部大輔。侍従如元。〔五月五日任参議或今日兼左大弁くし〕　〔宝亀５尻〕

◇五月是月
藤原蔵下麿　太宰帥。五月任三木。　〔宝亀５註〕

◆七月十一日
文室大市　〈宝亀八年〉十月五日致仕〔続紀係五七十一〕。　〔宝亀８註〕

◇七月是月
文室大市　七月上表乞致仕。天皇不許。只停中務卿。

〔宝亀５註〕

◆九月是月

藤原魚名　九月日兼中務卿。近衛大将。ひし　〔宝亀５註〕

藤原継縄　宮内卿。左兵衛督。九月日転兵部卿（督如元）。　〔宝亀５註〕

大伴伯麿　宝亀…五年九月宮内卿。　〔宝亀９尻〕

大伴家持　宝亀…五年…九月兼左京大夫并上総守。　〔宝亀11尻〕

◆十一月甲辰（九日）

文室大市　十一月甲辰天皇幸坂合部内親王第。授正二位。　〔宝亀５註〕

◆十二月是月

大中臣清麿　東宮傅。十二月乞骸骨。不許之。勲四等。　〔宝亀５註〕

◆是歳

紀　船守　宝亀…五年兼内廐助。　〔宝亀12尻〕

藤原緒嗣　宝亀五年甲寅生。　〔延暦21尻〕

藤原真夏　宝亀五甲寅生。　〔大同４尻〕

宝亀六年ヵ

◇宝亀六年ヵ正月七日

大中臣清麿　七〔四くしイ〕月一日任〈大納言〉。叙正三位。兼東宮傅（或云六年正月七日兼傅者）。元中納言神祇伯。　〔景雲４註〕

◇宝亀六年ヵ正月是月

大中臣清麿　七月任大納言。叙正三位。兼東宮〔他戸親王ひし〕傅（或云六年正月兼傅者。〔光仁天皇践祚日くし〕）。　〔景雲４註〕

宝亀六年

◆正月五日

大伴古慈斐　正月五日叙従三位。　〔宝亀６註〕

◇正月七日

藤原家依　宝亀…六年正月七日正四位下。　〔宝亀８尻〕

大伴伯麿　宝亀…六年正月七日正四下。　〔宝亀９尻〕

◆二月是月

藤原浜成　二〔三くイ〕月正四位上。刑部卿。武蔵守。

［宝亀６註］

◆三月是月

藤原浜成　二〔三くィ〕月正四位上。刑部卿。武蔵守。［宝亀６註］

大中臣諸魚　宝亀…六年三月中衛将監。［延暦９尻］

◆七月一日

藤原蔵下麿　七月一日薨（三位五年。三木二年）。［宝亀６註］

◇七月是月

石川名足　宝亀…四年六月〈ィ或六年七月任者〉大宰大弐。［宝亀９尻］

◆九月戊午（廿七日）

紀　船守　宝亀…六年九月戊午為近衛員外少将。［宝亀12尻］

◇九月廿七日

大伴駿河麿　九月廿七日任〈参議〉。勲三等。［宝亀６註］
宝亀…六年九月廿七日正四位下任三木。［宝亀６尻］

紀　広庭　九月廿七日任〈参議〉。［宝亀６註］
宝亀六年九月廿七日授従四位下任三木。［宝亀６尻］

◇九月是月

藤原種継　宝亀…六年九月近衛少将。［天応２尻］

◆十月二日

吉備真吉備　宝亀…六年十月二日薨〔（八十三）。くし〕在官六年。号吉備大臣。○〔大将七年。参木三年。中納言三ケ月。大納言八ケ月。右大臣六年。くし〕［宝亀２註］
十月二日薨。［宝亀６註］

◆十一月乙未（五日）

大伴駿河麿　十一月乙未叙正四位下。兼陸奥出羽按察使。鎮守府将軍。［宝亀６註］

◇十一月是月

藤原小黒麿　宝亀…六年十一月左京大夫。［宝亀10尻］

大伴家持　宝亀…六年十一月衛門督。［宝亀11尻］

◆十二月是月

藤原楓麿　十二月兼摂津大夫。［宝亀６註］

◆是歳

藤原楓麿　月日任大蔵卿。　［宝亀6註］
藤原冬嗣　宝亀六年辛卯(33)生。　［弘仁2尻］
直世王　宝亀六乙卯生。　［弘仁12尻］

宝亀七年

◆正月庚寅（一日）
大中臣諸魚　宝亀七年正月庚寅従五下。　［延暦9尻］
◇正月丙申（七日）
多治比長野　宝亀…七年正月丙申正五上。　［延暦6尻］
◇正月七日
藤原浜成　刑部卿。武蔵守。正月七日従三位。　［宝亀7註］
紀家守　宝亀…七年正月七日従五上。為美乃守。　［天応2尻］
◇正月是月
藤原家依　宝亀…七年正月正四上。　［宝亀8尻］
◆二月壬辰（ナシ）
大伴駿河麿　陸奥出羽按察使。鎮守府将軍。勲三等。於任所三〔二一くしィ〕月壬辰日薨。或本〈宝亀〉八年七月五日壬辰卒。　［宝亀7註］
◆三月壬辰（五日）
大伴駿河麿　陸奥出羽按察使。鎮守府将軍。勲三等。於任所三〔二一くしィ〕月壬辰日薨。或本〈宝亀〉八年七月五日壬辰卒。　［宝亀7註］
◇三月癸巳（六日）
藤原小黒麿　宝亀…七年三月癸巳右衛士督。　［宝亀10尻］
多治比長野　宝亀…七年…三月癸巳出雲守。　［延暦6尻］
大伴潔足　宝亀…七年三月癸巳播磨守。　［延暦9尻］
石川真守　宝亀…七年三月癸巳中務少輔。　［延暦9尻］
大中臣諸魚　宝亀七年…三月癸巳衛門権佐。　［延暦9尻］
◇三月丙申（九日）
石川真守　宝亀…七年三月…丨丙申式部少輔。　［延暦9尻］
◇三月是月
藤原家依　宝亀…七年…三月兼右衛門督。　［宝亀8尻］
大伴家持　宝亀…七年三月兼伊世守。　［宝亀11尻］
紀家守　受領補任云。宝亀七年…三月任丹波守。　［天応2頭］

◆四月三日
大伴駿河麿　四月三日〔七月七日続紀〕贈従三位。賜絁卅疋布一百段。遣右大弁従四位下石川朝臣豊人於太政官院（本）宣下。在官二年。　[宝亀7註]

◇四月是月
飯高諸高　四月日叙〈従三位〉。　[宝亀7註]

◆六月十三日
藤原楓麿　大蔵卿。摂津大夫。勲四等。六月十三日薨。在官五年。くし　[宝亀7註]

◆七月七日
大伴駿河麿　四月三日〔七月七日続紀〕贈従三位。賜絁卅疋布一百段。遣右大弁従四位下石川朝臣豊人於太政官院（本）宣下。在官二年。　[宝亀7註]

◆閏八月甲辰（十九日）
神　王　宝亀…七年壬八月甲辰兼下総守。　[宝亀11尻]

◆九月是月
大伴伯麿　宝亀…七年九月兼越前守〈〈宮内〉卿如元〉。　[宝亀9尻]

◆十月是月
藤原田麿　十月兼摂津大夫。　[宝亀7註]

◆是歳
紀　家守　受領補任云。宝亀七年月任春宮亮。　[天応2頭]
南淵弘貞　宝亀七生。少遊学館。渉狩し百家。弱冠推補文章生。　[天長2尻]

宝亀八年

◆正月二日
藤原良継　正月二日任内大臣（元内臣）。　[宝亀8註]

◇正月丁巳（四日）
藤原是公　春宮大夫。正月丁巳〔庚申続紀〕正四位上。左衛士督。　[宝亀8註]

◇正月七日
藤原魚名　正月七〔四続紀〕日従二位。　[宝亀8註]
大伴家持　宝亀…八年正月七日従四上。　[宝亀11尻]

藤原種継　宝亀…八年正月七日正五下。［天応２尻］

◇正月十日

大中臣子老　宝亀…八年正月…同十日戊寅[34]転神祇伯。［宝亀12尻］

◇正月戊寅（廿五日）

紀　船守　宝亀…八年正月戊寅土左守。［宝亀12尻］

◇正月是月

紀　広庭　正月任美乃守。［宝亀８註］

大中臣子老　宝亀…八年正月従四下。［宝亀12尻］

◆三月辛巳（廿九日）

藤原小黒麿　宝亀…八年三月辛巳兼出雲守。［宝亀10尻］

◆五月戊寅（廿八日）

飯高諸高　五月戊寅典侍飯高宿祢諸高薨。伊勢国飯高郡人也。奈保山天皇御世直内教坊。遂補本郡采女。飯高氏貢采女者自此始矣。［宝亀８註］

◇五月是月

紀　広純　受領補任云。宝亀八年五月以按察使兼任常陸〔陸奥くイ〕守。正五下。尋転按察使。在職中視事見称幹済。［宝亀11尻］

◆六月十二日

紀　広庭　或本云。六月十二日卒。労三年。或明年六月卒。［宝亀８註］

◇六月是月

紀　広庭　六月十二日卒去。或去年六月卒去如何。［宝亀９註］

◆七月五日

大伴駿河麿　陸奥出羽按察使。鎮守府将軍。勲三等。於任所三〔二くしィ〕月壬辰日薨。或本〈宝亀〉八年七月五日壬辰[35]卒。［宝亀７註］

◆八月四日

大伴古慈斐　八月四日薨。［宝亀８註］

◆九月十八日

藤原良継　九月十八日丙寅薨。在官七年。く〇三位労し三年。三木二ケ月。中納言二年。内臣七年。内大臣一年。ひ…贈従一位。遣中納言従三位物部朝臣宅嗣。従四位下壱師濃王。宣詔帝之贈位。［宝亀８尻］

◆十月五日
文室大市　十月五日致仕〔続紀係五七十二〕。〔宝亀８註〕
◇十月辛卯（十三日）
石川名足　宝亀…八年十月辛卯造東大寺長官。〔宝亀９尻〕
藤原小黒麿　宝亀…八年…十月辛卯兼常陸守。〔宝亀10尻〕
神　王　宝亀…八年十月辛卯兼大蔵卿。〔宝亀11尻〕
大中臣子老　宝亀…八年…十月辛卯兼式部大輔。〔宝亀12尻〕
多治比長野　宝亀…八年十月辛卯民部大輔。〔延暦６尻〕
大中臣諸魚　宝亀…八年十月辛卯転〈衛門〉正佐。〔延暦９尻〕
◇十月十三日
藤原家依　十月十三日任〈参議〉。治部卿右衛門督等如元。〔宝亀８註〕
宝亀…八年十月十三日任三木。〔宝亀８尻〕
◇十月是月
藤原魚名　十月兼大宰帥。〔宝亀８註〕

物部宅嗣　十月日任中務卿。〔宝亀８註〕
藤原百川　十月日式部卿。右大弁如元。右兵衛督（止弁任右兵衛督歟。任日不見）。〔宝亀８註〕
藤原是公　十月兼左大弁。侍従。〔宝亀８註〕
紀　広庭　正月任美乃守。十月得替歟。〔宝亀８註〕
紀　家守　受領補任云。宝亀七年…八月十日任美乃守。〔天応２頭〕
◆是歳
大伴古慈斐　月日任大和守。八月四日薨。〔宝亀８註〕
佐伯今毛人　宝亀…八年月日停左大弁。〔延暦３尻〕

宝亀九年

◆正月七日
藤原乙縄　宝亀九年正月七日従四位上。〔宝亀10尻〕
宝亀…九年正月七日従四上。〔宝亀10尻〕
◇正月九日
大伴伯麿　九月日〔正月九日続紀〕任〈参議〉。宮内卿越前守等如元。ひし〔或本云。右衛士督。くし〕〔宝亀９註〕

◇正月十四日
大伴家持　宝亀…九年正月十四日正四下。〔宝亀11尻〕

◇正月癸亥（十六日）
藤原小黒麿　宝亀…九年正月癸亥従四位上。〔宝亀10尻〕
多治比長野　宝亀…九年正月癸亥従四下。〔延暦6尻〕

◆二月辛巳（四日）
大中臣諸魚　宝亀…九年二月辛巳兼備前介。〔延暦9尻〕

◇二月十日
石川名足　二月十日任〈参議〉。或宝亀くし十一年二月任三木。又兼伊世守。元右大弁。ひく〔宝亀9註〕

◇二月庚子（廿三日）
石川名足　宝亀…九年二月庚子右大弁。〔宝亀9尻〕
吉備　泉　宝亀九年二月庚子造東大寺長官。く〔大同5尻〕

◇二月是月
藤原種継　宝亀…九年二月左京大夫。〔天応2尻〕
藤原乙叡　宝亀九年二月内舎人。〔延暦13尻〕
菅野真道　宝亀九年二月少内記（卅八）。〔延暦24尻〕

◆三月三日
藤原魚名　三月三日己酉任〈内臣〉。〔元大納言。くし〕従二位「中務卿」〔恐衍〕。〔宝亀9註〕

◇三月三十日
藤原魚名　三月卅日任〈忠臣〉。〔宝亀9註〕
三月…卅日有勅改号忠臣。近衛大将帥如元。但任日不見如何。〔宝亀9註〕
三月卅日任内臣（如本）。〔宝亀9註〕

◆六月十二日
紀　広庭　六月十二日卒去。或去年六月卒去如何。〔宝亀9註〕

◇六月是月
紀　広庭　或本云。六月十二日卒。労三年。或明年六月卒。〔宝亀8註〕

◆七月三日
多治比広足　八月三日依老耆罷中納言。或本曰。宝亀九年七月三日解官者如何。七月姪党坐子宣逆而免。又云。八月戊寅勅。其身衰病老力弱就列。不教諸姪。悉為賊徒。如此之人。何

居宰輔。仍解中納言。以散位帰第云々。宝字四年正月廿一日薨。［勝宝９註］

◆八月癸巳（二十日）

壱志濃王　宝亀…九年八月癸巳任縫殿頭。［延暦６尻］

◆九月是月

大伴伯麿　九月日（正月九日続紀）任〈参議〉。宮内卿越前守等如元。ひし（或本云。右衛士督。くし）［宝亀９註］

◆十二月庚子（廿八日）

紀　船守　宝亀…九年十二月庚子近衛少将〈〈土佐〉守如元〉。［宝亀12尻］

紀　古佐美　宝亀…九年十二月庚子右少弁。［延暦４尻］

◇十二月辛酉（ナシ）

藤原田麿　摂津大夫。ィ十二月辛酉兼中衛権大将。［宝亀９註］

◆是歳

藤原清河　民部卿。月日自唐告薨由。明年二月乙亥日贈従二位。或宝亀十年二月自唐告薨由。労卅一年。［宝亀９註］

去年月日自唐告薨由。六月日贈従二位。承和二年贈従一位。民部卿。［宝亀10註］

飯高諸高　至于今年補任不詳。薨歟。［宝亀９註］

宝亀十年

◆正月一日

藤原魚名　正月一日任〈内大臣〉（元忠臣）。近衛大将。大宰帥如元。○続日本紀。宝亀十正朔。以忠臣魚名為内大臣。［宝亀10註］

◇正月七日

藤原是公　式部大輔。正月七（廿三続紀）日従三位。遷式部卿。止左大弁。春宮大夫左衛士督侍従如元。［宝亀10註］

◇正月癸丑（十二日）

紀　船守　宝亀…十年正月癸丑正五上。［宝亀12尻］

藤原園人　宝亀十正癸丑く従五下（廿四）。［延暦25尻］

◇正月是月

藤原百川　正月従三位。［宝亀10註］

◆二月乙亥（四日）

藤原清河　民部卿。月日自唐告薨由。明年二月乙亥日贈従二位。或宝亀十年二月自唐告薨由。労卅一年。　［宝亀9註］

◇二月甲午（廿三日）

大中臣諸魚　宝亀…十年二月甲午兼下野守。　［延暦9尻］

◇二月甲子（ナシ）

藤原園人　宝亀十…二月甲子く美乃介。　［延暦25尻］

◆六月是月

藤原清河　去年月日自唐告薨由。六月日贈従二位。承和二年贈従一位。民部卿。　［宝亀10註］

◆七月九日

藤原百川　七月九日薨。在官九年。詔贈従二位。延暦二年二月追贈右大臣。○続日本紀。百川薨年四十八。　［宝亀10註］

◆九月癸酉（七日）

大中臣諸魚　宝亀…十年…九月癸酉中衛少将（〈下野〉守如元）。　［延暦9尻］

◇九月十二日

藤原乙縄　九月十二日任〈参議〉。兼刑部卿。

宝亀…十年九月十二日任三木。　［宝亀10註］

兼刑部卿。　［宝亀10尻］

◇九月是月

藤原縄麿　九月兼中衛大将。　［宝亀10註］

藤原田麿　摂津大夫。九月中務卿。　［宝亀10註］

多治比長野　受領補任云。宝亀十年九月任摂津大夫。　［延暦6頭］

壱志濃王　宝亀…十年九月右大舎人頭。　［延暦6尻］

佐伯今毛人　宝亀…十年九月大宰大弐。　［延暦3尻］

◆十月是月

石上宅嗣　十（十一 続紀）月改物部朝臣賜石上大朝臣。中務卿。　［宝亀10註］

◆十一月甲午（廿八日）

大伴伯麿　宮内卿。兼越前守。十一月甲午為左大弁。宮内卿守等如元。　［宝亀10註］

弁官補任云。宝亀十年十一月甲午左大弁。参木宮内卿越前守如元。兼中宮大夫之日停左大弁。くし　［宝亀9頭］

◇十一月是月

石上宅嗣　十（十一続紀）月改物部朝臣賜石上大朝臣。中務卿。［宝亀10註］

◆十二月己酉（十三日）

藤原縄麿　十二月己酉日薨去。贈従二位大納言。○参木八年。中納言十年。〔中衛大将四ケ月。くし〕［宝亀10註］

◇十二月廿日

藤原小黒麿　十二月廿（卅ィ）日任〈参議〉。元右衛士督。常陸守。［宝亀10註］

◇十二月是月

藤原田麿　十二月転中衛権大将。［宝亀10註］

◆是歳

藤原浜成　刑部卿。月日任弾正尹。［宝亀10註］

百済勝義　宝亀十生。少遊大学。頗習文章。［承和6尻］

藤原継業　宝亀十年己未生。［天長3尻］

宝亀十一年

◆正月癸酉（七日）

紀　古佐美　宝亀…十一年正月癸酉従五上。［延暦4尻］

大伴潔足　宝亀…十一年正月癸酉正五上。［延暦9尻］

石川真守　宝亀…十一年正月癸酉正五下。［延暦9尻］

◇正月七日

藤原真友　宝亀十一年正月七日従五下（卅九）（廿九ひ）。［延暦13尻］

◆二月一日

石上宅嗣　二月一日任〈大納言〉。労二年。元中納言。兼中務卿。［宝亀11註］

藤原田麿　二月一日任〈中納言〉。叙正三位（元三木）。中衛大将如元。同日兼東宮傅。［宝亀11註］

二月一日任中納言。労五年。［宝亀11註］

藤原継縄　二月一日任〈中納言〉。元三木。［宝亀11註］

二月一日任中納言（労十五年）。［宝亀11註］

大伴家持　二月一日任〈参議〉。［宝亀11註］

紀　広純　二月一日任〈参議〉〔并叙。くし〕［宝亀11註］

◇二月九日
大伴家持　二月…九日兼右大弁。春宮大夫(中宮大夫)。
[宝亀11註]
◇二月是月
石川名足　二月十日任〈参議〉。或宝亀くし十一年二月任三木。又兼伊世守。元右大弁。ひく
[宝亀9註]
弁官補任云。宝亀十一年二月任参議者。し
[宝亀9頭]
紀　広純　宝亀十一年二月授従四位下。任三木。
[宝亀11尻]
弁官補任云。宝亀十一年二月任参木。くし
[宝亀11尻]
◆三月十四日
神　王　三月十四日任〈参議〉。即正四下。兼大蔵卿如元。
[宝亀11註]
◇三月壬午(十七日)
藤原真友　宝亀十一年…三月壬午少納言。[延暦13尻]
◇三月廿四日
紀　広純　三月廿四日卒。〔在官二ケ月し〕[宝亀11註]
宝亀十一年…三月廿四日被殺畢。
[宝亀11尻]
宝亀十一年…三月廿四日丁亥(36)陸奥伊治那(マヽ)大領外従五位下伊治公呰麿及率従衆殺按察使広純於伊治城。
[宝亀11尻]
◇三月癸巳(廿八日)
紀　古佐美　宝亀…十一年…三月癸巳為征東副使。
[延暦4尻]
◇三月是月
藤原継縄　三月日征東将軍。兵部卿如元。[宝亀11註]
神　王　宝亀…十一年三月正四下(元従四下)。任三木。兼大蔵卿。
[宝亀11尻]
藤原種継　宝亀…十一年三月下総守。[天応2尻]
◆四月甲寅(二十日)
大伴潔足　宝亀…十一年…四月甲寅左兵衛督。
[延暦9尻]
◆九月壬戌(一日)
大中臣諸魚　宝亀…十一年九月壬戌右衛士佐。

◇九月甲申（廿三日）　［延暦9尻］

藤原小黒麿　九月甲申正四下。為持節征東大使。右衛門督。［宝亀11註］

◇九月癸卯（ナシ）

紀　船守　宝亀…十一年九月癸卯従四下。［宝亀12尻］

◇九月是月

壱志濃王　宝亀…十一年九月転左〈大舎人頭〉。［延暦6尻］

◆十一月廿八日

文室大市　十一月廿八日薨。贈右大臣（三位三年歟。前官参議六年。中納言一年。大納言七年。前官四年）。［宝亀11註］

◆十二月五日

藤原種継　宝亀…十一年…十二月五日正五上。［天応2尻］

◆是歳

菅野真道　宝亀…十一年近江少目。［延暦24尻］

宝亀年間

大伴駿河麿　宝亀――肥後守。正五位下。［宝亀6尻］

宝亀十二年（天応元年）

◆正月一日

――　改正月一日為天応元年。［宝亀12註］

◇正月七日

藤原種継　天応元年正月七日従四下。［天応2尻］

◇正月十日

藤原魚名　正月十（十二続紀）日叙正二位。［宝亀12註］

正月十日正二位。［宝亀12註］

◇正月庚申（ナシ）

藤原小黒麿　右衛門督。常陸守。正月庚申兼陸奥按察使（督守如元）。［宝亀12註］

◇正月是月

大伴伯麿カ[31]　或本云。天応元年正月正四位上。［宝亀12大伴伯麿尻］

◆閏正月（ナシ）是月

大伴伯麿(31)カ　或本云。…弁官補任云。天応元年閏正月坐
事者。　［宝亀12大伴伯麿尻］

◆二月十七日

五百枝王　〔頭書云〕光仁紀曰。天応元年二月十七日能
登内親王薨。内親王者天皇之女也。適正五
位下市原王。生五百井女王。五百枝王。薨
〔時後紀〕年四十九。　［弘仁3頭］

◇二月是月

藤原種継　三〔二ひ〕月廿六日任〈参議〉。左衛〔兵ひ〕士
督。近江守如元。或本天応元年二〔三ひし〕
月日任三木。年五十六。　［天応2註］

◆三月是月

藤原種継　三〔二ひ〕月廿六日任〈参議〉。左衛〔兵ひ〕士
督。近江守如元。或本天応元年二〔三ひし〕
月日任三木。年五十六。　［天応2註］
天応元年…三月任三木〔延暦二三廿六続紀〕
（或本延暦元年二月廿五日任者）。
［天応2尻］

◆四月一日

――　四月一日辛卯(37)桓武天皇受禅即位（年四十五）。
［宝亀12註］

◇四月十四日

大伴家持　右大弁。四月十四日兼任春宮大夫。
［宝亀12註］

◇四月癸卯（十五日）

佐伯今毛人　天応元年四月癸卯正四上。　［延暦3尻］
壱志濃王　天応元年四月癸卯従四上。　［延暦6尻］

◇四月十五日

石上宅嗣　四月十五日叙正三位。　［宝亀12註］
藤原是公　四月十五日正三位。　［宝亀12註］
大伴家持　四月…同十五日正四上。　［宝亀12註］
大伴伯麿　左大弁。宮内卿。四月十五日癸卯正四上。　［宝亀12註］
石川名足　四月十五日癸卯従四位上。　［宝亀12註］

◇四月乙巳（十七日）

藤原浜成　本名浜足。四月乙巳任大宰帥。　［宝亀12註］
多治比長野　天応元年四月乙巳伊世守。　［延暦6尻］

◇四月癸丑（廿五日）

紀　船守　天応元年四月癸丑従四位上。　[宝亀12尻]

◇四月廿六日

藤原小黒麿　四月廿六日従三位。し　[宝亀12註]

◇四月癸亥（ナシ）

大中臣子老　天応元年四月癸亥従四上。　[宝亀12尻]

◇四月是月

藤原田麿　四月止傅（即位）。し　[宝亀12註]

藤原種継　天応元年…四月従四上。　[天応2尻]

◆五月四日

藤原継縄　五月四日兼中務卿。　[宝亀12註]

藤原小黒麿　五月四日任兵部卿。　[宝亀12註]

大伴家持　五月四日兼左大弁。　[宝亀12註]

大伴伯麿　五月四日兼左衛門督。　[宝亀12註]

高麗福信　五月四日任弾正尹。兼武蔵守。　[宝亀12註]

◇五月乙丑（七日）

紀　家守　天応元年五月乙丑右少弁。　[天応2尻]

紀　船守　天応元年…五月乙丑為近衛権中将。　[宝亀12尻]

◇五月七日

石川名足　五月七日乙丑為右大弁。　[宝亀12註]

◇五月十七日

大伴伯麿　五月…十七日兼中宮大夫。此日始置中宮職。止〈左大〉弁。　[宝亀12註]

石川名足　五月…同十七日兼右京大夫。　[宝亀12註]

◇五月癸未（廿五日）

紀　家守　天応元年五月…同月癸未転左中弁。兼左兵衛督。　[天応2尻]

大伴潔足　天応元年五月癸未美乃守。　[延暦9尻]

石川真守　天応元年五月癸未兼武蔵守（〈式部〉少輔如元）。　[延暦9尻]

藤原園人　天応元五癸未く備中守。　[延暦25尻]

◇五月乙酉（廿七日）

紀　古佐美　天応元年五月乙酉兼陸奥守（止〈右少〉弁）。　[延暦4尻]

◇五月是月

藤原家依　治部卿。五月兼下総守。　[宝亀12註]

藤原種継　天応元年…五月兼近江守（〈左京〉大夫如元）。　[天応2尻]

◆六月六日
藤原乙縄　刑部卿。六月六日卒。在官三年。　［宝亀12註］
◇六月十三日
藤原種継　天応元年…六月十三〔廿一続紀〕日正四下。　［天応2尻］
◇六月廿四日
石上宅嗣　六月廿四日薨。于時式部卿云々。在官十一年。くし贈正二位。贈右大臣歟。○三木六年。中納言十年。大納言二年。　［宝亀12註］
◇六月廿七日
藤原魚名　六月廿七日任〈左大臣〉（元内大臣）。兼大宰帥（免大臣之時任之歟）。号川辺大臣。　［宝亀12註］
六月廿七日癸未(38)転左大臣。　［宝亀12註］
藤原田麿　六月廿七日任〈大納言〉。即転近衛大将。　［宝亀12註］
大中臣小老　六月廿七日任〈参議〉。兼神祇伯。兼式部大輔。　［宝亀12註］
天応元年…六月廿七日丙寅(39)任三木。　［宝亀12尻］
紀　船守　六月廿七日任〈参議〉。〈近衛〉権中将如元。　［宝亀12註］
天応元年…六月廿七日甲寅任参木〈〈近衛権〉中将如元〉。　［宝亀12尻］
◇六月丁卯（ナシ）
藤原種継　天応元年…六月…〔七月し〕丁卯任左衛士督〈〈近江〉守如元〉。　［天応2尻］
◇六月是月
大中臣清麿　六月日致仕〈右大臣〉。在官十一年。　［宝亀12註］
藤原浜成　六月左降大宰員外帥。或云延暦元閏正辛丑解三木侍従等（帥如元）。　［宝亀12註］
◆七月丁卯（十日）
藤原継縄　七月丁卯兼左京大夫。　［宝亀12註］
藤原小黒麿　七月丁卯転民部卿。　［宝亀12註］
紀　船守　七月丁卯兼内蔵頭。　［宝亀12註］
藤原種継　天応元年…六月…〔七月し〕丁卯任左衛士督

〈近江〉督如元）。　［天応2尻］

◇七月是月

藤原家依　七月任兵部卿。兼侍従（〈下総〉守如元）。　［宝亀12註］

紀　家守　天応元年…七月遷右兵衛督。　［天応2尻］

◆八月一日

大伴家持　八月一〔八続紀〕日復任三木（ィ左大弁）。　［宝亀12註］

◇八月廿六日

藤原小黒麿　八月廿六日征伐事畢入朝。叙正三位（征伐功）。ひくし　［宝亀12註］

◇八月癸丑（廿七日）

五百枝王　天応元八癸丑く無位五百枝王授従四下。　［弘仁3尻］

◇八月是月

紀　家守　天応元年…八月正五下。　［天応2尻］

◆九月二日

藤原是公　九月二日任〈中納言〉。兼中衛大将。式部卿如元（元三木）。本名黒麿。　［宝亀12註］

◇九月戊午（三日）

藤原継縄　九月戊午正三位。　［宝亀12註］

◇九月十日

紀　古佐美　天応元年…九月…同月十〔十二し〕日従四下。　［延暦4尻］

◇九月丁丑（廿二日）

紀　古佐美　天応元年…九月丁丑正五上。　［延暦4尻］

◆十月廿三日

藤原内麿　天応元年十月廿三日従五下（廿六）。　［延暦13尻］

◇十月己巳（ナシ）

五百枝王　天応元…十月己巳く侍従。　［弘仁3尻］

◆十一月十一日

藤原家依　十一月十一日従三位。　［宝亀12註］

◇十一月十三日

大伴家持　十一月十三〔十五続紀〕日従三位。［宝亀12註］

大伴家持(31)カ　或本云。…天応元年…十一月十三日従三位。　［宝亀12大伴伯麿尻］

◇十一月廿三日

——— 十一月廿三日太上天皇崩(光仁)。立早良親王為太子。 [宝亀12註]

◆是歳

坂上苅田麿　天応元年授正四位上。遷右衛士督。苅田麿家世事弓馬善射。宿衛宮掖。歴事数朝。天皇寵遇優厚。別賜封五十戸。 [延暦4尻]

多治比長野　受領補任云。…天応元年不任伊世守。 [延暦6頭]

天応二年(延暦元年)

◆正月是月

藤原浜成(31)カ　或本云。…天応…二年正月坐事除官位。 [宝亀12大伴伯麿尻]

或本云。…弁官補任云。…又云。天応二年正月坐事除官位。 [宝亀12大伴伯麿尻]

大伴伯麿　中宮大夫。右衛門督。宮内卿。正月叙従三位(或无三位)。 [天応2註]

◆閏正月甲午(十一日)

大中臣諸魚　天応二年壬正月甲午(甲子し庚午続紀)少納言。 [延暦9尻]

◇閏正月十三日

大伴伯麿　閏正月十三日坐事解官。 [天応2註]

◇閏正月辛丑(十八日)

藤原浜成　太宰員外帥。壬正月辛丑解却畢。勅太宰府。氷上川継謀反入成罪。員外帥浜成女川継妻。思為与党。因茲解却浜成所帯参木侍従。但員外帥如元。 [天応2註]

六月左降大宰員外帥。或云延暦元閏正辛丑解三木侍従等(帥如元)。 [宝亀12註]

◇閏正月甲子(ナシ)

紀　古佐美　天応…二年閏正月甲子左兵衛督。 [延暦4尻]

壱志濃王　天応…二年閏正月甲子讃岐守兼左大舎人頭。 [延暦6尻]

藤原内麿　天応…二年閏正月甲子甲斐守。 [延暦13尻]

藤原真友　天応二年壬正月甲子衛士佐。 [延暦13尻]

五百枝王　天応…同二閏正月甲子く美作守。 [弘仁3尻]

◇閏正月是月
大伴家持　左大弁。春宮大夫。陸奥守。閏正月坐氷上川継事免。移京外南。［天応２註］

◆二月丙辰（三日）
大伴伯麿　続日本紀延暦元年二月丙辰。三木従三位中宮大夫兼衛門督大伴宿祢伯麿薨。年六十五。［宝亀12頭］

◇二月三日
大伴伯麿　二月三日丙辰卒（マヽ）。在官五年。［天応２註］

◇二月庚申（七日）
紀　古佐美　天応…二年…二月庚申兼但馬守（〈左兵衛〉督如元）。［延暦４尻］
吉備　泉　天応二年二月庚申任造東大寺長官。［大同５尻］

◇二月丁卯（十四日）
壱志濃王　天応…二年…二月丁卯治部卿。［延暦６尻］

◇二月廿六日
藤原種継　三〔二ひ〕月廿六日任〈参議〉。左衛〔兵ひ〕士督。近江守如元。或本天応元年二〔三ひし〕月日任三木。年五十六。［天応２註］

◇二月是月
藤原小黒麿　民部卿。按察使（イ二月兼）。［天応２註］

◆三月廿五日
藤原種継　天応元年…三月任三木〔延暦三三廿六続紀〕（或本延暦元年三月廿五日任者）。［天応２尻］

◇三月廿六日
藤原種継　三〔二ひ〕月廿六日任〈参議〉。左衛〔兵ひ〕士督。近江守如元。或本天応元年二〔三ひし〕月日任三木。年五十六。［天応２註］

◆四月己卯（廿七日）
佐伯今毛人　天応…二年四月己卯任左大弁。［延暦３尻］

◇四月是月
大伴家持　左大弁。春宮大夫。陸奥守。閏正月坐氷上川継事免。移京外南。[四月日くし]詔宥罪。後更任三木。兼官如元。［天応２註］
紀　家守　延暦元年四月従四下。［天応２尻］

◆五月五日

大伴家持　五月五日更任春宮大夫。〔天応２註〕

◇五月是月

紀　家守　延暦元年…五月内蔵頭。〔天応２尻〕

◆六月十三日

藤原田麿　六月十三〔廿一続紀〕日任〈右大臣〉（元大納言）。近衛大将如元。授従二位。兼皇太子〔（早良親王）し〕傅。号蜷淵大臣。〔天応２註〕

藤原是公　六月十三〔廿一続紀〕日任〈大納言〉（元中納言）。式部卿中衛大将等如元。〔天応２註〕

石川名足　右大弁。右京大夫。六月十三〔廿一続紀〕日正四位下。〔天応２註〕

紀　船守　近衛員外中将。六月十三〔廿一続紀〕日正四位下。内廐頭。〔天応２註〕

紀　家守　六月十三〔廿一続紀〕日任〈参議〉。即兼中宮大夫。内蔵頭。〔天応２註〕
延暦元年…六月十三〔廿一続紀〕日任参木。兼中宮大夫内蔵頭。〔天応２尻〕

佐伯今毛人　六月十三〔廿一続紀〕日叙〈従三位〉。左大弁。大和守如元。〔天応２註〕
天応…二年…六月…同十三日叙従三位。為左大弁。大和守。〔延暦３尻〕

◇六月乙丑（十四日）

藤原魚名　延暦元年［六月］し乙丑坐事免大臣配流。令赴任所。至摂津国難波。病発留連。勅聴便留別業。其男正四位下鷹取左遷石見介。従五下末茂土左介。〔天応２尻〕

◇六月十四日

藤原魚名　大宰帥。六月十四日坐事免大臣配流。明年七月廿五日薨卒（六十二〔三し〕）。在官五年。号川辺大臣。〔詔賜本官左大臣云々し〕〔天応２註〕
延暦…二年…七月…廿五日薨（六十二〔三し〕）。在官五年。詔別賜絁布塩及役夫等。又贈本官。詔曰。贈以本官。酬其先功。去延暦元年六月十四日所下詔勅符等。皆悉〔悉皆ひ〕焼却焉。〔天応２尻〕

◇六月辛未（二十日）

紀　船守　八月乙亥〔六月辛未ィ〕兼常陸守（本官如元）。　[天応2註]

佐伯今毛人　天応…二年…六月辛未兼大和守。　[延暦3尻]

吉備　泉　天応二年…六月辛未兼伊予守。　[大同5尻]

五百枝王　天応…同二…六辛未く越前守。　[弘仁3尻]

◇六月壬申（廿一日）

五百枝王　天応…同二…六…壬申く右兵衛督侍従（〈越前〉守如元）。　[弘仁3尻]

◇六月戊寅（廿七日）

紀　古佐美　天応…二年…六月戊寅左中弁。　[延暦4尻]

◇六月是月

大伴家持　六月兼陸奥出羽按察使。　[天応2註]

藤原乙叡　延暦元年六月兵部少丞。　[延暦13尻]

◆八月十九日

――― 改八月十九日為延暦元年。　[天応2註]

◇八月乙亥（廿五日）

石川名足　八月乙亥兼美作守。〈右大〉弁如元。　[天応2註]

紀　船守　八月乙亥〔六月辛未ィ〕兼常陸守（本官如元）。　[天応2註]

石川真守　延暦元年八月乙亥式部大輔（〈武蔵〉守如元）。　[延暦9尻]

◆九月是月

大中臣子老　神祇伯。九月兼左京大夫。　[天応2註]

◆是歳

菅野真道　延暦元年右〔左ィ〕衛士少尉。　[延暦24尻]

清原夏野　延暦元生。　[弘仁14尻]

延暦初年

神　王　日本後紀云。…延暦初授正四位下。除弾正尹。　[宝亀11頭]

延暦二年

◆正月己卯（二日）

大中臣諸魚　延暦二年正月己卯従五上。　[延暦9尻]

◇正月癸巳（十六日）

大伴潔足　延暦二年正月癸巳従四位下。　[延暦9尻]

石川真守　延暦…二年正月癸巳正五上。　［延暦9尻］
藤原雄友　延暦二年正月癸巳従五下。　［延暦9尻］

◇正月廿日
菅野真道　延暦…二年正月廿日以津連真道叙外従五位下。　［延暦24尻］

◇正月是月
某(31)　或本云。…延暦二年正月有免罪。更任三木。春宮大夫。左大弁。　［宝亀12大伴伯麿尻］
石川名足　正月日正四位上。或七月十三（十九続紀）日叙。　［延暦2註］

◆二月五日
紀　船守　二月五日転〈近衛〉中将。内廐頭。　［延暦2註］

◇二月壬申（廿五日）
石川名足　二月壬申兼播磨守。右大弁如元。　［延暦2註］
藤原雄友　延暦二年…二月壬申美作守。　［延暦9尻］

◇二月是月
藤原百川　七月九日薨。在官九年。詔贈従二位。延暦二年二月追贈右大臣。○続日本紀。百川薨年四十八。　［宝亀10註］
藤原園人　延暦二二ー少納言。　［延暦25尻］

◆三月丙申（十九日）
藤原田麿　続日本紀延暦二三丙申。右大臣従二位兼行近衛大将皇太子傅藤原朝臣田麿薨。　［延暦2頭］

◇三月十九日
藤原田麿　三月十九日薨。在官二年。贈正二位。皇代記云。藤原氏本系云。不任左大臣者。○〔参木十五年。大将十八年。中納言二年。大納言二年。右大臣二年。〈くし〉〕　［延暦2註］

◆四月十七日
藤原種継　四月十七（十八続紀）日従三位。　［延暦2註］

◇四月十九日
佐伯今毛人　四月十九（廿続紀）日兼皇后宮大夫。大和守如元。［左大弁。ひ］　［延暦2註］
延暦二年四月十九（廿続紀）日兼皇后宮大夫（〈大和〉守如元）。　［延暦3尻］

◇四月壬寅（ナシ）
大中臣諸魚　延暦二年…四月壬寅兵部大輔（少納言如元）。　［延暦９尻］
◇四月是月
藤原縄主　延暦二年四月従五下（廿四）〔三カ〕。　［延暦17尻］
◆五月丁亥（十一日）
藤原魚名　延暦…二年五月丁亥勅。大宰帥魚名老病相発。仍留滞中路。宜令還京託其郷親。　［天応２尻］
◇五月辛卯（十五日）
紀　古佐美　延暦二年五月辛卯兼式部大輔（〈左兵衛〉督〈但馬〉守如元。止〈左中〉弁）。　［延暦４尻］
石川真守　延暦…二年…五月辛卯従四下。任大宰大弐。　［延暦９尻］
菅野真道　延暦…二年…五月辛卯近江大掾。左衛士少尉。　［延暦24尻］
◆六月丙寅（廿一日）
多治比長野　延暦二六丙寅刑部卿。　［延暦６尻］
藤原縄主　延暦…二年…六月丙寅近衛少将。　［延暦17尻］
◇六月辛未（廿六日）
紀　船守　六月辛未兼常陸守。　［延暦２註］
◆七月十三日
大伴家持　七月十三〔十九続紀〕日任〈中納言〉。兼陸奥出羽按察使（元参木）。春宮大夫如元。　［延暦２註］
石川名足　正月日正四位上。或七月十三〔十九続紀〕日叙。　［延暦２註］
紀　船守　七月十三〔十九続紀〕日正四位上。　［延暦２註］
◇七月十六日
藤原小黒麿　七月十六〔廿五続紀〕日兼右〔左続紀〕京大夫。民部卿如元。　［延暦２註］
藤原種継　七月十六〔廿五続紀〕日兼式部卿。按察使。近江守。左衛門督。　［延暦２註］
◇七月十九日
藤原是公　七月十九日任〈右大臣〉（元大納言）。式部卿

如元。中衛大将如元。号牛屋大臣。〔延暦２註〕

藤原継縄　七月十九日任〈大納言〉（元中納言）。中務卿如元。〔延暦２註〕

◇七月廿五日

藤原魚名　大宰帥。六月十四日坐事免大臣配流。明年七月廿五日薨卒（六十二〔三し〕）。在官五年。号川辺大臣。〔詔賜本官左大臣云々し〕〔天応２註〕

延暦…二年…七月…廿五日薨（六十二〔三し〕）。在官五年。詔別賜絁布塩及役夫等。又贈本官。詔曰。贈以本官。酬其先功。去延暦元年六月十四日所下詔勅符等。皆悉〔悉皆ひ〕焼却焉。〔天応２尻〕

◇七月是月

藤原魚名　延暦…二年…七月勅〈其男〉鷹取末茂等令得入京。〔天応２尻〕

藤原是公　式部卿中衛大将。七月任右大臣（労二年）。〔延暦２註〕

藤原継縄　七月任大納言。〔延暦２註〕

大伴家持　春宮大夫。七月任中納言。〔延暦２註〕

◆十一月丁巳（ナシ）

紀　古佐美　延暦二年…十一月丁巳従四上兼春宮大夫。〔延暦４尻〕

◆十二月己巳（廿七日）

大中臣諸魚　延暦二年…十二月己巳正五下。〔延暦９尻〕

◆是歳

藤原田麿　月日任〈左大臣〉（元右大臣）。〔延暦２註〕

延暦三年

◆正月一日

藤原是公　式部卿。中衛大将。正月一〔十六続紀〕日戊(40)子従二位。〔延暦３註〕

藤原小黒麿　正月一日正三位。〔延暦３註〕

◇正月己卯（七日）

紀　家守　正月己卯従四位上。〔延暦３註〕

多治比長野　延暦…三年正月己卯従四上。〔延暦６尻〕

◇正月廿一日

藤原小黒麿　正月廿一〔十六続紀〕日任〈中納言〉。民部卿如元〔元三木〕。　［延暦3註］
正月…同廿一〔十六続紀〕日中納言。　［延暦3註］

◇正月廿二日
藤原種継　正月廿二〔十六続紀〕日任〈中納言〉。兼式部卿左衛門督按察使〔元三木〕。　［延暦3註］
式部卿。正月廿二〔十六続紀〕日任中納言。労四年。　［延暦3註］

◆二月是月
大伴家持　二月為持節征東将軍。春宮大夫。　［延暦3註］
秋篠安人　延暦三年二月少内記。　［延暦24尻］

◆三月乙酉（十四日）
多治比長野　受領補任云。…延暦三年三月ひ乙酉任伊世守者。　［延暦6頭］

◇三月丙申（廿五日）
吉備　泉　延暦三年三月丙申免伊与守。く　［大同5尻］

◇三月廿六日
藤原種継　天応元年…三月任三木〔延暦三三廿六続紀〕（或本延暦元年三月廿五日任者）。　［天応2尻］

◇三月己酉（ナシ）
藤原縄主　延暦…三年三月己酉兼伊与〔世イ〕介。　［延暦17尻］

◇三月是月
紀　家守　三月兼備前守。　［延暦3註］

◆四月壬寅（二日）
菅野真道　延暦…三年四月壬寅摂津介。　［延暦24尻］

◇四月丁未（七日）
藤原真友　延暦三年四月丁未越前介。　［延暦13尻］

◇四月十九日
紀　家守　四月十九日卒。在官三年。　［延暦3註］

◆五月乙丑（ナシ）
藤原乙叡　延暦…三年五月乙丑従五下。　［延暦13尻］

◆七月壬午（十三日）
藤原乙叡　延暦…三年…七月壬午侍従。　［延暦13尻］

◇七月是月
藤原小黒麿　七月転左京大夫。　〔延暦3註〕
紀　船守　七月兼中宮大夫。　〔延暦3註〕

◆十一月一日
――――　十一月朔旦冬至。　〔延暦3註〕

◇十一月乙丑（廿八日）
五百枝王　延暦三十一【乙丑く】従四位上。　〔弘仁3尻〕

◇十一月是月
菅野真道　延暦…三年…十一月左兵衛佐。　〔延暦24尻〕

◆十二月一日
藤原種継　十二月一〔二続紀〕日正三位（朔旦）。天皇委任之。中外之事皆取決焉。初首建議。遷都長岡。宮室草創。百官未就。匠手役夫。日夜兼作。　〔延暦3註〕
石川名足　十二月一〔二続紀〕日従三位。右大弁。播磨守。　〔延暦3註〕

◇十二月二日
佐伯今毛人　延暦…三年十二月二日参木兼左大弁。皇后宮大夫。大和守。　〔延暦3尻〕

◇十二月是月
紀　船守　十二月従三位。近衛中将。常陸守。内廐頭。　〔延暦3註〕
佐伯今毛人　十二月任〈参議〉。左大弁。皇后宮大夫。大和守。　〔延暦3註〕
皇后宮大夫。左大弁。大和守。十二月任三木。　〔延暦3註〕

延暦四年

◆正月癸卯（七日）
多治比長野　延暦…四年正月癸卯正四上〔ィ下〕。　〔延暦6尻〕
藤原葛野麿　延暦四年【正癸卯く】叙従五下。　〔延暦25尻〕

◇正月七日
藤原真友　延暦…四年正月七日従五上。　〔延暦13尻〕

◇正月九日
紀　古佐美　延暦…四年正月九日兼近〔ィ中〕衛中将。（〈但馬〉守如元）。　〔延暦4尻〕

◇正月辛亥（十五日）

大中臣諸魚　延暦…四年正月辛亥兼山背守〈少納言如元〉。［延暦9尻］
藤原縄主　延暦…四年正月辛亥兼美乃守｛ィ〈美〉作介｝。［延暦17尻］

◇正月癸亥（廿七日）
大中臣諸魚　延暦…四年正月…癸亥右｛左ィ｝中弁〈〈山背〉守如元〉。［延暦9尻］
藤原乙叡　延暦…四年正月癸亥権少納言。［延暦13尻］

◇正月辛未（ナシ）
大伴潔足　延暦…四年正月辛未兵部大輔。［延暦9尻］

◇正月癸未（ナシ）
藤原園人　延暦…同四正癸未く右少弁。［延暦25尻］

◆二月八日
坂上苅田麿　二月八〔十二続紀〕日叙〈従三位〉。［延暦4註］

◆四月庚午（六日）
藤原内麿　延暦四年四月庚午左衛門佐。［延暦13尻］

◇四月是月
藤原雄友　延暦…四年四月兵部少輔。［延暦9尻］

◆五月甲寅（二十日）
神　王　五月甲寅弾正尹。［延暦4註］

◇五月是月
――　五月追贈従一位紀諸人朝臣太政大臣。［延暦4註］

◆六月五日
佐伯今毛人　六月五〔十八続紀〕日正三位。［延暦4註］

◇六月廿五日
藤原家依　六月廿五日〔廿日続紀〕薨。或本六月日任中納言。○参木九年。［延暦4註］

◇六月是月
藤原家依　六月廿五日〔廿日続紀〕薨。或本六月日任中納言。○参木九年。［延暦4註］

◆七月一日
藤原継縄　七月一〔六続紀〕日兼大宰帥。［延暦4註］
藤原小黒麿　七月一〔六続紀〕日任中務卿。［延暦4註］
佐伯今毛人　七月一〔六続紀〕日兼民部卿。皇后宮大夫如元。止〈左大〉弁。○〔竹良等射殺し〕［延暦4註］
坂上苅田麿　七月一〔六続紀〕日兼左京大夫。下総守右衛

士督如元。　［延暦4註］

◇七月己亥（六日）

大中臣諸魚　延暦…四年…七月己亥兼左兵衛督。　［延暦9尻］

◇七月是月

石川名足　右大弁。播磨守。七月転左大弁。　［延暦4註］

大中臣子老　七月任右大弁。伯如元。左京大夫。　［延暦4註］

◆八月己巳（七日）

藤原雄友　延暦…四年…八月己巳従五上。　［延暦9尻］

◇八月七日

藤原内麿　延暦四年…八月七日従五上。　［延暦13尻］

◇八月丙子（十四日）

大伴潔足　延暦…四年…八月丙子近衛中将。　［延暦9尻］

藤原内麿　延暦四年…八月…同月丙午(41)〔子ィ〕中衛少将。　［延暦13尻］

◇八月庚寅（廿八日）

大伴家持　八月庚寅薨。廿余日其骸未葬。大伴継人竹良等射殺藤種継。事発覚下獄。案験之。事連家持。由是追除名。其息永主等並処流。中納言従三位兼行春宮大夫。陸奥按察使。鎮守府将軍。在陸奥。　［延暦4註］

◆九月廿三日

藤原種継　九月斎内親王参伊勢。天皇行幸平城。太子及右大臣是公。中納言種継等。[並くし]為留守。廿三日夜。長岡燭下被射。明日薨。于時年四十九（ィ五）。天皇甚悼惜。贈正一位左大臣。捕獲賊首大伴継人。同竹良党与数十人。依法推断。或斬或流。…三木三年。中納言二年。　［延暦4註］

◇九月己未（廿七日）

藤原雄友　延暦…四年…九月己未兼左衛士督〈美作守如元〉。　［延暦9尻］

◆十月一日

紀　古佐美　延暦…四年…十月一日〔十一月廿五日続紀〕兼春宮大夫（両度兼之）。　［延暦4尻］

◇十月甲子（二日）

大伴潔足　延暦…四年…十月甲子大蔵卿。［延暦9尻］

藤原園人　延暦…同四…十月甲子くく安芸守。［延暦25尻］

◇十月甲戌（十二日）

藤原内麿　延暦四年…十月甲戌兼越前介〔イ守〕。［延暦13尻］

藤原真友　延暦…四年…十月甲戌下総守。［延暦13尻］

吉備　泉　延暦…四年十月甲子召降佐渡守。く［大同5尻］

◇十月十三日

紀　古佐美　十月十三日任〈参議〉叙従四上〔十月十二日任十一月廿五日叙続紀〕。中衛中将。春宮大夫。［延暦4註］

十月十三日叙し従四上任三木。［延暦4尻］

◇十月是月

――――　十月廃太子。［延暦4註］

◆十一月癸巳（一日）

坂上田村麿　延暦四年十一月癸巳従五下（廿八）。

◇十一月一日　［延暦24尻］

藤原継縄　十一月一〔廿五くしイ及続紀〕日兼太子傅（平城立坊日）。［延暦4註］

石川名足　十一月一〔廿五続紀〕日任〈中納言〉（元三木）。［延暦4註］

紀　船守　十一月一〔廿五続紀〕日任〈中納言〉。廿五日兼し近衛大将。中宮大夫如元。［延暦4註］

中宮大夫。兼近衛大将。十一月一〔廿五続紀〕日任中納言。［延暦4註］

◇十一月丁巳（廿五日）

大中臣諸魚　延暦…四年…十一月丁巳正五上。［延暦9尻］

紀　梶長　延暦四年十一月丁巳従五下。［延暦15尻］

◇十一月廿五日

紀　船守　十一月…廿五日兼し近衛大将。中宮大夫如元。［延暦4註］

石川名足　十一月…廿五日左大弁如元。播磨守。中納言兼弁例。［延暦4註］

紀　古佐美　十月十三日任〈参議〉叙従四上〔十月十二日任十一月廿五日叙続紀〕。中衛中将。春宮大夫。　［延暦4註］
延暦…四年…十月一日〔十一月廿五日続紀〕兼春宮大夫（両度兼之）。　［延暦4尻］

菅野真道　延暦…四年十一月廿五日入内為東宮学士（〈左兵衛〉佐如元）。　［延暦24尻］

藤原仲成　延暦四十一廿五従五下。　［大同4尻］

◇十一月是月

――――　十一月立安殿親王為太子。　［延暦4註］

石川名足　十一月任中納言。　［延暦4註］

紀　古佐美　十一月任式部大輔。但馬守如元。　［延暦4註］

◆是歳

五百枝王　延暦…四年坐事被流伊与国。宜依先詔為二世王。〔八字当在府下次〕廿一年六月勅聴居府下。　［弘仁3尻］

良峯安世　延暦四年乙丑生。少好鷹犬。事騎射。自余伎芸皆称多能。比及成立。始読孝経。捨書而歎曰。名教之極。其在茲乎。　［弘仁7尻］

藤原三守　延暦四乙丑生。　［弘仁7尻］

大伴国道　延暦四依坐父事。配流佐渡国。宰吏当師友。就問所疑。国裏文案出日件〔伊〕人。延難之治随（道ィ）又得友。廿四年有恩赦入京。或云件人延暦四獄中死云々。　［弘仁14尻］

伴　善男　或書云。左少弁従四位下大伴宿祢継人延暦四年死獄中。次参議従四位上大伴宿祢国道之五男善男也。若善男禁歟。く　［承和15頭］

延暦五年

◆正月戊戌（七日）

神　王　弾正尹。正月戊戌正四位上。　［延暦5註］

壱志濃王　延暦五年正月戊戌正四下。　［延暦6尻］

藤原雄友　延暦…五年正月戊戌正五上。　［延暦9尻］

藤原乙叡　延暦…五年正月戊戌従五上。　［延暦13尻］

◇正月七日

大中臣子老　正月七日正四位下。　［延暦5註］

坂上苅田麿　正月七日薨。〔延暦5註〕
藤原内麿　延暦…五年正月七日正五下。〔延暦13尻〕
和　家麿　延暦五年正月七日従五下。〔延暦15尻〕
◇正月乙卯（廿四日）
多治比長野　延暦…五年正月乙卯近江守。〔延暦6尻〕
藤原内麿　延暦…五年正月…同月乙卯越前守。〔延暦13尻〕
和　家麿　延暦五年正月…同月乙卯伊世大掾〔介ひ〕。〔延暦15尻〕
紀　梶長　延暦…五年正月乙卯近江守。〔延暦15尻〕
◇正月己未（廿八日）
藤原縄主　延暦…五年正月己未中衛少将。〔延暦17尻〕
◆二月九日
紀　船守　二月九〔十七続紀〕日兼式部卿。近衛大将。常陸守如元。〔延暦5註〕
◇二月丁丑（十七日）
紀　古佐美　二月丁丑右大弁。〔延暦5註〕
藤原雄友　延暦…五年…二月丁丑兵部大輔兼右衛門督。〔延暦9尻〕
◇二月是月
石川名足　二月兼中宮大夫。左大弁。播磨守。〔延暦5註〕
大中臣諸魚　延暦…五年二月式部大輔。〔延暦9尻〕
◆四月一日
藤原継縄　四月一〔十一続紀〕日叙従二位。兼民部卿。〔延暦5註〕
石川名足　四月一〔十一続紀〕日転皇后宮大夫〈播磨〉守如元〉。〔延暦5註〕
佐伯今毛人　四月一〔十一続紀〕日任大宰帥。〔延暦5註〕
◇四月庚午（十一日）
大中臣諸魚　延暦…五年…四月庚午左京大夫。〔延暦9尻〕
◆六月丁卯（九日）
藤原継縄　六月丁卯兼造東大寺長官。東宮傅。〔延暦5註〕
大中臣子老　六月丁卯任宮内卿。〔任日不見くし〕〔延暦5註〕
藤原乙叡　延暦…五年…六月丁卯転少納言。〔延暦5註〕

◇六月九日
［延暦13尻］
石川名足　六月九日任兵部卿（〈皇后宮〉大夫〈播磨〉守等如元。止〈左大〉弁）。［延暦５註］
紀　古佐美　六月九日転左大弁。春宮大夫。中衛中将。但馬守。［延暦５註］

◆是歳
坂上苅田麿　左京大夫。右衛士督。下総守。月日改忌寸為宿祢。［延暦５註］

延暦六年

◆正月壬辰（七日）
多治比長野　延暦…六年正月壬辰従三位（〈近江〉守如元）。［延暦６尻］
藤原真友　延暦…六年正月壬辰正五下。［延暦13尻］

◇正月七日
多治比長野　正月七日叙〈従三位〉。近江守。ひ　［延暦６註］
大伴潔足　延暦…六年正月七日従四位上。［延暦９尻］

◇正月十一日
藤原小黒麿　中務卿。正月十一日兼美作守。［延暦６註］

◆二月庚申（五日）
藤原縄主　延暦…六年二月庚申右衛士佐。［延暦17尻］

◇二月庚辰（廿五日）
藤原葛野麿　延暦…同六二庚辰く任陸奥介。［延暦25尻］

◆三月壬寅（十八日）
大中臣諸魚　延暦…六年五〔三ィ〕月壬寅従四下。［延暦９尻］

◇三月丙午（廿二日）
藤原真友　延暦…六年…三月丙午右大舎人頭（〈下総〉守如元）。［延暦13尻］
藤原乙叡　延暦…六年三月丙午右衛士佐。［延暦13尻］
藤原縄主　延暦…六年…三月丙午少納言（〈右衛士〉佐如元）。［延暦17尻］
坂上田村麿　し　延暦…六年三月丙午内匠助（将監如元）。く　［延暦24尻］

◇三月是月
秋篠安人　延暦…六年三月転大内〔外ィ〕記。

◆五月十四日
[延暦24尻]

紀　古佐美　五月十四日正四下。左大弁。春宮大夫。中衛中将。但馬守。
[延暦6註]

◇五月壬寅（十九日）

大中臣諸魚　延暦…六年五〔三ィ〕月壬寅従四下。
[延暦9尻]

藤原雄友　延暦…六年五月壬寅従四下。
[延暦9尻]

◇五月十九日

藤原内麿　延暦…六年五月十九日従四下（卅二）。
[延暦13尻]

◇五月戊申（廿五日）

藤原乙叡　延暦…六年…五月戊申中衛少将。
[延暦13尻]

◇五月是月

藤原縄主　延暦…六年…五月左衛士佐。
[延暦17尻]

◆八月十六日

壱志濃王　八月十六日任〈参議〉。治部卿如元。
[延暦6註]

◆九月丁卯（十七日）

坂上田村麿　延暦…六年…九月丁卯近衛少将〈〈内匠〉助如元〉くし
[延暦24尻]

◆十月己亥（二十日）

藤原乙叡　延暦…六年…十月己亥正五下。
[延暦13尻]

◆是歳

石川真守　二月九〔廿七続紀〕日任〈参議〉。又或本云。延暦六年月日任三木者。如何可尋之。
[延暦9註]

延暦七年

◆正月甲子（十五日）

藤原継縄　民部卿。皇太子傅。造東大寺長官。正月甲子帝皇元服共加冠。くし
[延暦7註]

◆二月三日

藤原緒嗣　桓武天皇延暦七年二月三日喚緒嗣於殿上令加冠焉（年十七）。其帽頭巾子皆是乗輿所撤也。即授正六位上。補内舎人。賜釼。勅曰。是汝父所献之釼也。汝父寿詞。于今未忘。

毎一想像。不覚涙下。今以賜汝。宜莫失焉。
尋賜封百五十戸。〔延暦21尻〕

◇二月甲申（六日）
大中臣諸魚　延暦…七年二月甲申兼播磨守。〔延暦9尻〕
藤原乙叡　延暦…七年二月甲申兼下総守。〔延暦13尻〕
藤原縄主　延暦…七年二月甲申兼備前介（〈右衛士〉佐少納言如元）。〔延暦17尻〕
菅野真道　延暦…七年二月甲申兼伊与介。〔延暦24尻〕

◇二月壬辰（十四日）
和　家麿　延暦…七年二月壬辰任造酒正。〔延暦15尻〕

◇二月丙午（廿八日）
藤原真友　延暦…七年二月丙午中務大輔。〔延暦13尻〕

◇二月是月
石川名足　皇后宮大夫。兵部卿。二月兼大和守左京大夫等。〔延暦7註〕

◆三月己巳（廿一日）
大伴潔足　延暦…七年三月己巳右衛士督。〔延暦9尻〕

◆六月四日
石川名足　六月四（十続紀）日薨。労四年。○三木大弁八年。中納言四年。〔延暦7註〕

◇六月甲申（八日）
坂上田村麿　延暦…七年六月甲申越後介。〔延暦24尻〕
菅野真道　延暦…七年…六月甲申兼図書助。〔延暦24尻〕

◆七月二日
紀　古佐美　左大弁。春宮大夫。中衛中将。但馬守。七月二日「転大将同日」〔恐衍〕兼大和守（弁中将大夫如元）。〔延暦7註〕

◇七月三日
藤原小黒麿　中務卿。美作守。七月三（廿五続紀）日兼皇后宮大夫。〔延暦7註〕
紀　古佐美　七月…同三（六続紀）日為征夷将（大将）軍（征東大使続紀）。〔延暦7註〕

◇七月庚午（廿五日）
藤原縄主　延暦…七年…七月庚午近衛少将（少納言如元）。〔延暦17尻〕

◇七月廿八日
大中臣清麿　延暦七年七月廿八日薨（八十七）。三木十年。

中納言三年。大納言二年。右大臣十一年。〔宝亀12註〕
致仕。七月廿八日薨。〔延暦7註〕

◇七月是月

多治比長野　近江守。七月兵部卿。〔延暦7註〕

◆是歳

藤原雄友　延暦…七年月庚午左京大夫〈〈兵部〉大輔〈右衛門〉督如元〉。〔延暦9尻〕

延暦八年

◆正月己酉（六日）

菅野真道　延暦…八年正月己酉従五上。〔延暦24尻〕

◇正月七日

多治比長野　正月七〔六続紀〕任〈参議〉。兵部卿。近江守如元。〔延暦8註〕
兵部卿。近江守。正月七〔六続紀〕日任三木。〔延暦8註〕

藤原園人　延暦…同八年正七従五位上。〔延暦25尻〕

◇正月十日

佐伯今毛人　大宰帥。正月十〔九続紀〕日停職致仕。〔延暦8註〕

◇正月廿六日

大中臣子老　伯。宮内卿。正月廿六〔廿五続紀〕日卒。在官九年。〔延暦8註〕

◇正月是月

秋篠安人　延暦…八年正月外従五下。〔延暦24尻〕

◆二月丁丑（四日）

大中臣諸魚　延暦…八年二月丁丑兼近江守。〔延暦9尻〕

◇二月是月

藤原雄友　延暦…八年二月兼播万守〈右衛門督[兵部大輔くし]左京大夫如元〉。〔延暦9尻〕

藤原園人　延暦…同八年…二月｜備後守。〔延暦25尻〕

◆三月戊午（十六日）

大中臣諸魚　延暦…八年…三月戊午神祇伯〈〈式部〉大輔〈左兵衛〉督〈近江〉守如元〉。〔延暦9尻〕

菅野真道　延暦…八年…三月戊午図書頭〈学士〈左兵衛〉佐〈伊与〉介如元〉。〔延暦24尻〕

◇三月是月
藤原内麿　延暦…八年三月左衛士督〈〈越前〉守如元〉。　[延暦13尻]

◆五月己巳（廿八日）
和　家麿　延暦…八年五月己巳任造兵正。　[延暦15尻]

◆八月十日
佐伯今毛人　八月十[42]〔廿一続紀〕日庚寅罷三木。〔延暦8註〕

◇八月廿日
——　十二月四日勅始給三木食封八十戸。依延暦八年八月廿日符致仕之封准職封減半。　[天平3註]

◇八月是月
佐伯今毛人　大宰帥。八月致仕。　[延暦8註]

◆九月十九日
藤原是公　中衛大将。九月十九日薨。在官七年。贈従一位。号牛屋大臣。三木八年。中納言二年。大納言二年。〔右大臣七年。く〕　[延暦8註]

◆十月一日
藤原継縄　民部卿。造東大寺長官。十一月一日〔十月一日くし十月十日続紀〕兼中衛大将。皇太子傅如元。し　[延暦8註]

◇十月八日
高麗福信　十月八日薨。　[延暦8註]

◇十月廿三日
巨勢野足　延暦八十廿三ー従五位下（卅一）。為鎮守〔府ひくし〕副将軍。　[大同5尻]

◆十一月一日
藤原継縄　民部卿。造東大寺長官。十一月一日〔十月一日くし十月十日続紀〕兼中衛大将。皇太子傅如元。し　[延暦8註]

◇十一月是月
藤原乙叡　延暦…八年十一月大蔵少輔。　[延暦13尻]

◆十二月廿二日
多治比長野　十二月廿二日薨。〔三位三年。参議一年。し〕　[延暦8註]

◆是歳
藤原道雄　延暦八内舎人（十九歳）。し　[弘仁14尻]

延暦九年

◆二月九日

藤原小黒麿　二月九〔廿七続紀〕任〈大納言〉。元中納言。中務卿皇后宮大夫美作守如元。労八年。［延暦９註］

紀　船守　式部卿。近衛大将。常陸守。二月九〔廿七続紀〕日正三位。［延暦９註］

紀　古佐美　左大弁。春宮大夫。中衛大将。大和守。征夷大将軍。二月九〔廿七続紀〕甲午(43)正四位上。［延暦９註］

大伴潔足　二月九〔廿七続紀〕日任〈参議〉。［延暦９註］
延暦…七年…二月九〔廿七ィ〕日任三木(44)。［延暦９尻］

石川真守　二月九〔廿七続紀〕日任〈参議〉。又或本云。延暦六年月日任三木者。如何可尋之。［延暦９註］

大中臣諸魚　二月九〔廿七続紀〕日任〈参議〉。神祇伯式部大輔左兵衛督近江守如元。［延暦９註］
延暦…九年二月九〔廿七続紀〕日任参木。兼神祇伯。［延暦９尻］

藤原雄友　二月九〔ィ廿七〕日任〈参議〉。兼左京大夫左〔右ひくし〕衛門督播磨守。［延暦９註］
延暦…九年二月九〔廿七続紀〕日任三木。［延暦９尻］

◇二月十八日

藤原浜成　〈大宰〉権帥。二月十八日薨。［延暦９註］

藤原浜成カ(31)　或本云。…弁官補任云。…又云。…又云。…延暦九二十八薨。［宝亀12大伴伯麿尻］

◇二月廿七日

藤原継縄　二月廿七日任〈右大臣〉〔元大納言。民部卿。皇太子傅。中衛大将〕。傅大将如元。［延暦９註］

◆三月八日

大伴潔足　延暦…七年…三月八日兼兵部卿(44)。［延暦９尻］

◇三月丙午〔十日〕

神　王　弾正尹。三月丙午兼下総守。［延暦９註］

藤原乙叡　延暦…九年三月丙午兼信乃守。［延暦13尻］

坂上田村麿　延暦…九年三月丙午兼〔転し〕越後守（〈近衛〉少将〈内匠〉助如元）。くし［延暦24尻］

菅野真道　延暦…九年三月丙午兼伊与守。［延暦24尻］

◇三月壬戌（廿六日）

大伴潔足　三月壬戌兵部卿。［延暦9註］

藤原乙叡　延暦…九年三月…同月壬戌兵部大輔〔ィ卿〕兼衛門督〔右兵衛督ィ〕（侍従〈信乃〉守如元）。［延暦13尻］

◇三月是月

秋篠安人　延暦…九年三月大外記。兼右兵衛佐（外記如元）。［延暦24尻］

◆閏三月九日

――――　閏三月九日皇后崩。［延暦9註］

◆七月辛巳（十七日）

菅野真道　延暦…九年…七月辛巳上表請改連姓賜朝臣。於是勅賜菅野朝臣。［延暦24尻］

◇七月戊子（廿四日）

石川真守　或本七月戊子兼右大弁。［延暦9註］

◇七月是月

藤原縄主　延暦…九年七月兼式部少輔（〈近衛〉少将〈備前〉介如元）。［延暦17尻］

◆十月是月

佐伯今毛人　大宰帥。致仕。十月日薨（七十二）。［延暦9註］

延暦十年

◆正月戊辰（七日）

藤原真友　延暦…十年正月戊辰従四下。［延暦13尻］

紀　梶長　延暦…十年正月戊辰従五上。［延暦15尻］

◇正月七日

秋篠安人　延暦…十年正月七日従五下。［延暦24尻］

◇正月十六日

紀　船守　式部卿。近衛大将。正月十六日任〈大納言〉元中納言。兼官如元。［延暦10註］

◇正月癸未（廿二日）

藤原園人　延暦…同十正癸未く豊後守。［延暦25尻］

◇正月己丑（廿八日）

和　家麿　延暦…十年正月己丑任内廐助。［延暦15尻］

菅野真道　延暦…十年正月己丑治部少輔（兼官如元し）。［延暦24尻］

◇正月是月

石川真守　右大弁。正月従四位上。［延暦10註］

藤原縄主　延暦…十年正月従四下。［延暦17尻］

◆二月三日

藤原緒嗣　延暦十年二月三日従五下（年十八）。［延暦21尻］

◇二月甲辰（十四日）

秋篠安人　延暦…十年…二月甲辰遷大判事（〈大〉外記如元）。［延暦24尻］

◇二月廿五日

藤原縄主　延暦…十年…二月廿五日左中弁。［延暦17尻］

◇二月辛巳（ナシ）

秋篠安人　延暦…十年…二月…同〔三続紀〕月辛巳少納言（〈右兵衛〉佐如元）。後兼備中守。［延暦24尻］

◇二月是月

多　入鹿　延暦十二ー少外記[45]。［大同4尻］

◆三月辛巳（廿一日）

秋篠安人　延暦…十年…二月…同〔三続紀〕月辛巳少納言（〈右兵衛〉佐如元）。後兼備中守。［延暦24尻］

◆四月是月

藤原緒嗣　延暦十年…四月侍従。［延暦21尻］

◆七月癸亥（四日）

石川真守　七月癸亥右京大夫。〈右大〉弁如元。［延暦10註］

◇七月癸未（十二日）

藤原葛野麿　延暦…同十七癸未く任少納言。［延暦25尻］

◇七月辛巳（廿二日）

菅野真道　延暦…十年…七月辛巳正五下。［延暦24尻］

◆十月十日

藤原乙叡　延暦…十年十月十日丁酉従四下。［延暦13尻］

◆十一月甲子（八日）

藤原葛野麿　延暦…同十…十一月甲子任右少弁。［延暦25尻］

◆是歳

清原長谷　延暦十｜〔十七くしイ〕初賜長谷清原真人姓。［天長8尻］

延暦十一年

◆正月壬戌（七日）

和　家麿　延暦…十一年正月壬戌従五上。［延暦15尻］

◆二月丁亥（二日）

石川真守　右大弁。二月丁亥兼大和守。［延暦11註］

和　家麿　延暦十一年…二月丁亥兼美乃介（〈内廐〉助如元）。［延暦15尻］

◇二月乙未（十日）

菅野真道　延暦…十一年二月乙未治部大輔（〈東宮〉学士〈左兵衛〉佐〈伊与〉守如元）。［延暦24尻］

◇二月是月

紀　古佐美　征夷大将軍。中衛大将。二月兼但馬守。［延暦11註］

藤原仲成　延暦…同十一二｜任出羽守。［大同4尻］

◆三月戊辰（十三日）

坂上田村麿　延暦…［十一年三月戊辰従五上。くし］［延暦24尻］

◆四月二日

紀　船守　四月二日薨。式部卿。近衛大将。天皇甚哀悼。不視事三日。贈右大臣正二位。〔参議五年。中納言七年。近衛大将八年。大納言二年。し〕［延暦11註］

◇四月乙巳（廿一日）

大中臣諸魚　四月乙巳兼近衛大将。〈神祇〉伯。式部大輔。［延暦11註］

藤原雄友　左兵衛督。播磨守。四月乙巳任大蔵卿。［延暦11註］

藤原乙叡　延暦…十一年四月乙巳右〔左イ〕兵衛督（〈兵部〉大輔侍従如元）。［延暦13尻］

◇四月是月

紀　古佐美　四月兼右衛門督。春宮大夫左大弁如元。［延暦11註］

石川真守　四月転兼左京大夫。　［延暦11註］
藤原真友　延暦…十一年四月兼くし右京大夫。　［延暦13尻］
◆六月丙戌（三日）
菅野真道　延暦…十一年…六月丙戌民部大輔（兼官如元）。　［延暦24尻］
◇六月是月
藤原内麿　延暦…十一年六月刑部卿。　［延暦13尻］
◆八月十九日
大伴潔足　兵部卿。ひ十（八ィ）月二（十九ィ）日卒（労三年）。　［延暦11註］
◆九月己卯（廿七日）
紀　梶長　延暦…十一年九月己卯兵部少輔。　［延暦15尻］
巨勢野足　延暦…十一年九月廿七日己卯兼陸奥介。　［大同5尻］
◆十月二日
大伴潔足　兵部卿。ひ十（八ィ）月二（十九ィ）日卒（労三年）。　［延暦11註］
◆閏十一月乙酉（四日）
多治比子姉　〔頭書云〕日本紀略曰。延暦十一年壬十一月乙酉多治比子姉卒。大中臣諸魚母也云々。　［延暦9大中臣諸魚頭］
◆十二月是月
藤原仲成　延暦十一…十二月出雲守。　［大同4尻］
◆是歳
三諸大原　〔頭書云〕日本後紀云。大同元十一月戊戌。散位従四位下三諸朝臣大原卒。二品長親王之孫。従三位知〔智ひし〕努王之第九子也。智努王天平勝宝四年賜姓文屋真人。大原。延暦十一年改三諸朝臣。頻出外任。不被拘解由。遂卒私宅。　［大同5文屋綿麿頭］

延暦十二年

◆正月丙戌（七日）
神　王　弾正尹。下総守。正月丙戌従三位。　［延暦12註］
和　家麿　延暦…十二年正月丙戌正五位上（下ィ）。

［延暦15尻］

紀　梶長　延暦…十二年正月丙戌正五上。［延暦15尻］

◇正月乙巳（廿六日）

壱志濃王　正月乙巳兼越前守。［延暦12註］

◇正月是月

紀　古佐美　左大弁。春宮大夫。右衛門督。但馬守。正月従三位。［延暦12註］

藤原緒嗣　延暦…十二年正月中衛少将。［延暦21尻］

秋篠安人　延暦…十二年正月兼丹波介〔守ィ〕。［延暦24尻］

◆二月是月

藤原小黒麿　中務卿。皇后宮大夫。二月兼民（式ィ）部卿。［延暦12註］

和　家麿　延暦十二年…二月兼治部大輔。［延暦15尻］

◆三月是月

石川真守　三月任大宰大弐。左京大夫。元右大弁。［延暦12註］

◆四月庚戌（二日）

和　家麿　延暦十二年…四月庚戌従四下。［延暦15尻］

◆五月辛巳（四日）

藤原乙叡　延暦十二年五月辛巳左京大夫。［延暦13尻］

紀　梶長　延暦十二年…五月辛巳兵部大輔。［延暦15尻］

◆五月是月

和　家麿　延暦十二年…五月兼大和守（〈治部〉大輔如元）。［延暦15尻］

藤原藤嗣　延暦十二五｜任常陸掾。［弘仁3尻］

◆六月是月

壱志濃王　六月叙従三位。［延暦12註］

◆是歳

神　王　延暦初授正四位下。除弾正尹。十二年授従三位。拝中納言。くし［宝亀11頭］

続日本紀云。〈延暦〉十二年授従三位。拝中納言。［延暦13註］

多　入鹿　延暦十二｜少外記。(45)［大同4尻］

延暦十三年

◆正月辛巳（七日）

紀　梶長　延暦…十三年正月辛巳従四下。［延暦15尻］
藤原葛野麿　延暦…同十三正辛巳く従五上。［延暦25尻］

◇正月甲申（十日）
藤原貞嗣　延暦十三正甲申く従五位下（三十六）。く［弘仁10尻］

◇正月是月
石川真守　大宰大弐。正月正四下。［延暦13註］
大中臣諸魚　正月従四上。ひく伯。〈近衛〉大将。式部大輔。［延暦13註］
藤原雄友　大蔵卿。左衛門督。正月従四上。［延暦13註］
菅野真道　延暦…十三年正月正五上。［延暦24尻］

◆二月戊辰（廿五日）
大中臣諸魚　二月戊辰兵部卿。［延暦13註］
紀　梶長　延暦十三年…二月戊辰式部大輔。［延暦15尻］
藤原葛野麿　延暦十三年…二月戊辰兼春宮亮。［延暦25尻］

◆三月十七日
多治比今麿　延暦十三三十七大（中ィ）判事。［弘仁8尻］

◇三月廿九日
藤原葛野麿　延暦十三…三月廿九日兼左（右く）少弁。［延暦25尻］
多治比今麿　延暦十三三…廿九日式部少丞。［弘仁8尻］

◆七月一日
藤原小黒麿　中務卿。皇后宮大夫。七月一日薨。贈従二位。労五年。三木六年。中納言七年。［延暦13註］

◇七月是月
菅野真道　延暦十三年…七月従四下。［延暦24尻］

◆十月廿七日
藤原継縄　中衛大将。皇太子傅。十月廿七日叙正二位。［延暦13註］
神　王　十月廿七日任〈中納言〉（元三木）。弾正尹如故。下総守。［延暦13註］
壱志濃王　十月廿七日任〈中納言〉（元三木）。兼治部卿。［延暦13註］
紀　古佐美　十月廿七日任〈中納言〉。廿八（廿七ィ）日正

三位。元三木春宮大夫左大弁右衛門督但馬守。　［延暦13註］

大中臣諸魚　十月廿七日正四下。　［延暦13註］

藤原内麿　十月廿七日任〈参議〉。左兵衛督。越前守。刑部卿如元。　［延暦13註］

延暦…十三年十月廿七日任三木。兼刑部卿。　［延暦13尻］

藤原真友　十月廿七日任〈参議〉。右京大夫。中務大輔如元。　［延暦13註］

延暦…十三年十月廿七日任参木。　［延暦13尻］

藤原乙叡　十月廿七日任〈参議〉。兼左京大夫。　［延暦13註］

延暦…十三年十月廿七日〔ィ十日〕任三木。　［延暦13尻］

◇十月丁卯（廿八日）

藤原葛野麿　延暦十三…十月丁卯正五下。　［延暦25尻］

◇十月廿八日

紀　古佐美　十月廿七日任〈中納言〉。廿八〔廿七ィ〕日正三位。元三木春宮大夫左大弁右衛門督但馬守。　［延暦13註］

延暦十四年

◆正月丁巳（ナシ）

紀　古佐美　正月丁巳兼式部卿。　［延暦14註］

◇正月是月

石川真守　大宰大弐。正月兼下総守。　［延暦14註］

◆二月乙巳（七日）

坂上田村麿　延暦…十四年二月乙巳従四位下くし　［延暦24尻］

文屋綿麿　延暦十四年二月乙巳く授三諸朝臣綿麿従五下（卅）。く　［大同5尻］

◇二月八日

紀　広浜　延暦十四二八長門介。十六年少判事〔ィ介同日任也〕。　［大同4尻］

◇二月丁巳（十九日）

藤原乙叡　二月…同月丁巳兼主馬首〈〈左京〉大夫〈山城〉守如元〉。　［延暦14註］

紀　梶長　延暦…十四年二月丁巳右中弁。兼右衛門督。　［延暦15尻］

坂上田村麿　延暦十四年二月…丁巳兼木工頭（〈近衛〉少将如元）。くし　［延暦24尻］

菅野真道　延暦…十四年二月丁巳左兵衛督（〈民部〉大輔〈東宮〉学士〈伊与〉守如元）。　［延暦24尻］

◇二月十九日

大中臣諸魚　伯。近衛大将。二月十九日兼左大弁。　［延暦14註］

藤原道雄　延暦…同十四二十九大学大し允。　［弘仁14尻］

◇二月庚午（ナシ）

藤原乙叡　左京大夫。二月庚午兼侍従山城守。　［延暦14註］

◇二月辛巳（ナシ）

藤原葛野麿　延暦…同十四年二月辛巳右中弁。　［延暦25尻］

◇二月戊子（ナシ）

藤原縄主　延暦…十四年二月戊子遷式部大輔。

◇二月是月　［延暦17尻］

藤原真友　中務大輔。右京大夫。二月兼下総守（大輔大夫如元）。　［延暦14註］

和　家麿　延暦…十四年二月兼相模守（〈治部〉大輔如元）。　［延暦15尻］

巨勢野足　延暦…十四二｜叙正五下（越階）。　［大同5尻］

◆三月是月

藤原内麿　三月兼陰陽頭。刑部卿如故。　［延暦14註］

◆四月是月

藤原葛野麿　延暦十四年…四月｜従四下。ひし　［延暦25尻］

◆六月庚申（廿五日）

紀　梶長　延暦十四年…六月庚申兼右兵衛督美作守。　［延暦15尻］

◇六月戊辰（ナシ）

紀　梶長　延暦十四年…六月…同月戊辰兼造東大寺長官。　［延暦15尻］

◆七月廿六日
石川真守　「七月廿六日正四位上」〔恐衍〕〔延暦14註〕
◇七月是月
藤原葛野麿　延暦十四年…七月転左中弁（〈春宮〉亮如元）。〔延暦25尻〕
文屋綿麿　延暦十四年…七月右大舎人助。〔大同5尻〕
◆是歳
大伴乙麿　月日叙〈従三位〉。〔延暦14註〕
安倍安仁　延暦十四生。安人身長六尺三寸。姿皃環偉。性沈深有威重。少直校書殿。〔承和5尻〕
藤原氏宗　延暦十四生〔大同二一歟〕。〔嘉祥4尻〕

延暦十五年

◆正月七日
藤原真友　中務大輔。右京大夫。下総守。正月七日従四位上。〔延暦15註〕
紀　梶長　正月七日任〈参議〉。兼式部大輔。後改名勝長。右兵衛督。造東大寺長官。美作守。〔延暦15註〕
延暦…十五年正月七日任三木（〈式部〉大輔〈右兵衛〉督〈造東大寺〉長官等し如元。〔延暦15尻〕
◇正月壬子（十九日）
藤原内麿　刑部卿。陰陽頭。正月壬子従四上。兼但馬守。〔延暦15註〕
藤原乙叡　左京大夫。主馬首。正月壬子兼伊与守。〔延暦15註〕
秋篠安人　延暦十五年正月…同月壬子丹波守。〔延暦24尻〕
◇正月廿五日
坂上田村麿　延暦…十五年正月廿五日任陸奥出羽按察使。兼陸奥守。〔延暦24尻〕
◇正月是月
藤原緒嗣　延暦…十五年正月兼常陸介。内廐頭。〔延暦21尻〕
秋篠安人　延暦…十五年正月従五上。〔延暦24尻〕
◆二月是月
多　入鹿　延暦…十五年二式部少丞。〔大同4尻〕

◆三月壬辰(一日)

藤原内麿　三(七ィ)月壬辰正四下。　[延暦15註]

和　家麿　三月一日壬辰任〈参議〉。　[延暦15註]
延暦…十五年三月壬辰任三木〈治部〉大輔
〈相模〉守如元)。　[延暦15尻]

◆四月癸未(廿二日)

藤原道雄　延暦…同十五四癸未く従五下。　[弘仁14尻]

◇四月是月

藤原葛野麿　十五年(46)四月ー従四位上〔下〕。　[延暦25尻]

◆六月庚申(一日)

藤原乙叡　六月庚申兼右衛士督。　[延暦15註]

菅野真道　延暦…十五年六月庚申兼造宮亮。　[延暦24尻]

藤原道雄　延暦十五…六月庚申く兵部大〔少ィ〕輔。　[弘仁14尻]

◇六月是月

藤原内麿　六月兼造東大寺長官。　[延暦15註]

藤原緒嗣　延暦十五年…六月遷衛門佐。　[延暦21尻]

◆七月壬辰(三日)

藤原内麿　三(七ィ)月壬辰正四下。　[延暦15註]

◇七月七日

藤原雄友　大蔵卿。七月七〔九後紀〕日正四下。　[延暦15註]

◇七月十六日

藤原継縄　中衛大将。皇太子傅。七月十六日薨(年七十)。在官七年。くし贈従一位。号桃園右大臣。三木十五年。中納言四年。大納言ひし八年。右大臣七年。詔遣参木継兄等四人ひし監護葬事。又遣中納言…就第。宣贈従一位。別勅。賜絁布綿〔錦ひし〕等。伝云。継縄歴文武之清班。居端右之重任也。在曹司時。就朝位。謙恭自守。政不聞。雖無才識。得免世譏云々。　[延暦15註]

◇七月廿八日

紀　古佐美　七月廿八(廿九ィ)日任〈大納言〉(元中納言)。
式部卿如元。　[延暦15註]

神　王　七月廿八(廿九ィ)日任〈大納言〉(元中納言)。　[延暦15註]

石川真守　七月廿八日正四位上。　〔延暦15註〕
大中臣諸魚　七月廿八日正四位上。伯。〈近衛〉大将。左大弁。　〔延暦15註〕
和　家麿　七月廿八日正四下。　〔延暦15註〕
◆八月丁亥（廿九日）
秋篠安人　延暦十五年…八月丁亥左少弁。　〔延暦24尻〕
◇八月是月
神　王　八月従二位。労三年。弾正尹。　〔延暦15註〕
◆十月甲申（廿七日）
文屋綿麿　延暦…十五年十月甲申く近衛将監。　〔大同5尻〕
◇十月廿七日
巨勢野足　延暦…十五十廿七兼下野守。　〔大同5尻〕
◇十月甲辰（ナシ）
坂上田村麿　延暦十五年…十月甲辰(47)鎮守府将軍。　〔延暦24尻〕
◆十二月四日
藤原雄友　十二月四日兼〈中衛〉大将。　〔延暦15註〕
◆是歳
神　王　延暦…十五年転大納言。くし　〔宝亀11頭〕
和気清麿　月日叙〈従三位〉。　〔延暦15註〕
藤原継業　〔頭書云〕続日本後紀〔承和九七五条〕延暦十五擢自内舎人。叙従五下。為侍従。兼常陸介。又兼信濃介。尋遷大学頭左兵衛佐。兼信濃守。漸加正五位上。　〔天長3頭〕

延暦十六年

◆正月七日
藤原仲成　延暦…同十六正七従五上。　〔大同4尻〕
◇正月是月
藤原乙叡　左京大夫。正月従四位上。　〔延暦16註〕
菅野真道　延暦…十六年正月伊与守。　〔延暦24尻〕
多　入鹿　延暦…十六年正｜兼播磨大目。　〔大同4尻〕
◆二月乙丑（九日）
紀　古佐美　二月乙丑兼皇太子傅。　〔延暦16註〕
◇二月九日
藤原葛野麿　延暦…十六二九兼春宮大夫。伊与守。　〔延暦25尻〕

藤原綱継　延暦十六二九春宮少進。　［天長2尻］

◇二月己巳（十三日）

菅野真道　延暦十六年…二月己巳従四上。　［延暦24尻］

◇二月廿一日

大中臣諸魚　伯。左大弁。近衛大将。二月廿一日卒。　［延暦16註］
〔頭書云〕伝云。諸魚性好琴歌。无他才能。　［延暦16頭］

◇二月是月

藤原真友　中務大輔。右京大夫。下総守。二月兼大蔵卿。　［延暦16註］

藤原乙叡　二月兼越前守。　［延暦16註］

秋篠安人　延暦…十六年二月正五下〔上ィ〕。　［延暦24尻］
〔頭書云〕弁官補任云。〈延暦〉十六年二月叙正五位上。　［延暦24頭］

多　入鹿　延暦十六年…二月遷〈播磨〉権少掾。　［大同4尻］

◆三月丁酉（十一日）

石川真守　三月丁酉任刑部卿。　［延暦16註］

菅野真道　延暦十六年…三月丁酉左大弁（兼官如元）。　［延暦24尻］

◇三月十一日

藤原雄友　三月十一（十二ィ）日兼大宰帥。止〈中衛〉大将。　［延暦16註］

藤原内麿　三月十一日兼近衛大将。但馬守如故。　［延暦16註］

◇三月十三日

和　家麿　三月十三日兼左衛士督。　［延暦16註］

◇三月癸丑（廿七日）

藤原貞嗣　延暦…同十六三癸丑く民部少輔。　［弘仁10尻］

◇三月廿七日

紀　梶長　衛門（ィ右兵衛）督。造東大寺長官。三月廿七日兼右京大夫。　［延暦16註］

◇三月是月

藤原乙叡　三月任中衛大将。　［延暦16註］

◆四月四日

紀　古佐美　四月四日己未薨。　[延暦16註]

◇四月十三日

紀　古佐美　同十三日遣従四位下百済王英孫等弔贈従二位。三木十年。中納言三年。大納言二年。　[延暦16註]

◆六月六日

紀　広浜　延暦十六年…同年六月六式部大丞。　[大同4尻]

◇六月廿五日

藤原真友　六月廿五日卒。在官四年。　[延暦16註]

◆七月戊子(五日)

藤原縄主　延暦…十六年七月戊子兼左京大夫〈〈式部〉大輔〈近衛〉少将〈□□〉守如元。　[延暦17尻]

◇七月七日

多治比今麿　延暦…同十六七七従五下。　[弘仁8尻]

◇七月十三日

多治比今麿　延暦十六七…十三日肥後守。　[弘仁8尻]

◇七月十六日

藤原緒嗣　延暦…十六年七月十六日正五下。兼内蔵頭。　[延暦21尻]

◇七月十八日

藤原緒嗣　延暦十六年七月…未乃淡辰。十八日従四下。　[延暦21尻]

◇七月廿三日

菅野真道　延暦十六年…七月廿三(廿五く)日伊世守。　[延暦24尻]

◇七月廿五日

藤原緒嗣　延暦十六年七月…廿五日尋補〈衛門〉督(廿四)。　[延暦21尻]

◇七月是月

和　家麿　七月兼兵部卿。　[延暦16註]

藤原仲成　(頭書云)弁官補任云。延暦十六年七月任右少弁。くし　[大同4頭]

◆八月是月

藤原緒嗣　延暦十六年…八月兼出雲守。　[延暦21尻]

◆九月丙戌(四日)

菅野真道　延暦十六年…九月丙戌勘解由長官(兼官如元)。　[延暦24尻]

◇九月四日

藤原内麿　九月四日兼勘解由長官。〈但馬〉守如故。く　[延暦16註]

紀　広浜　延暦十六年…九月四勘解由判官。　[大同4尻]

◆十一月五日

坂上田村麿　延暦…十六年十一月五日征夷大将軍。　[延暦24尻]

◇十一月十五日

藤原藤嗣　延暦…同十六十一十五中務少丞。　[弘仁3尻]

◆是歳

紀　広浜　延暦十四二八長門介。十六年少判事〔ィ介同日任也〕。　[大同4尻]

延暦十七年

◆正月七日

多　入鹿　延暦…十七年正七従五下。〔…十九年正月七日従五下く〕　[大同4尻]

◇正月是月

紀　梶長　造東大寺長官。右兵衛督。正月兼近江守。　[延暦17註]

多　入鹿　延暦…〔十七年正月〈播磨〉少掾。く〕　[大同4尻]

◆二月丁巳（六日）

秋篠安人　延暦…十七年二月丁巳左中弁（〈丹波〉守如元）。　[延暦24尻]

藤原葛野麿　延暦…同十七二丁巳く右大弁。　[延暦25尻]

藤原道雄　延暦…同十七二丁巳く兼武蔵介（〈兵部〉少輔如元く）。　[弘仁14尻]

◇二月廿五日

菅原清公　延暦…〔十七年続後紀〕三〔二一くし〕月廿五策。（黄帝湯武高旱秋李乱三数）。　[承和6尻]

◇二月丙午（ナシ）

藤原園人　延暦…十七年二丙午く大和守。　[延暦25尻]

◇二月是月

藤原仲成　〔頭書云〕弁官補任云。延暦…同十七年二月左少弁。くし　[大同4尻]

多　入鹿　延暦十七年…二月兵部少輔。［大同4尻］

◆三月十六日

藤原園人　〈大同五年〉十二月十三日奏状偁。臣謹案。去延暦十七年三月十六日勅書偁。昔難波朝庭始置諸郡領云々。［大同5註］

◇三月廿五日

菅原清公　延暦…〔十七年続後紀〕三｛二くし｝月廿五策。（黄帝湯武高旱秋李乱三数）。［承和6尻］

◇三月是月

藤原仲成　延暦…同十七三ー任左中弁。［大同4尻］

◆四月十三日

菅原清公　延暦〔十七年続後紀〕…［四月十三日く］判。不第。［承和6尻］

◇四月乙丑（十五日）

石川真守　大弐。刑部卿。四月乙丑致仕。［延暦17註］

◆五月二日

菅原清公　延暦〔十七年続後紀〕…五月二日処申上第。年月ー任大学少允。［承和6尻］

◆閏五月十七日

神　王　弾正尹。閏五月十七日中務卿。［延暦17註］

藤原縄継　延暦…同十七閏五十七転〈春宮〉大進。［天長2尻］

◇閏五月癸酉（廿四日）

坂上田村麿　延暦…十七年閏五月癸酉従四上。［延暦24尻］

◇閏五月廿四日

藤原内麿　閏五月廿四〈十四く〉日正四上。近衛大将。但馬守如元。［延暦17註］

◇閏五月壬寅（ナシ）

藤原園人　延暦十七年…閏五［壬寅く］右京大夫〈〈大和〉守如元〉。皆有良吏之称。百姓追慕。或立祠。［延暦25尻］

◆七月五日

壱志濃王　治部卿。七月五日兼弾正尹。［延暦17註］

◇七月甲戌（廿七日）

藤原貞嗣　延暦…同十七七月［甲戌く］備前守。［弘仁10尻］

◆八月癸巳（十六日）

和　家麿　八月十六日癸巳任〈中納言〉。叙従三位（元三木）。衛士督如元。　［延暦17註］

◇八月十六日

神　王　八月十六日任〈右大臣〉。或云。今日叙従二位（二階）。元大納言中務卿。　［延暦17註］

壱志濃王　八月十六日任右大臣。　［延暦17註］

八月十六日任〈大納言〉。叙正三位（元中納言）。兼弾正尹。　［延暦17註］

藤原雄友　八月十六日転大納言。　［延暦17註］

八月十六日任〈中納言〉。叙従三位（元三木）。大宰帥。　［延暦17註］

藤原内麿　八月十六日任〈中納言〉。叙従三位（元三木）。　［延暦17註］

藤原縄主　八月十六日任〈参議〉。式部大輔〈近衛〉少将如元。　［延暦17註］

延暦…十七年八月十六日任三木。兼近江守。…已上ィく　［延暦17尻］

藤原園人　延暦十七年…八月十六日従四下。　［延暦25尻］

◇八月十九日

石川真守　八月十九日卒。在官三年。　［延暦17註］

◇八月丁巳（ナシ）

藤原縄主　延暦十七年八月…丁巳式部大輔（〈近衛〉少将如故）已上ィく　［延暦17尻］

◇八月是月

藤原仲成　（頭書云）弁官補任云。延暦十七年…八月越後守。くし　［大同4頭］

◆十月是月

菅野真道　延暦…十七年十月左衛士督（兼官く如元）。　［延暦24尻］

◆十一月癸丑（八日）

藤原園人　延暦十六年…十一月癸丑く治部大輔。　［延暦25尻］

◆十二月廿四日

友上王　（頭書云）延暦廿三六甲子く小倉王上表云。…依去十七年十二月廿四日友上王賜姓故事。

同蒙清原真人姓。　［弘仁14清原夏野頭］

◇十二月是月

藤原緒嗣　延暦…十七年十二月兼造西大寺長官。［延暦21尻］

◆是歳

清原長谷　延暦十ー〔十七くしイ〕初賜長谷清原真人姓。［天長8尻］

延暦十八年

◆正月甲戌（廿九日）

藤原葛野麿　延暦…同十八正甲戌大宰大弐。［延暦25尻］

文屋綿麿　延暦…十八年正月甲戌く近江大掾。［大同5尻］

◇正月是月

藤原乙叡　中衛大将。正月正四下。［延暦18註］

藤原仲成　延暦…同十八正ー越後守。［大同4尻］

◆二月廿日

紀　梶長　二月廿日兼左兵衛督。造東大寺長官。近江守如元。［延暦18註］

藤原藤嗣　延暦…同十八二廿任式部大丞。［弘仁3尻］

◇二月乙未（廿一日）

和気清麿　民部卿。造宮大夫。二月乙未薨。［延暦18註］

◇二月是月

藤原雄友　二月兼中務卿。くし　［延暦18註］

秋篠安人　延暦…十八年二月兼中衛中将〈左中〉弁〈丹波〉守如元）。［延暦24尻］

◆四月乙酉（十一日）

藤原縄主　左京大夫。式部大輔。近衛少将。四月乙酉春宮大夫。［延暦18註］

◇四月十一日

藤原綱継　延暦…同十八四十一〔七イ〕民部大丞。［天長2尻］

◇四月是月

藤原内麿　近衛大将。但馬守。四月兼造宮大夫。［延暦18註］

藤原乙叡　六〔四後紀〕月兼兵部卿。［延暦18註］

◆五月七日

紀　広浜　延暦…十八五七従五下。任肥後守。（卌一）。
ひ　［大同4尻］

◇五月八日
藤原仲成　延暦十八…五月八日正五下。　［大同4尻］
◇五月是月
坂上田村麿　延暦…十八年五月近衛権中将。　［延暦24尻］
◆六月己丑（十六日）
和　家麿　六月己丑任中務卿　［延暦18註］
◇六月是月
藤原雄友　六月兼民部卿。　［延暦18註］
藤原乙叡　六〔四後紀〕月兼兵部卿。　［延暦18註］
◆九月辛亥（十日）
藤原園人　延暦…十八年九月辛亥く右大弁（〈大和〉守如元）。　［延暦25尻］
◇九月是月
藤原仲成　延暦十八…九月遷山城守。即兼治部大輔。　［大同4尻］
◆是歳
正　躬王　生年己卯。く(48)　［承和7尻］

延暦十九年

◆正月丙午（七日）
藤原乙叡　正月丙午叙従三位。兼兵部卿。中衛大将。越前守。　［延暦19註］
阿倍兄雄　延暦十九正丙午く従五下。　［延暦25尻］
◇正月七日
秋篠安人　延暦…十九年正月七日くし従四下。　［延暦24尻］
多　入鹿　延暦…十七年正七従五下。〔…十九年正月七日従五下く〕　［大同4尻］
◇正月十一日
藤原縄主　正月従四位上。同月十一日転〈近衛〉中将。　［延暦19註］
◇正月是月
紀　梶長　正月従四上。左兵衛督。造東大寺長官。近江守。　［延暦19註］
藤原縄主　春宮大夫。式部大輔。近衛少将。正月従四上。　［延暦19註］

藤原道雄　延暦…同十九正｜兼阿波守。　[弘仁14尻]

◆二月是月

藤原道雄　延暦十九年…二月兼大学頭〔（〈阿波〉守如元）。く〕　[弘仁14尻]

◆五月八日

藤原綱継　延暦…同十九五八兼播磨少掾。　[天長2尻]

◇五月是月

藤原仲成　延暦…十九年五｜兼主馬頭。　[大同4尻]

◆六月是月

紀　百継　延暦十九六｜右衛士少尉。　[弘仁13尻]

◆七月是月

巨勢野足　延暦…十九年七月任兵部大輔。　[大同5尻]

延暦二十年

◆正月七日

藤原仲成　延暦…同廿正七従四下。　[大同4尻]

◇正月丙寅（ナシ）

藤原雄友　民部卿。正月〔閏正月ヵ〕丙寅兼摂津守。　[延暦20註]

◇正月是月

紀　梶長　左兵衛督。造東大寺長官。近江守。正月（四月廿八日ィ）正四下。　[延暦20註]

藤原縄主　正月兼大和守。春宮大夫近衛中将式部大輔等如元。　[延暦20註]

◆閏正月甲子（一日）

菅野真道　延暦…廿年閏正月甲子兼相模守（〈左大〉弁〈東宮〉学士如元）。　[延暦24尻]

◇閏正月丙寅（三日）

藤原雄友　民部卿。正月〔閏正月ヵ〕丙寅兼摂津守。　[延暦20註]

◇閏正月六日

藤原冬嗣　延暦廿閏正六任大判事。　[弘仁2尻]

◇閏正月己丑（廿六日）

文屋綿麿　延暦…廿年壬正［己丑く］出羽権守。　[大同5尻]

◆二月丁酉（五日）

阿倍兄雄　延暦…同廿二［丁酉く］少納言。　[延暦25尻]

◆四月廿八日

紀　梶長　左兵衛督。造東大寺長官。近江守。正月(四月廿八日ィ)正四位下。　[延暦20註]

◆五月十日

藤原藤嗣　延暦…同廿五十従五下。因幡守。　[弘仁3尻]

◆六月癸巳(三日)

藤原道雄　延暦…廿六癸巳く兵部少輔。　[弘仁14尻]

◇六月是月

多　入鹿　延暦…廿年六月少納言。　[大同4尻]

◆七月是月

藤原園人　〔頭書云〕弁官補任云。廿年七月遷大蔵卿止〈右大〉弁。又系図云。廿年七月任大蔵卿者。　[延暦25頭]

延暦…廿年七ｌ大蔵卿。　[延暦25尻]

藤原仲成　〔頭書云〕弁官補任云。延暦…廿年七月任大宰大弐。くし　[大同4頭]

藤原道雄　延暦…廿七ｌ従五上〈〈阿波〉守如元〉。く　[弘仁14尻]

◆八月一日

藤原乙叡　兵部卿。中衛大将。八月一〔十一紀略〕日兼山城守。　[延暦20註]

◇八月庚子(十日)

藤原葛野麿　延暦…同廿年八庚子拝遣唐大使。同日兼右大弁。越前守。　[延暦25尻]

◆九月是月

藤原緒嗣　延暦…廿年九月停衛門督為右衛士督。　[延暦21尻]

◆十一月乙丑(七日)

坂上田村麿　十一月乙丑叙〈従三位〉。　[延暦20註]

延暦…廿年十一月乙丑従三位〔于時近衛権中将征夷大将軍按察使陸奥守〕。　[延暦24尻]

文屋綿麿　延暦廿年…十一月乙丑く正五上。　[大同5尻]

◇十一月己丑(ナシ)

巨勢野足　延暦…廿一〔廿くし〕十一ｌ〔己丑く〕従四下。　[大同5尻]

◆十二月是月

坂上田村麿　十二月転〈近衛〉中将。征夷大将軍按察使陸奥守如元。ひ　〔延暦20註〕

延暦廿年…十二月転〈近衛〉中将。　〔延暦24尻〕

延暦廿一年

◆正月七日

紀　梶長　左兵衛督。造東大寺長官。正月七日正四位上。　〔延暦21註〕

◇正月丙子（十九日）

藤原乙叡　兵部卿。中衛大将。正月丙子近江守〔翌年又見有誤〕。　〔延暦21註〕

◇正月是月

秋篠安人　延暦…廿一年正月兼阿波守。　〔延暦24尻〕

◆三月是月

藤原冬嗣　延暦…廿一〔三ィ〕〔三ー〕任左〔右ィ〕衛士大〔少ィ〕尉。　〔弘仁2尻〕

◆四月十五日

朝野鹿取　延暦廿一四十五任遣唐録事。　〔天長10尻〕

◇四月廿五日

巨勢野足　延暦…廿一四廿五日兼内蔵頭。　〔大同5尻〕

◆五月十四日

藤原冬嗣　延暦…廿一〔三ィ〕〔三ー〕…五月十四日任左衛士大尉。　〔弘仁2尻〕

◆六月十九日

藤原緒嗣　六月十九日任〈参議〉。右衛門督。造西大寺長官。　〔延暦21註〕

延暦…廿一年六月十九日任参木。同日所司依例奏可。給職封之状。特有恩勅。別封百戸如故。以父大臣旧功也。　〔延暦21尻〕

◇六月是月

藤原緒嗣　延暦…廿一年六月行幸神泉苑。是日有宴。令緒嗣弾和琴。帝喚神大臣。耳語良久。帝及〔乃続後紀〕泣涕。更召皇太子親王等。令陪殿上。即詔曰。微緒嗣之父。予豈得践帝位乎。雖知緒嗣年少為臣下所恠。而其父元功。予尚不忘。宜拝参木以報宿恩。大臣奉勅。便起引留。〔引唱続後紀〕　〔延暦21尻〕

五百枝王　延暦…廿一年六月勅聴居府下。［弘仁３尻］

◆閏十月廿七日

藤原乙叡　或本云。延暦廿一年壬(49)十月廿七日任権中納言。兼中衛大将近江守（年四十三）。元三木中衛大将。［延暦22註］

◆十一月戊寅（廿五日）

紀　梶長　十一月戊寅従三位。或明年叙。［延暦21註］

◇十一月己丑（ナシ）

巨勢野足　延暦…廿一〔廿くし〕十一｜〔己丑く〕従四下。［大同５尻］

◆十二月十五日

藤原縄主　式部大輔。春宮大夫。中〔近ヵ〕衛大将。大和守。十二月十五日正四下。［延暦21註］

◇十二月廿七日

良峯安世　延暦廿一十二廿七特賜姓良峯朝臣。貫右京。［弘仁７尻］

◆是歳

多　入鹿　延暦…廿一年兼近衛将監。［大同４尻］

藤原長良　延暦廿一年壬午生。く　［承和11尻］

延暦廿二年

◆正月七日

藤原園人　延暦…廿二正七従四上〔十五日くし〕。兼相模守。［延暦25尻］

藤原真夏　延暦廿二正七従五下。［大同４尻］

藤原綱継　延暦…同廿二正七従五下。［天長２尻］

◇正月丙寅（十四日）

藤原乙叡　正月丙寅兼近江守。［延暦22註］

藤原道雄　延暦…廿三〔二くイ〕正丙寅く河内守。［弘仁14尻］

藤原綱継　延暦…廿二正…同月丙寅く播磨介。［天長２尻］

◇正月是月

菅野真道　延暦…廿二年正月兼但馬守（兼官如故）。し　［延暦24尻］

巨勢野足　延暦…廿二正｜兼下野守。［大同５尻］

清原長谷　延暦…同廿二正｜任陸奥大掾。［天長８尻］

◆二月癸亥（ナシ）

藤原緒嗣　右し衛門（右衛士ィ）督。造西大寺長官。二月癸亥山城守。［延暦22註］

◆三月己巳（十八日）

藤原貞嗣　延暦…同廿二三己巳く典薬頭。［弘仁10尻］

◇三月是月

藤原冬嗣　延暦…廿一〔二ィ〕三ー任左〔右ィ〕衛士大〔少ィ〕尉。［弘仁2尻］

◆四月是月

小野峯守　ィ押紙云。延暦廿二四ー権少外記。［弘仁13頭］

延暦廿二四ー任権少外記。［弘仁13尻］

◆五月十四日

藤原冬嗣　延暦…廿一〔二ィ〕…五月十四日任左衛士大尉。［弘仁2尻］

◇五月丙寅（十七日）

藤原真夏　延暦廿二…五月丙寅く中衛権少将。［大同4尻］

文室綿麿　延暦…廿二年五月丙寅く転〈近衛〉少将（〈出羽権〉守如元）。［大同5尻］

◇五月十七日

和気真綱　延暦廿二〔三ィ〕五十七任内舎人（廿二〔三く〕才）。［承和7尻］

◇五月是月

和　家麿　中務卿。五月転宮内卿。［延暦22註］

秋篠安人　延暦…廿二年五月兼勘解由長官。［延暦24尻］

小野峯守　延暦廿二…五月ー任春宮少進［弘仁13尻］

清原夏野　延暦…同廿二五ー任内舎人。［弘仁14尻］

◆六月是月

安倍寛麿　延暦廿二六ー中務少丞。［弘仁10尻］

◆七月癸亥（十五日）

坂上田村麿　征夷大将軍。近衛中将。陸奥出羽按察使。七月癸亥為刑部卿（中将按察使如元）。［延暦22註］

藤原真夏　延暦廿二…〔ィ同廿四年〕七月癸亥兼春宮権亮。［大同4尻］

◇七月十五日

秋篠安人　延暦廿二年七月十五日兼近衛少将。［延暦24尻］

◆十月十五日

藤原藤嗣　延暦…同廿二十十五権右少弁。［弘仁3尻］

◇十月是月

紀　梶長　造東大寺長官。左兵衛督。十(十一ィ)月従三位。［延暦22註］

◆閏十月廿七日

藤原乙叡　壬十月廿七日任権中納言。中衛大将〈近江〉守如元。［延暦22註］

　壬十月廿七日任権中納言。［延暦22註］

◆十一月是月

紀　梶長　造東大寺長官。左兵衛督。十(十一ィ)月従三位。［延暦22註］

◆是歳

坂上田村麿　延暦…廿三〔二ヵ〕年癸亥(50)刑部卿。［延暦24尻］

紀　百継　延暦…同廿二ー従五下。［弘仁13尻］

藤原良房　延暦廿二生〔甲申く〕(51)。母尚侍贈一位美都子。三守公姉也。［天長11尻］

延暦廿三年

◆正月庚子(廿四日)

藤原藤嗣　延暦…同廿三正庚子く大宰大弐。［弘仁3尻］

◇正月己未(ナシ)

藤原葛野麿　延暦…廿三年正月己未従四上。［延暦25尻］

◇正月丙寅(ナシ)

藤原道雄　延暦…廿三〔二ーくィ〕正丙寅く河内守。［弘仁14尻］

◆二月是月

藤原緒嗣　右衛門〔衛士ひく〕督。三〔二ー後紀〕月兼山城守。［延暦23註］

◆三月是月

藤原緒嗣　右衛門〔衛士ひく〕督。三〔二ー後紀〕月兼山城守。［延暦23註］

藤原葛野麿　延暦廿三年…三月ー賜餞焉。宴設之事。依和漢法。上喚御床下。賜御被衣幷金等。

◆四月廿七日　〔延暦25尻〕
和　家麿　中務卿。四月廿七日薨。贈従二位大納言。三木三年。中納言七年。〔延暦23註〕
◇四月是月
藤原葛野麿　延暦廿三年…四月授節刀。〔延暦25尻〕
◆五月十七日
和気真綱　延暦廿二〔三ィ〕五十七任内舎人（廿二〔三く〕才）。〔承和7尻〕
◇五月是月
坂上田村麿　征夷大将軍。近衛中将。按察使。刑部卿。五月日為造西大寺長官。〔延暦23註〕
直世王　延暦廿三五ー縫殿大允。〔弘仁12尻〕
◆六月壬子（九日）
藤原貞嗣　延暦…同廿三六壬子く左少弁。〔弘仁10尻〕
藤原道雄　延暦…同廿三〔四ィ〕六壬子く宮内大輔。〔弘仁14尻〕
◇六月癸亥（廿日）
石上家成　〔頭書云〕日本紀略。従三位石上家成。延暦廿三年六月癸亥薨。年八十二。〔延暦23末尾頭〕
◇六月甲子（廿一日）
清原夏野　〔頭書云〕延暦廿三六甲子く小倉王上表云。得愚息内舎人繁野。及小倉兄別王孫。内舎人山河等欵云々。依去十七年十二月廿四日友上王賜姓故事。同蒙清原真人姓。又繁野名語触皇子。改繁曰夏云。許之。〔弘仁14頭〕
◇六月己丑（ナシ）
藤原道雄　延暦廿三…六月己丑く任散位頭。〔弘仁14尻〕
◇六月是月
紀　百継　延暦…同廿三六ー右〔左く〕将監。〔弘仁13尻〕
◆十月十日
藤原雄友　民部卿。摂津守。十月十日正三位。〔延暦23註〕
◆是歳

坂上田村麿　延暦…廿三〔二一ヵ〕年癸亥刑部卿(50)。　［延暦24尻］

藤原良房　延暦廿二生〔甲申く〕(51)。母尚侍正一位美都子。三守公姉也。　［天長11尻］

延暦廿四年

◆正月甲申（十四日）

藤原葛野麿　延暦…廿四正甲申く任刑部卿。　［延暦25尻］

◇正月十四日

菅野真道　正月十四日任〈参議〉。左大弁。東宮学士。但馬守。　［延暦24註］

延暦…廿四年正月十四日甲申任三木。兼左大弁東宮学士。　［延暦24尻］

秋篠安人　延暦廿四年正月…同十四日甲申任参議。　［延暦24尻］

◇正月丙戌（十六日）

秋篠安人　延暦…廿四年正月丙戌任右大弁。　［延暦24尻］

◇正月十七日

秋篠安人　正月十七日任〈参議〉。右大弁〈勘解由〉長官〈近衛〉少将如元。　［延暦24註］

◇正月是月

菅野真道　〔頭書云〕弁官補任云。廿四年正月任参木者。くし　［延暦24頭］

◆六月壬子（十五日）

藤原道雄　延暦…同廿三〔四ィ〕六壬子く宮内大輔。　［弘仁14尻］

◇六月廿三日

坂上田村麿　六月廿三日任〈参議〉。征夷大将軍近衛中将按察使造西大寺長官如元。　［延暦24註］

延暦…廿四年六月廿三日任三木。　［延暦24尻］

◇六月廿五日

紀　広浜　延暦…廿四六廿五従五位上。　［大同4尻］

◆七月廿五日

藤原葛野麿　刑部卿。〔七月廿五日叙〈従三位〉後紀〕　［延暦24註］

延暦廿四年…七月〔朔後紀〕廿五日上節刀唐

国答信物。　［延暦25尻］

延暦廿四年…九月壬辰く〔七廿五日ィ〕叙従三位。　［延暦25尻］

◇七月癸亥（ナシ）

藤原真夏　延暦廿二…〔ィ同廿四年〕七月癸亥兼春宮権亮。　［大同4尻］

◆九月壬辰（廿七日）

藤原葛野麿　延暦廿四年…九月壬辰く〔七廿五日ィ〕叙従三位。　［延暦25尻］

◆十月己亥（四日）

多治比今麿　延暦…同廿四十己亥く式部少輔。　［弘仁8尻］

◆十一月十一日

壱志濃王　弾正弼。十一月十一〔十二後紀〕日薨。贈従二位。三木八年。中納言五年。大納言八年。　［延暦24註］

◆是歳

大伴国道　延暦…廿四年有恩赦入京。或云。件人延暦四獄中死云々。　［弘仁14尻］

延暦廿五年（大同元年）

◆正月十三日

紀　百継　大同元正十三越後介。　［弘仁13尻］

◇正月十八日

文室綿麿　延暦廿五年五月…十八日〔正月十八日くィ〕従四下。　［大同5尻］

◇正月癸巳（廿八日）

藤原緒嗣　右衛門督。正月癸巳兼但馬守（督如故）。　［延暦25註］

藤原貞嗣　延暦…同廿五正癸巳く兼丹後守（止典薬頭）。　［弘仁10尻］

〔頭書云〕受領補任云。不任丹後守。　［弘仁10尻］

◇正月廿八日

菅野真道　左大弁。正月廿八日兼大宰大弐（止〔去し〕弁歟）。　［延暦25註］

◇正月是月

藤原仲成　延暦…同廿五正ー大和守。　［大同4尻］

巨勢野足　延暦…廿五二〔正くィ〕ー任左衛門督。　［大同5尻］

多治比今麿　延暦…廿五正ー勘解由次官。　［弘仁8尻］

藤原道雄　延暦…同廿五正ー兼上総守。　［弘仁14尻］

◆二月丁酉（三日）

阿倍兄雄　延暦…同廿五二丁酉く中衛少将。　［延暦25尻］

◇二月戊申（十四日）

藤原貞嗣　延暦廿五…二戊申く従五上。　［弘仁10尻］

◇二月庚戌（十六日）

藤原縄主　二月庚戌兼陰陽頭。左大弁。　［延暦25註］

藤原貞嗣　延暦廿五二…同月庚戌く右中弁（〈丹後〉守如元）。　［弘仁10尻］

◇二月十六日

藤原葛野麿　延暦…同廿五年二十六任春宮大夫。　［延暦25尻］

藤原園人　大同元二十六宮内卿（〈相摸〉守如元）。　［延暦25尻］

多治比今麿　延暦廿五…二月十六左〔右ィ〕少弁。　［弘仁8尻］

藤原綱継　延暦…同廿五二十六治部少輔。　［天長2尻］

◇二月是月

藤原仲成　延暦廿五…二月兼兵部大輔。　［大同4尻］

巨勢野足　延暦…廿五二〔正くィ〕ー任左衛門督。　［大同5尻］

藤原道雄　延暦廿五…二月刑部卿（〈上総〉守如元）。　［弘仁14尻］

百済勝義　大同元三〔二文実〕ー為大学少允。　［承和6尻］

◆三月辛巳（十七日）

――　三月辛巳天皇崩（年七十）。桓武天皇。　［延暦25註］

大伴家持　日本後紀云。延暦廿五年三月辛巳勅。縁延暦四年事。配流之輩。先已放還〔還後紀〕。今有所思。不論存亡。宜叙本位。復大伴宿祢家持従三位者。可尋之。　［延暦4頭］

◇三月十八日

――　五月十八〔八ィ〕日皇太子即位（平城天皇。三月十八日受禅。三十三）。　［延暦25註］

藤原葛野麿　三月十八日任〈権参議〉。［延暦25註］
刑部卿。三月十八日任権参木。［延暦25註］

藤原園人　三月十八日任〈権参議〉（元右大弁）。
［延暦25註］

◇三月是月

吉備　泉　〔頭書云〕日本後紀云。延暦廿五年三月之比
従四位上者。又従四位下者。可依下歟。
［延暦25註］

五百枝王　延暦…廿五年三月上病弥留。召五百枝王。
復本位。任宮内卿。［弘仁3尻］

小野峯守　ｨ押紙云。…大同元三｜少外記。
［弘仁13頭］

百済勝義　大同元三〔二一文実〕｜為大学少允。［承和6尻］

◆四月乙巳（十二日）

文室綿麿　延暦…廿五年四月乙巳く播磨守。
［大同5尻］

◇四月十二日

藤原綱継　延暦廿五…四月十二日少納言。［天長2尻］

◇四月十三日

藤原緒嗣　四月十三日従四上。［延暦25註］

◇四月十四日

秋篠安人　右大弁。勘長官。近衛少将。阿波守。四月
十四日〔十五し〕従四位上。［延暦25註］

巨勢野足　大同元四十四遷左兵衛督〈〈下野〉守如元〉。
［大同5尻］

◇四月十八日

藤原雄友　四月十八日任〈大納言〉。兼民部卿。［延暦25註］
民部卿。摂津守。四月十八日任大納言。［延暦25註］

藤原内麿　四月十八日任〈大納言〉。［延暦25註］
近衛大将。四月十八日任大納言。［延暦25註］

藤原乙叡　四月十八日転〈中納言〉。［延暦25註］
中衛大将。近江守。四月十八日転正〈中納
言〉（止〔去し〕大将歟）。［延暦25註］

紀　勝長　四月十八日任〈中納言〉。改名勝長。元梶長。
［延暦25註］

（紀　梶長）　左兵衛督。四月十八日任中納言。
[延暦25註]
坂上田村麿　四月十八日任中納言。同日勲二等。
[延暦25註]
近衛中将。征夷大将軍。按察使。陸奥守。
四月十八日任中納言。　[延暦25註]
秋篠安人　四月…十八日右〈近衛〉中将。　[延暦25註]
藤原葛野麿　四月十八日任〈参議〉（元権参議）。即兼式部卿。　[延暦25註]
四月十八日転参議。　[延暦25註]
藤原園人　四月十八日転任〈参議〉。　[延暦25註]
四月十八日転参木。　[延暦25註]
◇四月廿一日
藤原乙叡　四月…廿一日兼兵部卿。　[延暦25註]
◇四月廿三日
坂上田村麿　四月…廿三（廿四）日兼中衛大将（元中将）。征夷大将軍中納言従三位行中衛大将陸奥出羽按察使陸奥守勲二等。　[延暦25註]
◇四月廿四日
神　王　四月廿四日薨。在官九年。　[延暦25註]
◇四月己巳（ナシ）
阿倍兄雄　延暦廿五…四月己巳〻兼内膳権正。
[延暦25尻]
◇四月是月
多　入鹿　延暦…廿五年四―転近衛少将。兼武蔵権介。
[大同4尻]
紀　百継　大同元…四月―右衛士権佐。　[弘仁13尻]
朝野鹿取　延暦…廿五年四―大宰大典。―――式部少録。　[天長10尻]
◆五月甲子（一日）
吉備　泉　延暦…廿五年五月甲子式部大輔。〻　[大同5尻]
文室綿麿　延暦廿五…五月甲子〻兼侍従。　[大同5尻]
◇五月四日
神　王　五月四日贈正二位。号吉野大臣。
[延暦25註]
◇五月五日
藤原園人　五月五日兼皇太子（弟〻）傅。叙正四下勲三

等。〔延暦25註〕

◇五月八日

――――　五月十八｛八イ｝日皇太子即位（平城天皇。三月十八日受禅。三十三）。五月廿八日以参木為観察使。五月八〔十九後紀〕日以神野親王為皇太子。〔延暦25註〕

◇五月十日

藤原冬嗣　大同元十九｛イ五十｝従五位下。任春宮大進。〔弘仁2尻〕

◇五月己卯（十六日）

五百枝王　延暦廿五年…五月己卯上表請賜春原朝臣姓。勅許之。〔弘仁3尻〕

◇五月十八日

――――　改五月十八日為大同元年。〔延暦25註〕

五月十八｛八イ｝日皇太子即位（平城天皇。三月十八日受禅。三十三）。〔延暦25註〕

藤原内麿　五月十八日叙正三位。近衛大将如故。〔延暦25註〕

藤原縄主　五月十八日従三位。任大宰帥。弁官補任云。廿五年五月十八日正四上。誤歟。〔延暦25註〕

菅野真道　五月十八日正四上。〔延暦25註〕

文室綿麿　延暦廿五年五月…十八日〔正月十八日〈イ〉〕従四下。〔大同5尻〕

藤原真夏　大同元五十八従四下｛イ正五位下イ十九日従四位下｝。〔大同4尻〕

阿倍兄雄　大同元五十八正五下。〔延暦25尻〕

藤原藤嗣　延暦…同廿五五十八従五上。〔弘仁3尻〕

藤原綱継　延暦廿五…五月十八日従五上。〔天長2尻〕

◇五月十九日

藤原内麿　五月十九日任〈右大臣〉。近衛大将如故。〔延暦25註〕

五月十九日任右大臣。〔延暦25註〕

秋篠安人　五月十九日兼春宮大夫。〔延暦25註〕

阿倍兄雄　大同元年五…十九日従四下。〔延暦25尻〕

◇五月甲申（廿一日）

吉備　泉　〔頭書云〕日本後紀云。延暦廿五年…五月甲申為式部大輔。〔延暦25頭〕

◇五月廿一日

吉備　泉　五月廿一日任南海道観察使（日本後紀云。大同元年十月比任観察使）〔分注ひ在園人尻付最末〕。〔大同5尻〕〔延暦25註〕

◇五月廿四日

――　皇代記云。大同元年五月廿四日以参木為六道観察使者。不置畿内七道歟。〔延暦25註〕

藤原緒嗣　五月廿四日為山陽道観察使。〔延暦25註〕

秋篠安人　五月…廿四日停三木号。為北陸道観察使。〔延暦25註〕

藤原葛野麿　五月廿四日遷東海道観察使。〔延暦25註〕

藤原園人　五月…同廿四日為山陽道観察使。兼宮内卿（東宮傅。相摸守）。〔延暦25註〕

藤原乙叡　五月廿四日兼衛門督。〔延暦25註〕

阿倍兄雄　大同元五…廿四日大膳大夫。兼近江守。〔延暦25尻〕

吉備　泉　延暦廿五年…五月廿四日南海道観察使。く〔大同5尻〕

巨勢野足　大同元…五月廿四日兼左京大夫。

藤原道雄　延暦廿五…五月廿四日任〔兼く〕内匠頭。兼但馬守。〔弘仁14尻〕

南淵弘貞　大同元五廿四少内記。〔天長2尻〕

◇五月廿八日

――　五月廿八日以参木為観察使。〔延暦25註〕

◇五月是月

藤原三守　大同元五｜東宮主蔵正。美作権掾。〔弘仁7尻〕

小野峯守　ィ押紙云。大同元…同五月｜春宮少進。〔弘仁13頭〕

◆六月三日

多治比今麿　延暦廿五…六月三美作介。〔弘仁8尻〕

◇六月九日

藤原良継　大同元年六月九日追贈太政大臣正一位。大臣之男独有託美朝臣。但能原宿祢長枝。其母蓼原氏。近侍大臣。生此男。生し而十歳大臣薨。依無遺命不敢付帳。大同年中愍彼無姓。賜能原宿祢。弘仁年中従七位上。

◇六月十六日　〔宝亀8尻〕
文室綿麿　延暦廿五年…六月十六兼中務大輔。
〔大同5尻〕
◇六月廿六日
吉備　泉　延暦廿五年…同六月廿六日右京大夫。く
〔大同5尻〕
◇六月廿九日
藤原藤嗣　延暦廿五…六月廿九従四下。　〔弘仁3尻〕
◇六月三十日
吉備　泉　延暦廿五年六月…同卅日参木。く
〔大同5尻〕
◆閏六月三日
吉備　泉　壬六月三日任〈准参議〉。　〔延暦25註〕
◇閏六月五日
安倍寛麿　大同元壬六五伯耆掾〔介く〕。　〔弘仁10尻〕
◇閏六月十四日
藤原緒嗣　或本。…閏六月十四日俄遷畿内観察使。
〔延暦25註〕
阿倍兄雄　或本云。大同元年閏六月十四日任山陰〔陽ひくし〕道観察使。　〔延暦25註〕
大同元…閏六月十四日兼山陰〔陽ひくし〕道観察使。　〔延暦25尻〕
◇閏六月十九日
藤原緒嗣　壬六月十九日為畿内之〈観察〉使。　〔延暦25註〕
◇閏六月廿六日
吉備　泉　壬六月廿六日兼右〔左く〕京大夫。　〔延暦25註〕
◇閏六月三十日
吉備　泉　壬六月…卅日准参議。　〔延暦25註〕
阿倍兄雄　閏六月卅日任〈准参議〉。　〔延暦25註〕
或本云。大同元年閏六月…同卅日任権参議。　〔延暦25註〕
◆七月十四日
秋篠安人　七月十四日転左大弁。　〔延暦25註〕
吉備　泉　七月十四日右大弁。　〔延暦25註〕

延暦廿五年…七月十四日兼右大弁。〱　〔大同5尻〕

阿倍兄雄　七月十四日兼右京大夫。　〔延暦25註〕
或本云。…七月十四日任右京大夫。　〔延暦25註〕

藤原道雄　延暦廿五…七月十四日右中弁（弁官補任不見如何）。　〔弘仁14尻〕

◆八月六日

多　入鹿　大同元八中衛少将〔六日左中弁〱〕。　〔大同4尻〕

◇八月十二日

阿倍兄雄　八月十二日右兵衛督。　〔延暦25註〕

◇八月十三日

阿倍兄雄　或本云。大同元年…八月十三日任右兵衛督。〱　〔延暦25註〕

◇八月十四日

藤原内麿　八月十四日兼侍従（勘国史。此日無除目。廿日有除目歟。而不任侍従）。　〔延暦25註〕

◇八月十六日

南淵弘貞　大同元…八月十六日少外記。　〔天長2尻〕

◆十月三日

紀　勝長　十月三日薨。（三木十一年。中納言一年）。　〔延暦25註〕

◇十月九日

藤原冬嗣　大同元十九〔ィ五十〕従五位下。任春宮大進。　〔弘仁2尻〕

◇十月是月

――　（日本後紀云。大同元年十月比任観察使〔分注ひ在園人尻付最末〕）。　〔延暦25吉備泉註〕

◆十一月戊戌（九日）

三諸大原　〔頭書云〕日本後紀云。大同元十一戊戌。散位従四位下三諸朝臣大原卒。二品長親王之孫。従三位知〔智ひし〕努王之第九子也。智努王天平勝宝四年賜姓文屋真人。大原。延暦十一年改三諸朝臣。頻出外任。不被拘解由。遂卒私宅。　〔大同5文屋綿麿頭〕

◆十二月乙丑（六日）

神　王　十二月乙丑賜故右大臣正二位神王度者十人。大臣性恭謹。少文。接物淡若。雖居顕貴。克有終焉。遺辞云。質素莫賜鼓吹者（参木十四年。中納言二年。大納言三年。右大臣六年）。［延暦25註］

延暦年中

菅原清公　延暦ーー補く秀才。ーー任美乃少掾。［承和6㞍］

滋野貞主　首書云。父家訳。延暦年中賜姓滋野宿祢。［承和9㞍］

大枝音人　先祖本姓土師。延暦天子以外戚。改為大枝。至音人改枝為江。［貞観6註］

大同二年

◆正月四日

安倍兄雄　右兵衛督。正月四日近衛中将。［大同2註］

◇正月五日

文室綿麿　大同二正五右兵衛督（〈播磨〉守し如元）。

◇正月廿日

小野峯守　大同二正月廿任畿内観察使判官。［弘仁13㞍］［大同5㞍］

◇正月廿三日

藤原冬嗣　大同…二正廿三春宮亮。［弘仁2㞍］

◇正月是月

多　入鹿　大同…二年正月近衛少将。［大同4㞍］

◆二月三日

紀　広浜　大同二二三ー正五下。［大同4㞍］

◇二月廿九日

紀　広浜　大同二…二月廿九日右中弁。［大同4㞍］

文室綿麿　大同二…二月廿九右京大夫（〈右兵衛〉督〈播磨〉守し如元）。［大同5㞍］

◇二月是月

清原夏野　大同二二（四四ィ）ー中監物。［弘仁14㞍］

◆四月癸酉（十六日）

吉備　泉　大同二年四月癸酉停参木号。〈観察〉使。く［大同5㞍］

◇四月十六日

――――　四月十六日詔。宜罷参議号。独置〔遷ひくし〕観察使。所食封邑各二百戸。［大同２註］

安倍兄雄　四月十六（廿二ィ）日停三木号。使。［大同２註］

◇四月廿二日

――――　四月…同廿二日改近衛府為左近衛。改中衛府為右近衛府。復置中将。左右近衛此始也。［大同２註］

藤原内麿　近衛大将。四月廿二日詔改近衛為左近衛大将。［大同２註］

坂上田村麿　四月廿二日改中衛大将為右近衛大将。按察使。征夷大将軍。［大同２註］

藤原葛野麿　四月廿二日（或十六日）癸酉(52)停三木。下向。ひ［大同２註］

藤原縄主　四月廿二（ィ十六）日停三木号。大宰帥。［大同２註］

菅野真道　大宰大弐。同日〈四月廿二（ィ十六）〉停三木。

藤原園人　四月廿二（ィ十六）日停三木号使。皇太子傅。［大同２註］

藤原緒嗣　同日〈四月廿二（ィ十六）〉停三木。［大同２註］
或本。大同二年四月廿二日停三木為畿内観察使。［延暦25註］

秋篠安人　同日〈（四月廿二（ィ十六）〉停三木号。［大同２註］

吉備　泉　四月廿二（十六ィ）日停三木号。右大弁。［大同２註］

◇四月廿八日

藤原真夏　大同…同二四廿八右近中将。［大同４尻］

◆五月十一日

藤原雄友　五月十一日坐伊与親王事配流伊与国。依外舅也。労二年。ひく［大同２註］
五月十一日止官。配流伊与国。［大同２註］

藤原乙叡　宮内卿。五月十一日坐伊与親王事解官。［大同２註］

◇五月是月
清原夏野　大同二…五月―大舎人大允。　［弘仁14尻］
◆六月甲子（八日）
藤原葛野麿　六月甲子任観察使。　［大同２註］
◇六月八日
菅野真道　六月八日兼刑部卿。　［大同２註］
◇六月丙子（廿日）
藤原真夏　大同二…六月丙子兼武蔵守。　［大同４尻］
◇六月壬午（廿六日）
藤原真夏　大同二六月…壬午兼阿波守〔内蔵頭ィ〕。　［大同４尻］
◇六月廿六日
藤原綱継　大同二六廿六左〔右く〕衛門督（日本後紀云。美乃守如元者。如何。但又日本後紀云。九月己丑美乃守者。二度任也。）　［天長２尻］
◆閏六月十四日
藤原緒嗣　閏[53]六月十四日俄遷畿内観察使。　［延暦25註］
◆七月是月
多　入鹿　大同二年…七月兼尾張守。　［大同４尻］

◆八月十四日
藤原内麿　八月十四日兼侍従（不見国史云云）。　［大同２註］
坂上田村麿　八月十四日兼侍従。　［大同２註］
秋篠安人　八月十四日兼侍従。　［大同２註］
巨勢野足　大同二…二年八月十四日兼侍従。旧　［大同５尻］
◇八月乙亥（廿日）
藤原真夏　大同二…八月乙亥く中務大輔（〈右近衛〉中将〈内蔵〉頭〈阿波〉守如故）。　［大同４尻］
春原五百枝　大同二年八乙亥く武蔵守。　［弘仁３尻］
◇八月廿日
藤原道雄　大同二八廿兼美作守。　［弘仁14尻］
◇八月辛巳（廿六日）
春原五百枝　大同二年八月…辛巳く讃岐守。　［弘仁３尻］
◇八月是月
藤原緒嗣　八月兼侍従。　［大同２註］
多　入鹿　大同二年…八月兼上野守。　［大同４尻］
◆九月己丑（五日）

藤原綱継　大同二六廿六左〔右く〕衛門督（日本後紀云。美乃守如元者。如何。但又日本後紀云。九月己丑美乃守者。二度任也。）〔天長２尻〕
大同二年…九月己丑く美乃守。〔天長２尻〕

◇九月十六日
紀　広浜　大同二…九月十六日己丑兼内蔵頭。〔大同４尻〕

◇九月是月
紀　百継　大同…同二九ー為〈右衛士〉正佐。〔弘仁13尻〕

◆十月是月
藤原内麿　日本後紀云。大同二年十月ひし之比臣従二位如何。又云五年叙者。〔大同４註〕
多　入鹿　大同二年…十一月〔十くイ〕兼木工頭。〔大同４尻〕

◆十一月十四日
秋篠安人　十一月十四（十一ィ）日坐伊与親王事左遷造西寺長官。他官皆停（左大弁。近衛中将。春宮大夫）。〔大同２註〕

◇十一月十五日
菅野真道　十一月十五日民部卿。〔大同２註〕

◇十一月十六日
坂上田村麿　十一月十六日兼兵部卿。大将軍等兼官如元。〔大同２註〕
藤原緒嗣　十一月十六日兼左大弁。観察使右衛門督如元。〔大同２註〕
藤原真夏　或本云。大同二十一十六任美作守。〔大同４尻〕
藤原道雄　大同二…十一月十六大学頭。〔弘仁14尻〕

◇十一月十九日
藤原緒嗣　十一月…十九日辞〈左大〉弁不許。〔大同２註〕

◇十一月是月
秋篠安人　十一月ー止官。〔大同２註〕
多　入鹿　大同二年…十一〔十くイ〕月兼木工頭。〔大同４尻〕
良峯安世　大同二十一ー右衛士大尉（廿三）。〔弘仁７尻〕

◆是歳
滋野貞主　大同二奉文章生試及第。［承和8尻］
橘　峯継　大同二生。［承和11尻］
藤原氏宗　延暦十四〔大同二歟〕生。［嘉祥4尻］

大同三年

◆正月十日
多　入鹿　大同…三年正十右少弁（〈近衛〉少将如元）。［大同4尻］
◇正月廿一日
文室綿麿　大同…三年正廿一任左大舎人頭。［大同5尻］
藤原藤嗣　大同三正廿一兼右京大夫。［弘仁3尻］
◇正月廿五日
安倍兄雄　左近大将。春宮大夫。正月廿五日叙正四位下（元従下）。［大同3註］
紀　広浜　大同…同三正廿五｜従四下。［大同4尻］
多　入鹿　大同三年正…廿五日正五下。［大同4尻］
吉備　泉　大同三…三年正月廿五日従四上。く［大同5尻］
　正月廿五日丁未叙従四位上[54]。［大同3註］
巨勢野足　大同三…三年正月廿五日従四上。旧［大同5尻］
◇正月是月
藤原緒嗣　正月上表曰。臣前言可置諸道観察使。天鑑降乞依即所請。［大同3註］
藤原仲成　大同三正｜左兵衛督。［大同4尻］
良岑安世　大同…同三正｜左衛士大尉。［弘仁7尻］
小野峯守　ィ押紙云。…大同…同三正｜畿内観察使判官。［弘仁13頭］
◆二月是月
藤原葛野麿　二月｜任〈中納言〉。式部卿如故。［大同3註］
　式部卿。二月｜任中納言。［大同3註］
多　入鹿　大同三年…二月民部少輔。［大同4尻］
直世王　大同三二｜任右大舎人允。［弘仁12尻］
◆三月是月
藤原緒嗣　三月兼刑部卿。［大同3註］

◆四月是月

小野峯守　ィ押紙云。…大同三…四月従五下。任右少弁。兼春宮亮。ひし　[弘仁13頭]

藤原園人　四月〔摂後紀〕行北陸道事。　[大同3註]

◆五月三日

藤原乙叡　〈大同〉三年五〔六原イ及後紀〕月三日薨（四十八才）。乙叡母尚侍百済王明信被帝寵渥。乙叡以父母之故。頻歴顕要。至中納言。性頑驕好妾。而緑山晴水〔縁山臨水後紀〕多置別業信宿之。以女内事。推国天皇（平城也）為太子之時。侍宴。傾酒不敬。天皇含之。後遘伊予親王事辞退〔辟連後紀〕。冤帰于第。自無罪以憂而終。○参議十年。中納言五年。前官―。し　[大同2註]

◇五月八日

藤原緒嗣　五月八日兼陸奥出羽按察使。　[大同3註]

◇五月十四日

巨勢野足　大同三年…五月十四日兼近江守（〈左兵衛〉督〈左京〉大夫如元）。旧　[大同5尻]

◇五月壬寅（廿一日）

藤原藤嗣　大同三…五月壬寅く兵部大輔。　[弘仁3尻]

◇五月廿一日

藤原仲成　大同三…五月廿一兼右大弁。　[大同4尻]

◇五月廿三日

吉備　泉　大同三年…五月廿三日左大弁。く　[大同5尻]

◇五月廿八日

安倍兄雄　五月廿八日遷畿内観察使く（元東山道）。　[大同3註]

藤原道雄　大同…三年五月廿八治部大輔。　[弘仁14尻]

◇五月是月

吉備　泉　五月遷左大弁。　[大同3註]

◆六月三日

藤原乙叡　〈大同〉三年五〔六原イ及後紀〕月三日薨（四十八才）。　[大同2註]

◇六月廿一日

藤原緒嗣　六月「右衛門督」〔恐衍〕廿一日上表〈刑部〉卿〈右衛門〉督等。　[大同3註]

◇六月廿五日
藤原園人　六月廿五（廿八後紀）日兼民部卿。傅如元。　［大同３註］
◇六月廿八日
菅野真道　民部卿。六月廿八日遷左大弁。　［大同３註］
六月廿八日刑部卿。　［大同３註］
吉備　泉　大同三年…六月廿八日兼刑部卿。く　［大同５尻］
◇六月是月
藤原緒嗣　六月「右衛門督」（恐衍）　［大同３註］
◆七月是月
紀　広浜　大同三…七月左京大夫。　［大同４尻］
紀　百継　大同…同三七ー左衛士佐。兼越後介。　［弘仁13尻］
◆八月辛未（廿二日）
紀　広浜　大同三…八月辛未く美乃守。　［大同４尻］
◇八月是月
直世王　大同三…八月ー大舎人大允。　［弘仁12尻］
◆十月十八日
安倍兄雄　十月十八（ィ廿）日賜病料物。　［大同３註］
◇十月十九日
安倍兄雄　十月…十九日卒。伝云。性好犬。高直有耿介之節。所歴之職。以公廉称。伊予親王無罪而廃。上盛怒。群臣莫敢諫者。兄雄抗辞固争云。雖不能得。論者義之。又云。乏文堪武云々。准三木二年。　［大同３註］
◆十一月十三日
巨勢野足　大同三年…十一月十三日兼春宮大夫（〈近江〉守如元）。　［大同５尻］
◇十一月十六日
安倍寛麿　大同…同三十一十六従五下。　［弘仁10尻］
◇十一月十八日
吉備　泉　十一月十八日正四位下。　［大同３註］
大同三年…十一月十八日正四下。く　［大同５尻］
◇十一月廿六日
多治比今麿　大同三十一…廿六日（廿七日後紀）大宰少弐。

〔弘仁８尻〕

◇十一月甲辰(廿七日)

紀　広浜　大同三…十一月甲辰く右京大夫(〈美濃〉守如故)。〔大同４尻〕

◇十一月廿九日

藤原緒嗣　十一月廿九日正四位下。〔大同３註〕

◇十一月是月

菅野真道　十一月ー兼大蔵卿。〔大同３註〕

多治比今麿　大同三十一ー従五上。〔弘仁８尻〕

藤原道雄　大同三年…十一月正五下。〔弘仁14尻〕

◆是歳

藤原貞嗣　〔頭書云〕弁官補任云。大同三年停〈右中〉弁。遷官日不詳。〔弘仁10頭〕

藤原継業　大同三叙従四下。任大和守。俄遷右馬頭。〔天長３尻〕

藤原冬緒　大同三戊子生。〔貞観11尻〕

大同四年

◆正月一日

藤原内麿　正月一日戊寅叙従二位。左〈近衛〉大将如元。く〔大同４註〕

◇正月十六日

藤原冬嗣　大同…四正十六兼侍従(〈春宮〉亮如元)。〔弘仁２尻〕

◇正月是月

文室綿麿　大同…四年正ー改三諸姓賜三山朝臣。〔大同５尻〕

◆二月十三日

和気真綱　大同四二十三治部少丞。〔承和７尻〕

◇二月是月

巨勢野足　大同…四二ー遷左近中将。〔大同５尻〕

百済勝義　大同…同四二ー右京少進。〔承和６尻〕

◆三月廿九日

坂上田村麿　右大将。兵部卿。征夷大将軍。三月廿九〔卅後紀〕日正三位。〔大同４註〕

藤原葛野麿　式部卿。三月廿九〔卅後紀〕日叙正三位。〔大同４註〕

菅野真道　左大弁。三月廿九〔卅後紀〕日叙従三位。

[大同4註]

◇三月是月

藤原園人　皇太子傅。民部卿。三月ー従三位。
[大同4註]

藤原緒嗣　三月〔為入辺任。後紀〕辞見内裏。召昇殿上。給衣服。
[大同4註]

吉備　泉　刑部卿。「三月辞内裏召昇殿上令典侍給衣被等」〔恐衍〕
[大同4註]

◆四月十二日

藤原種継　大同四年四月十二日贈太政大臣。三木三年。中納言二年。
[延暦4註]

小野峯守　大同…同四四十二従五下（ィ任右少弁）。
[弘仁13尻]

◇四月戊子（十三日）

――――　四月廿五日戊子天皇禅位[55]於皇太弟（嵯峨天皇。年廿四）。
[大同4註]

◇四月十三日

菅野真道　四月十三日遷東海道観察使（元山陰道）。
[大同4註]

藤原園人　四月十三日叙正三位。止〈皇太子〉傅。依受禅也。
[大同4註]

藤原仲成　四月十三日任〈北陸道観察使〉。
[大同4註]

藤原真夏　四月十三日任〈山陰道観察使〉。美作守。
[大同4註]

藤原冬嗣　大同…四年四月十三正五下（二階）。
[弘仁2尻]

◇四月十四日

藤原葛野麿　四月十四日兼皇太弟傅。〈式部〉卿如元。
[大同4註]

藤原冬嗣　大同四年四月…十四日従四下。任左衛士督。
[弘仁2尻]

藤原藤嗣　大同…同四四十四従四上。任春宮大夫。
[弘仁3尻]

藤原三守　大同…同四四十四〈内蔵ヵ〉助。
[弘仁7尻]

小野峯守　大同四四…十四日兼春宮亮。
[弘仁13尻]

◇四月乙丑（ナシ）

文屋綿麿　大同四年…四月乙丑左兵衛督（〈播磨〉守如元）。
[大同5尻]

◇四月是月
藤原緒嗣　侍従。衛門督。陸奥出羽按察使。刑部卿。四月止〈東山道観察〉使歟。　［大同４註］
藤原仲成　四月…同月兼常陸守。　［大同４註］
巨勢野足　大同四年…四月｜正四下。　［大同５尻］
良峯安世　大同…同四四｜右近衛将監。　［弘仁７尻］
清原夏野　大同二二（四四ィ）｜中監物。　［弘仁14尻］
朝野鹿取　大同四四｜左少史（年卅六）。　［天長10尻］

◆五月一日
——　五月即位（一日受禅。十三日即位）。　［大同４註］

◇五月庚戌（五日）
文室綿麿　大同四年…五月庚戌大膳大夫（〈左兵衛〉督〈播磨〉守如元）。　［大同５尻］

◇五月五日
藤原冬嗣　大同四年…五月五日大舎人頭（〈左衛士〉督如元）。　［弘仁２尻］

◇五月癸酉（廿八日）
大伴乙麿　五月癸酉薨。　［大同４註］

◇五月是月
藤原仲成　五月任右兵衛督。　［大同４註］
直世王　大同…四年五｜任内蔵助。　［弘仁12尻］

◆六月丙子（二日）
秋篠安人　右大弁。六月丙子く転左。　［大同４註］

◇六月二日
藤原藤嗣　大同四…六月二日右大弁。　［弘仁３尻］

◇六月六日
菅野真道　六月六日任宮内卿。　［大同４註］

◇六月八日
多　入鹿　大同…四年六八従四位下。　［大同４尻］
良峯安世　大同四…六月八日叙従五下。以才兼武官。能解書音楽。　［弘仁７尻］
藤原三守　大同四…六月八従五下。任内蔵助。　［弘仁７尻］

◇六月十二日
良峯安世　大同四六月…同十二日転右近衛権少将。　［弘仁７尻］

◇六月十三日

朝野鹿取　大同四…六月十三右近将監。　〔天長10尻〕

◇六月廿九日

和気真綱　大同四…六月廿九日中務少丞。くし　〔承和7尻〕

◇六月三十日

良峯安世　大同四六月…卅日転右近衛少将。　〔弘仁7尻〕

◇六月是月

藤原仲成　六月兼大蔵卿。　〔大同4註〕

文室綿麿　大同四年…六月改三山姓賜文室真人。任兵部大輔。　〔大同5尻〕

三原春上　大同四六弾正大忠（卅六）。　〔天長5尻〕

◆八月一日

藤原人数　〔頭書云〕日本紀略曰。大同四年八月朔〔戊寅紀略〕。散事従三位藤人数薨。　〔大同4大伴乙麿頭〕

◇八月廿五日

藤原三守　大同四…八月廿五右近少将（兼）。　〔弘仁7尻〕

◇八月廿六日

藤原道雄　大同…同四八廿六日大学頭。　〔弘仁14尻〕

◇八月是月

藤原仲成　八月任伊世守。　〔大同4註〕

◆九月十日

藤原仲成　「九月十日遷佐渡権守十一日伏誅」〔当衍〕　〔大同4註〕

◇九月十九日

藤原園人　九月十九日任〈中納言〉（元山陽道観察使）。民部卿如元。　〔大同4註〕

紀　広浜　九月十九日任〈畿内観察使〉。右大弁兼内蔵頭上野守。　〔大同4註〕

多　入鹿　九月十九日任〈山陽道観察使〉。兼左京大夫。止右中弁。　〔大同4註〕

◇九月廿八日

紀　広浜　九月…廿八日〈右大〉弁〈内蔵〉頭如元。　〔大同4註〕

◇九月是月

多　入鹿　大同四年…九月左京大夫。く　〔大同4尻〕

◆十一月二日
菅野真道　十一月二日大蔵卿。　［大同４註］
◇十一月庚午（廿八日）
小野峯守　大同四…十一月庚午〳式部少輔〈春宮〉亮如元）。　［弘仁13尻］
藤原綱継　大同…同四十一〔庚午逸史〕(56)侍従。　［天長２尻］
◆十二月四日
良岑安世　大同四…十二月四雅楽頭〈右近衛〉少将如元）。　［弘仁７尻］
◇十二月庚午（ナシ）
藤原冬嗣　大同四年…十二月庚午兼中務大輔。　［弘仁２尻］
◇十二月是月
藤原三守　大同四…十二月｜任美作権介（兼）。　［弘仁７尻］
◆是歳
藤原愛発　大同四文章生（廿二）。〳　［天長３尻］
源　信　大同四生。　［天長８尻］

大同五年（弘仁元年）

◆正月戊申（七日）
藤原貞嗣　大同五正戊申〳正五下。　［弘仁10尻］
◇正月七日
多治比今麿　大同…同五正七正五下。　［弘仁８尻］
直世王　弘仁元正七従五下。　［弘仁12尻］
◇正月十日
多　入鹿　正月十日兼相模守〈左京〉大夫如元）。　［大同５註］
◇正月壬子（十一日）
秋篠安人　左大弁。正月壬子兼尾張守。　［大同５註］
藤原冬嗣　大同…五正壬子兼備中守〈中務〉大輔(57)守如元）。　［弘仁２尻］
◇正月十一日
菅野真道　大蔵卿。正月十一日兼近江守。　［大同５註］
吉備　泉　正月十一日兼伊世守。　［大同５註］
大同…五年正月十一日兼伊世守。〳　［大同５尻］

紀　広浜　正月十一日兼上野守。［大同５註］
良峯安世　弘仁元正十一兼丹後介。［弘仁７尻］
◇正月廿四日
藤原真夏　正月廿四日為造平城宮使ィ。［大同５註］
多治比今麿　大同五正…廿四日右中弁。［弘仁８尻］
直世王　弘仁元正…廿四日内匠頭。［弘仁12尻］
◇正月是月
百済勝義　弘仁元正｜蔵人。同月左衛門大尉。［承和６尻］
◆二月七日
文室綿麿　大同…五年二月七播磨守。［大同５尻］
◇二月八日
藤原園人　二月八日任〈大納言〉。民部卿如故。［大同５註］
民部卿。二月八日任大納言。［大同５註］
◇二月是月
多　入鹿　二月｜任三木。［大同５註］
藤原冬嗣　大同五…二月兼右少弁（〈春宮〉亮侍従如元。大舎人頭〈左衛士〉督等如元）。［弘仁２尻］

◆三月十日
巨勢野足　弘仁元三十補蔵人頭（頭始也。冬嗣並補也）。［大同５尻］
藤原冬嗣　大同五…三月十補蔵人頭（是頭始也。野足同補之）。［弘仁２尻］
清原夏野　弘仁元三十日蔵人。［弘仁14尻］
朝野鹿取　弘仁元三十補蔵人。［天長10尻］
◇三月是月
橘　氏公　弘仁元三｜昇殿。［天長10尻］
◆四月五日
藤原雄友　四月五日免罪授本位。拝宮内卿。［大同５註］
◇四月十六日
紀　広浜　四月十六日任左京大夫。［大同５註］
◇四月戊子（十九日）
藤原縄継　大同…同五四戊子ㇰ正五下。［天長２尻］
◇四月廿一日
藤原真夏　四月廿一（廿二ひ）日叙正四下。［大同５註］
◇四月廿七日

秋篠安人　四月廿七日兼大舎人頭。　[大同５註]

◇四月是月

藤原冬嗣　大同五…四月停〈春宮亮ヵ〉官。依践祚也。　[弘仁２尻]

◆六月一日

紀　百継　弘仁元六一従五上。　[弘仁13尻]

◇六月十日

藤原縄主　大宰帥。六月十日如故為三木(元西海道観察使)。ひし　[大同５註]

菅野真道　六月十日如故為三木(元山陽道観察使。く)　[大同５註]

藤原緒嗣　六月十日如故為三木(元畿内観察使。く)　[大同５註]

吉備　泉　刑部卿。六月十日如故任三木。　[大同５註]

藤原仲成　六月十日任三木。　[大同５註]

藤原真夏　六月十日停観察使為三木。　[大同５註]

紀　広浜　六月十日停観察使。　[大同５註]

◇六月己卯(十一日)

多治比今麿　大同五…六月己卯遷因幡守。　[弘仁８尻]

◇六月丙申(廿八日)

吉備　泉　大同五年…六月丙申停〈観察〉使如故為参議。く　[大同５尻]

◇六月是月

多　入鹿　六月ー停観察使為三木。　[大同５註]

◆七月甲寅(十六日)

藤原綱継　大同五…七月甲寅く因幡守。　[天長２尻]

◇七月十六日

吉備　泉　七月十六(十四し)日武蔵守。　[大同５註]

藤原冬嗣　大同五…七月十六兼美作守。　[弘仁２尻]

多治比今麿　大同五…七月十六民部大輔　[弘仁８尻]

藤原道雄　弘仁元七十六能登守。　[弘仁14尻]

◇七月戊午(廿日)

菅野真道　七月日(戊午く)任常陸守。宮内卿等。　[大同５註]

藤原仲成　七月戊午任近江守。右兵衛督。大蔵卿等如元。ひし　[大同５註]

◇七月戊辰(三十日)

良峯安世　弘仁元…八〔七ィ〕月戊辰く権右中〔少ィ〔く〕〕

弁。任丹後守。　［弘仁７尻］

◇七月是月

藤原真夏　七月兼伊世守。　［大同５註］

◆八月十日

藤原藤嗣　弘仁元八十任陸奥出羽按察使。　［弘仁３尻］

◇八月十五日

紀　広浜　八月十五日任右大弁。　［大同５註］

巨勢野足　弘仁元…八月十五日兼中務大輔。　［大同５尻］

◇八月廿一日

紀　広浜　八月…廿一〔廿八ひィ〕日兼大学頭。　［大同５註］

◇八月廿六日

藤原道雄　弘仁元…八月廿六〔ィ廿〕日右中弁。　［弘仁14尻］

◇八月廿九日

藤原仲成　八月廿九日任伊勢守。　［大同５註］

藤原藤嗣　弘仁元…八月廿九兼春宮大夫。　［弘仁３尻］

◇八月戊辰（ナシ）

良峯安世　弘仁元…八〔七ィ〕月戊辰く権右中〔少ィ〔く〕〕弁。任丹後守。　［弘仁７尻］

◇八月是月

藤原仲成　〔頭書云〕或本云。…八月｜兼伊世守。　［大同５頭］

藤原真夏　八月兼按察使〈〈右〉中将如元〉。　［大同５註］

藤原冬嗣　大同五…十一月遷中務大輔。〔ィ八月兼春宮大夫尋兼中務大輔〕　［弘仁２尻］

◆九月丁未（十日）

藤原藤嗣　弘仁元…九月丁未く兼右近中将〈〈春宮〉大夫如元〉。　［弘仁３尻］

小野峯守　大同…同五九月丁未く兼近江介。　［弘仁13尻］

藤原道雄　弘仁元…九月丁未く左中弁。　［弘仁14尻］

◇九月十日

坂上田村麿　九月十日任〈大納言〉。兵部卿侍従右大将如元。　［大同５註］

右大将。兵部卿。侍従。征夷大将軍。九月十日任大納言。　［大同５註］

藤原緒嗣　九月十日兼右兵衛督。　〔大同５註〕
吉備　泉　九月十日解左大弁。　〔大同５註〕
　大同五年…九月十日解左大弁。く　〔大同５尻〕
藤原仲成　〔頭書云〕或本云。…九月十日左遷佐渡権守。　〔大同５註〕
藤原真夏　九月十日解任〈参議〉。左降備中権守。在官六ヶ月。　〔大同５註〕
紀　広浜　九月十日改〈観察〉使為三木。兼〈右大〉弁〈大学〉頭等。く　〔大同５註〕
多　入鹿　九月十日解任〈参議〉。左降讃岐権守。
藤原冬嗣　大同五…九月十日遷式部大輔（〈左衛士〉督　〔大同５註〕
　〈美作〉守如元）。　〔弘仁２尻〕
藤原貞嗣　大同五…九月十近江守。　〔弘仁10尻〕
◇九月十一日
文室綿麿　九月十一日任〈参議〉。叙正四上（依田村麿奏任之）。　〔大同５註〕
　大同五年…九月十一日正四上。〔大同５尻〕

巨勢野足　九月十一日任〈参議〉。元蔵人頭左〈近衛〉中将中務大輔（中将大輔如元）。　〔大同５註〕
秋篠安人　九月十一日更任〈参議〉。即兼左大弁如元。　〔大同５註〕
藤原仲成　〔頭書云〕或本云。九月…同十一日伏誅。年卅七。く　〔大同５頭〕
多治比今麿　大同五…九月十一従四下。遷春宮大夫。　〔弘仁８尻〕
◇九月十三日
――――　九月十三日廃皇太子高丘親王。立中務卿大伴親王為皇太弟。　〔大同５註〕
藤原葛野麿　皇太子傅。九月十三日去傅。式部卿。　〔大同５註〕
◇九月癸丑（十六日）
小野峯守　大同五九月…同月癸丑内蔵頭（〈式部少〉輔如元）。　〔弘仁13尻〕
◇九月十六日
藤原緒嗣　九月…同十六日兼美乃守。　〔大同５註〕
文室綿麿　九月…十六日兼大蔵卿。陸奥出羽按察使。

［大同５註］

藤原藤嗣　弘仁元九月…十六日兼摂津守（〈右近衛〉中将如元）。［弘仁３尻］

良峯安世　弘仁元九月…十六日兼但馬介。［弘仁７尻］

直　世　王　弘仁元…九月十六兼相摸守。［弘仁12尻］

◇九月十八日

藤原園人　九月十八日兼皇太子傅。［大同５註］

秋篠安人　九月…十八日兼越後守（〈左大〉弁如元）。［大同５註］

◇九月廿五日

――――　九月廿五日改為弘仁元年。［大同５註］

◇九月廿七日

藤原緒嗣　九月…廿七（廿六し）日遷右衛士督。停陸奥出羽按察使。兼近江美乃守侍従。［大同５註］

秋篠安人　九月…廿七日遷左兵衛督（〈左大〉弁如元）。［大同５註］

◇九月辛卯（ナシ）

良峯安世　弘仁元…九月辛卯左少弁（〈右近〉少将〈丹後カ〉介[58]如元）。［弘仁７尻］

◇九月是月

藤原真夏　備中守。九月左降権守。［大同５註］

多　入鹿　讃岐権守。九月左降。［大同５註］

（頭書云）或本云。九月日遷任安芸守。十月｜又遷任讃岐守者。如何可尋之。［大同５頭］

秋篠安人　九月還任〈参議〉。［大同５註］

紀　百継　弘仁元…九月右少将。［弘仁13尻］

清原夏野　弘仁二…九月｜春宮大進（或元年九月任之者。十月十一日任春宮亮）。［弘仁14尻］

藤原愛発　弘仁元九春宮大進。［天長３尻］

文室秋津　弘仁元九｜任右衛門督（右兵衛大尉ひし）。｜右近将監。［天長７尻］

◆十月二日

巨勢野足　十月二日兼備中守（兼官如元）。小野宮本云。不任三木者。如何。く［大同５註］

◇十月十一日

清原夏野　弘仁二…九月｜春宮大進（或元年九月任之

者。十月十一日任春宮亮〕。［弘仁14尻］

◇十月是月

多　入鹿　〔頭書云〕或本云。九月日遷任安芸守。十月
｜又遷任讃岐守者。如何可尋之。［大同5頭］

◆十一月十四日

吉備　泉　大同五年…十一月十四日兼武蔵守。［大同5尻］

◇十一月戊午(廿二日)

藤原貞嗣　大同五…十一月戊午く従四下。［弘仁10尻］

◇十一月廿三日

藤原冬嗣　大同五…十一月廿三従四上。［弘仁2尻］

◇十一月是月

藤原冬嗣　大同五…十一月遷中務大輔。〔ィ八月兼春宮大夫尋兼中務大輔〕［弘仁2尻］

◆十二月二日

南淵弘貞　弘仁元十二二大内記。［天長2尻］

◇十二月十三日

藤原園人　十二月十三日奏状偁。臣謹案。去延暦十七年三月十六日勅書偁。昔難波朝廷始置諸郡領云々。［大同5註］

◆是歳

藤原内麿　日本後紀云。大同二年十月ひし之比臣従二位如何。又云五年叙者。［大同4註］

藤原仲成　〔頭書云〕或本云。弘仁元任右兵衛督。［大同5頭］

藤原継業　弘仁元加従四上。任近江守。尋拝兵部大輔。転神祇伯。後出伊予権守。自此帰第。不復任。［天長3尻］

大同年中

能原長枝　大同元年六月九日追贈太政大臣正一位。大臣之男独有託美朝臣。但能原宿祢長枝。其母蓼原氏。近侍大臣。生此男。生し而十歳大臣薨。依無遺命不敢付帳。大同年中愍彼無姓。賜能原宿祢。弘仁年中従七位上。
［宝亀8藤原良継尻］

弘仁二年

◆正月七日
朝野鹿取　弘仁…同二正七日従五下。〔天長10尻〕

◇正月十日
菅野真道　正月十日致仕〈参議〉。〔弘仁2註〕

◇正月十一日
藤原道雄　弘仁…同二正十一紀伊守（止〈左中〉弁）。〔弘仁14尻〕
大伴国道　弘仁二正十一任陸奥守(59)。〔弘仁14尻〕
　弘仁二正十一陸奥少掾。〔弘仁14尻〕

◇正月廿八日
藤原冬嗣　弘仁…二正廿八任参議。兼官如故。く〔弘仁2尻〕
朝野鹿取　弘仁二正…廿八日頭。帝昔在藩之日侍講也。〔天長10尻〕

◇正月廿九日
藤原冬嗣　正月廿九（廿八ひィ）日任〈参議〉。〔弘仁2註〕
橘　常主　弘仁二正廿九任大学少允（廿五）。〔弘仁13尻〕

◇正月是月
菅野真道　常陸守。正月ー致仕。〔弘仁2註〕
三原春上　弘仁二正ー民部大丞。〔天長5尻〕

◆二月廿七日
良峯安世　弘仁…同二二廿七補蔵人頭。〔弘仁7尻〕

◇二月是月
藤原三守　弘仁二二ー補蔵人頭。〔弘仁7尻〕
滋野貞主　弘仁二（五ィ）二少内記。〔承和9尻〕

◆四月十四日
藤原藤嗣　弘仁…同二四十四兼右京大夫（〈右近〉中将如元）。〔弘仁3尻〕

◇四月廿三日
朝野鹿取　弘仁二…四月廿三左衛士佐。〔天長10尻〕
藤原雄友　宮内卿。四月廿三日薨。即日勅贈大納言。〔弘仁2註〕

◇四月是月
春原五百枝　弘仁二四ー（五丁未後紀）宮内卿。〔弘仁3尻〕
三原春上　弘仁二…四月ー式部大丞。〔天長5尻〕

◆五月丁未（十四日）

春原五百枝　弘仁二四｜〔五丁未後紀〕宮内卿。［弘仁３尻］

◇五月廿三日

坂上田村麿　勲二等。右近大将。兵部卿。侍従。五月廿三日薨。［弘仁２註］

◇五月廿七日

坂上田村麿　五月…廿七日宣詔弔贈従二位（三位中将五年。三木二年。中納言五年。大将六年。中納言二年）。［弘仁２註］

◆六月癸亥（一日）

春原五百枝　弘仁二…六月癸亥正四位下。［弘仁３尻］

◇六月一日

巨勢野足　左中将。中務大輔。備中守。六月一日従三位。勲三等。即兼右し大将。［弘仁２註］

秋篠安人　左大弁。越後守。六月一日遷左兵衛督。［弘仁２註］

紀　広浜　右大弁。大学頭。上野守。六月一日兼左兵衛督。弁頭守如元。［弘仁２註］

良峯安世　弘仁二…六月一日従五下。［弘仁７尻］

直世王　弘仁…同二六一従五上。遷中務大輔。［弘仁12尻］

和気真綱　弘仁二六一播磨少掾。［承和７尻］

◇六月八日

清原夏野　弘仁…同二六八従五下。［弘仁14尻］

◇六月是月

藤原冬嗣　六月兼左衛門督。［弘仁２註］

◆七月乙卯（廿三日）

巨勢野足　七月乙卯く兼備前守。［弘仁２註］

秋篠安人　七月乙卯く兼備中守。左大弁如元。［弘仁２註］

◇七月是月

清原夏野　弘仁二…七月｜宮内少輔。［弘仁14尻］

◆九月是月

藤原三守　弘仁二…九月内蔵頭。同月｜兼春宮亮（少将〈美作権ヵ〉守如元）。［弘仁７尻］

清原夏野　弘仁二…九月｜春宮大進（或元年九月任之者。十月十一日任春宮亮）。［弘仁14尻］

◆十月十一日

藤原愛発　弘仁…同二〔三イ〕十十一式部少丞。［天長３尻］

◇十月是月

藤原冬嗣　十月停式部大輔。美作守如元。元蔵人頭。［弘仁２註］

朝野鹿取　弘仁二…十月｜改左衛士佐為左衛門佐。［天長10尻］

◆十一月廿二日

藤原三守　弘仁二…十一〔イ二〕月廿二従五上。［弘仁７尻］

◇十一月是月

――　十一月改左右衛士府為左右衛門府。［弘仁２註］

多治比今麿　弘仁二十一｜式部大輔。［弘仁８尻］

◆十二月十三日

文室綿麿　十二月十三日従三位勲五等。大蔵卿。陸奥出羽按察使。［弘仁２註］

◇十二月廿二日

藤原三守　弘仁二…十一〔イ二〕月廿二従五上。

◇十二月己丑（廿九日）［弘仁７尻］

藤原葛野麿　式部卿。十二月己丑く兼民部卿。［弘仁２註］

◆是歳

菅原清公　弘仁二｜｜従五下（廿二）。［承和６尻］

伴　善男　弘仁二生。［承和15尻］

弘仁三年

◆正月七日

紀　百継　弘仁…同三正七正五下。［弘仁13尻］

大伴国道　弘仁…同三正七従五上。［弘仁14尻］

◇正月十一日

朝野鹿取　弘仁…同三正十一近江介。［天長10尻］

◇正月辛未（十二日）

小野峯守　弘仁三正辛未く兼美乃守〈式部〉少輔如元〉。［弘仁13尻］

◇正月十二日

巨勢野足　正月十二日任〈中納言〉。右〈近衛〉大将如元。

備前守。［弘仁３註］
右大将。備前守。正月十二日任中納言。
［弘仁３註］
大伴国道　弘仁…同三正十二任〈陸奥〉権介。
［弘仁14尻］
和気真綱　弘仁…同三正十二転〈播磨〉大掾。
［承和７尻］
◇正月十三日
藤原藤嗣　正月十三（廿三ィ）（十二後紀）日任〈参議〉。
即兼大宰大弐。［弘仁３註］
◇正月廿一日
藤原緒嗣　正月廿一日兼美乃（近江後紀）守。右衛門督。［弘仁３註］
◇正月廿七日
春原五百枝　正月廿七日叙〈従三位〉。宮内卿。［弘仁３註］
◇正月是月
藤原冬嗣　「正月｜兼」（恐衍）美作守。〈左衛門〉督如
元（如元或衍）。［弘仁３註］

秋篠安人　正月｜兼備前守。左大弁左兵衛督等如元。
［弘仁３註］
◆二月己亥（十日）
藤原貞嗣　弘仁三二己亥く右京大夫。［弘仁10尻］
◆三月九日
清原長谷　弘仁三三九雅楽助。［天長８尻］
◆八月戊戌（十三日）
藤原綱継　弘仁三八戊戌く民部大輔。［天長２尻］
◇八月是月
紀　百継　弘仁三…八月｜従四下。任右中将（卅）。［弘仁13尻］
◆九月十七日
清原長谷　弘仁三…九月十七兼播磨権（く无）少掾。［天長８尻］
◆十月六日
藤原内麿　左大将。十月六日（十六日辛卯くィ）薨。在
官七年。［弘仁３註］
◇十月九日
藤原内麿　十月…同九日贈太政大臣従一位。号後長岡

大臣。山階寺法華会此忌日也。三木五年。大将十六年。中納言九年。大納言二ケ月。右大臣七年。 ［弘仁３註］

◇十月十一日

藤原愛発　弘仁…同二〔三ィ〕十十一式部少丞。 ［天長３尻］

◇十月是月

藤原冬嗣　十月遭喪去職。 ［弘仁３註］

◆十一月四日

良峯安世　弘仁…同三十一〔ィ二〕四〔ィ五〕正五下。兼左衛門権佐。 ［弘仁７尻］

◆十二月四日

藤原葛野麿　十二月四（五ィ）日兼民部卿。 ［弘仁３註］

◇十二月己丑（五日）

文室綿麿　大蔵卿。按察使。十二月己丑〈〉遷左衛門（ィ兵衛）督（卿使如元）。 ［弘仁３註］

◇十二月五日

藤原園人　十二月五日任〈右大臣〉。東宮傅。 ［弘仁３註］

東宮傅。任右大臣〔十二月五日任右大臣。労三年。〈〉〕 ［弘仁３註］

藤原縄主　十二月五日任〈中納言〉。兼兵部卿。 ［弘仁３註］

藤原冬嗣　十二月五日任中納言。 ［弘仁３註］

藤原冬嗣　十二月五日叙正四下。遷兼左大将（元左衛門督）。 ［弘仁３註］

良峯安世　弘仁…同三十一〔ィ二〕四〔ィ五〕正五位下。兼左衛門権佐。 ［弘仁７尻］

◇十二月十日

吉備　泉　十二月…同十日致仕ィ。（ィ叙正四位上） ［弘仁３註］

◇十二月是月

吉備　泉　刑部卿。武蔵守。十二月ー兼左衛門督。 ［弘仁３註］

◆是歳

源　常　弘仁五〔三歟ひ〕甲午生(60)。 ［天長８尻］

菅原清公　弘仁…三ーー左京亮。同月遷大学頭。 ［承和６尻］

源　弘　弘仁三壬辰生。　［承和9尻］

弘仁四年

◆正月辛酉（七日）

小野峯守　弘仁…同四正辛酉く従五上。　［弘仁13尻］

◇正月七日

吉備　泉　弘仁四年正月七日正四位上。く　［大同5尻］

藤原三守　弘仁…四年正七正五下。　［弘仁7尻］

大伴国道　弘仁…同四正七従五下。　［弘仁14尻］

◇正月十日

南淵弘貞　弘仁…同四正十美作掾。　［天長2尻］

◇正月十一日

橘　氏公　弘仁…同四正十一左衛門大尉。　［天長10尻］

◇正月廿五日

橘　常主　弘仁…同四正廿五式部少丞。　［弘仁13尻］

南淵弘貞　弘仁四正…廿五日式部少丞。　［天長2尻］

藤原愛発　弘仁四正…廿五日転〈式部〉大丞。　［天長3尻］

◇正月是月

秋篠安人　正月ー正四位下。左大弁。備前守。左兵衛督。　［弘仁4註］

良峯安世　弘仁…〈ィ四年正月兼但馬守〉。〈左少〉弁〈左衛門権〉佐如元。　［弘仁7尻］

清原夏野　弘仁…同四正ー兼讃岐守。　［弘仁14尻］

藤原愛発　弘仁…同四正ー蔵人。　［天長3尻］

和気真綱　弘仁…同四正ー蔵人。　［承和7尻］

◆八月廿一日

藤原緒嗣　右衛門督。美乃〔近江後紀〕守。八月廿一日辞督。遷宮内卿（守如元）。　［弘仁4註］

◆十一月是月

橘　氏公　弘仁四…十一月ー遷右近将監。同月ー還昇。　［天長10尻］

◇是歳

安倍寛麿　弘仁四ー侍従。　［弘仁10尻］

藤原吉野　弘仁四美乃少掾。　［天長5尻］

菅原清公　弘仁…四年ーー遷主殿頭。　［承和6尻］

弘仁五年

◆正月七日

藤原園人　東宮傅。正月七日従二位。　[弘仁5註]

良峯安世　弘仁…五年正七累加従四下。　[弘仁7尻]

藤原三守　弘仁…同五正七従四下。　[弘仁7尻]

藤原綱継　弘仁…同五正七従四下。　[天長2尻]

◇正月十一日

朝野鹿取　弘仁五正…十一日兼下野守(61)。　[天長10尻]

◇正月辛酉(十三日)

藤原綱継　弘仁五正…同月辛酉く大舎人頭。　[天長2尻]

◇正月十三日

良峯安世　弘仁五年正…十三日右馬頭(止〈左少〉弁)。　[弘仁7尻]

清原長谷　弘仁五正…同十三日春宮少進。　[天長8尻]

和気真綱　弘仁…同五正十三春宮少進。　[承和7尻]

◇正月廿一日

安倍寛麿　弘仁…同五正廿一民部少輔。　[弘仁10尻]

◇正月庚午(廿二日)

春原五百枝　宮内卿。正月庚午く兼下(上ィ)野守。　[弘仁5註]

◇正月廿二日

藤原三守　弘仁五正…廿二日式部大輔。　[弘仁7尻]

◇正月廿三日

良峯安世　弘仁五…正〔ィ五〕月廿三日俄左兵衛督(〈但馬〉守如元)。　[弘仁7尻]

小野峯守　弘仁…同五正廿三兼左馬頭(〈美濃〉守如元)。　[弘仁13尻]

朝野鹿取　弘仁…同五正廿三左〈近衛〉少将。　[天長10尻]

◇正月是月

藤原三守　弘仁五正…同月ー兼右兵衛督。　[弘仁7尻]

多治比今麿　弘仁…同五正ー大蔵卿。　[弘仁8尻]

清原長谷　弘仁五…同五正ー蔵人。　[天長8尻]

橘　氏公　弘仁…同五正ー蔵人(年卅)。　[天長10尻]

菅原清公　弘仁…同五正ー従五上。同月ー右少弁。　[承和6尻]

◆二月戊子（十日）

安倍寛麿　弘仁五…二月[戊子く]斎宮頭。　［弘仁10尻］

◇二月是月

秋篠安人　左大弁。備前守。左兵衛督。二月辞之。　［弘仁５註］

良峯安世　弘仁五年…二月遷左馬頭。　［弘仁７尻］

滋野貞主　弘仁二〔五ィ〕二少内記。　［承和９尻］

◆四月乙巳（廿八日）

藤原冬嗣　左大将。四月[乙巳く]叙従三位。春宮大夫。美作守如元。　［弘仁５註］

◆五月八日

源　常　弘仁…同五五八勅書賜源朝臣姓。貫於右京。　［天長８尻］

依弘仁五年五月八日勅書賜姓貫於[左くし]京。　［承和５註］

◇五月廿三日

良峯安世　弘仁五…正〔ィ五〕月廿三日俄左兵衛督（〈但馬〉守如元）。　［弘仁７尻］

◇五月是月

菅原清公　弘仁五…五月｜左少弁。｜｜遷式部少輔。　［承和６尻］

◆六月廿九日

菅野真道　常陸守。六月廿九日薨。　［弘仁５註］

弘仁五年六月廿九日薨。其祖百済国人山守之男云々。　［弘仁２註］

◆七月十日

安倍寛麿　弘仁五…七月十兼伊世権介。　［弘仁10尻］

◆閏七月八日

吉備　泉　刑部卿。武蔵守。[閏く]七月八日卒。三木大弁二年。又三木五年。　［弘仁５註］

弘仁…[五年七月八日壬午卒(62)（七十二）。参木正四位上。く]　［大同５尻］

◆八月十一日

清原夏野　弘仁…同五八十一従五上。　［弘仁14尻］

◇八月廿一日

藤原緒嗣　八月廿一日依辞表停右衛門督。遷宮内卿。美濃〔近江後紀〕守。　［弘仁５註］

◇八月廿七日

文室綿麿　勲四等。八月廿七〔廿八後紀〕日遷右衛門督。按察使如元。［弘仁５註］

良峯安世　弘仁五…八月廿七遷左衛門督〈但馬〉守如元)。［弘仁７尻］

藤原三守　弘仁五…八月廿七〔廿三く〕左兵衛督(式部大輔く如元)。［弘仁７尻］

◇八月是月

春原五百枝　八月｜右(左ィ)兵衛督。［弘仁５註］

◆十二月是月

文室秋津　弘仁…同五年十二｜補蔵人。［天長７尻］

◆是歳

源　常　弘仁五〔三歟ひ〕甲午生。［天長８尻］

弘仁六年

◆正月七日

藤原緒嗣　宮内卿。美乃守。正月七日従三位。［弘仁６註］

秋篠安人　左大弁。備前守。正月七日従三位。［弘仁６註］

紀　広浜　正月七日従四上。［弘仁６註］

藤原愛発　弘仁…同六正七従五下。［天長３尻］

橘　氏公　弘仁…同六正七従五下。［天長10尻］

和気真綱　弘仁…同六正七従五下。［承和７尻］

◇正月十日

巨勢野足　右大将。正月十日兼按察使。勲三等。［弘仁６註］

小野峯守　弘仁…同六正十陸奥守。［弘仁13尻］

橘　氏公　弘仁六正…十日左衛門佐。［天長10尻］

◇正月十二日

藤原愛発　弘仁六正…十二日兵部少輔［天長３尻］

清原長谷　弘仁…同六正十二転〈春宮〉大進。［天長８尻］

和気真綱　弘仁六正…十二日転〈春宮〉大進。［承和７尻］

◇正月丙戌(十四日)

春原五百枝　右兵衛督。正月丙戌く兼上(下ィ)野守。［弘仁６註］

藤原綱継　弘仁…同六正丙戌く右京大夫。［天長２尻］

◇正月是月

紀　百継　弘仁…九年(63)正月｜兼美濃守。［弘仁13尻］

南淵弘貞　弘仁…六正｜蔵人。［天長２尻］

滋野貞主　弘仁…同六正｜転大内記。［承和９尻］

◆六月一日

南淵弘貞　弘仁六…六月一日転〈式部〉大丞。［天長２尻］

◆七月九日

源　常　弘仁…同六七九官符。貫左京〃〔如本〕条。［天長８尻］

◇七月十三日

――――　七月十三日橘嘉智子為皇后。［弘仁６註］

良峯安世　弘仁…同六七十三左京大夫。更改貫左京。［弘仁７尻］

藤原綱継　弘仁六…七月十三日播磨守。［天長２尻］

◇七月是月

藤原貞嗣　弘仁…同六七｜従四上。任皇后宮大夫。［弘仁10尻］

◆九月三日

藤原愛発　弘仁六…九月三〔四後紀〕日中務大輔。［天長３尻］

◆十月一日

多治比今麿　弘仁…同六十一〔十一月壬子く〕任式部大輔。［弘仁８尻］

◇十月壬子（十五日）

百済明信　〔頭書云〕日本紀略。散事従二位百済王明信。十月壬子薨。［弘仁６末尾頭］

◇十月丁巳（廿日）

大原　明　〔頭書云〕日本紀略。…散事従三位大原真人明。十月丁巳薨。［弘仁６末尾頭］

◆十一月壬子（ナシ）

多治比今麿　弘仁…同六十一〔十一月壬子く〕任式部大輔。［弘仁８尻］

弘仁七年

◆正月癸酉（七日）

安倍寛麿　弘仁…同七正月癸酉く従五上。［弘仁10尻］

◇正月七日

南淵弘貞　弘仁…同七正ー〔七類史〕坂田朝臣弘貞授従五下（四十）。［天長２尻］
清原長谷　弘仁…同七正七従五下。［天長８尻］
◇正月丙子（十日）
藤原冬嗣　正月丙子く兼近江守。［弘仁７註］
春原五百枝　左兵衛督。上野守。正月丙子兼相摸守。［弘仁７註］
清原夏野　弘仁…同七正丙子く兼讃岐守。［弘仁14尻］
◇正月十日
文室綿麿　正月十日兼備前守。［弘仁７註］
紀　広浜　右大弁。正月十日兼大宰大弐（去大弁歟）。［弘仁７註］
良峯安世　弘仁…同七正十右大弁。兼美作守（〈左衛門〉督如元）。［弘仁７尻］
多治比今麿　弘仁…同七正十下野守。［弘仁８尻］
南淵弘貞　弘仁七正…十日但馬介。［天長２尻］
橘　氏公　弘仁…同七正十兼因幡介［天長10尻］
◇正月十四日
藤原三守　弘仁…同七正十四兼但馬守。［弘仁７尻］
◇正月廿日
清原長谷　弘仁七正…廿日宮内少輔。［天長８尻］
◇正月癸巳（廿七日）
朝野鹿取　弘仁…同七正癸巳く主殿頭（少将如元）。［天長10尻］
◇正月是月
藤原緒嗣　宮内卿。正月ー兼河内守。［弘仁７註］
直世王　弘仁…同七正ー正五下。［弘仁12尻］
橘　常主　弘仁…同七正補蔵人。［弘仁13尻］
紀　百継　弘仁…同七年正ー兵部大輔。［弘仁13尻］
大伴国道　弘仁…同七正伊世介。尋任宮内少輔。［弘仁14尻］
◆二月三日
多治比今麿　弘仁七…二月三日左京大夫。［弘仁８尻］
橘　常主　弘仁七…三〔一くイ〕月三日転〈式部〉大丞。［弘仁13尻］
◇二月是月
百済勝義　弘仁…同七二ー従五下。［承和６尻］
◆三月三日

文室綿麿　三月三日兼右京大夫。　［弘仁7註］
橘　常主　弘仁七…三〔二一くィし〕月三日転〈式部〉大丞。　［弘仁13尻］

◇三月是月
直世王　弘仁七…十一〔三ィ〕月蔵人頭（卅九才）。　［弘仁12尻］

◆七月是月
文室秋津　弘仁…同七十二〔七ィ〕ー従五下。ーー〔同月く〕右馬助。ひし同月左近将監。　［天長7尻］

◆八月是月
直世王　弘仁七…八月右〔左ィ〕京大夫。　［弘仁12尻］

◆十月廿七日
良峯安世　十月廿七日任〈参議〉。左衛門督。右大弁如元。　［弘仁7註］
藤原三守　十月廿七日任〈参議〉。式部大輔。右兵衛督。但馬守如元。　［弘仁7註］

◇十月廿八日
藤原冬嗣　十月廿八日任〈権中納言〉。左大将春宮大夫如元。　［弘仁7註］
左大将。春宮大夫。十月廿八日任権中納言。　［弘仁7註］

◆十一月壬戌（一日）
朝野鹿取　弘仁七…十一月壬戌く兼因幡介。　［天長10尻］

◇十一月一日
良峯安世　十一月一日兼近江守。　［弘仁7註］
橘　氏公　弘仁七…十一月一日兼美作守。　［天長10尻］

◇十一月是月
藤原貞嗣　弘仁…同七十一ー補蔵人頭（五十七才）。　［弘仁10尻］
直世王　弘仁七…十一〔三ィ〕月蔵人頭（卅九才）。　［弘仁12尻］

◆十二月一日
巨勢野足　勲三等。按察使。十二月一日正三位（止〈右〉大将）。　［弘仁7註］
文室綿麿　十二月一日遷右近大将。右衛門督〈右京〉大夫〈備前〉守く如元。　［弘仁7註］

◇十二月十四日

巨勢野足　十二月…十四日薨。為人好鷹犬云々。頭労七ケ月。参木中将三年。大将六年。中納言五年。く　[弘仁7註]

◇十二月是月

文室秋津　弘仁…同七十二〔七ィ〕｜従五下。｜｜〔同月く〕右馬助。ひし同月左近将監。　[天長7尻]

◆是歳

藤原吉野　弘仁…同七｜春宮少進。　[天長5尻]

源　定　弘仁七生。　[天長9尻]

正躬王　弘仁七文章生（十八才）。　[承和7尻]

弘仁八年

◆正月丁卯（七日）

朝野鹿取　弘仁…八年く正月丁卯く従五上。　[天長10尻]

◇正月七日

紀　百継　弘仁…同八正七従四上。　[弘仁13尻]

橘　氏公　弘仁…同八正七従五上。　[天長10尻]

橘　常主　弘仁…同八正七従五下。　[弘仁13尻]

◇正月十日

安倍寛麿　弘仁…同八正十正五下。　[弘仁10尻]

橘　氏公　弘仁八正…十日但馬守。　[天長10尻]

◇正月辛未（十一日）

藤原緒嗣　正月辛未く兼河内守。　[弘仁8註]

多治比今麿　弘仁…同八正辛未く兼摂津守。　[弘仁8尻]

清原長谷　弘仁…同八正辛未く山城介。　[天長8尻]

◇正月十一日

藤原冬嗣　左大将。春宮大夫。正月十一日兼陸奥出羽按察使。　[弘仁8註]

◇正月是月

三原春上　弘仁…同八正｜蔵人。　[天長5尻]

滋野貞主　弘仁…同八正｜蔵人（文章生）。　[承和9尻]

◆二月二日

藤原冬嗣　二月二日転〈中納言〉。左大将春宮大夫按察使等如元。　[弘仁8註]

二月二日任中納言。　[弘仁8註]

橘　常主　弘仁八…二月二少納言。　[弘仁13尻]

◆三月廿四日

藤原藤嗣　右衛門督。三月廿四〔廿五紀略〕日卒。〔四十五歳〕　〔弘仁8註〕

◆四月是月

春原五百枝　右兵衛督。相模守。四月任右衛門督。　〔弘仁8註〕

◆五月是月

安倍寛麿　弘仁八…五月―治部卿。　〔弘仁10尻〕

文室秋津　弘仁…同八五―甲斐守。　〔天長7尻〕

◆六月是月

滋野貞主　弘仁八…六月大内記〈二所く如元〉。　〔承和9尻〕

◆八月一日

安倍寛麿　弘仁八…八月一日伊世権守〈〈治部〉卿如元〉。　〔弘仁10尻〕

◇八月十六日

和気真綱　弘仁…同八八十六刑部少輔。　〔承和7尻〕

◆九月十六日

藤原縄主　兵部卿。九月十六日薨。在官十一年〔三木十年。又三木三年。中納言六年〕。伝云。性雖好酒。職掌無闕。遺忘内戸〔外カ〕。親族慕之。　〔弘仁8註〕

◇九月廿九日

橘　常主　弘仁八…九月廿九日右〔左イ〕馬頭。　〔弘仁13尻〕

◆十月一日

藤原緒嗣　十一〔十紀略〕月一日任〈権中納言〉。宮内卿如元。〔紀略係中納言〕　〔弘仁8註〕
宮内卿。十一〔十紀略〕月一日任権〔紀略无〕中納言。　〔弘仁8註〕

多治比今麿　十月一日任〈参議〉。左京大夫。大蔵卿如元〈十一月十八日賜兼字〉。摂津守如元。　〔弘仁8註〕

◆十一月一日

藤原緒嗣　十一〔十紀略〕月一日任〈権中納言〉。宮内卿如元。〔紀略係中納言〕　〔弘仁8註〕
宮内卿。十一〔十紀略〕月一日任権〔紀略无〕中納言。　〔弘仁8註〕

◇十一月十八日

文室綿麿　右大将。十一月十八日兼兵部卿。備前守。　［弘仁８註］

多治比今麿　十月一日任〈参議〉。左京大夫。大蔵卿如元（十一月十八日賜兼字）。摂津守如元。　［弘仁８註］

◆是歳

藤原良相　弘仁八生。　［承和15尻］

弘仁九年

◆正月四日

直世王　弘仁…同九正四従四下。兼但馬守。　［弘仁12尻］

◇正月十日

藤原貞嗣　弘仁…同九正十日兼伊与守。　［弘仁10尻］

紀百継　弘仁…同九ー（正月十日逸史）兼相摸守。　［弘仁13尻］

◇正月十三日

橘常主　弘仁…同九正十三権左少弁。　［弘仁13尻］

◇正月是月

安倍寛麿　弘仁…同九正ー従四下。　［弘仁10尻］

紀百継　弘仁…九(63)年正月ー兼美乃守。　［弘仁13尻］

藤原愛発　弘仁…同九正ー近江介。　［天長３尻］

藤原常嗣　少遊大学。暗誦文選。又好属文。兼能隷書。立性明幹。威儀可称云々。弘仁九正ー昇殿。　［天長８尻］

◆二月一日

藤原道雄　弘仁…同九二一典薬頭。　［弘仁14尻］

◇二月廿日

藤原道雄　弘仁九二…廿日宮内大輔。　［弘仁14尻］

◆四月廿三日

南淵弘貞　弘仁…同九四廿三但馬守。　［天長２尻］

◆五月八日

源信　依弘仁九五八勅書。賜姓貫左京為戸主。　［天長８尻］

◆六月五日

藤原緒嗣　六月五日遷任民部卿。止宮内卿。　［弘仁９註］

多治比今麿　大蔵卿。摂津守。六月五日遷兼宮内卿。

◇六月甲子（十二日）
[弘仁9註]

朝野鹿取　弘仁…同九年六甲子く兼内蔵頭。[天長10尻]

◇六月十五日

藤原緒嗣　六月…同十五日正三位。[弘仁9註]

◇六月十六日

藤原冬嗣　六月十六日任〈大納言〉。左近大将按察使如元。[弘仁9註]

文室綿麿　六月十六日任〈中納言〉。右大将兵部卿如元。勲四等。[弘仁9註]
右大将。兵部卿。六月十六日任中納言。[弘仁9註]

秋篠安人　左大弁。六月十六日兼備前守（弁如元）。[弘仁9註]

藤原三守　左兵衛督。式部大輔。但馬守。六月十六〔十三ひし〕日兼春宮大夫（督大輔守等如元）。[弘仁9註]

◇六月廿四日

藤原冬嗣　六月…廿四日（廿日ひイ）正三位。[弘仁9註]

◆八月十九日

文室秋津　弘仁…同九八十九武蔵介。[天長7尻]

◆十月五日

直世王　弘仁九…十月五日遷左京大夫。[弘仁12尻]

◆十一月十日

藤原葛野麿　民部卿。十一月十日薨。在官十一年。三位労二年。権一ケ月。三木二年。中納言十一年。[弘仁9註]

◇十一月十一日

藤原常嗣　弘仁九…十一月十一遭憂父。[天長8尻]

◆十二月十九日

藤原園人　東宮傅。十二月十九日薨。同日贈正一位左大臣。号前山科大臣（三木二年。中納言二年。大納言三年。右大臣七年。）[弘仁9註]

◆是歳

紀　百継　弘仁…同九ー〔正月十日逸史〕兼相摸守。[弘仁13尻]

三原春上　弘仁…同九ー式部少丞。〔本定〕[天長5尻]

在原行平　弘仁九生。〔貞観12尻〕

弘仁十年

◆正月七日
小野峯守　弘仁…同十正七正五下。〔弘仁13尻〕
藤原道雄　弘仁…同十正七従四下。〔弘仁14尻〕
藤原吉野　弘仁…十一年〔十年く〕正七従五下。〔天長5尻〕
朝野鹿取　弘仁…同十正七正五下。〔天長10尻〕
橘　氏公　弘仁…同十正七正五下（右馬助ィ）。〔天長10尻〕

◇正月是月
紀　広浜　大宰大弐。正月―正四位下。〔弘仁10註〕
大伴国道　弘仁…同十正―従五上〔弘仁14尻〕
清原長谷　弘仁…同十正―遠江守。〔天長8尻〕
菅原清公　弘仁…同十〔十一く〕正―正五下。――兼文章博士。――侍読文選。〔承和6尻〕

◆二月己酉（一日）
朝野鹿取　弘仁十…二月己酉く兵部大輔兼相摸介。〔天長10尻〕

◇二月一日
藤原道雄　弘仁十…二月一兼大学頭。〔弘仁14尻〕

◇二月五日
橘　氏公　弘仁十…二月五日右馬頭。〔天長10尻〕

◇二月是月
紀　百継　弘仁…同十二―内蔵大舎人頭。〔弘仁13尻〕
百済勝義　弘仁…同十二―左衛門佐。〔承和6尻〕

◆三月己卯（一日）
春原五百枝　右衛門督。相模守。三月己卯く任三木。〔弘仁10註〕

◇三月一日
春原五百枝　三月一日任〈参議〉。元右衛門督。相摸守。〔弘仁10註〕
藤原貞嗣　三月一日任〈参議〉。元蔵人頭皇后宮大夫伊与守（大夫守如元）。〔弘仁10註〕
安倍寛麿　三月一日任〈参議〉。治部卿如元。〔弘仁10註〕

◇三月是月

橘　常主　弘仁…同十三｜蔵人頭。［弘仁13尻］

◆六月廿九日

橘　常主　弘仁十…六月廿九日左中弁。［弘仁13尻］

◆七月戊寅（二日）

紀　広浜　七月戊寅卒。［弘仁10註］

◇七月己未（ナシ）

安倍寛麿　七月己未く兼大宰大弐。［弘仁10註］

◇七月是月

藤原貞嗣　七月｜兼治部卿。〈皇后宮〉大夫〈伊予〉守如元。［弘仁10註］

◆是歳

藤原三守　〈天長七年〉十月七日是持奉綸旨。与諸公卿撰大宝以来雑格。弘仁十年名曰十巻格。又給諸司所行諸事。以為新式。［天長7註］

弘仁十一年

◆正月七日

多治比今麿　正月七日従四上。同月日くし正四下。［弘仁11註］

良峯安世　右大弁。左衛門督。正月七従四位上。［弘仁11註］

藤原三守　春宮大夫。右兵衛督。式部大輔。正月七従四上。［弘仁11註］

橘　常主　弘仁…同十一正七従五上。［弘仁13尻］

三原春上　弘仁…同十一正七従五下。［天長5尻］

藤原吉野　弘仁…同十一年（十年く）正七従五下。［天長5尻］

滋野貞主　弘仁…同十一正七外従五下。［承和9尻］

◇正月十日

藤原吉野　弘仁十一年正…同十日（月くし）駿河守。［天長5尻］

◇正月甲申（十一日）

小野峯守　弘仁…十一正甲申く阿波守。［弘仁13尻］

滋野貞主　弘仁十一正…同月甲申く因幡介。［承和9尻］

◇正月十一日

秋篠安人　備前守。正月十一日兼近江守。［弘仁11註］

三原春上　弘仁十一正…十一日（月し）伊賀守。

［天長5尻］

◇正月十八日

橘　氏公　弘仁…十一年正十八〔十ィ〕従四下。［天長10尻］

◇正月廿一日

橘　氏公　弘仁十一年正…廿一日右衛門督。［天長10尻］

◇正月廿三日

秋篠安人　正月廿三日亦解左大弁。［弘仁11註］

◇正月廿四日

良峯安世　正月…同廿四日正四下。［弘仁11註］

◇正月廿七日

春原五百枝　正月廿七日(七日ィ)兼治部卿。［弘仁11註］

秋篠安人　正月…同廿七日上表致仕。以劇職也。［弘仁11註］

藤原貞嗣　皇后宮大夫。伊予守。正月廿七日遷右大弁。［弘仁11註］

良峯安世　正月…廿七日転左大弁。〈左衛門〉督如元。［弘仁11註］

小野峯守　弘仁十一正…廿七兼治部大輔。［弘仁13尻］

◇正月是月

秋篠安人　正月｜致仕。近江守。［弘仁11註］

清原夏野　弘仁…同十一正兼伯耆守。［弘仁14尻］

百済勝義　弘仁…同十一正｜兼相摸介。［承和6尻］

菅原清公　弘仁…同十〔十一〈〕正｜正五位。｜｜兼文章博士。｜｜侍読文選。［承和6尻］

◆閏正月十日

和気真綱　弘仁…同十一閏正十〔廿五ィ〕右少弁。［承和7尻］

◇閏正月廿五日

藤原道雄　弘仁…同十一壬正廿五兵部大輔。［弘仁14尻］

◇閏正月是月

朝野鹿取　弘仁…同十一後正｜依病上表辞職(〈兵部〉大輔如元)。勅許之。授従四位下。［天長10尻］

◆二月是月

藤原常嗣　弘仁…同十一二｜任右京少進。［天長8尻］

安倍安仁　弘仁十一二｜昇殿。　［承和5尻］

◆五月十八日

藤原道雄　弘仁十一…五月十八大舎人頭。　［弘仁14尻］

朝野鹿取　弘仁十一…五月十八為兵部大輔。　［天長10尻］

◆六月四日

南淵弘貞　弘仁…同十一六四主計頭。　［天長2尻］

◆八月十日

橘　常主　弘仁十一…八月十右少将。　［弘仁13尻］

和気真綱　弘仁十一…八月十左少将。　［承和7尻］

◆九月十六日

大伴国道　弘仁…同十一九十六民部少輔。　［弘仁14尻］

◇九月廿六日

大伴国道　弘仁…同十二〔一ィ〕九廿六任民部少〔大し〕輔。　［弘仁14尻］

◆十月是月

橘　常主　弘仁十一…十月左少将。　［弘仁13尻］

藤原吉野　弘仁十一正…同十日〔月くし〕駿河守。　［天長5尻］

◆十一月十日

藤原三守　十一月十日正四位下。　［弘仁11註］

◇十一月十一日

安倍寛麿　大宰大弐。十一月十一日己酉卒。在官二年。　［弘仁11註］

◇十一月是月

藤原貞嗣　十一月日叙正四下。　［弘仁11註］

三原春上　弘仁十一…十一日〔月し〕伊賀守。　［天長5尻］

◆十二月五日

多治比今麿　十二月五日従三位。任大宰帥。　［弘仁11註］

◇十二月是月

秋篠安人　十二月｜上表乞骸骨。許之。　［弘仁11註］

◆是歳

南淵弘貞　〔頭書云〕弁官補任云。十一年不任者。十三年任左少弁歟。　［天長2頭］

和気真綱　〔頭書云〕(64)弁官補任云。十一年従三位右少弁。同年遷右去弁者如何。　［承和7頭］

弘仁十二年

◆正月七日

良峯安世　左大弁。左兵衛督。正月七日従三位。　［弘仁12註］

藤原貞嗣　右大弁。正月七日従三位。　［弘仁12註］

藤原三守　春宮大夫。右兵衛督。式部大輔。正月七日従三位。　［弘仁12註］

紀　百継　弘仁…十二年正七正四下。　［弘仁13尻］

小野峯守　弘仁…同十二正七従四下。　［弘仁13尻］

橘　常主　弘仁…同十二正七正五下（二階）。　［弘仁13尻］

滋野貞主　弘仁…同十二正七入内。　［承和9尻］

◇正月九日

藤原冬嗣　正月九日任〈右大臣〉。左大将如元。　［弘仁12註］

左大将。正月九日任右大臣。　［弘仁12註］

藤原緒嗣　正月九日任〈大納言〉。民部卿如元。或十二年兼民部卿。　［弘仁12註］

良峯安世　正月九日任〈中納言〉。左衛門督如元。ひし　［弘仁12註］

正月…九日任中納言。　［弘仁12註］

藤原貞嗣　正月九日任〈中納言〉。　［弘仁12註］

正月…九日任中納言。　［弘仁12註］

藤原三守　正月九日任〈権中納言〉。右兵衛督如元。　［弘仁12註］

正月…九日任権中納言。　［弘仁12註］

直　世　王　正月九日任〈参議〉。元蔵人頭。左京大夫。但馬守。　［弘仁12註］

◇正月十日

直　世　王　正月…同十日兼左大弁（〈左京〉大夫如元）。　［弘仁12註］

小野峯守　弘仁十二正…十日兼皇后宮大夫。　［弘仁13尻］

橘　常主　弘仁十二正…十日兼式部大輔。少将如元。　［弘仁13尻］

［く］

藤原道雄　弘仁…同十二正十右大弁。　［弘仁14尻］

南淵弘貞　弘仁…同十二正十伊世介。　［天長2尻］

朝野鹿取　弘仁…同十二正十任中務大輔。［天長10尻］
和気真綱　弘仁…同十二正十左少弁。［承和7尻］
◇正月十一日
藤原貞嗣　正月…十一日兼宮内卿。［弘仁12註］
◇正月十五日
南淵弘貞　弘仁十二正…十五日備中守。［天長2尻］
◇正月是月
清原夏野　弘仁…同十二正ー兼下総守。［弘仁14尻］
藤原常嗣　弘仁…同十二正ー蔵人。［天長8尻］
◆二月一日
大伴国道　弘仁…同十二二一右中弁。［弘仁14尻］
弘仁…十二〈年二イ〉月一日右中弁（弁官補任不見）。［弘仁14尻］
◇二月二日
小野峯守　弘仁十二…二月二日く兼近江守。［弘仁13尻］
◇二月五日
良峯安世　二月五日兼按察使（〈左衛門〉督如元）。［弘仁12註］
◇二月十日
秋篠安人　近江守。二月十日薨。［弘仁12註］
◇二月是月
安倍安仁　弘仁…同十二二ー中務丞。［承和5尻］
藤原長良　弘仁十二二ー昇殿。［承和11尻］
◆三月是月
藤原三守　三月兼皇后宮大夫。止春宮大夫。［弘仁12註］
◆四月一日
橘　常主　弘仁十二…四月一従四下。兼修理大夫。［弘仁13尻］
和気真綱　弘仁十二…四月一右少将。［承和7尻］
◆五月十三日
朝野鹿取　弘仁十二…五月十三日任民部大輔。［天長10尻］
◇五月是月
橘　常主　弘仁十二…五月兼中務大輔（〈修理〉大夫如元）。［弘仁13尻］
◆六月七日

朝野鹿取　弘仁十二…六月七遷中務大輔。〔天長10尻〕

和気真綱　弘仁十二…六月七従五上。〔承和7尻〕

◆七月十三日

南淵弘貞　弘仁十二…七月十三東宮学士（淳和銀牓之時）。〔天長2尻〕

◆九月一日

橘　常主　弘仁十二…九月一日兼式部大輔。〔弘仁13尻〕

◇九月乙卯（廿二日）

南淵弘貞　弘仁十二…九月乙卯く主税頭兼備中守。〔天長2尻〕

◇九月廿六日

大伴国道　弘仁…同十二〔一イ〕九廿六任民部少（大し）輔。〔弘仁14尻〕

◆十月五日

南淵弘貞　弘仁十二…十月五日右少弁。〔天長2尻〕

◇十月是月

百済勝義　弘仁…同十二十くし｜従五上。〔承和6尻〕

◆十二月一日

大伴国道　弘仁…十二〔年二イ〕月一日右中弁（弁官補任不見）。〔弘仁14尻〕

◆是歳

藤原緒嗣　正月九日任〈大納言〉。民部卿如元。或十二年兼民部卿。〔弘仁12註〕

菅原清公　弘仁…十二年｜従四下。｜｜式部大輔。｜｜左中弁。｜｜左京大夫。〔承和6尻〕

弘仁十三年

◆正月七日

藤原冬嗣　左大将。正月七日従二位。〔弘仁13註〕

藤原真夏　正月七日叙従三位。〔弘仁13註〕

清原夏野　弘仁…同十三正七正五位下。〔弘仁14尻〕

南淵弘貞　弘仁…同十三正七従五上。〔天長2尻〕

◇正月十一日

藤原綱継　弘仁…同十三正十一兵部大輔。〔天長2尻〕

◇正月廿七日

橘　氏公　弘仁十三…五〔正イ〕月廿七従四上。〔天長10尻〕

◇正月是月

橘　氏公　弘仁…同十三正ー蔵人頭。　［天長10尻］

◆二月一日

南淵弘貞　弘仁十三…二月一日左少弁〈東宮〉学士如元）。　［天長2尻］

◇二月是月

大伴国道　弘仁…同十三二ー右中弁。〔マヽ〕　［弘仁14尻］

藤原長良　弘仁…同十三二ー内舎人。　［承和11尻］

◆三月廿日

良峯安世　左兵衛督。按察使。三月廿日兼春宮大夫（督使如元）。く　［弘仁13註］

藤原三守　右兵衛督。三月廿日兼皇大（ィ无大字）后宮大夫（督如元）。　［弘仁13註］

直　世　王　左大弁。左京大夫。三月廿日兼近江守（弁大夫如元）。　［弘仁13註］

小野峯守　三月廿日任〈参議〉。元皇后（太后ひ）宮大夫。治部大輔。近江守。同日兼大宰大弐。　［弘仁13註］

◇三月是月

橘　常主　三月ー任〈参議〉。元蔵人頭。修理大夫式部大輔如元。　［弘仁13註］

藤原道雄　弘仁…十三年く三月蔵人頭。　［弘仁14尻］

百済勝義　弘仁…同十三六（三くし）ー遷但馬守。　［承和6尻］

藤原長良　弘仁十三…三月還昇。　［承和11尻］

◆五月廿七日

橘　氏公　弘仁十三…五（正ィ）月廿七従四上。　［天長10尻］

◆六月八日

藤原愛発　弘仁…同十三六八民部大輔。　［天長3尻］

◇六月是月

百済勝義　弘仁…同十三六（三くし）ー遷但馬守。　［承和6尻］

◆八月是月

藤原長良　弘仁十三…八月依不仕止昇殿。　［承和11尻］

◆九月是月

藤原　助　弘仁十三九ー少判事。　［承和10尻］

小野　篁　弘仁十三年秋九月補文章生。　［承和14尻］

◆閏九月廿五日

藤原綱継　弘仁十三…同十月〔閏九逸史〕廿五日神祇伯。　［天長2尻］

◆十月廿五日

藤原綱継　弘仁十三…同十月〔閏九逸史〕廿五日神祇伯。　［天長2尻］

文室秋津　弘仁…同十三十廿五木工頭。　［天長7尻］

橘　氏公　弘仁十三…十一〔十イ〕月廿五右中将。　［天長10尻］

◆十一月一日

藤原愛発　弘仁十三…十一月一日従五上〔朔旦冬至〕。　［天長3尻］

◇十一月廿四日

直世王　十一月廿四日従四上。　［弘仁13註］

紀　百継　十一月廿四日叙〈従三位〉。右衛門督如元。月日兼播万権く守〔翌年亦見〕。　［弘仁13註］

大伴国道　弘仁…十三年十一月廿四日正五下。旧　［弘仁14尻］

弘仁十三…十一月廿四正五位下。

◇十一月廿五日　［弘仁14尻］

橘　氏公　弘仁十三…十一〔十イ〕月廿五右中将。　［天長10尻］

◇十一月是月

藤原　助　弘仁十三…十一月兵部少丞。　［承和10尻］

◆十二月十九日

文室秋津　弘仁十三…十二月十九任甲斐守　［天長7尻］

◆是歳

藤原緒嗣　｜｜兼民部卿。　［弘仁13註］

紀　百継　月日兼播万権く守〔翌年亦見〕。　［弘仁13註］

南淵弘貞　〔頭書云〕弁官補任云。十一年不任者。十三年任左少弁歟。　［天長2頭］

藤原常嗣　弘仁…同十三｜｜式部大丞。　［天長8尻］

滋野貞主　弘仁…同十三｜十五図書頭。兼〈因幡カ〉権介。　［承和9尻］

源　融　弘仁十三年生。淳和帝為子。棲霞観大臣之山庄云々。　［嘉祥3尻］

弘仁十四年

◆正月七日

藤原道雄　弘仁…同十四正七従四上。　［弘仁14尻］

平　高棟　弘仁十四正七無位高棟王叙従四位下。　［承和10尻］

藤原常嗣　弘仁…同十四正七従五下。　［天長8尻］

◇正月丙寅（十日）

南淵弘貞　弘仁…同十四〔正月逸史〕丙寅く伊与守（止〈左少〉弁）。　［天長2尻］

◇正月十一日

紀　百継　右衛門督。正月十一日兼播磨権守。　［弘仁14註］

藤原愛発　弘仁…同十四正十一（年卅七）く左少弁。　［天長3尻］

藤原常嗣　弘仁十四正…十一日下野守。　［天長8尻］

◇正月是月

橘　氏公　弘仁…同十四正辞蔵人頭ィ。　［天長10尻］

滋野貞主　弘仁…同十四正｜与父家訳共賜朝臣姓。　［承和9尻］

◆二月是月

藤原　助　弘仁…同十四二｜大学助。　［承和10尻］

◆三月廿一日

藤原常嗣　弘仁十四…三月廿一日山城介。　［天長8尻］

◆四月一日

大伴国道　弘仁…十四年四月一日従四下。任右中弁。　旧［弘仁14尻］

和気真綱　弘仁…同十四四一兼内蔵頭。　［承和7尻］

◇四月十一日

藤原緒嗣　民部卿、四月十一〔ィ廿七〕日叙従二位。〔十八日皇太子傅廿七日従二位或本く〕　［弘仁14註］

◇四月十六日

――　四月十六（十四ィ）日庚子淳和天皇受禅。　［弘仁14註］

◇四月十七日

朝野鹿取　弘仁十四四月…十七日止〈蔵人〉頭（依譲位也）。（｜還補頭。ィ）　［天長10尻］

◇四月十八日

藤原緒嗣　四月…〔十八日皇太子傅廿七日従二位或本く〕　［弘仁14註］

藤原三守　四月十八日春宮大夫。同日辞左兵衛督。　［弘仁14註］

南淵弘貞　弘仁十四…四月十八式部少輔。　［天長2尻］

藤原常嗣　弘仁十四…四月十八日春宮亮。　［天長8尻］

◇四月癸卯（十九日）

三原春上　弘仁…同十四四癸卯く中務少輔。　［天長5尻］

◇四月十九日

大伴国道　弘仁…十四年四十九左中弁。叙従四下。　［弘仁14尻］

和気真綱　弘仁十四四…十九日兼民部大輔。　［承和7尻］

◇四月廿四日

文室綿麿　四月廿四日薨。在官六年く（三木九年。大将八年。中納言六年）。　［弘仁14註］

◇四月己酉（廿五日）

藤原愛発　弘仁十四四月…同月己酉右中弁。　［天長3尻］

◇四月廿五日

藤原緒嗣　四月…廿五〔廿八ひくし〕日兼東宮傅。　［弘仁14註］

◇四月廿七日

藤原冬嗣　左大将。四月廿七日正二位。　［弘仁14註］

良峯安世　四月廿七日叙正三位。　［弘仁14註］

橘　氏公　弘仁十四…四月廿七正四下。　［天長10尻］

藤原綱継　弘仁…同十四四廿七従四上。　［天長2尻］

清原夏野　弘仁十四四…同廿七日従四下。　［弘仁14尻］

南淵弘貞　弘仁十四四月…廿七日正五下。　［天長2尻］

藤原愛発　弘仁十四…四月廿七正五下。　［天長3尻］

◇四月廿八日

――　四月…同廿八（廿七ィ）日即位（御年卅八）。　［弘仁14註］

滋野貞主　弘仁十四…四月廿八日兼東宮学士。　［承和9尻］

◇四月是月

文室綿麿　右近大将。兵部卿。四月｜遷左衛門〔〈左〉兵衛ひくし〕督。大膳大夫（卿如元）。　［弘仁14註］

藤原三守　今年四月後太上皇（嵯峨）択重巌嶺之上。凝慮姑射之浪。乃錙銖万乗。閑居一院。納言以蕃邸之旧臣。又貪煙霞之幽賞。固辞武官。解劔殿上。観者為之落涙。識者慙其雅量。天皇知難奪強許之。但猶帯権中納言。令侍上皇院（労四年。年卅九）。　［弘仁14註］

清原夏野　弘仁…同十四四｜蔵人頭。　［弘仁14尻］

朝野鹿取　弘仁…同十四［四月くし］補蔵人頭。　［天長10尻］

◆五月一日

良峯安世　按察使。五月一日兼右近大将。使如元。　［弘仁14註］

清原夏野　弘仁十四…五月一日兼左中将近江守等。　［弘仁14尻］

三原春上　弘仁十四…五月一右少弁。　［天長5尻］

◇五月六日

藤原百川　〔頭書云〕百川弘仁十四年五月六日贈太政大臣正〔従歟ひ〕一位。室家藤原氏贈正一位。依外祖也。淳和帝践祚。　［宝亀10頭］

◇五月十三日

藤原吉野　弘仁…同十四五十三中務少輔。　［天長5尻］

朝野鹿取　弘仁十四…五月十三日左中弁。　［天長10尻］

和気真綱　弘仁十四…五月十三兼中務大輔。　［承和7尻］

◇五月十四日

藤原道雄　五月十四日任〈参議〉。元蔵人頭右大弁。今日兼宮内卿。　［弘仁14註］

〔頭書云〕弁官補任云。十四年五月十四日任三木。止〈右大〉弁。兼宮内卿。　［弘仁14頭］

大伴国道　五月十四任〈参議〉。即兼右大弁。勲六等（五十六歳）。　［弘仁14註］

弘仁十四年…五月十四任参木。即兼右大弁。　［弘仁14尻］

◇五月是月

藤原三守　五月転正〈中納言〉。　［弘仁14註］

皇后宮大夫。右兵衛督。五月転正〈中納言〉。 [弘仁14註]

◆六月廿三日

清原長谷　弘仁…同十四六廿三右衛門権佐。 [天長8尻]

和気真綱　弘仁十四…六月廿三兼越前〈中くイ〉守。 [承和7尻]

◆七月十一日

藤原三守　七月十一日上表辞職。不許。或皇后宮大夫宮内卿等如元。 [弘仁14註]

◆八月十九日

藤原綱継　弘仁十四…八月十九日左兵衛督。 [天長2尻]

◇八月是月

良峯安世　八月ｌ兼春宮大夫。 [弘仁14註]

◆九月丁卯(十六日)

藤原常嗣　弘仁十四…九月丁卯く任右少弁。 [天長8尻]

平　高棟　弘仁十四…九月丁卯く侍従。 [承和10尻]

◇九月十六日

藤原吉野　弘仁十四…九月十六左少将。 [天長5尻]

◇九月廿三日

藤原道雄　九月廿三(廿二イ)日卒。 [弘仁14註]

◇九月廿七日

春原五百枝　治部卿。九月廿七日兼刑部卿。 [弘仁14註]

南淵弘貞　弘仁十四…九月廿七日左〈右く〉少将。 [天長2尻]

三原春上　弘仁十四…九月廿七主殿頭〈止〈右少〉弁〉。 [天長5尻]

◇九月廿八日

和気真綱　弘仁十四…九月廿八兼修理大夫。 [承和7尻]

◆十一月廿日

藤原三守　十一月廿正三位。 [弘仁14註]

三原春上　弘仁十四…十一月廿従五上。 [天長5尻]

清原長谷　弘仁十四…十一月廿従五上。 [天長8尻]

◇十一月廿二日

藤原三守　十一…廿二日重上表辞職不許。 [弘仁14註]

十一月廿二日致仕。　[弘仁14註]

◇十一月廿五日

清原夏野　十一月廿五日任〈参議〉。元蔵人頭左中将近江守。中将守し等如元。元名繁野。　[弘仁14註]

◇十一月是月

藤原長良　弘仁…十四十一ー蔵人。　[承和11尻]

◆十二月乙未(十五日)

南淵弘貞　弘仁十四…十二月乙未く改坂田朝臣姓賜南淵朝臣。　[天長2尻]

◇十二月丙申(十六日)

春原五百枝　十二月丙申く左(ィ右)京大夫。　[弘仁14註]

◆是歳

藤原継業　弘仁…十四年降恩加正四下。　[天長3尻]

安倍安仁　弘仁…同十四ーー民部少丞。　[承和5尻]

菅原清公　弘仁…同十四ーー弾正大(少く)弼。　[承和6尻]

弘仁十五年(天長元年)

◆正月四日

藤原貞嗣　宮内卿。正月四日薨。　[弘仁15註]

◇正月五日

——　改正月五日為天長元年。　[弘仁15註]

◇正月七日

清原夏野　左中将。下総守。正月七日従四位上。　[弘仁15註]

藤原愛発　天長元正七従四下。　[天長3尻]

藤原吉野　天長元正七従五上。　[天長5尻]

文室秋津　天長元正七従五上。　[天長7尻]

藤原長良　天長元正七従五下。　[承和11尻]

◇正月十一日

三原春上　天長元正十一兼下(上ィ)総守。　[天長5尻]

文室秋津　天長元正…十一日右兵衛権佐。　[天長7尻]

和気真綱　天長元正十一(七く)兼河内守。　[承和7尻]

◆二月是月

藤原　助　天長元二ー出雲介。　[承和10尻]

◆四月九日
橘　常主　式部大輔。四月九日兼弾正大弼。　〔弘仁15註〕
南淵弘貞　天長元四九式部大輔（〈伊与〉守左少将如元）。　〔天長2尻〕
藤原常嗣　天長元四九式部少輔（止〈右少〉弁）。　〔天長8尻〕
◆五月廿一日
南淵弘貞　天長元…五月廿一日従四下。　〔天長2尻〕
藤原吉野　天長元…五月廿一左少弁。　〔天長5尻〕
◆六月是月
藤原綱継　天長元六ー蔵人頭。　〔天長2尻〕
藤原愛発　天長元…六月蔵人頭。　〔天長3尻〕
◆八月是月
良峯安世　右大将。按察使。八月ー春宮大夫。　〔弘仁15註〕
◆九月廿日
大伴国道　右大弁。九月廿日兼勘解由長官。　〔弘仁15註〕
藤原常嗣　天長元…九月廿勘解由次官。　〔天長8尻〕
◇九月廿二日
平　高棟　天長元九廿二大学頭。　〔承和10尻〕
◇九月是月
滋野貞主　天長元九ー兼因幡介。　〔承和9尻〕
小野　篁　天長元九任巡察使弾正。　〔承和14尻〕
藤原貞守　天長元九ー大学少允。同月転大允。　〔仁寿3尻〕
◆十一月甲寅（十日）
――　十一月甲寅奈良太上天皇崩（年五十一）。　〔弘仁15註〕
◆十二月十六日
藤原縄主　天長元十二十六贈従二位。　〔弘仁8註〕
藤原三守　十二月十六日宮内卿。　〔弘仁15註〕
◇十二月廿七日
三原春上　天長元…十二月廿七日正五下。　〔天長5尻〕
◆是歳
春澄善縄　〔頭書云〕天長元秋文章生。　〔貞観2頭〕

弘仁年中

能原長枝　大同元年六月九日追贈太政大臣正一位。大臣之男独有託美朝臣。但能原宿祢長枝。其母蓼原氏。近侍大臣。生此男。生し而十歳大臣薨。依無遺命不敢付帳。大同年中愍彼無姓。賜能原宿祢。弘仁年中従七位上。〔宝亀８藤原良継尻〕

安倍安仁　安人身長六尺三寸。姿皃環偉。性沈深有威重。少直校書殿。弘仁年中依校書殿労任山城大掾。〔承和５尻〕

天長初年

安倍安仁　天長初除近江権大掾。介藤原朝臣弟雄相親善。委任政事。安仁〔為政強(三実)〕済。名聞朝庭。〔承和５尻〕

春澄善縄　伊勢国員弁郡少領従八位下猪名豊雄一男。字名達。左京人。本姓猪名部造。為伊世国員弁郡人。達冠之後。移隷京兆。祖財麿く為員弁郡く少領。父豊雄周防大目。善縄齢達弱冠。入学事師。天長之初奉試及第。被補文章生。献冊〔策く〕。〔貞観２尻〕

天長二年

◆正月七日

清原夏野　左中将。正月七日正四下。〔天長２註〕

大伴国道　右大弁。勘解由長官。正月七日従四上。〔天長２註〕

三原春上　天長…同二正七従四下。〔天長５尻〕

清原長谷　天長二正七正五下。〔天長８尻〕

◇正月十一日

大伴国道　正月…十一日兼按察使武蔵守等。〈右大〉弁〈勘解由〉長官等如元。〔天長２註〕

清原長谷　天長二正…同十一日従四下。任近衛中将。〔天長８尻〕

橘　氏公　天長二正十一刑部卿　〔天長10尻〕

◇正月是月

藤原良房　天長二〔三く〕正｜蔵人(廿三)。〔天長11尻〕

◆二月五日
三原春上　天長二…二月五兵部大輔。　［天長５尻］
◇二月廿七日
橘　常主　大弼如元〔弾正大弼ㇾ〕二（十ィ）月廿七日兼下野守。　［天長２註］
◇二月是月
藤原良房　天長二…二月任中判事。　［天長11尻］
藤原長良　天長…同二三ー侍従（三十三）。　［承和11尻］
藤原貞守　天長…同二三ー内匠助。　［仁寿３尻］
◆三月是月
藤原愛発　〔頭書云〕国史云。天長二三ー中勧学院庄事表注中納言。　［天長３頭］
小野　篁　天長…同二三ー弾正くし少忠。　［承和14尻］
◆四月五日
藤原冬嗣　四月五日転〈左大臣〉。左大将如元。上表之。兼左大将。　［天長２註］
藤原緒嗣　四月五日任〈右大臣〉。東宮傅如元。返上千戸。　［天長２註］
◇四月是月
藤原緒嗣　民部卿。按察使。東宮傅。〔四月く〕任右大臣。　［天長２註］
◆七月一日
藤原綱継　七月一日任〈参議〉。左兵衛督如元〔右京大夫く〕。元し蔵人頭。　［天長２註］
南淵弘貞　七月一日任〈参議〉。式部大輔如元。　［天長２註］
◇七月二日
清原夏野　七月二日任〈中納言〉。同日叙従三位。　［天長２註］
七月二任中納言。労三年。く　［天長２註］
◇七月八日
文室秋津　天長二…七月八日左中将。　［天長７尻］
◇七月九日
文室秋津　天長…同二七九正五下。　［天長７尻］
◇七月是月
春原五百枝　右京大夫。七月兼民部卿。　［天長２註］
三原春上　天長二…七月蔵人頭。　［天長５尻］
◆閏七月癸酉（二日）

平　高棟　天長…同二閏七癸酉く父親王頻抗表賜平朝臣姓。貫左京二条二坊。　［承和10尻］

◆八月廿九日
多治比今麿　大宰帥。八月廿九日薨。在官十年。　［天長2註］

◇八月是月
清原夏野　八月ｌ兼左衛門〔兵衛ひ〕督。　［天長2註］

◆九月十三日
三原春上　天長二…同九月十三日兼弾正少弼。　［天長5尻］

◆十月廿日
源　信　天長二十廿従四上。　［天長8尻］

◇十月廿七日
橘　常主　大弼如元〔弾正大弼し〕。二（十ィ）月廿七日兼下野守。　［天長2註］

◆是歳
平　高棟　伝云。長六尺。美鬢〔髭し〕髯。幼而聡。好読書。天長二賜平朝臣く姓。天性くし質厚。不事華飾。所歴官職。政尚寛容。晩年栖心釈教。読誦仏経。嘗以山城国葛野郡別墅。為道場。詔賜額曰平等寺。拝大納言之後。所食戸邑多資仏事。有子男十七人。実範〔雄三実〕。正範。季長。惟範四人。最知名云々。　［嘉祥4尻］

天長三年

◆正月甲戌（七日）
小野峯守　大宰大弐。正月甲戌く叙従四位上。　［天長3註］

◇正月七日
藤原継彦　正月七日叙〈従三位〉。元前くし刑部卿。　［天長3註］
藤原継業　正月七日叙〈従三位〉。　［天長3註］
藤原常嗣　天長…同三正七従五上。　［天長8尻］

◇正月廿一日
春原五百枝　正月廿一日兼美乃守。　［天長3註］
直　世　王　左大弁。左京大夫。正月〔廿一日逸史〕兼越前守。　［天長3註］

藤原綱継　正月〔廿一日逸史〕兼武蔵守。　〔天長３註〕

大伴国道　右大弁。勘解由長官。按察使。正月廿一日兼相摸守。　〔天長３註〕

藤原吉野　天長…同三正廿一兼伊世守。　〔天長５尻〕

文室秋津　天長…同三正廿一兼因幡守。　〔天長７尻〕

清原長谷　天長…同三正廿一安芸守（中将如元）。　〔天長８尻〕

◇正月廿七日

源　信　天長…同三正廿七｛三一イ｝侍従。　〔天長８尻〕

◇正月是月

佐伯永継　正月ー叙〈従三位〉左衛門督。元前蔵人頭。　〔天長３註〕

藤原良房　天長二〔三く〕正ー蔵人（廿三）。　〔天長11尻〕

安倍安仁　天長…同三正ー蔵人（廿四）。　〔承和５尻〕

◆二月三日

藤原綱継　二月三日兼相摸守。　〔天長３註〕

藤原愛発　三〔二く〕月三日〔二月四日逸史〕任〈参議〉。元蔵人頭右中弁。中務大輔如元。止弁。　〔天長３註〕

源　信　天長三…七月｛三一イ｝三日治部卿。　〔天長８尻〕

◇二月是月

藤原冬嗣　左大将。二月ー辞大将。　〔天長３註〕

藤原吉野　天長三…二月ー蔵人頭。　〔天長５尻〕

藤原良房　天長二〔三く〕正ー蔵人（廿三）。二月任中判事。　〔天長11尻〕

藤原貞守　天長…同三二ー兼皇太后宮少進。　〔仁寿３尻〕

◆三月三日

大伴国道　三月三日改兼武蔵守〈右大〉弁〈勘解由〉長官〈按察〉使如元）。　〔天長３註〕

藤原愛発　三〔二く〕月三日〔二月四日逸史〕任〈参議〉。元蔵人頭右中弁。中務大輔如故。止弁。　〔天長３註〕

◇三月甲子（ナシ）

藤原愛発　〔頭書云〕国史云。天長三三甲子勧学院事表注中納言。　〔天長９頭〕

◆五月是月

春原五百枝　五月ー転民部卿。　［天長３註］

◆六月二日
橘　常主　弾正大弼。下野守。六月二〔一ィ〕日卒〔頭労四年。三木五年〕。〔頭書云〕世云。件常主積薪居其上焼死。有勅使被問。年四十。　［天長３註・頭］

◆七月三日
源　信　天長三…七〔二一ィ〕月三日治部卿。　［天長８尻］

◇七月十五日
藤原三守　宮内卿。七月十五日遷刑部卿。　［天長３註］
橘　氏公　天長…同三七十五宮内卿。　［天長10尻］

◇七月廿四日
藤原冬嗣　七月廿四日薨。在宮六年く　［天長３註］

◇七月廿六日
藤原冬嗣　七月…廿六日贈正一位。　［天長３註］

◇七月是月
良峯安世　右大将。春宮大夫。七月同母兄左大臣冬嗣薨逝。謝病不上。中使屢催。不肯入禁中。　［天長３註］

◆八月十三日
藤原吉野　天長三…八月十三日正五下。　［天長５尻］

◇八月廿二日
清原夏野　八月廿二日兼左大将。　［天長３註］

◇八月是月
文室秋津　天長三…八月ー従四下。　［天長７尻］

◆九月三日
藤原綱継　九月三〔十三逸史〕日任兵部卿〈左兵衛〉督〈相摸〉守如元。止督歟〉。　［天長３註］

◇九月十三日
春原五百枝　九月十三日任中務卿。〈美乃〉守如故。　［天長３註］
藤原愛発　九月十三日兼大蔵卿。　［天長３註］
平　高棟　天長…同三九十三中務大輔。　［承和10尻］

◇九月廿三日
清原夏野　九月廿三〔廿二く〕日兼民部卿。　［天長３註］

◇九月是月
三原春上　天長…同三九ー転〈弾正〉大弼〈〈兵部〉大輔

◆是歳　〈下総〉守如元)。　[天長5尻]

―――　立勧学院。建南円堂安置不空羂索。　[天長3註]

藤原綱継　左兵衛督。月日任右〔左〈〉〕京大夫。　[天長3註]

在原行平　〔頭書云〕天長三〈阿保〉親王上表曰。无品高丘親王男女先停王号。賜朝臣姓。臣之子息。未預改姓。既為昆弟之子。寧異歯刻之差。於是詔仲平行平業平等賜姓在原朝臣。　[貞観12頭]

天長四年

◆正月七日

直世王　左大弁。越前守。正月七正四下。　[天長4註]

南淵弘貞　式部大輔。正月七日従四上。　[天長4註]

◇正月癸未(廿一日)

朝野鹿取　天長四正癸未く従四上。　[天長10尻]

◇正月廿一日

藤原長良　天長…同四正廿一日従五上。　[承和11尻]

◇正月是月

藤原吉野　天長…同四正｜従四下。　[天長5尻]

百済勝義　天長四正｜美作守兼。正五下。　[承和6尻]

藤原　助　天長…同四正｜蔵人。同月｜兼春宮少進。　[承和10尻]

藤原貞守　天長…同四正｜蔵人。　[仁寿3尻]

◆二月廿七日

―――　二月廿七日立正子内親王為皇后。　[天長4註]

◇二月是月

藤原吉野　天長四…二月兼皇后宮大夫。　[天長5尻]

朝野鹿取　天長四…二月｜大宰大弐(止〈左中〉弁)。　[天長10尻]

◆三月是月

春澄善縄　天長…同四三｜常陸少目。　[貞観2尻]

〔頭書〕〈天長〉同四くし三｜大初位下猪名部善縄任常陸少目。　[貞観2頭]

藤原吉野　蔵人補任云。〈天長〉四年三月遷右兵衛督。 [天長5尻]

◆五月二日
和気真綱　天長…同四五二右〔左〈〕中弁。 [承和7尻]

◆六月九日
和気真綱　天長四…六九兼内匠頭。止〈右中〉弁。 [承和7尻]

平　高棟　天長…同四六九兵部大輔。 [承和10尻]

◇六月是月
文室秋津　天長…同四六｜蔵人頭。 [天長7尻]

天長五年

◆正月七日
春原五百枝　中務卿。美乃守。正月七日叙正三位。 [天長5註]

藤原綱継　兵部卿。正月七日正四下。 [天長5註]

和気真綱　天長…同五正七従四下。 [承和7尻]

藤原常嗣　天長…同五正七正五下。 [天長8尻]

藤原良房　天長…五年正七従五位下。 [天長11尻]

安倍安仁　天長…同五正七従五下。任信乃介。 [承和5尻]

藤原貞守　天長…同五正七従五下。 [仁寿3尻]

◇正月十二日
南淵弘貞　正月十二日〔十一〈し〕任下野守。式部大輔如元。 [天長5註]

藤原愛発　正月十二日兼下総守。 [天長5註]

◇正月十三日
源　信　天長…同五正十三兼播磨権守。 [天長8尻]

◇正月廿四日
源　常　天長五正廿四従四下(十七)。 [天長8尻]

源　弘　天長五正廿四従四位下。 [承和9尻]

◇正月是月
清原峯成　天長五正｜正六位上美能王近江権大掾。 [天安3尻]

◆二月九日
小野峯守　二月九日任勘解由長官。 [天長5註]

◇二月廿日
良峯安世　二月廿日任〈大納言〉。右大将如元。〔辞春

　　宮大夫〻〕　〔天長5註〕

◇二月癸丑（廿六日）

藤原継彦　〔頭書云〕類聚国史曰。従三位藤継彦天長五年二月癸丑薨。日本紀略云。年八十。〔天長5頭〕

◆三月十九日

藤原三守　三月十九日任〈大納言〉。天皇以旧徳拝之。元前中納言。〔天長5註〕
　刑部卿。三月十九日任大納言。〔天長5註〕

清原夏野　三月十九日乙亥任〈権大納言〉。左大将民部卿如元。〔天長5註〕

三原春上　三月十九日任〈参議〉。元蔵人頭。〔天長5註〕

◆閏三月九日

藤原三守　壬三月九日兼兵部卿。〔天長5註〕

小野峯守　壬三月九日旧兼刑部卿。〈勘解由〉長官如元。
　〻〕　〔天長5註〕

藤原愛発　閏三月九日兼春宮大夫（〈下総〉守如元）。〔天長5註〕

藤原良房　天長五…閏三月九任大学頭。〔天長11尻〕

和気真綱　天長五…閏三月九兼摂津守。〔承和7尻〕

藤原　助　天長…同五閏三九式部少丞。〔承和10尻〕

平　高棟　天長…同五閏三九大舎人頭。〔承和10尻〕

◇閏三月十三日

藤原吉野　天長…同五閏三十三遷右兵衛督。〔天長5尻〕

◆五月廿七日

藤原綱継　五月廿七日致仕。有勅男蔵人頭吉野任三木。〔天長5註〕

藤原吉野　五月廿七日任〈参議〉。元蔵人頭。〔天長5註〕
　天長五…五月廿七任三木。〔天長5尻〕

◆七月壬子（廿九日）

春原五百枝　国史云。七月壬子上表辞退。而六年猶注三木。〔天長5註〕

◆八月是月

小野　篁　天長…同五八―大内記。〔承和14尻〕

◆十一月甲午（十二日）

佐伯永継　〔頭書云〕日本紀略曰。従三位佐伯宿祢長継
天長五年十一月甲午〈薨〉。　〔天長5頭〕

◇十一月十二日

大伴国道　十一月十二日卒（六十一）。　〔天長5註〕

◇十一月是月

春澄善縄　天長…同五十一月｜賜姓春澄宿祢（于後朝臣）。停俊士之号。補文章得業生。　〔貞観2尻〕

◆是歳

大伴国道　右大弁。勘解由長官。武蔵守。今年復兼按察使。為関辺機尋赴於任所。　〔天長5註〕

藤原真夏　｜｜任刑部卿歟。　〔天長5註〕

紀　百継　右衛門督。｜兼信乃守。　〔天長5註〕

源　定　天長五賜源朝臣姓（（十四）し）。　〔天長9尻〕

藤原継彦　｜卒歟。[65]　〔天長5註〕

佐伯永継　｜卒歟。[66]　〔天長5註〕

天長六年

◆正月七日

正　躬王　天長六正七従四下。　〔承和7尻〕

滋野貞主　天長…同六正七従五上。　〔承和9尻〕

藤原　助　天長…同六正七従五下。　〔承和10尻〕

清原峯成　天長…同六正七従五下。　〔天安3尻〕

◇正月甲午（十三日）

藤原愛発　春宮大夫。正月甲午く従四上。下総守。　〔天長6註〕

◇正月十三日

南淵弘貞　式部大輔。下野守。正月十三日任宮内卿。　〔天長6註〕

三原春上　大弼。正月十三日任右大弁。止弾正。　〔天長6註〕

紀　百継　右衛門督。信乃守。正月十三日近江守。　〔天長6註〕

橘　氏公　天長…同六正十三兼但馬守。　〔天長10尻〕

藤原　助　天長六正…十三日遠江介。　〔承和10尻〕

◇正月十六日

清原長谷　天長…同六正十六（十一ひくし）讃岐権守。　〔天長8尻〕

◆二月十五日
春原五百枝　二（十二ィ）月十五（十九ィ）日薨。中務卿。
美乃守（三位八年。三木十一年）。〔天長6註〕

◇二月廿二日
藤原吉野　右兵衛督。伊世守。二月廿二兼式部大輔。〔天長6註〕
清原長谷　天長六…二月廿二左衛門督。〔天長8尻〕

◇二月廿七日
清原峯成　天長六…二月廿七（廿二く）日筑後守。〔天安3尻〕

◇二月是月
百済勝義　天長…同六二｜従四下。右京大夫。〔承和6尻〕

◆三月是月
橘　峯継　天長六三｜内舎人。〔承和11尻〕

◆十二月十九日
春原五百枝　二（十二ィ）月十五（十九ィ）日薨。中務卿。
美乃守（三位八年。三木十一年）。

◆是歳〔天長6註〕
春原五百枝　国史云。七月壬子上表辞退。而六年猶注三
木。〔天長5註〕
藤原三守　兵部卿。｜｜遷し弾正尹（又翌年条見）。〔天長6註〕

天長七年

◆正月七日
藤原綱継　正月七日叙従三位。〔天長7註〕
平　高棟　天長七…同七正七従四位上。〔承和10尻〕

◇正月十三日
文室秋津　正月十三日任〈参議〉。元〈蔵人〉頭右中将。〔天長7註〕
天長…同七正十三任三木。〔天長7尻〕

◇正月廿二日
藤原常嗣　天長…同七正廿二刑部少輔（坐事左遷也）。〔天長8尻〕

◇正月是月

橘　峯継　天長…同七正｜蔵人。同月常陸少掾。　［承和11尻］

小野　篁　天長…同七正｜蔵人(廿九)。く　［承和14尻］

◆二月七日

和気真綱　天長…同七二七く兼宮内大輔。　［承和７尻］

◇二月十日

藤原貞守　天長…同七二十右少弁。　［仁寿３尻］

◇二月是月

小野　篁　天長七…二月式部少丞。　［承和14尻］

◆四月十九日

小野峯守　四月十九日卒。ィ出雲国造献神宝之日。久立朝堂。病発而薨。　［天長７註］

◆五月五日

南淵弘貞　宮内卿。五月五日兼刑部卿。　［天長７註］

藤原愛発　春宮大夫。五月五日兼式部大輔(止大夫)。　［天長７註］

藤原吉野　右〔左敷ひ〕兵衛督。五月五遷春宮大夫(督如元)。　［天長７註］

藤原貞守　天長七…五月五式部少輔(止〈右少〉弁)。　［仁寿３尻］

◇五月是月

藤原浄本　五月｜叙〈従三位〉。元蔵人頭大舎人頭。　［天長７註］

藤原良房　天長…同七五｜春宮亮。　［天長11尻］

◆六月一日

直　世　王　六月一日任〈中納言〉。同日従三位。　［天長７註］

南淵弘貞　六月一日正四下。　［天長７註］

藤原愛発　六月一日正四下。　［天長７註］

◇六月四日

藤原三守　兵部卿。く〔六月四日丁未く〕弾正尹。　［天長７註］

◇六月五日

三原春上　右大弁。六月五日兼相摸守。　［天長７註］

源　　常　天長…同七六五従四上。尋補兵部卿。　［天長８尻］

◇六月是月

橘　峯継　天長七…六月遷相摸掾。［承和11尻］
春澄善縄　天長…同七六ー少内記。［貞観2尻］
◆七月六日
良峯安世　七月六日薨。［天長7註］
◇七月七日
良峯安世　七日贈正二位（頭六年。三木六年。中納言八年。大納言三年。右大将八年）。［天長7註］
◇七月廿一日
藤原浄本　七月廿一〔十一く〕日卒。［天長7註］
◆八月乙巳（四日）
藤原吉野　八月乙巳く加叙正四位下（越階）。［天長7註］
◇八月四日
直　世　王　八月四日兼中務卿。［天長7註］
南淵弘貞　八月四日任右兵衛督。下野守刑部卿如元。［天長7註］
藤原愛発　八月四日兼左大弁（止〈式部〉大輔）。下総守如元。［天長7註］
三原春上　八月四任式部大輔（止〈右大〉弁。〈相摸〉守如元）。［天長7註］
藤原吉野　八月…四日兼右大将〈〈春宮〉大夫如元）。［天長7註］
文室秋津　八月四兼右大弁（〈右〉中将如元）。［天長7註］
清原長谷　天長…七年八月四兼按察使。［天長8尻］
◇八月五日
源　弘　天長…同七八五従四上。任宮内卿。［承和9尻］
◇八月是月
藤原常嗣　天長七…八月ー補蔵人頭（于時正五下刑部少輔）。［天長8尻］
藤原貞守　天長七…八月又兼右少弁。［仁寿3尻］
◆九月十一日
清原夏野　九月十一日転〈大納言〉。左大将民部卿如元。［天長7註］
◇九月廿日
藤原常嗣　天長七…九月廿兼勘解由次官。［天長8尻］

◆十月七日

藤原三守　十月七日是持奉綸旨。与諸公卿撰大宝以来雑格。弘仁十年名曰十巻格。又給諸司所行諸事。以為新式。我文武天皇大宝元年。甫制律令。施行天下。　〔天長７註〕

◇十月十三日

平　高棟　天長七…十月十三日大蔵卿。　〔承和10尻〕

清原峯成　天長…同七十十三近江介。　〔天安３尻〕

◇十月是月

藤原真夏　刑部卿。十〔十一ィ〕月〔十一月十日類史〕薨。　〔天長７註〕

◆十一月十日

藤原真夏　刑部卿。十〔十一ィ〕月〔十一月十日類史〕薨。　〔天長７註〕

◇十一月是月

藤原良房　天長七…十一月—兼越中権くし守。　〔天長11尻〕

◆閏十二月是月

藤原良房　天長七…閏十二月加賀守。　〔天長11尻〕

天長八年

◆正月七日

清原夏野　正月七日正三位。左大将。民部卿。　〔天長８註〕

紀　百継　右衛門督。近江守。正月七日正三位。　〔天長８註〕

南淵弘貞　刑部卿。下野守。正月七日従三位。　〔天長８註〕

源　常　正月七日叙〈従三位〉。兵部卿如元。　〔天長８註〕

三原春上　式部大輔。相模守。正月七日従四上。　〔天長８註〕

文室秋津　右大弁。左中将。正月七日ひし従四上。　〔天長８註〕

藤原常嗣　天長…八年正七従四下。　〔天長８尻〕

安倍安仁　天長…同五正七従五位下。任信乃介。任終同八正七加従上。褒能治也。　〔承和５尻〕

◇正月廿三日

藤原常嗣　天長八年正…廿三日転〈勘解由〉長官。［天長8尻］

◇正月是月

春澄善縄　天長…同八正ｌ大内記兼播磨少掾。［貞観2尻］

◆二月二日

和気真綱　天長…同八二二兼刑部大輔。［承和7尻］

◆六月七日

藤原　助　天長…同八六七〔一くし〕春宮亮。［承和10尻］

◆七月十一日

源　信　七月十一日任〈参議〉。治部卿播万権守等如元。［天長8註］

清原長谷　七月十一日任〈参議〉。左衛門督。按察使如元。［天長8註］

藤原常嗣　七月十一日任〈参議〉。元蔵人頭。勘解由長官如元。［天長8註］

◇七月是月

藤原　助　天長八…七月蔵人頭。［承和10尻］

◆九月庚子（五日）

三原春上　九月庚子く兼弾正大弼（止〈式部〉大輔）。［天長8註］

◆十一月一日

正躬王　天長…同八十一一侍従。［承和7尻］

◆是歳

藤原綱継　月日正三位。［天長8註］

滋野貞主　首書云。…天長八年勅与諸儒撰集古今文書。以類相従。凡有一千巻。名秘府略。［承和9尻］

平　高棟　天長…同八ｌｌ刑部卿。ｌｌｌ〈承和九年正月七日続後紀〉正四下。［承和10尻］

源　多　天長八生。［仁寿4尻］

天長九年

◆正月七日

源　定　正月七日叙〈従三位〉。元無位。［天長9註］

源　信　治部卿。播磨権守。正月七日正四下。［天長9註］

清原峯成　天長…同九正七従五上。［天安3尻］

橘　峯継　天長…同九正七従五下。　〔承和11尻〕
小野　篁　天長…同九正七くし従五位下。　〔承和14尻〕
春澄善縄　天長…同九正七従五下。　〔貞観2尻〕

◇正月十一日

藤原吉野　右大将。春宮大夫。正月十一日兼美作守。大将大夫如元。　〔天長9註〕
藤原常嗣　勘長官。正月十一日兼下野守。　〔天長9註〕
小野　篁　天長九正…十一日大宰少弐。　〔承和4尻〕
源　弘　天長…同九正十一兼播磨権守　〔承和9尻〕
藤原貞守　天長…同九正十一兼讃岐介。　〔仁寿3尻〕

◇正月廿一日

文室秋津　右大弁。左中将。正月廿一日兼武蔵守〔弁将如元〕。　〔天長9註〕

◇正月廿六日

源　明　天長九正…廿六日大学頭。　〔嘉祥2尻〕

◇正月是月

清原長谷　左衛門督。按察使。勲七等。正月｜従四上。　〔天長9註〕
源　明　天長九正｜従四上。　〔嘉祥2尻〕
滋野貞主　天長…同九正｜兼下総守。　〔承和9尻〕
橘　峯継　天長九正…同月｜相摸権守。　〔承和11尻〕
藤原氏宗　天長九正｜任上総大掾。　〔嘉祥4尻〕

◆二月廿六日

藤原吉野　二月廿六日遷伊与守。　〔天長9註〕

◇二月是月

滋野貞主　天長九…二月太子登祚之初拝内蔵頭〔〈下総〉守如元〕。　〔承和9尻〕

◆三月十六日

滋野貞主　天長九…三月十六正五下。　〔承和9尻〕

◇三月廿六日

源　定　三月廿六日美作守。　〔天長9註〕

◆六月一日

藤原愛発　六月一日兼左兵衛督〈左大〉弁如元〔以上ひし无〕。　〔天長9註〕
左大弁。下総守。六月一日兼左兵衛督。守〔弁し〕如元。　〔天長9註〕

◆十一月一日

源　定　十一月一日兼治部卿。　〔天長9註〕

◇十一月二日

藤原緒嗣　十一月二日転〈左大臣〉。皇太子傅民部卿等如元。但卿不兼歟。　［天長９註］

清原夏野　十一月二日任〈右大臣〉。左大将如元。　［天長９註］

源　常　十一月二日任〈中納言〉。兵部卿如元。不経参木。　［天長９註］

藤原愛発　十一月二日任〈中納言〉。今日叙従三位。元三木左大弁春宮大夫左兵衛督。　［天長９註］

藤原吉野　十一月二日任〈権中納言〉。今日叙従三位。右大将春宮大夫如元。　［天長９註］

十一月二日任権中納言。　［天長９註］

◇十一月三日

清原夏野　十一月二日任〈右大臣〉。左大将如元。同三日着座。比寺本主永天王寺〔也〕。号比大臣。　［天長９註］

◇十一月七日

藤原愛発　十一月七日兼民部卿。〈左兵衛〉督如元。　［天長９註］

源　信　十一月七兼左兵衛督（去〈治部〉卿）。　［天長９註］

三原春上　〈弾正〉大弼。相模守。十一月七日任治部卿。守如元。　［天長９註］

藤原常嗣　十一月七任右大弁。〈勘解由〉長官〈下野〉守如元。　［天長９註］

正躬王　天長…同九十一七兼弾正大弼。　［承和７尻］

◇十一月十日

文室秋津　十一月十日転左大弁（〈左〉中将〈武蔵〉守如元）。　［天長９註］

◇十一月是月

藤原愛発　十一月任中納言。　［天長９註］

◆十二月七日

滋野貞主　天長九…十二月七宮内大輔。　［承和９尻］

◆是歳

南淵年名　天長九｜｜文章生（年廿六）。　［貞観６尻］

天長十年

◆正月七日

三原春上　治部卿。正月七日正四下。　[天長10註]

橘　氏公　正月七日叙〈従三位〉。　[天長10註]

◇正月十一日

南淵弘貞　刑部卿。右兵衛督。下野守。正月十一日兼信乃守。　[天長10註]

南淵年名　天長…同十正十一日少内記。　[貞観6尻]

◆二月四日

―――　二月四日皇太子受禅（仁明天皇）。　[天長10註]

藤原緒嗣　皇太子傅。二月四日止傅。　[天長10註]

◇二月六日

和気真綱　天長…同十二六兼伊与権守。　[承和7尻]

◇二月十八日

藤原貞守　天長…同十二十八従五上。　[仁寿3尻]

◇二月廿九日

藤原　助　天長…同十二廿九右少将。　[承和10尻]

藤原長良　天長…同十二廿九左兵衛権佐。　[承和11尻]

藤原貞守　天長十二…廿九日兼春宮亮（止〈右少〉弁）。　[仁寿3尻]

◇二月三十日

―――　二月卅日立恒貞親王為皇太子。　[天長10註]

文室秋津　左大弁。左中将。武蔵守。二月卅日兼春宮大夫。弁将守等如元。　[天長10註]

◇二月是月

藤原良房　天長…同十二ー左〈権く〉少将（兼〈加賀〉守く）。　[天長11尻]

深草朝天長十二ー蔵人頭くし（従五位下。兼加賀守左少将）。　[天長11尻]

◆三月六日

―――　三月六日即位（年廿四）（嵯峨第二子）。　[天長10註]

藤原緒嗣　三月六日叙正二位（即位日）。　[天長10註]

清原夏野　左大将。三月六日従二位（即位日）。　[天長10註]

藤原三守　三月六日従二位。　[天長10註]

源　常　兵部卿。三月六日正三位。　[天長10註]

藤原吉野　右大将。三月六日正三位。　[天長10註]

藤原良房　天長十…三月六従五上（即位日）。

［天長11尻］

藤原　助　天長十…三月六日正五下。　［承和10尻］

◇三月八日

源　信　左兵衛督。三月八日従三位。　［天長10註］

◇三月十一日

直世王　三月十一日兼弾正尹。　［天長10註］

◇三月十三日

小野　篁　天長…同十三十三東宮学士。　［承和14尻］

◇三月十五日

藤原三守　十一月—（三月十五日ィ）兼太子傅（恒貞親王）。　［天長10註］

藤原吉野　三月…同十五日辞〈右〉大将。陪淳和院。　［天長10註］

◇三月廿四日

直世王　三月…廿四日遷中務卿。　［天長10註］

橘　氏公　三月廿四日兼右大将（依帝外舅也）。　［天長10註］

源　弘　天長…同十三廿四兼信乃守。〈宮内〉卿如元。　［承和9尻］

藤原　助　天長十三…廿四日右[権し]中将。　［承和10尻］

小野　篁　天長十三…廿四日弾正少弼。　［承和14尻］

◇三月是月

清原長谷　左衛門督。按察使。三月—辞使。　［天長10註］

安倍安仁　天長…同十三—補蔵人頭。　［承和5尻］

藤原長良　天長十…三月—左衛門佐。　［承和11尻］

橘　峯継　天長…同十三—右少将。同月遷左兵衛佐（父卿依大将任也）。　［承和11尻］

春澄善縄　天長…同十三—兼東宮学士。　［貞観2尻］

藤原仲縁　深草朝天長十三—蔵人。　［貞観14尻］

◆五月十日

正躬王　天長…同十五十刑部大輔。　［承和7尻］

◆六月八日

朝野鹿取　六月八日任〈参議〉。（元蔵人頭左中弁）。　［天長10註］

橘　氏公　六月八日任〈参議〉。右大将如元。元非参木。　［天長10註］

六月八日任参木。　［天長10註］

◇六月是月
藤原氏宗　天長…同十六ー中務大丞。〔嘉祥4尻〕
清原峯成　天長…同十六ー改美能為峯成。賜清原真人姓。〔天安3尻〕
◆八月八日
和気真綱　天長十……八月八木工頭。〔承和7尻〕
◇八月十四日
藤原良房　天長十……八月十四正五下。〔天長11尻〕
◇八月廿五日
源　定　八月廿五日任〈参議〉。美作守如元。〔天長10註〕
◆九月十八日
南淵弘貞　九月十八日薨。（在官九年）。く〔天長10註〕
◆十一月一日
清原長谷　十一月一日兼信乃守。「守」〈当衍〉〈左衛門〉督「等」〈当衍〉如元〈止〈按察〉使歟ィ〉。〔天長10註〕
◇十一月九日
朝野鹿取　十一月九日兼式部大輔。〔天長10註〕

◇十一月十七日
安倍安仁　天長十……十一月十七正五下。兵部少輔。〔承和5尻〕
◇十一月十八日
紀　百継　右衛門督。近江守。十一月十八日従二位。〔天長10註〕
藤原常嗣　右大弁。勘長官。下野守。十一月十八日従四上。〔天長10註〕
藤原良房　天長十……十一月十八日左中将〈加賀〉守如元〉。〔天長11尻〕
天長十十一月…十八日従四位下。先帝遊覧右大臣夏野双岡家。恩賞三人之内也。〔天長11尻〕
清原峯成　天長十……十一月十八正五下。〔天安3尻〕
◇十一月是月
源　定　十一月日為中務卿。嵯峨第六子（淳和八郎）。〔天長10註〕
藤原三守　十一月ー（三月十五日ィ）兼太子傅（恒貞親王）。〔天長10註〕

百済勝義　天長…同十十一｜遷左衛門督。〔承和6尻〕

橘　峯継　天長十…十一月左少将。〔承和11尻〕

◆十二月是月

藤原氏宗　天長十…十二月補蔵人。同月｜式部大丞。上総〈大〉掾如元。〔嘉祥4尻〕

◆是歳

十　世　王　生年天長十年癸丑。〔延喜16註〕

大枝音人　天長十｜｜文章生（廿三才）。〔貞観6尻〕

天長十一年（承和元年）

◆正月三日

――　正月三日為承和元年。〔天長11註〕

◇正月四日

直　世　王　中務卿。正月四日薨（頭労く七年。参木大弁十年。中納言五年）。〔天長11註〕

◇正月七日

源　弘　承和元正七正四下。〔承和9尻〕

滋野貞主　承和元正七従四下（五十才）。〔承和9尻〕

藤原　助　承和元正七従四下。〔承和10尻〕

清原峯成　承和元正七従四下。〔天安3尻〕

◇正月十一日

藤原常嗣　右大弁。正月十一日兼相模守。〔天長11註〕

◇正月十二日

菅原清行　天長十一正十二兼摂津権介〔守し〕〔承和6尻〕

藤原長良　承和元正十二兼加賀権守（〈左衛門〉佐如元）。〔承和11尻〕

◇正月十三日

小野　篁　承和元正十三美作介。〔承和14尻〕

◇正月十九日

藤原常嗣　正月…十九日為遣唐大使。〔天長11註〕

◇正月廿七日

文室秋津　左大弁。左中将。武蔵守。正月廿七日補検非違使別当。〔天長11註〕

◇正月廿九日

小野　篁　承和元正…廿九日遣唐副使。〔承和14尻〕

◇正月是月

藤原良相　承和元正｜蔵人。〔承和15尻〕

春澄善縄　承和元正―兼摂津権介。　［貞観2尻］
◆二月丙戌（五日）
藤原吉野　二月〔丙戌〈私五日也〉〕転〈中納言〉。伊与守。　［天長11註］
◇二月五日
源　定　美作守。治部卿。二月五日〔〈吉野卿同日也〉〕兼中務卿。守如元。　［天長11註］
和気真綱　承和元二五内蔵頭。　［承和7尻］
◆四月辛巳朔
清原夏野　四月辛巳朔嵯峨太上皇降臨〈夏野〉大臣双岡山庄。愛賞水木。奉献殷勤。用展情礼。是日勅増授大臣息三人栄爵。従五位下滝雄叙従四位下。六位沢雄。秋雄等並叙従五下。　［天長11註］
◇四月十六日
藤原長良　天長…同十一四十六正五下。　［承和11尻］
◆五月是月
藤原常嗣　五月―兼備中権守。　［天長11註］
◆七月一日
三原春上　七月一日兼弾正大弼。　［天長11註］
朝野鹿取　式部大輔。七月一日兼左大弁（止大輔）。　［天長11註］
藤原常嗣　七月一日兼近江権守。〈右〉大弁如元。　［天長11註］
滋野貞主　承和元…七月一日兼相模守。　［承和9尻］
◇七月二日
文室秋津　七月二日去〈左〉大弁。　［天長11註］
◇七月九日
藤原良房　七月九日任〈参議〉。元蔵人頭左権中将。中将如元。　［天長11註］
◇七月是月
安倍安仁　承和元七―転〈兵部〉大輔。遷兼近江介。　［承和5尻］
◆九月是月
藤原良相　承和元…九月右衛門大尉。　［承和15尻］
◆十一月廿六日
清原長谷　左衛門督。信乃守。十一月廿六日卒。　［天長11註］

◆是歳
正　躬　王　天長…同十一ーー右京大夫。［承和7尻］

承和二年

◆正月七日
源　　信　左兵衛督。正月七日正三位。［承和2註］
藤原良房　左中将。正月七日従四位上。［承和2註］
小野　篁　承和…同二正七従五上。［承和14尻］
藤原仲縁　承和二〔三ィ〕正七従五下。［貞観14尻］
◇正月十一日
源　　信　正月…十一日兼近江守。〈左兵衛〉督し如元。［承和2註］
小野　篁　承和二正…十一日備前権守。［承和14尻］
南淵年名　承和二正十一丹波権大掾。［貞観6尻］
◆二月七日
小野　篁　承和二…二月七刑部少輔。［承和14尻］
◇二月是月
安倍安仁　承和…同二二ー遷刑部大輔。有勅為太上天皇嵯峨院別当。［承和5尻］

◆四月辛巳(七日)
文室秋津　四月辛巳く為右中将。［承和2註］
◇四月七日
藤原良房　四月七日任〈権中納言〉(超七人)。今日叙従三位。［承和2註］
四月七権中納言。［承和2註］
◇四月十五日
藤原良房　四月…十五(十六ィ)日兼左兵衛督。［承和2註］
◇四月庚寅(十六日)
源　　信　四月庚寅く兼左中将。［承和2註］
◆五月廿日
源　　弘　承和…同二五廿刑部卿。［承和9尻］
◆七月廿日
文室秋津　七月…廿日兼右衛門督。春宮大夫如元。［承和2註］
紀　百継　七月廿日任〈参議〉。元〔辞く〕右衛門督。近江守等如元。［承和2註］
◇七月卅日

藤原　助　承和…同二七卅〈右〉中将。［承和10尻］

◇七月是月

文室秋津　左中将。使〔検し〕別当。七月｜止中将。［承和2註］

◆八月十四日

滋野貞主　承和…同二八十四任兵部大輔。［承和9尻］

藤原良相　承和…同二八十四右兵衛権大尉。［承和15尻］

◆十一月七日

菅原清公　承和二十一七兼但馬権守。［承和6尻］

◇十一月是月

安倍安仁　承和二…十一月｜治部大輔。［承和5尻］

◆十二月二日

藤原常嗣　〔頭書云〕弁官補任云。承和二十二二借正二位。［承和4頭］

◇十二月廿四日

朝野鹿取　左大弁。十二月廿四日辞大弁。［承和2註］

和気真綱　承和…二十二廿四右大弁。［承和7尻］

◇十二月是月

藤原常嗣　右大弁。遣唐大使。十二月転左大弁〔大使如元〕。［承和2註］

◆是歳

藤原清河　承和二年贈従一位。［宝亀10註］

菅原是善　｜｜徴侍従殿上。承和二｜秀才〔廿二。母服〕。［貞観14尻］

源　冷　生年承和二年乙卯。［寛平2註］

承和三年

◆正月七日

藤原常嗣　遣唐大使。右く大弁。近江守。正月七日正四位下。［承和3註］

安倍安仁　承和…同三正七従四位下〔四十四才〕。［承和5尻］

藤原長良　承和…同三正七従四下。［承和11尻］

小野　篁　承和…同三正七正五下。［承和14尻］

橘　峯継　承和三正七従五上。［承和11尻］

藤原仲縁　承和二〔三ィ〕正七従五下。［貞観14尻］

◇正月十一日

源　弘　承和…同三正十一日兼美作守。〔承和9尻〕

藤原長良　承和三正…十一日右馬頭〔助ィ〕（〈左衛門〉佐如元）。し　〔承和11尻〕

橘　峯継　承和三正…十一日兼丹波守（〈左〉少将如元）。〔承和11尻〕

◆二月七日

和気真綱　〔頭書云〕弁官補任云。承和三年二月七日止内蔵頭。くし　〔承和7頭〕

◇二月是月

菅原清公　承和二十一七兼但馬権守。同三二ー守。〔承和6尻〕

◆五月十五日

藤原愛発　民部卿。五月十五日辞卿。〔承和3註〕

朝野鹿取　五月十五日兼民部卿。〔承和3註〕

◆七月五日

小野　篁　承和三…七月五転〈刑部〉大輔。〔承和14尻〕

◇七月是月

春澄善縄　承和…同三七ー兼但馬介。〔貞観2尻〕

◆九月十九日

紀　百継　九月十九日薨（三位十二年。二位三年。参議二年）。〔承和3註〕

◆十月七日

藤原良相　承和…同三十七内蔵助。〔承和15尻〕

◆十一月廿九日

源　生　承和三十一廿九〔廿五し〕従四上。〔貞観6尻〕

◆是歳

藤原基経　生年承和三年丙辰。く　〔貞観6註〕

生年承和三年丙辰。〔寛平3註〕

源　融　生年承和三年丙辰。〔寛平7註〕

承和四年

◆正月七日

和気真綱　承和…四正七従四上。〔承和7尻〕

◇正月十二日

藤原　助　承和…同四正し十二尾張守。〔承和10尻〕

◇正月是月

百済勝義　承和四正ー相模守。〔承和6尻〕

◆二月一日
藤原良縄　承和四二一内舎人。　［天安2尻］

◇二月十三日
藤原常嗣　右大弁。遣唐大使。二月十三日任大宰権帥。弁使如元。　［承和4註］
〔頭書云〕弁官補任云。承和四…二十三兼大宰権帥。　［承和4頭］

◇二月十六日
藤原常嗣　〔頭書云〕弁官補任云。承和四二…十六日出鴻臚館発向大宰府。　［承和4頭］

◇二月廿日
和気真綱　承和四…二月廿日〔廿三ィ〕兼左中将。〈右大〉弁如元。　［承和7尻］

◆六月七日
清原夏野　左近大将。六月七〈四ィ〉〔八紀略〕日辞大将〈本名繁野。比寺本主〉。宛天王寺。号双岡大臣。　［承和4註］

◇六月廿三日
源　信　近江守。六月廿三日兼左衛門督。守如元。　［承和4註］
源　常　六月廿三日甲寅兼左大将。　［承和4註］

◇六月是月
百済勝義　承和四…六月宮内卿。　［承和6尻］

◆七月七日
清原夏野　七〔十続後紀〕月七日薨。号比大臣〈在官六年〉。　［承和4註］

◆八月是月
清原夏野　八月｜贈正二位。　［承和4註］

◆十月七日
清原夏野　七〔十続後紀〕月七日薨。号比大臣〈在官六年〉。　［承和4註］

◆十二月是月
藤原仲縁　承和…同四十二｜侍従。　［貞観14尻］

◆是歳
大枝音人　承和四｜｜挙秀才。　［貞観6尻］
橘　広相　承和四年丁巳生。　［寛平2註］

承和五年

◆正月七日

藤原良相　承和…同五正七従五下。
〔承和15尻〕

藤原氏宗　承和五正七従五下。
〔嘉祥４尻〕

◇正月十日

藤原三守　正月十日任〈右大臣〉。元東宮傅弾正尹。傅如元。
〔承和５註〕

源　常　正月十日任〈大納言〉。左大将如元。
〔承和５註〕

左大将。正月く任大納言。労七年。く
〔承和５註〕

橘　氏公　正月十日任〈中納言〉。右大将如元。
〔承和５註〕

右大将。正月十日任中納言。労七年。く
〔承和５註〕

安倍安仁　正月十日任〈参議〉。元蔵人頭。
〔承和５註〕

◇正月十三日

源　定　中務卿。正月十三日兼播磨守。卿如元。
〔承和５註〕

源　明　承和五正十三兼加賀守。
〔嘉祥２尻〕

南淵年名　承和…同五正十三式部少丞。
〔貞観６尻〕

◇正月是月

藤原氏宗　承和五正…同月ー式〔民くしイ〕部少輔（年三十）。〔卅一くし〕
〔嘉祥４尻〕

◆六月是月

小野　篁　〔頭書云〕承和五六遣唐使等四船次第泛海。而篁依病不能進発。
〔承和14頭〕

◆七月七日

和気真綱　〔頭書云〕弁官補任云。承和…五年七月七日従四上。くし
〔承和７頭〕

◆八月庚寅（五日）

安倍安仁　八月庚寅く日兼刑部卿。
〔承和５註〕

◇八月五日

源　弘　承和…同五年八五兼治部卿（〈美作〉守如元）。く
〔承和９尻〕

◆十月十五日

小野　篁　承和…同五年十〔十二イ〕十五止官配流隠岐

国。　〔承和14尻〕

◆十一月廿日

滋野貞主　承和…同五十一廿弾正大弼。　〔承和９尻〕

◇十一月廿七日

源　融　承和五十一廿七正四下（加元服日）。　〔嘉祥３尻〕

◇十一月是月

和気真綱　〔頭書云〕弁官補任云。承和五年…十一月兼美作守。くし　〔承和７頭〕

◆十二月十五日

小野　篁　承和…同五年十〔十二ィ〕十五止官配流隠岐国。　〔承和14尻〕

◇十二月是月

小野　篁　〔頭書云〕承和五…十二月勅曰。篁内含綸旨。出使外境。而急〔空紀略〕称病故。不遂国命。准拠律条。可処絞刑。宜降死一等。処之遠流。仍配流隠岐国。　〔承和14頭〕

◆是歳

大枝音人　承和…五年ーー任備中目。　〔貞観６尻〕

承和六年

◆正月二日

源　融　承和…同六正二侍従。　〔嘉祥３尻〕

◇正月七日

菅原清公　正月七日叙〈従三位〉。左京大夫。文章博士如元。勅聴乗牛車到南大庭梨樹底。依老病羸弱行歩有艱也。　〔承和６註〕

滋野貞主　承和…同六正七従四上。　〔承和９尻〕

藤原　助　承和…同六正七従四上。　〔承和10尻〕

橘　峯継　承和…同六正七正五下。　〔承和11尻〕

◇正月十一日

藤原良房　左兵衛督。正月十一日兼按察使。督如元。　〔承和６註〕

滋野貞主　承和六正…十一日兼大和守。　〔承和９尻〕

藤原長良　承和…同六正十一左馬頭。　〔承和11尻〕

源　明　承和…同六正十一兼近江守。　〔嘉祥２尻〕

◇正月是月

正躬王　承和六正ー兼丹波守。　〔承和７尻〕

◆閏正月十一日
藤原良相　承和…同六閏正十一転内蔵頭。［承和15尻］
◆二月廿五日
百済勝義　二月廿五日叙〈従三位〉。［承和6註］
◆七月廿六日
菅原是善　承和…同六七廿六策。［貞観14尻］
◆九月五日
三原春上　弾正大弼。十（九ィ）月五日任伊勢守。［承和6註］
◇九月十六日
藤原常嗣　〔頭書云〕弁官補任云。承和…六年九十六進節刀。［承和4頭］
◇九月廿七日
藤原常嗣　左大弁。権帥。〈遣唐〉大使。くし九月廿七日従三位。［承和6註］
◇九月廿八日
藤原常嗣　〔頭書云〕弁官補任云。承和…六年九十六進節刀。廿八日依功叙従くし三位。［承和4頭］
◆十月五日
三原春上　弾正大弼。十（九ィ）月五日任伊勢守。［承和6註］
◆十一月是月
菅原是善　承和…同六七廿六策。十一月｜判。中上。［貞観14尻］

承和七年

◆正月七日
藤原愛発　正月七日叙正三位。［承和7註］
朝野鹿取　民部卿。正月〔七日続後紀〕正四下。［承和7註］
橘　峯継　承和…同七正七従四下。［承和11尻］
◇正月廿五日
文室秋津　正月廿五日兼丹波守。く春宮大夫。右衛門督。使別当。［承和7註］
◇正月卅日
藤原良相　承和…同七正卅兼因幡守。［承和15尻］
藤原貞守　承和七正卅豊前守（〈春宮〉亮如元）。［仁寿3尻］

◇正月是月

南淵年名　承和…同七正ー蔵人。〔貞観6尻〕

在原行平　承和七正ー蔵人。〔貞観12尻〕

藤原仲縁　承和…同七正ー右兵衛〔衛門ィ〕佐。〔貞観14尻〕

◆三月五日

橘　峯継　承和七…三月五兵部大輔（〈左〉少将如元）。〔承和11尻〕

◇三月是月

藤原長良　承和…同七三ー蔵人頭（従四上権中将者如何）。〔承和11尻〕

◆四月廿三日

藤原常嗣　左大弁。権帥。遣唐大使。四月廿三日薨。〔承和7註〕

◇四月是月

小野　篁　承和…同七四ー召返。〔承和14尻〕

◆六月十日

安倍安仁　刑部卿。六月十日兼左大弁。〔承和7註〕

橘　峯継　承和七…六月十日転右中将。〔承和11尻〕

藤原良相　承和七…六月十日兼左少将（〈内蔵〉頭〈因幡〉守等如元）。〔承和15尻〕

菅原是善　承和…同七六十大学大（少ィ）允。くし　〔貞観14尻〕

◇六月是月

小野　篁　承和七…六月入京被黄衣以拝謝。〔承和14尻〕

藤原氏宗　承和…同七六ー遷左少将。〔嘉祥4尻〕

◆七月七日

藤原三守　皇太子傅。し七月七日薨（在官三年）。贈従一位。号後山科大臣。参木六年。中納言三年。前官六年。大納言十一年。右大臣三年。く　〔承和7註〕

◇七月是月

藤原仲縁　承和七…七月服解。〔貞観14尻〕

◆八月七日

源　常　八月七〔八続後紀〕日任〈右大臣〉。左大将如元。〔承和7註〕

左大将。八月七〔八続後紀〕日任右大臣。労三

年。く　［承和7註］

藤原愛発　八月七〈八続後紀〉日任〈大納言〉。［承和7註］
八月七〈八続後紀〉日任大納言。労九年。く　［承和7註］

和気真綱　八月七〈八続後紀〉任〈参議〉。右大弁如元。本姓磐梨別。右京人也。［承和7註］

◇八月八日

藤原良房　八月八日転〈中納言〉。左兵衛督按察使如元。［承和7註］

正躬王　八月八日任〈参議〉。丹波守如元。元右京大夫。［承和7註］

◇八月十五日

源定　八月十五日淳和天皇崩。仍上表辞所職。許参木。猶為中務卿兼播磨守。賜別封百戸。［承和7註］
八月十五日致仕。中務卿。［承和7註］

◇八月廿一日

藤原氏宗　承和七…八月廿一兼右少弁。［嘉祥4尻］

◇八月廿二日

滋野貞主　承和…同七八廿二大蔵卿（〈大和〉守[67]使如元）。［承和9尻］

◇八月是月

正躬王　去承和七八ー任参議。［貞観3尻］

◆九月是月

藤原仲縁　承和七…七月服解。九月復任。［貞観14尻］

◆十月十八日

三原春上　十月十八日復任弾正大弼。治部卿。伊勢守。［承和7註］

◆十二月是月

在原行平　承和七…十二月辞退〈蔵人〉。［貞観12尻］

◆是歳

藤原氏宗　〔頭書云〕弁官補任云。任右少弁之間兼左近少将任日不詳。承和七任右少将。［嘉祥4頭］

承和八年

◆正月七日

滋野貞主　承和…同八正七兼讃岐守。［承和9尻］

◇正月十二日

正躬王　正月十二日兼大和守。　［承和８註］

源　融　承和…同八正十二兼相模守。　［嘉祥３尻］

◇正月十三日

南淵年名　承和…同八正十三従五下。任筑前守（式部巡）。　［貞観６尻］

◇正月是月

藤原氏宗　承和…同八正ー兼美乃守（〈右少〉弁〈左〉少将如元）。　［嘉祥４尻］

藤原貞守　承和…同八正ー兼信乃介（〈春宮〉亮如元）。　［仁寿３尻］

◆二月是月

伴　善男　承和八二ー大内記（元校書殿）。　［承和15尻］

◆三月廿日

藤原愛発　三月廿日兼民部卿。　［承和８註］

◆七月八日

源　信　左兵衛督。七月八（廿八）日兼武蔵守。　［承和８註］

◆八月十四日

藤原良世　承和八八十四内舎人。　［貞観12尻］

◆閏九月十九日

小野　篁　承和…同八閏九十九復本位正五下。　［承和14尻］

◆十月十日

藤原綱継　今年十月十日正三位云々。　［承和８註］

◇十月十五日

小野　篁　承和八…十月十五任刑部大輔。　［承和14尻］

◆十一月一日

文室秋津　春宮大夫。右衛門督。使別当。十一月一日正四下。　［承和８註］

◇十一月廿日

源　常　左大将。十一月廿日従二位。　［承和８註］

橘　氏公　右大将。十一月廿日正三位。　［承和８註］

在原行平　承和…同八十一廿従五下。　［貞観12尻］

◇十一月廿一日

源　常　十一月…廿一日兼皇太子（恒貞）傅。　［承和８註］

藤原良相　承和…同八十一廿一従五上。　［承和15尻］

◇十一月是月
和気真綱　右大弁。十一月｜兼美作守。　〔承和8註〕

承和九年

◆正月七日
藤原良房　左兵衛督。按察使。正月七日正三位。　〔承和9註〕
正躬王　大和守。正月七日従四上。　〔承和9註〕
平　高棟　｜｜｜正四下。〔承和九年正月七日続後紀〕　〔承和10尻〕
春澄善縄　承和…九年正七従五上。　〔貞観2尻〕
◇正月十三日
朝野鹿取　正月十三日兼越中守。　〔承和9註〕
正躬王　正月…十三日兼左大弁。　〔承和9註〕
安倍安仁　正月十三日遷大蔵卿。　〔承和9註〕
源　明　承和…同九正十三日兼播磨守。　〔嘉祥2尻〕
◇正月是月
百済勝義　正月｜相模守。　〔承和9註〕
滋野貞主　承和…同九正｜式部大輔（〈讃岐〉守如元）。

橘　峯継　承和…同九正｜蔵人頭（従四下右中将兼兵　〔承和9尻〕
部大輔。年卅九）。　〔承和11尻〕
伴　善男　承和…九正｜蔵人。　〔承和15尻〕
◆二月十日
菅原是善　承和…同九二十くし転〈大学〉助。　〔貞観14尻〕
◆三月四日
橘　氏公　三月四日任〈大納言〉。右大将如元。　〔承和9註〕
右大将。三月四日任大納言。労五年。く　〔承和9註〕
◆五月十一日
小野　篁　承和…同九五十一陸奥守。　〔承和14尻〕
◆七月五日
藤原継業　七月五日薨〈六十五歳〉。　〔承和9註〕
◇七月十一日
橘　氏公　七月十一日止〈右〉大将。　〔承和9註〕
藤原良房　七月十一日兼右近大将。　〔承和9註〕

藤原　助　承和…同九七十一左兵衛佐。〔承和10尻〕

◇七月十五日

源　信　七月…同月十五日服解。父太上天皇崩。く〔承和9註〕

◇七月丙辰(廿四日)

源　常　七月丙辰止傅。依廃太子也。左大将如元。〔承和9註〕

◇七月廿五日

藤原良房　七月廿五日任〈大納言〉。按察使如元。同日兼右近大将。〔承和9註〕

七月…同廿五日任大納言。〔承和9註〕

源　信　七月廿五日任〈中納言〉。〔承和9註〕

朝野鹿取　七月廿五日従三位。〔承和9註〕

源　弘　七月廿五日任〈参議〉。元く治部卿美作守。卿く如元。〔承和9註〕

滋野貞主　七月廿五日任〈参議〉。元弾正大弼式部大輔大蔵卿讃岐守。大輔守如元。〔承和9註〕

承和九…七月廿五任参木(五十八才)。〔承和9尻〕

藤原　助　承和九七…廿五日右衛門督。〔承和10尻〕

藤原長良　承和…同九七廿五左兵衛督。〔承和11尻〕

菅原是善　承和九…七月廿五任大内記。〔貞観14尻〕

◇七月廿六日

藤原貞守　承和…同九七くし廿六日太子被廃。仍左遷任越後権守。〔仁寿3尻〕

◇七月是月

七月廃太子。〔承和9註〕

―――

藤原愛発　民部卿。七月日坐事免官。依伴健岑出京外(出京外在山城国久世郡別墅)謀反。〔承和9註〕

七月免〈大納言〉官。〔承和9尻〕

藤原吉野　七月日坐伴健岑謀反事。左降大宰員外帥。〔承和9註〕

大宰権帥。七月左降。〈前中納言〉〔承和9尻〕

文屋秋津　右衛門督。春宮大夫。使別当。七月―坐伴健岑謀反事。左降出雲権守。〔承和9註〕

出雲権守。七月左降権守。〔承和9尻〕

春澄善縄　承和九年…七月日皇太子見廃。以学士左遷周防権守。　[貞観２尻]

◆八月一日

源　明　承和…同九…八月一〔二し〕左京大夫。　[嘉祥２尻]

◇八月乙丑（四日）

――　八月乙丑（立し）道康親王為皇太子。　[承和９註]

◇八月四日

源　常　八月四日又兼傅。　[承和９註]

小野　篁　承和九…八月四東宮学士。　[承和14尻]

◇八月十一日

藤原良房　八月十一日兼民部卿。去〈按察〉使。上表辞職不省云々。　[承和９註]

平　高棟　同九八ー（十一続後紀）大蔵卿。　[承和10尻]

小野　篁　承和九八月…十一日式部少輔。　[承和14尻]

伴　善男　承和九…八月十一日式部大丞。　[承和15尻]

◆九月八日

源　融　承和…同九九し八遷近江権守。　[嘉祥３尻]

◆十月四日

藤原氏宗　承和…同九十四くし任陸奥守。止〈右少〉弁。　[嘉祥４尻]

◇十月五日

藤原氏宗　承和九十…五日従五上（赴任賞）。　[嘉祥４尻]

◇十月十七日

菅原清公　左京大夫。文章博士。十月十七日薨。　[承和９尻]

◆是歳

和気真綱　右大弁。美作守。或説云今年補使別当云々。　[承和９註]

大枝音人　承和…同九ー配流尾張国。　[貞観６尻]

承和十年

◇正月七日

藤原良相　承和…同十正七正五下。　[承和15尻]

◇正月戊戌（九日）

藤原緒嗣　正月…戊戌重上表致仕。勅猶不許。

◇正月十日　〔承和10註〕
藤原冬緒　承和十正十勘解由判官。　〔貞観11尻〕
◇正月辛丑（十二日）
藤原緒嗣　正月…辛丑復上表。　〔承和10註〕
◇正月十三日
藤原良相　承和十正…十三日兼阿波守。　〔承和15尻〕
◇正月庚戌（廿一日）
藤原緒嗣　正月…庚戌勅。左大臣藤原公。先朝之元勳。而朕之旧徳也。近功成くし名遂。老帰於第。正五位下左〔右く〕馬頭春津。是公之孝子。特可授従四位下。以慰目前。　〔承和10註〕
◇正月廿三日
伴　善男　承和…同十正廿三従五下（臨時）。　〔承和15尻〕
◇正月是月
藤原緒嗣　正月｜請致仕。詔不許。　〔承和10註〕
安倍安仁　大蔵卿。春宮大夫。正月｜兼下野守。　〔承和10註〕
藤原長良　承和…同十正｜兼相模守。　〔承和11尻〕
源　生　承和…同十正｜加賀守。　〔貞観6尻〕
◆二月十日
藤原　助　二月十日任〈参議〉。元蔵人頭右衛門督。督如元。　〔承和10註〕
伴　善男　承和十…二月十日讃岐権介。　〔承和15尻〕
在原行平　承和…同十二十侍従。　〔貞観12尻〕
◆三月二日
文室秋津　〔三月二日卒続後紀〕　〔承和10註〕
◇三月廿七日
文室秋津　〔頭書云〕続日本後紀曰。秋津承和十年三月廿七日卒。年五十七云々。卒年曰当年者誤歟。　〔承和13頭〕
◇三月是月
春澄善縄　承和…同十三｜文章博士。　〔貞観2尻〕
◆四月十四日
平　高棟　四月十四日叙〈従三位〉。大蔵卿如元。　〔承和10註〕
◇四月是月

三原春上　四月致仕。　［承和10註］

◆五月是月

安倍安仁　五月ー兼弾正大弼。　［承和10註］

◆六月十一日

朝野鹿取　越中守。六月十一日薨〔頭十一年。参木十一年〕。　［承和10註］

◆七月廿三日

藤原緒嗣　七月廿三日薨（七十才）。在官十九年。公卿四十二年。贈従一位。号山本大臣。墓在法性寺巽。今号観音寺是也。第一富人云々。　［承和10註］

◆八月十五日

橘　奈良麿　後贈太政大臣正二位。承和十八十五贈従三位者。　［勝宝9註］

〔頭書云〕皇代記云。し…奈良丸。承和十年八月十五日贈従三位者。贈太政大臣年月可尋之〔也し〕。　［勝宝9頭］

◆九月十六日

藤原愛発　九十六薨。　［承和10註］

承和十年九十六薨。〔参七中九大三く〕　［承和9註］

◆十二月十八日

三原春上　十二月十八日卒〔頭四年。参議十六年〕。　［承和10註］

承和十一年

◆正月七日

安倍安仁　弾正大弼。春宮大夫。正月七日従四上。兼下野守。　［承和11註］

藤原長良　承和…同十一正七従四上。　［承和11尻］

菅原是善　承和…同十一正七従五下。　［貞観14尻］

◇正月十一日

藤原長良　正月十一日任〈参議〉。元蔵人頭。左兵衛督兼相模守等如元。　［承和11註］

橘　峯継　正月十一日任〈参議〉。元蔵人頭右中将兼兵部大輔。中将如元。　［承和11註］

清原峯成　承和…同十一年正十一越前守。　［天安3尻］

藤原冬緒　承和…同十一正十一式部少丞。　［貞観11尻］

◇正月十七日

正躬王　左大弁。大和守。正月十七日兼遠江守。弁如元。　［承和11註］

◇正月是月

和気真綱　右大弁。正月ー兼美作守。　［承和11註］

藤原良相　承和…同十一正ー蔵人頭。同月ー正五上。　［承和15尻］

◆二月八日

伴　善男　承和…同十一二八右少弁。　［承和15尻］

◇二月是月

藤原良房　民部卿。右大将。二月重兼為按察使。　［承和11註］

◆七月二日

源　常　七月二日任〈左大臣〉（廿二（廿三ィ）日）。左大将東宮傅等如元。　［承和11註］

橘　氏公　七月二日任〈右大臣〉。　［承和11註］
七月二日任右大臣。　［承和11註］

◇七月是月

源　常　左大将。傅。七月ー転左〈大臣〉。　［承和11註］

◆是秋

大枝音人　承和…同九ー配流尾張国。同十一秋帰京。　［貞観6尻］

◆十月是月

正躬王　十月ー兼山城班田長官。　［承和11註］

滋野貞主　十月兼充大和班田長官。　［承和11註］
承和十一年…同十月ー宛大和班田長(68)月官。　［承和9尻］

藤原　助　右衛門督。十月摂津国班田使長官。　［承和11註］

安倍安仁　十月充河内和泉班田長官。　［承和11註］

◆十一月十四日

滋野貞主　十一月十四兼勘解由長官（兼官如元）。式部大輔。讃岐守。　［承和11註］
承和十一年…十一［十四日］く兼勘解由長官。　［承和9尻］

◇十一月是月

清原峯成　承和十一年…十一月ー依犯除名官位。

◆是歳　〔天安3尻〕

滋野貞主　承和…同十一年奉捨城南宅為くし伽藍。名曰慈恩寺。貞主坐禅之余歴遊。〔其間文実〕時人慕之。其夏上表譲式部大輔。不許。〔承和9尻〕

承和十二年

◆正月七日

橘　氏公　正月七日従二位。〔承和12註〕

小野　篁　承和…同十二正七従四下。〔承和14尻〕

◇正月十一日

源　弘　治部卿。正月十一日兼尾張守（卿如元）。〔承和12註〕

正躬王　左大弁。正月十一日兼讃岐守。〔承和12註〕

藤原　助　右衛門督。正月十一日兼加賀守。〔承和12註〕

藤原諸葛　承和十二正十一但馬介。〔元慶3尻〕

◇正月是月

源　舒　承和十二正｜蔵人（十七才）。〔貞観17尻〕

藤原諸葛　承和十二…正月｜蔵人。〔元慶3尻〕

◆三月十一日

菅原是善　承和…同十二三十一文章博士。〔貞観14尻〕

◆四月十九日

大枝音人　承和…同十二四十九く献策。〔貞観6尻〕

◆七月是月

小野　篁　承和十二…七月蔵人頭。〔承和14尻〕

◆十一月十八日

三原春上　続日本後紀曰。三原春上承和十二年十一月十八日卒。〔承和10註〕

◆是歳

滋野貞主　承和…十二年陳便宜十四事。事多不裁。議亦不行。〔承和9尻〕

源　能有　承和十二｜｜生。｜｜｜賜し源朝臣姓。〔貞観14尻〕

紀　長谷雄　生年承和十二年乙丑。〔延喜12註〕

藤原枝良　生年承和十二年乙丑。〔延喜17註〕

承和十三年

◆正月七日

安倍安仁　春宮大夫。大弼。下野守。正月七日正四位下。〔承和13註〕

源　明　承和…同十三正七正四下。〔嘉祥2尻〕

藤原良相　承和…同十三正七従四下。〔承和15尻〕

在原行平　承和…同十三正七従五上。〔貞観12尻〕

◇正月十二日

藤原　助　右衛門督。加賀守。正月十二（十三続後紀）日兼治部卿（守如元）。止右衛門督。〔承和13註〕

◇正月十三日

源　弘　尾張守。正月十三兼左大弁（守如元）。〔承和13註〕

正月十三日解任。〔承和13註〕

正　躬王　左大弁。正月十三日解弁。〔承和13註〕

安倍安仁　正月…十三日兼右大弁。三官〈春宮大夫。大弼。下野守〉如元。〔承和13註〕

〔頭書云〕弁官補任云。承和十三年正月十三日任右大弁。兼弾正大弼。春宮大夫。下野守。〔承和13頭〕

橘　峯継　右中将。兵部大輔。正月十三日兼右衛門督。〔承和13註〕

藤原良相　承和十三正…十三日左近中将。〔承和15尻〕

源　明　承和十三正…十三日刑部卿。〔嘉祥2尻〕

大枝音人　承和…同十三正十三少内記。〔貞観6尻〕

藤原冬緒　承和…同十三正十三転〈式部〉大丞。〔貞観11尻〕

在原行平　承和十三正…同十三日左兵衛〈右衛門ィ〉佐。〔貞観12尻〕

藤原仲縁　承和…同十三正十三右〈左し〉少将。〔貞観14尻〕

◇正月十五日

和気真綱　右大弁。正月十五（十三ィ）日解〈右大〉弁。〔承和13註〕

〔頭書云〕弁官補任云。右大弁。同年月遷去者如何。〔承和13頭〕

◇正月是月

春澄善縄　〔頭書云〕承和十三正月ー兼備中介（本官〈文章〉博士）。〔貞観2頭〕

藤原冬緒　承和十三正…同月蔵人（式部少丞。東宮少進者）。〔貞観11尻〕

藤原仲縁　承和…同十三正十三右〔左し〕少将。…五〔同く〕月ー兼伊勢介。〔貞観14尻〕

◆二月十一日

藤原冬緒　承和十三…二月十一日春宮少進。〔貞観11尻〕

◇二月廿九日

菅原是善　承和…同十三二廿九兼越後介。〔貞観14尻〕

◇二月是月

藤原氏宗　承和…同十三二〔九ィ〕ー式部少輔。〔嘉祥4尻〕

橘　峯継　十二〔十一くし二同ィ〕月兼相模守。〔承和13註〕

◆三月廿七日

文室秋津　三月廿七日〔丙戌し〕[69]卒（五十七）。〔承和13註〕

◆五月廿三日

小野　篁　承和…同十三五廿三任権左中弁。〈東宮〉学士如元。〔承和14尻〕

◇五月廿七日

在原行平　承和十三…七〔五ィ〕月廿七左少将。〔貞観12尻〕

◇五月是月

藤原仲縁　承和十三…五〔同く〕月ー兼伊勢介。〔貞観14尻〕

◆七月廿日

清原峯成　承和…同十三七廿正五下。〔天安3尻〕

◇七月廿七日

在原行平　承和十三…七〔五ィ〕月廿七左少将。〔貞観12尻〕

◆八月十二日

藤原吉野　大宰権帥。八月十二日薨（或云嘉祥元八十三薨云々。続日本後紀同之）。〔承和13註〕

〈承和〉十三年八月十二日薨（五十九才）。

〔承和9註〕

◆九月十四日
小野　篁　承和十三…九月十四日転左中弁。　〔承和14尻〕

◇九月十五日
和気真綱　九月十五〔廿七続後紀〕日無病卒。贈正三位（在官七年）。　〔承和13註〕
九月十五〔廿七続後紀〕日卒。　〔承和13註〕
〔頭書云〕弁官補任云。…依法隆寺善愷訴弁官等各被勘罪不免之間無病而卒。　〔承和13頭〕

◇九月是月
藤原長良　兼官如元。九月ー兼讃岐守。　〔承和13註〕
藤原氏宗　承和…同十三二〔九ィ〕ー式部少輔。　〔嘉祥4尻〕

◆十一月六日
正躬王　十一月六日依法隆寺僧善愷等愁除官位。三十八歳。　〔承和13註〕
承和…同十三十一月六日く依法隆寺僧善愷愁除官位。　〔貞観3尻〕

◇十一月是月
滋野貞主　式部大輔。勘長官。十一月ー止長官。　〔承和13註〕
橘　峯継　十二〔十一くし二同ィ〕月兼相模守。　〔承和13註〕

◆十二月是月
源　弘　十二月充山城班田長官。治部卿。　〔承和13註〕
橘　峯継　十二〔十一くし二同ィ〕月兼相模守。　〔承和13註〕

◆是歳
藤原良房　右大将。按察使。民部卿。月日重抗表請解内外職。優詔不許。　〔承和13註〕

承和十四年

◆正月七日
源　弘　兼官如去年。正月七日従三位。　〔承和14註〕
橘　峯継　兼官如去年。正月七日従四位上。

［承和14註］

源　勤　承和十四正七従四上。［貞観12尻］

伴　善男　承和…同十四正七従五上。［承和15尻］

藤原仲縁　承和…同十四正七従五上。［貞観14尻］

藤原冬緒　承和…同十四正七日従五下。［貞観11尻］

◇正月十日

伴　善男　承和十四…正月十し日蔵人頭（右少弁〈讃岐〉権介）。［承和15尻］

◇正月十二日

藤原　助　兼官如去年。正月十二日兼下野守。［承和14註］

源　定　正月十二日更任〈参議〉。猶中務卿。［承和14註］

中務卿。正月十二日還任〈参議〉。［承和14註］

小野　篁　正月十二日任〈参議〉。元蔵人頭左中弁東宮学士。［承和14註］

伴　善男　承和十四正月…十二日右中弁。［承和15尻］

清原峯成　承和…同十四正十二大和守。［天安3尻］

藤原冬緒　承和十四正…十二日右少弁。［貞観11尻］

源　勤　承和十四正…十二日山城守。［貞観12尻］

藤原良世　承和…同十四正十二左馬権少允。［貞観12尻］

◇正月十三日

源　明　承和…同十四正十三兼越中守。［嘉祥2尻］

◇正月是月

源　融　承和…同十四正ー兼近江守。［嘉祥3尻］

◆二月是月

藤原氏宗　承和…同十四二ー右衛門権佐。［嘉祥4尻］

源　舒　承和…同十四二ー辞退〈蔵人〉。［貞観17尻］

◆四月廿三日

小野　篁　四月廿三日兼弾正大弼。為山城班田使。［承和14註］

藤原良世　承和十四…四月廿三日転〈左馬〉大允。［貞観12尻］

◆五月十日

菅原是善　承和…同十四五十兼春宮学士（大く内記博士如元）。［貞観14尻］

◇五月是月

藤原氏宗　承和十四…五月ㇾ遷左衛門権佐。　［嘉祥4尻］

◆七月廿四日

藤原綱継　七月廿四日薨。贈正二位（頭労く二年。参木四年。前官廿年）。続日本後紀綱継薨日廿六日。　［承和14註］

◆十二月十九日

橘　氏公　十二月十九日薨（在官四年）。贈正〔従く〕一位。号井手右大臣。三位三ケ月。右大将十年。参木六年。中納言五年。大納言三年。右大臣四年。く　［承和14註］

◆是歳

三善清行　生年承和十四年辛卯(70)。　［延喜18註］

承和十五年（嘉祥元年）

◆正月七日

伴　善男　嘉祥元正七従四下（越一し階）。　［承和15尻］

清原峯成　承和…同十五正七従四下。　［天安3尻］

藤原氏宗　承和…同十五正七正五下。　［嘉祥4尻］

春澄善縄　承和…同十五正七正五下。　［貞観2尻］

大枝音人　承和…同十五正七従五下。　［貞観6尻］

源　舒　承和…同十五正七従五下。　［貞観17尻］

◇正月十日

藤原良房　正月十日任〈右大臣〉。右大将如元。　［承和15註］

源　信　正月十日任〈大納言〉。　［承和15註］

源　弘　正月十日任〈中納言〉。　［承和15註］

安倍安仁　正月十日任〈中納言〉。同日従三位。　［承和15註］

藤原良相　正月十日任〈参議〉。元頭左中将阿波守。中将如元。　［承和15註］

◇正月十三日

安倍安仁　正月…十三日兼民部卿。春宮大夫如元。　［承和15註］

源　定　中務卿。正月十三日兼尾張守。　［承和15註］

藤原　助　治部卿。加賀守。正月十三日兼左兵衛督（守如元。止卿歟）。　［承和15註］

藤原長良　左兵衛督。讃岐守。正月十三日任左衛門督。〔承和15註〕

小野　篁　正月十三日兼左大弁。兼信濃守。〔承和15註〕

源　明　承和…同十五正十三日兼阿波守。〔嘉祥2尻〕

藤原貞守　承和…同十五正十三備中守。〔仁寿3尻〕

◇正月是月

正躬王　治部卿。正月更叙従四下。「同日任民部卿」〔恐衍〕〔承和15註〕

◆二月二日

伴　善男　二月二日任〈参議〉。元蔵人頭右中弁。〔承和15註〕

◇二月十四日

伴　善男　二月…同十四日兼右大弁。〔承和15註〕

源　融　承和…同十五二十四任右中将。〔嘉祥3尻〕

藤原貞守　承和十五…二月十四式部少輔。〔仁寿3尻〕

藤原家宗　承和…同十五二十四勘解由判官。〔貞観13尻〕

◇二月廿四日

大枝音人　承和十五…二月廿四大内記。〔貞観6尻〕

◇二月是月

伴　善男　二月…同月｜為河内和泉くし班田使。〔承和15註〕

源　融　承和十五二…同月｜兼美作介。〔嘉祥3尻〕

藤原氏宗　承和十五…二月｜春宮亮。〔嘉祥4尻〕

春澄善縄　〔頭書云〕承和…同十五二｜任備中守。〔貞観2頭〕

◆三月三日

小野　篁　三月三日為し山城班田長官。〔承和15註〕

◇三月是月

藤原　助　三月兼大弼。〔承和15註〕

◆四月三日

藤原　助　四月三日兼官如元。〔承和15註〕

小野　篁　四月三日兼勘長官。〔承和15註〕

◇四月廿三日

藤原良世　承和…同十五四廿三右兵衛大尉。〔貞観12尻〕

◆六月十三日

六月十三日改為嘉祥元年。［承和15註］

―――

◆八月十二日

藤原吉野　〈承和十三年〉八月十二日薨（或云嘉祥元八十三薨云々。続日本後紀同之）。［承和13註］

◆十二月廿七日

正　躬王　嘉祥元十二廿七更叙従四下。［貞観3尻］

◆是歳

源　常　左大将。ーー兼皇太子傅。［承和15註］

承和年中

藤原家宗　承和年文章生。［貞観13尻］

嘉祥二年

◆正月七日

藤原良房　右大将。正月七日従二位。［嘉祥2註］

橘　峯継　兼官如元〔正月七日叙従三位十三日任権中納言続後紀〕［嘉祥2註］

四月十七日従三位（可尋歟）〔続後紀係去年正月七日〕。［嘉祥3註］

小野　篁　左大弁。信乃守。正月七日従四上。［嘉祥2註］

源　多　嘉祥二正七従四上。［仁寿4尻］

◇正月十三日

源　定　正月十三日任〈中納言〉。中務卿如元。［嘉祥2註］

橘　峯継　兼官如元〔正月七日叙従三位十三日任権中納言続後紀〕［嘉祥2註］

今年任権中納言（任日可尋）。去年二月廿七日〔去年正月十三日続後紀〕任之。［嘉祥3註］

藤原冬緒　嘉祥二正十三任伊与介（止〈右少〉弁）。［貞観11尻］

菅原是善　嘉祥二正十三兼讃岐権介（博士学士如元）。［貞観14尻］

◇正月廿一日

源　冷　嘉祥二正廿一従四上（元无位）。［元慶6尻］

◇正月是月

源　定　中務卿。尾張守。正月ー任中納言。

藤原良相　左中将。正月｜兼相模守。　［嘉祥２註］
伴　善男　右大弁。正｜兼下野守。　［嘉祥２註］
藤原仲縁　嘉祥二正｜転〈伊勢〉守。　［貞観14尻］

◆二月廿七日
伴　善男　二廿七兼右衛門督（〈右大〉弁如元）。　［嘉祥２註］
源　明　二月廿七日任〈参議〉。刑部卿阿波守如元。晏駕後。　［嘉祥２註］
橘　峯継　今年任権中納言（任日可尋）。去年二月廿七日（去年正月十三日続後紀）任之。　［嘉祥３註］
藤原氏宗　嘉祥二二廿七日更任右中弁。　［嘉祥４尻］

◆五月是月
小野　篁　五月依病辞官。停左大弁ィ。　［嘉祥２註］
藤原良相　五月兼按察使（春宮大夫ィ）。　［嘉祥２註］

◆六月十四日
伴　善男　六月十四日為検非違使別当。　［嘉祥２註］

◆七月一日
清原峯成　嘉祥二七一美乃守。　［天安３尻］

◇七月是月
清原峯成　嘉祥二七…同月弾正大弼。　［天安３尻］

◆九月廿六日
滋野貞主　式部大輔。勘長官。九月廿六日兼宮内卿。く　［嘉祥２註］
藤原良相　九月廿六任右大弁。〈左〉中将如元。　［嘉祥２註］
伴　善男　九月廿六日兼式部大輔。く止〈右大〉弁。　［嘉祥２註］

◆十月廿七日
藤原家宗　嘉祥三（二一くし）十一廿七春宮少進（元文章生）。　［貞観13尻］

◆十一月是月
清原峯成　嘉祥二…十一月賜姓清原真人。　［天安３尻］

◆十二月九日
清原峯成　嘉祥二…十二月九日左中弁。　［天安３尻］

嘉祥三年

◆正月七日

源　融　正月七日叙〈従三位〉。　［嘉祥3註］
藤原良相　右大弁。左中将。春宮大夫。按察使。相模守。正月七日従四上。　［嘉祥3註］
藤原氏宗　嘉祥…同三正七従四下。　［嘉祥4尻］
藤原貞守　嘉祥三正七正五下。　［仁寿3尻］

◇正月十五日
藤原長良　左衛門督。正月十五兼伊世守（督如元）。　［嘉祥3註］
藤原貞守　嘉祥三正…同十五日兼備前守。　［仁寿3尻］
源　多　嘉祥…同三正十五阿波守。　［仁寿4尻］
藤原良縄　嘉祥三正十五左馬大允。　［天安2尻］
南淵年名　嘉祥三正十五尾張守。　［貞観6尻］

◇正月十七日
正躬王　嘉祥…同三正十七日治部卿。　［貞観3尻］

◆三月十九日
源　多　〔頭書云〕或書云。嘉祥三十九〔三三十九く〕阿波守従四上多出家者。又く続日本後紀云。嘉祥三年三月十九日仁明天皇御出家日。源朝臣多出家者如何。(71)　［仁寿4頭］

◇三月廿一日
――　三月廿一日天皇（仁明）崩。皇太子（文徳。年廿四く）受禅。　［嘉祥3註］
源　常　三月廿一日停傅（依受禅也）。左大将如元。　［嘉祥3註］
安倍安仁　民部卿。三月廿一止春宮大夫。　［嘉祥3註］

◆四月一日
藤原良縄　嘉祥三四月…同月一日く内蔵権助。　［天安2尻］

◇四月十六日
――　四月十六日甲子(72)〈文徳〉即位。　［嘉祥3註］
伴　善男　右衛門督。使別当。式部大輔。下野守。四月十六日従四上。　［嘉祥3註］

◇四月十七日
源　常　左大将。東宮傅。四月十七日正二位。　［嘉祥3註］
源　信　四月十七日従二位。　［嘉祥3註］
源　定　中務卿。尾張守。四月十七日正三位。　［嘉祥3註］

安倍安仁　四月十七日叙従三位。　［嘉祥３註］
橘　峯継　四月十七日従三位（可尋歟）〔続後紀係去年正月七日〕。　［嘉祥３註］
滋野貞主　式部大輔。宮内卿。四月十七正四下。　［嘉祥３註］
藤原　助　左兵衛督。四月十七正四下。大弼。　［嘉祥３註］
小野　篁　信乃守。四月十七正四下。　［嘉祥３註］
藤原長良　四月十七日正四下。　［嘉祥３註］
藤原良相　四月十七日正四下。　［嘉祥３註］
春澄善縄　嘉祥三四十七従四下（文徳天皇御即位日）。　［貞観２尻］
菅原是善　嘉祥…同三四十七正五下（御即位日。一階歟）。　［貞観14尻］
◇四月是月
伴　善男　四月…同月－兼皇太后宮大夫。　［嘉祥３註］
藤原氏宗　嘉祥三…四月－蔵人頭。　［嘉祥４尻］
藤原良縄　嘉祥三…四月－補蔵人。　［天安２尻］
清原峯成　嘉祥…同三四－蔵人頭。　［天安３尻］

藤原良世　嘉祥三四－蔵人。同月－右衛門少尉。　［貞観12尻］
◆五月十七日
源　融　五月十七任右衛門督。　［嘉祥３註］
◇五月是月
藤原氏宗　嘉祥三…五月兼右中将（〈右中〉弁如元）。　［嘉祥４尻］
藤原良世　嘉祥三…五月－転〈右衛門〉大尉。　［貞観12尻］
◆七月十七日
藤原冬嗣　嘉祥三七十七贈太政大臣（依文徳天皇知天下也）。号閑院大臣。文徳外祖。［天長３註］
◆八月五日
滋野貞主　八月五日兼相模守。　［嘉祥３註］
◇八月十日
藤原長良　八月（九ィ）月十日従三位。　［嘉祥３註］
◆九月十日
藤原長良　八月（九ィ）月十日従三位。　［嘉祥３註］
◇九月廿三日

藤原長良　〔頭書云〕文徳実録云。〈嘉祥三年〉九月廿三丁酉。進参議左衛門督正四下藤原朝臣長良階従三位。　［承和11頭］
〔頭書云〕文徳実録云。九月廿三丁酉。進参議左衛門督正四位下藤原朝臣階従三位。　［嘉祥３頭］

◆十月九日

源　多　〔頭書云〕或書云。嘉祥三十九〔三三十九く〕阿波守従四上多出家者。又く続日本後紀云。嘉祥三年三月十九日仁明天皇御出家日。源朝臣多出家者如何(71)。　［仁寿４頭］

◇十月是月

小野　篁　十月止〈勘解由カ〉長官。　［嘉祥３註］

菅原是善　嘉祥三…十月｜加賀権守〈博士〈讃岐〉権介如元〉。　［貞観14尻］

◆十一月七日

藤原氏宗　嘉祥三…十一月七右大弁。〈〈右〉中将如元〉。　［嘉祥４尻］

藤原貞守　嘉祥三…十一月七右中弁。〈備前〉守如元。

［仁寿３尻］

◇十一月廿五日

源　信　十一月廿五日兼皇太子傅〈清和〉。　［嘉祥３註］

藤原長良　十一月廿五日正三位。　［嘉祥３註］

大枝音人　嘉祥三十一廿五兼東宮学士。　［貞観６尻］

藤原冬緒　嘉祥…同三十一廿五春宮亮。　［貞観11尻］

◇十一月廿七日

藤原家宗　嘉祥三〔二くし〕十一廿七春宮少進〈元文章生〉。　［貞観13尻］

◇十一月廿九日

藤原良相　十一月廿九日転左大弁。兼官如元。　［嘉祥３註］

南淵年名　嘉祥三…十一月廿九式部少輔。　［貞観６尻］

◆十二月是月

源　明　十二月｜出家。法名素然。於横川仁寿二十二｜入滅〈九十〉。号横川宰相入道。在官二年。刑部卿。阿波守。く　［嘉祥３註］

◆是歳

橘　峯継　今年任権中納言〔任日可尋〕。去年二月廿七日〔去年正月十三日続後紀〕任之。〔嘉祥3註〕
右中将。ーー任権中納言〔恐誤〕。〔嘉祥3註〕

源　生　嘉祥三ー任山城守。〔貞観6尻〕

嘉祥四年（仁寿元年）

◆正月十一日

藤原　助　左兵衛督。信乃守〔任日可尋し正月十一日任文実〕。〔嘉祥4註〕

小野　篁　正月十一日兼近江守。〔嘉祥4註〕

伴　善男　皇太后宮大夫。右衛門督。使別当。式部大輔。正月十一日兼美作守。兼官如元。〔嘉祥4註〕

源　勤　嘉祥四正十一阿波守。〔貞観12尻〕

◆二月是月

源　生　嘉祥…同四二ー左京大夫。〔貞観6尻〕

◆四月五日

菅原是善　仁寿元四五始講文選。〔貞観14尻〕

◇四月廿八日

――――　四月廿八日改為仁寿元年。〔嘉祥4註〕

◆七月二日

藤原氏宗　仁寿元七二聴禁色宣旨。蔵人頭下弾正。〔嘉祥4尻〕

藤原良縄　仁寿元七二禁色。〔天安2尻〕

藤原仲縁　仁寿元七二禁色。〔貞観14尻〕

〔頭書云〕仁寿元…七月二日有禁色宣旨。〔貞観14頭〕

◇七月八日

藤原冬緒　仁寿元七八兼遠江権守。〔貞観11尻〕

◆八月是月

源　融　右衛門督。[八月兼く]伊世守。〔嘉祥4註〕

◆十月是月

春澄善縄　仁寿元十ー解任。〔貞観2尻〕

◆十一月七日

藤原良房　右大将。十一月七日正二位(73)階。家夫人正四位下源朝臣潔姫叙従三位。〔嘉祥4註〕

◇十一月廿六日

源　弘　十一月廿六日正三位。　〔嘉祥4註〕
藤原長良　左衛門督。伊世守。或本云今年十一月廿六日叙正三位云々。　〔嘉祥4註〕
藤原貞守　仁寿元十一廿六従四下。　〔仁寿3尻〕
藤原良世　仁寿元十一廿六従五下。　〔貞観12尻〕

◆十二月七日
藤原氏宗　十二月七〔廿五文実〕日任〈参議〉。元蔵人頭右大弁兼右中将〈弁中将如元〉。　〔嘉祥4註〕

◇十二月廿五日
藤原良相　十二月廿五日任〈権中納言〉。同日従三位。左中将〈春宮〉大夫〈按察〉使如元。　〔嘉祥4註〕
平　高棟　十二月廿五日任〈参議〉。大蔵卿如元。　〔嘉祥4註〕

◇十二月廿六日
正躬王　治部卿。十二月廿六従四上。　〔嘉祥4註〕

◇十二月是月
藤原良相　左大弁。左中将。春宮大夫。按察使。十二月任権中納言。[労四年。く]　〔嘉祥4註〕
平　高棟　大蔵卿。十二月任参木。　〔嘉祥4註〕

◆是歳
藤原仲縁　〔頭書云〕仁寿元[補し]蔵人頭。　〔貞観14頭〕

仁寿二年

◆正月十日
小野　篁　左大弁。近江守。正月十日病痊〔療し〕。復任左大弁。　〔仁寿2註〕

◇正月十五日
源　多　仁寿二正十五日阿波守。　〔仁寿4尻〕

◇正月廿九日
藤原良縄　仁寿…同二正廿九従五下。　〔天安2尻〕

◇正月是月
春澄善縄　仁寿…同二正｜但馬守。　〔貞観2尻〕
藤原基経　仁寿二正｜蔵人〈蔭孫無位。年十七〉。　〔貞観6尻〕
藤原仲縁　仁寿…同二正｜兼備前介。　〔貞観14尻〕

◆二月八日
滋野貞主　宮内卿。相模守。十二月十日〔二月八日文

実〕卒（六十八才）。毒瘡発唇吻。於慈恩寺西書院卒。知与不知莫不流涕。〔十一年く〕 ［仁寿2註］

◇二月十八日
清原峯成　仁寿二二十八越前守。受領。止〈左中〉弁。 ［天安3尻］

◇二月廿八日
藤原貞守　仁寿二…二月廿八左中弁。 ［仁寿3尻］
藤原冬緒　仁寿…同二二廿八右少弁（〈春宮〉亮〈遠江〉権守如元）。 ［貞観11尻］

◇二月是月
藤原貞守　仁寿…同二二ー蔵人頭。 ［仁寿3尻］
源　多　仁寿二…二月宮内卿。 ［仁寿4尻］
藤原良世　仁寿…同二[二し]ー転右衛門権佐（検非違使補任不注。若正佐歟）。 ［貞観12尻］

◆五月十五日
藤原氏宗　右大弁。右中将。五月十五日補使別当。 ［仁寿2註］

◇五月是月
伴　善男　皇太后宮大夫。美作守。右衛門督。使別当。五月ー停別当。 ［仁寿2註］

◆八月廿二日
清原峯成　仁寿二…八月廿二日大弼。 ［天安3尻］

◇八月是月
源　定　中務卿。八月兼右兵衛督。止卿。 ［仁寿2註］

◆九月是月
伴　善男　九月ー兼式部大輔。 ［仁寿2註］

◆十一月一日
大枝音人　仁寿二十一一民部少輔（学士如元）。 ［貞観6尻］

◆十二月十日
滋野貞主　宮内卿。相模守。十二月十日（二月八日文実〕卒（六十八才）。毒瘡発唇吻。於慈恩寺西書院卒。知与不知莫不流涕。〔十一年く〕 ［仁寿2註］

◇十二月十九日
小野　篁　十二月十九日従三位。 ［仁寿2註］

◇十二月廿二日

小野　篁　十二月…同廿二日卒。不叙三位者如何（或本。貞観二十廿くし二日卒。五十七く）。　［仁寿２註］

◇十二月是月

源　明　〈嘉祥三年〉十二月｜出家。法名素然。於横川仁寿二十二｜入滅（九十）。　［嘉祥３註］

仁寿三年

◆正月七日

伴　善男　皇太后宮大夫。式部大輔。正月七日正四下。　［仁寿３註］

藤原氏宗　左大弁。右中将。使別当。正月七従四上。　［仁寿３註］

在原行平　仁寿三正七正五下。　［貞観12尻］

藤原仲縁　仁寿…同三正七正五下。　［貞観14尻］

藤原諸葛　仁寿三正七従五下。　［元慶３尻］

◇正月十六日

藤原　助　左兵衛督。正月十六日兼近江守。督如元。　［仁寿３註］

藤原貞守　仁寿…同三正十六右大弁。　［仁寿３尻］

源　多　仁寿…同三正十六美作守。　［仁寿４尻］

正躬王　仁寿三正十六兼丹波守。　［貞観３尻］

藤原冬緒　仁寿…同三正十六左少弁（兼官如元）。　［貞観11尻］

在原行平　仁寿三正…十六日兼備中権介（〈左〉少将如元）。　［貞観12尻］

菅原是善　仁寿…同三正十六大学頭（〈讃岐〉権介〈文章〉博士如元）。　［貞観14尻］

◇正月是月

源　定　正月｜兼左兵衛督。　［仁寿３註］

藤原常行　仁寿三正｜補蔵人（蔭孫无位。年十八）。　［貞観６尻］

◆二月七日

南淵年名　仁寿三二七従五上。　［貞観６尻］

◇二月庚寅（三十日）

藤原良房　右大将。二月庚寅晦天皇幸第。以覧桜花。置酒興楽。六位以上会者皆禄各有差。

［仁寿3註］

◆三月甲午（四日）

藤原良房　三月甲午加従三位源朝臣潔姫正三位。授正六位下難波連蘰丸外従五位下。縁去月遊賞右大臣第而恩及家人也。［仁寿3註］

◇三月十六日

源　多　仁寿三…三月十六〈宮内〉卿如元。［仁寿4尻］

◆四月一日

藤原良縄　仁寿三四…同〔七〕月一日く侍従（〈内蔵権助如元）。［天安2尻］

◇四月十日

藤原良縄　仁寿…同三四十転〈内蔵〉助。［天安2尻］

◇四月是月

伴　善男　四月ｌ兼中宮大夫。〈式部〉大輔如元。［仁寿3註］

藤原良縄　仁寿三四…同〔七く〕月補蔵人頭。［天安2尻］

◆五月廿九日

藤原　助　五月廿九日卒。［仁寿3註］

◆七月一日

源　多　仁寿三…七月一日兼備中守。〈宮内〉卿如元。［仁寿4尻］

藤原良縄　仁寿三四…同〔七〕月一日く侍従（〈内蔵〉助如元）。［天安2尻］

大枝音人　仁寿…同三七一更大内記（〈民部〉少輔如元）。［貞観6尻］

◇七月是月

藤原氏宗　七月ｌ兼近江守。［仁寿3註］

藤原良縄　仁寿三四…同〔七く〕月補蔵人頭。［天安2尻］

◆八月八日

藤原貞守　八月八日任〈参議〉。元蔵人頭。右大弁如元。［仁寿3註］

◇八月是月

藤原良世　仁寿…同三八ｌ左兵衛権佐。［貞観12尻］

◆十月廿二日

菅原是善　〔頭書云〕仁寿三十ｌ〔廿二文実〕奏請。文章生未出身者。及第之後不経勘籍預〔考例文実〕。許之。任式部大輔事。文時卿申状云。如曾祖父是善朝臣者労僅三年。権大輔二年。正大輔一年。　〔貞観14頭〕

◇十月是月

春澄善縄　仁寿…同三十―賜姓朝臣。　〔貞観２尻〕

大枝音人　仁寿三…十月改判下第。　〔貞観６尻〕

◆十一月廿六日

正躬王　仁寿三…十一月廿六従四上。　〔貞観３尻〕

仁寿四年（斉衡元年）

◆正月七日

高枝王　正月七日叙〈従三位〉。　〔仁寿４註〕

大枝音人　仁寿…同四正七従五上。　〔貞観６尻〕

藤原冬緒　仁寿…同四正七従五上。　〔貞観11尻〕

源　直　仁寿四正七従五下。　〔仁和２尻〕

◇正月十六日

伴　善男　中宮大夫。式部大輔。正月十六日兼讃岐守。[大夫]し大輔如元。　〔仁寿４註〕

藤原貞守　右大弁。正月十六日兼下野守。弁如元。　〔仁寿４註〕

藤原良縄　斉衡元正十六兼播磨介（〈内蔵〉助侍従如元）。　〔天安２尻〕

藤原良世　仁寿…同四[正]くし十六右兵衛佐。　〔貞観12尻〕

◇正月是月

源　生　仁寿四正―兼美作守。　〔貞観６尻〕

藤原常行　斉衡元正―任右衛門少尉。　〔貞観６尻〕

藤原基経　仁寿…同四正―左兵衛少尉。　〔貞観６尻〕

藤原山陰　仁寿四正―左馬大允。　〔元慶３尻〕

◆三月十四日

在原行平　仁寿…同四三十四備中介。　〔貞観12尻〕

◆四月一日

―――　四月一日皇太后正子内親王為大皇太后（皇太后ィ）。皇后夫人藤原順子為皇太后。　〔仁寿４註〕

◆六月十三日

源　常　左大将。六月十三日薨（在官十五年）。

◇六月十四日　[仁寿4註]

源　常　六月…十四日贈正一位。号東三条左大臣。　[仁寿4註]

◆八月庚辰(廿八日)

源　融　右衛門督。八月庚辰く兼伊世守。　[仁寿4註]

◇八月廿八日

藤原良房　右大将。八月廿八日転左大将。　[仁寿4註]

源　信　八月廿八日兼右大将。傅如元。　[仁寿4註]

藤原良相　八月廿八日任〈権大納言〉。按察使如元。　[仁寿4註]

左中将。按察使。八月廿八日任権大納言。　[仁寿4註]

藤原長良　八月廿八日任〈権中納言〉。左衛門督如元。　[仁寿4註]

平　高棟　大蔵卿。八月廿八日兼春宮大夫。卿如元。　[仁寿4註]

藤原氏宗　左大弁。右中将。使別当。八月廿八日転左し〈中将〉〈弁別当如元〉。　[仁寿4註]

源　多　八月廿八日任〈参議〉。元宮内卿備中守。卿守如元。　[仁寿4註]

高　枝王　八月廿八日任大蔵卿〈卿二人如何〉。　[仁寿4註]

藤原良縄　斉衡元…八月廿八日兼春宮亮〈三官〈播磨介内蔵助侍従〉如元。　[天安2尻]

源　冷　仁寿四八廿八右馬頭。　[元慶6尻]

◇八月是月

藤原長良　左衛門督。八月任く権中納言。労十年。　[仁寿4註]

◆九月廿三日

源　信　九月廿三日止〈右〉大将。　[仁寿4註]

藤原良相　九月廿三日兼右大将〈〈按察〉使如元〉。　[仁寿4註]

源　勤　仁寿四九廿三右中将。　[貞観12尻]

◇九月是月

春澄善縄　仁寿…同四九ー刑部大輔〈〈但馬〉守如元〉。　[貞観2尻]

◆十月十一日
藤原基経　仁寿四…十月十一日従五下。任侍従。［貞観6尻］
◆十一月二日
藤原基経　仁寿四…十一月二日侍従。［貞観6尻］
◇十一月廿九日
――　十一月廿九日改為斉衡元年。［仁寿4註］
◇十一月是月
藤原良縄　斉衡元…十一月ー兼左兵衛権佐。［天安2尻］
藤原家宗　斉衡元十一ー蔵人。［貞観13尻］

斉衡二年

◆正月五日
源　舒　斉衡二正五美乃権介。［貞観17尻］
◇正月七日
藤原良相　右大将。正月七日正三位。［斉衡2註］
橘　峯継　正月七日正三位。［斉衡2註］
伴　善男　中宮大夫。讃岐守。正月七日従三位。［斉衡2註］
正躬王　治部卿。正月七日正四位下。［斉衡2註］
斉衡二正七正四下。［貞観3尻］
藤原貞守　下野守。旧右大弁。正月七日従四上。［斉衡2註］
清原峯成　斉衡二正七従四上。［天安3尻］
在原行平　斉衡二正七従四下。［貞観12尻］
菅原是善　斉衡二正七従四下。［貞観14尻］
藤原仲縁　斉衡二正七従四下。［貞観14尻］
藤原常行　斉衡…同二正七従五下。任右衛門佐。［貞観6尻］
◇正月十五日
源　多　宮内卿。正月十五日兼越前権守(卿如元)。［斉衡2註］
正躬王　正月…同月(十五日文実)任大宰大弐。［斉衡2註］
斉衡二正…十五日大宰大弐。［貞観3尻］
藤原基経　斉衡二正十五左兵衛佐。［貞観6尻］
源　勤　斉衡二正十五兼伊与守(〈右〉中将如元)。

在原行平　斉衡二正…十五日因幡守。　［貞観12尻］
藤原良世　斉衡二正十五兼伊与介。　［貞観12尻］
藤原諸葛　斉衡二正十五加賀権介。　［元慶3尻］
◇正月是月
安倍安仁　民部卿。正月兼按察使。卿如元。　［斉衡2註］
藤原仲縁　斉衡二正…同月転〈備前〉権守。　［貞観14尻］
◆二月是月
藤原貞守　二月｜兼式部大輔。止〈右大〉弁。　［斉衡2註］
清原峯成　斉衡二…二月右大弁。く　［天安3尻］
源　生　斉衡二二｜治部卿。　［貞観6尻］
◆三月廿一日
菅原是善　斉衡二…三月廿一文選講畢。　［貞観14尻］
◇三月是月
藤原保則　斉衡二三｜任治部少丞。　［寛平4尻］
◆四月廿日
藤原基経　斉衡二…同四月〔閏四月く〕廿日蔵人。　［貞観6尻］
◆閏四月廿日
藤原基経　斉衡二…同四月〔閏四月く〕廿日蔵人。　［貞観6尻］
◆七月是月
百済勝義　七月｜薨。　［斉衡2註］
◆八月廿三日
源　直　斉衡二八廿三侍従。　［仁和2尻］
◇八月辛亥（ナシ）
藤原冬緒　斉衡二八月辛亥く肥後守〔止〈左少〉弁〕。　［貞観11尻］

斉衡三年

◆正月七日
藤原良縄　斉衡…同三正七従五上。　［天安2尻］
藤原家宗　斉衡元…同三正くし七従五下。　［貞観13尻］
◇正月十一日
大枝音人　斉衡三正十一兼左少弁〔学士如元〕。兼修理東大寺大仏像長官。　［貞観6尻］

◇正月丙辰（十二日）

藤原保則　斉衡…同三正丙辰く民部大丞。［寛平4尻］

◇正月十四日

藤原良縄　斉衡…同三正十四右中弁。去〈左兵衛権〉佐。他官如元。［天安2尻］

◇正月是月

藤原仲縁　斉衡…同三正ー兼左馬頭。［貞観14尻］

藤原山陰　斉衡三正ー右衛門少尉。［元慶3尻］

源　冷　斉衡三正但馬守。［元慶6尻］

◆二月是月

藤原良縄　斉衡三…二月ー兼内蔵権頭。［天安2尻］

◆三月二日

菅原是善　斉衡…同三三二左京大夫（〈文章〉博士如元）。ーー修理東大寺大仏使長官。［貞観14尻］

◇三月是月

藤原山陰　斉衡三…三月遷左〈衛門少〉尉。［元慶3尻］

◆四月廿四日

藤原良縄　斉衡三四廿四蔵人頭。于時右中弁。兼内蔵権頭。春宮亮。播磨介。［天安2尻］

◆閏四月廿日

藤原良縄　斉衡三…[74]閏四月廿日蔵人頭。［天安2尻］

◆五月是月

藤原家宗　斉衡三…五月ー大炊頭。［貞観13尻］

◆六月廿三日

藤原長良　左衛門督。六月廿三日叙従二位。［斉衡3註］

◇六月是月

南淵年名　斉衡三六ー蔵人頭。［貞観6尻］

◆七月三日

藤原長良　七月三日薨。…号琵琶殿。陽成院外祖也。［斉衡3註］

◆八月是月

藤原氏宗　左大弁。左中将。近江守。使別当。八月ー兼左衛門督。大弁別当如元。［斉衡3註］

◆九月是月

源　融　九月日任〈参議〉。兼右衛門督。伊世守。く［斉衡3註］
右衛門督。伊勢守。九月日任参木。［天安2尻］

◆十月是月
安倍安仁　十月｜任〈権大納言〉。民部卿按察使如元。　[斉衡3註]
民部卿。按察使。十月任権大納言。　[斉衡3註]
南淵年名　斉衡三…十月くし兼春宮権亮。　[貞観6尻]

◆十一月三日
橘　峯継　十一月〔三日文実〕転〈中納言〉。　[斉衡3註]

◆是歳
藤原良房　左大将。或本云。月日任左大臣（元右大臣。左大将如元云々。五十二）。斉衡四二十九日任太政大臣者。可尋之。　[斉衡3註]
藤原良相　右大将。今年転正〈大納言〉歟。或本。猶権大納言。　[斉衡3註]
藤原菅根　生年斉衡三年丙子。　[延喜8註]
藤原玄上　斉衡三年丙子生。　[延喜19註]
生年斉衡三年丙子。　[承平3註]
藤原道明　生年斉衡三年丙子。　[延喜20註]
源　悦　生年斉衡三年丙子。　[延長8註]

斉衡四年（天安元年）

◆正月七日
藤原良縄　天安元正七正五下。　[天安2尻]
藤原良世　斉衡…四正七従五上。　[貞観12尻]

◇正月十四日
藤原良縄　天安元正…十四日兼備前権守。　[天安2尻]
春澄善縄　斉衡四正十伊与守。　[貞観2尻]
源　冷　斉衡四正十四近江守。　[元慶6尻]

◇正月十九日
藤原良縄　天安元正…十九日兼右中将（〈右中〉弁〈内蔵〉権頭〈備前〉権守如元）。　[天安2尻]
在原行平　斉衡…同四正十九兼兵部大輔（〈因幡〉守如元）。　[貞観12尻]

◇正月是月
源　融　右衛門督。伊世守。く正月｜兼備中守。　[斉衡4註]
源　勤　斉衡…同四正｜右〔左ィ〕兵衛督。

◆二月十六日
藤原家宗　斉衡…同四二十六兵部少輔。［貞観12尻］［貞観13尻］

◇二月十九日
藤原良房　二月十九日任〈太政大臣〉。［斉衡4註］
斉衡四二十九日任太政大臣者。可尋之。［斉衡3註］
源　信　二月十九日任〈左大臣〉。傅如元。［斉衡4註］
藤原良相　二月十九日任〈右大臣〉。右大将如元。［斉衡4註］

◇二月廿日
藤原良房　二月…同廿日上表。有勅不許。或本云。元左大臣左大将。或本云。不任左大臣。自右大臣任之。［斉衡4註］

◇二月廿二日
――　二月廿二（廿ィ）日改為天安元年。［斉衡4註］

◇二月是月
藤原良房　左大将。二月〡任太政大臣。［斉衡4註］
源　信　春宮傅。二月〡任左大臣。労十年。く［斉衡4註］
藤原良相　二月任右大臣。右大将。し［斉衡4註］

◆三月是月
藤原基経　天安元三〡少納言。同月〡（同二正十五ィ）兼左兵衛佐（少納言侍従如元）。［貞観6尻］

◆四月二日
在原行平　斉衡四…四月二日左馬頭。［貞観12尻］

◇四月九日
藤原良縄　天安元…四月九日従四下。［天安2尻］

◇四月十八日
安倍安仁　四月十八日（六日文実）転〈大納言〉。［斉衡4註］

◇四月十九日
藤原良房　四月十九従一位。［斉衡4註］
藤原良相　四月十九日転兼左大将。叙従二位。［斉衡4註］
安倍安仁　四月…十九日兼右大将〈〈民部〉卿〈按察〉使

藤原良縄　如元）。〔斉衡４註〕
天安元…四月十九日転左中将。〔天安２尻〕

◇四月是月
藤原氏宗　左大弁。左衛門督。使別当。四月―兼伊与権守。〔斉衡４註〕

◆五月八日
南淵年名　天安元五八正五下。任式部大輔（〈春宮〉権亮如元）。〔貞観６尻〕
菅原是善　天安元五八兼美作権守。〔貞観14尻〕

◆六月十八日
源　定　左兵衛督。六月十八日辞左督。〔斉衡４註〕
源　多　宮内卿。越前権守。六月十八日兼左兵衛督。止卿。守如元。〔斉衡４註〕
高枝王　六月十八日宮内卿。〔斉衡４註〕
藤原良縄　天安元…六月十八日転右大弁。〈左〉中将〈内蔵〉権頭如元。〔天安２尻〕
清原峯成　天安元年六月十八日任大蔵卿（止〈右大弁〉）。く〔天安３尻〕
藤原家宗　斉衡四…六月十八日右少弁。〔貞観13尻〕

◆八月廿九日
菅原是善　天安元…八月廿九日始講漢書。〔貞観14尻〕

◆九月十日
藤原良縄　天安元…九月十日兼勘解由長官。〔天安２尻〕

◇九月十四日
南淵年名　天安元…九月十四日転春宮亮。〔貞観６尻〕

◇九月是月
藤原常行　斉衡…同四九―周防権守。〔貞観６尻〕
藤原仲縁　天安元九―民部大輔。〔貞観14尻〕

◆十月廿七日
源　直　天安元十廿七中務少輔。〔仁和２尻〕

◆十二月是月
春澄善縄　斉衡四…十二月―右京大夫（兼字）。〔貞観２尻〕
藤原仲縁　天安元…十二月―兼加賀守。〔貞観14尻〕

天安二年

◆正月五日

源　勤　天安二正〔七ィ（三実）〕五宮内卿。［貞観12尻］

◇正月七日

春澄善縄　天安二正七従四上。［貞観2尻］

南淵年名　天安…同二正七従四下。［貞観6尻］

忠 貞 王　天安二正七従四下（元無位）。［元慶3尻］

◇正月十五日

藤原基経　天安元三…同月｜〔同二正十五ィ〕兼左兵衛佐（少納言侍従如元）。［貞観6尻］

◇正月十六日

源　多　正月十六日兼信乃守。［天安2註］

藤原良縄　天安…同二正十六改兼讃岐守（受領）。［天安2尻］

清原峯成　天安…同二正十六兼因幡守。［天安3尻］

菅原是善　天安…同二正十六兼伊与守（〈文章〉博士如元）。［貞観14尻］

◆二月壬申（九日）

――　二月七日壬申(75)右大臣良相。左中弁良縄等行春日祭。［天安2註］

◆三月十八日

大枝音人　天安二三十八丹波守（止〈左少〉弁）。〔頭書云〕弁官補任云。不任文章生博士。而受領補任云。丹波守之日。元文章博士者如何。［貞観6尻・頭］

◇三月廿三日

南淵年名　天安二…三月廿三兼右京大夫（〈式部〉大輔如元）。［貞観6尻］

◇三月是月

藤原山陰　天安二三｜春宮大進。［元慶3尻］

◆四月二日

源　舒　天安二四二雅楽頭。［貞観17尻］

◇四月十八日

伴　善男　中宮大夫。四月十八日正三位。［天安2註］

◆五月乙亥（十五日）

高 枝 王　宮内卿。五月乙亥薨（不審文徳実録五十七才）。［天安2註］

◇五月十一日

源　直　天安…同二五十一兵部少輔。［仁和2尻］

◇五月廿一日

南淵年名　天安二…五月廿一日復春宮権し亮。［貞観6尻］

菅原是善　天安二…五月廿一日兼備前権守。［貞観14尻］

◆六月一日

源　多　六月一日兼伊世権守。［天安2註］

◆七月五日

源　勤　天安二正〔七ィ（三実）〕五宮内卿。［貞観12尻］

◆八月十七日

平　高棟　春宮大夫。八月十七日止大夫。依知天下也。任権中納言。［天安2註］

◇八月廿七日

―――　八月廿七日天皇崩（文徳天皇。三十三才）。皇太子（清和。年九）受禅。［天安2註］

◆九月十四日

平　高棟　九月十四日任〈権中納言〉。［天安2註］

藤原良縄　九月十四日任〈参議〉。右大弁左中将長官守如元。元蔵人頭勘長官讃岐守。［天安2註］

南淵年名　天安二…九月十四日兼信乃守。［貞観6尻］

藤原基経　天安…同二九十四左少将（少納言如元）。［貞観6尻］

源　勤　天安二…九月十四日左〔右くし〕兵衛督。［貞観12尻］

藤原良世　天安二九十四左権少将（伊与介如元）。［貞観12尻］

源　舒　天安二…九月十四左兵衛権佐。［貞観17尻］

藤原山陰　天安二…九月十四日右近権将監。［元慶3尻］

◇九月廿三日

藤原良世　天安二九…廿三日転〈左〉少将。［貞観12尻］

◇九月是月

菅原是善　天安二…九月｜兼播磨権守。［貞観14尻］

◆十月廿六日

藤原常行　〈天安ヵ〉[76]同二十廿六右近権少将〈〈周防〉権守如元〉。［貞観6尻］

◇十月是月

藤原常行　〈天安ヵ〉同二十…同月蔵人頭。[77]［貞観6尻］

藤原基経　天安二…十月蔵人頭。［貞観6尻］

藤原山陰　天安二…十月蔵人。　[元慶3尻]

藤原国経　天安二十ー蔵人(左衛門大尉)。　[元慶6尻]

◆十一月七日

――――　十一月七日甲子〈清和〉即位。　[天安2註]

藤原良房　十一月七日宣旨為摂政。准三后〔宮くし〕食封。賜内舎人左右近衛等為随身。帯仗資人三十人。依[為]し帝外祖被抽賞。　[天安2註]

源　信　皇太子傅。十一月七日正二位(停傅。依知天下)。　[天安2註]

平　高棟　十一月七日叙正三位。　[天安2註]

藤原良縄　十一月七日従四位上。　[天安2註]

源　生　天安二十一七正四下。　[貞観6尻]

大枝音人　天安二…十一月七日正五下(御即位日)。　[貞観6尻]

南淵年名　天安二…十一月七日正四下。　[貞観6尻]

藤原常行　斉衡元正ー任右衛門少尉。同二正七従五下。任右衛門佐。同四九ー周防権守。〈天安カ〉同二十廿六右近権少将(権守如元)。同月蔵人頭。十一月七日従五上。[78]　[貞観6尻]

藤原良世　天安二…十一月七正五下。　[貞観12尻]

藤原家宗　天安二十一七従五上。　[貞観13尻]

源　舒　天安…同二十一七従五上。　[貞観17尻]

藤原山陰　天安二…十一月七日従五下(〈右近衛〉権将監如元)。　[元慶3尻]

源　直　天安二…十一月七日従五上。　[仁和2尻]

◇十一月十四日

源　多　十一月十四日(七日三実)正四下。左兵衛督。　[天安2註]

◇十一月十七日

藤原氏宗　左大弁。左衛門督。別当。伊与権守。十一月十七日正四下。　[天安2註]

◇十一月廿一日

安倍安仁　右大将。民部卿。按察使。十一月廿一日止〈右〉大将。　[天安2註]

源　定　十一月廿一日兼右大将。　[天安2註]

◇十一月廿五日

大枝音人　天安二十一月…廿五日式部少輔(止〈丹波〉守)。　[貞観6尻]

藤原基経　天安二…十一月廿五日兼播万介（少納言少将く如元）。［貞観６尻］

藤原家宗　天安二十一…廿五日中宮亮（〈右少〉弁如元）。［貞観13尻］

藤原仲縁　天安…同二十一廿五兵部大輔（〈加賀〉守如元）。［貞観14尻］

◇十一月是月

——　十一月皇大夫人号中宮。母皇太后宮明子。太政大臣良房女。［天安２註］

◆十二月八日

大枝音人　天安二…十二月八日兼右中弁。［貞観６尻］

◆是歳

藤原良房　為摂政。［天安２註］

藤原氏宗　〈天安三〉月日（十一月十九日三実）従三位。或本云去年叙之云々。［天安３註］

藤原保則　天安二ーー兵部少丞。［寛平４尻］

天安三年（貞観元年）

◆正月十三日

伴　善男　皇太后宮大夫。正月十三日兼伊与権守。［天安３註］

源　融　右衛門督。正月十三日兼備中守。督如元。［天安３註］

藤原氏宗　左大弁。別当。左衛門督。正月十三日兼美作守。［天安３註］

源　勤　貞観元正十三兼相模守。［貞観12尻］

在原行平　天安三正十三播磨守。［貞観12尻］

◆二月十三日

南淵年名　天安…同三二十三兼勘解由長官（〈式部〉大輔〈信濃〉守等し如元）。［貞観６尻］

◆三月廿一日

藤原保則　貞観元三（十二くし）廿一転〈兵部〉大丞。［寛平４尻］

◇三月廿二日

藤原山陰　天安三三廿二備後権介。［元慶３尻］

◆四月十五日

——　四月十五日改為貞観元年（依御即位也）。［天安３註］

◇四月十八日
伴　善男　或本云　今年四月十八日正三位云々。
[天安３註]

◇四月廿三日
安倍安仁　民部卿。按察使。四月廿三日薨。労三年。
[天安３註]

◆五月一日
藤原貞守　式部大輔。五月一日卒。労七年。
[天安３註]

◆十一月十九日
藤原良相　左大将。十一月十九日正二位。[天安３註]
源　融　十一月十九日正三位。[天安３註]
藤原氏宗　月日〔十一月十九日三実〕従三位。或本云去年叙之云々。[天安３註]
藤原冬緒　貞観元十一十九正五位下。[貞観11尻]

◇十一月廿一日
清原峯成　十一月廿一日任〈参議〉。元蔵人頭大蔵卿因幡守。卿守如元。[天安３註]
貞観元十一月廿一日任参議。[天安３尻]

◇十一月廿九日
藤原国経　貞観元十一廿九従五下。[元慶６尻]

◆十二月十八日
伴　善男　十二月十八日兼民部卿。〈皇太后宮〉大夫如元。[天安３註]

◇十二月廿一日
源　定　十二月廿一日任〈大納言〉。右大将如元。[天安３註]
源　弘　十二月廿一日任〈大納言〉。[天安３註]
平　高棟　十二月廿一日兼按察使。[天安３註]
藤原良縄　右大弁。左中将。勘解由長官。十二月廿一日兼備前守。[天安３註]
藤原冬緒　貞観元…十二月廿一日右中弁。[貞観11尻]
藤原保則　貞観元三〔十二くし〕廿一転〈兵部〉大丞。[寛平４尻]

◇十二月是月
大枝音人　貞観元十二｜権左中弁。〈〈式部〉少輔如元〉。[貞観６尻]

貞観二年

◆正月十六日

平　高棟　正月十六日転〈中納言〉。按察使。　［貞観２註］

伴　善男　正月十六日任〈中納言〉。皇太后宮大夫民部卿如元。　［貞観２註］

源　融　右衛門督。正月十六日兼近江守。　［貞観２註］

清原峯成　正月十六日任大宰大弐。　［貞観２註］

春澄善縄　正月十六日任〈参議〉。元右京大夫刑部大輔兼伊与守(已上去之)。　［貞観２註］

◆二月十四日

源　生　貞観二二十四大蔵卿。　［貞観６尻］

◆四月廿五日

藤原常行　貞観二四廿五正五下。　［貞観６尻］

◇四月是月

橘　広相　貞観二四―文章生(字朝綾)。　［元慶８尻］

◆六月五日

在原行平　貞観二六五内匠頭。　［貞観12尻］

◆八月廿六日

藤原常行　貞観二…八月廿六日転〈右近〉少将〈〈周防〉権守如元〉。　［貞観６尻］

在原行平　貞観二…八月廿六日左京大夫。　［貞観12尻］

藤原良世　貞観二八廿六従四下。任皇太后宮大夫。　［貞観12尻］

藤原山陰　貞観二八廿六右権少将。　［元慶３尻］

◆十月二日

小野　篁　〈仁寿二年十二月〉同廿二日卒。不叙三位者如何(或本。貞観二十[廿くし]二日卒。[五十七く])。　［仁寿２註］

◇十月廿九日

橘　峯継　十月廿九日薨。　［貞観２註］

◆十一月一日

――――　十一月朔旦冬至。　［貞観２註］

◇十一月十六日

藤原良縄　右大弁。左中将。勘解由長官。備前守。十一月十六日正四下。　［貞観２註］

大枝音人　貞観…同二十一十六従四下〈策労三年〉。［貞観６尻］
藤原常行　貞観二…十一月十六日従四下。［貞観６尻］
藤原基経　貞観二十一十六正五下。［貞観６尻］
藤原冬緒　貞観…同二十一十六従四下。［貞観11尻］
源　勤　貞観…同二十一十六正四下。［貞観12尻］
菅原是善　貞観二十一十六従四上。［貞観14尻］
源　光　貞観二十一十六従四上〈十五〉。［元慶８尻］

◇十一月廿日
藤原諸葛　貞観二十一廿従五上。［元慶３尻］

◇十一月廿七日
藤原常行　貞観二十一月…廿七日兼内蔵頭〈〈右近〉少将〈周防〉権守如元〉。［貞観６尻］

貞観三年

◆正月八日
藤原基経　貞観…同三正八従四下。［貞観６尻］

◇正月十三日
藤原氏宗　正月十三日任〈中納言〉。左大弁。左衛門督。使別当。美作守。正月十三日任中納言。［貞観３註］
源　多　左兵衛督。正月十三日兼備前守。［貞観３註］
藤原良縄　右大弁。左中将。正月十三日転左大弁〈中将如元〉。［貞観３註］
正躬王　正月十三日更任〈参議〉。元前参木。［貞観３註］
春澄善縄　正月十三日兼式部大輔。［貞観３註］
源　生　貞観…同三正十三兼筑前権守。［貞観６尻］
大枝音人　貞観…同三正十三左中弁。〈〈式部〉少輔如元〉。［貞観６尻］
南淵年名　貞観三正十三任右大弁〈〈勘解由〉長官〈式部〉大輔如元〉。［貞観６尻］
藤原山陰　貞観…同三正十三兼伊与介。［元慶３尻］
源　冷　貞観三正十三伊世守。［元慶６尻］
藤原国経　貞観…三年正十三備後権介。［元慶６尻］

◆二月十六日
正躬王　二月十六日兼弾正大弼。［貞観３註］

◇二月廿五日
藤原諸葛　貞観…同三二廿五中務少輔。　［元慶3尻］
◇二月廿九日
清原峯成　大宰大弐。二月廿九日卒（六十三才。頭労十年。参木三年）。　［貞観3註］
◆三月八日
忠　貞　王　貞観三三八大学頭。　［元慶3尻］
◆四月九日
藤原諸葛　貞観三…四月九日少納言。　［元慶3尻］
◆五月十四日
源　光　貞観…同三五十四補次侍従。　［元慶8尻］
◇五月廿日
藤原冬緒　貞観…同三五廿大宰大弐（〈右中〉弁如元）。　［貞観11尻］
◇五月廿八日
藤原家宗　貞観三五廿八右中弁（〈中宮〉亮如元）。　［貞観13尻］
◆八月十七日
藤原氏宗　八月十七日更為使別当。左衛門督如元。

◆十一月十六日　［貞観3註］
藤原諸葛　貞観三…十一月十六従五上（両度如何）。　［元慶3尻］
◆是歳
橘　永名　月日叙〈従三位〉。　［貞観3註］
橘　澄清　生年貞観三年。　［延長3註］

貞観四年

◆正月七日
春澄善縄　式部大輔。正月七正四下。　［貞観4註］
在原行平　貞観…同四正七従四上。　［貞観12尻］
藤原仲縁　貞観四正七従四上。　［貞観14尻］
源　能有　貞観四正七従四上。　［貞観14尻］
◇正月十三日
在原行平　貞観四正…十三日信乃守。　［貞観12尻］
藤原国経　貞観…同四正十三播磨介。　［元慶6尻］
藤原高藤　貞観四正十三右近将監。　［寛平6尻］
◇正月是月

源　生　貞観…同四正ー兼讃岐権守。〔貞観6尻〕

◆二月是月

藤原氏宗　左衛門督。使別当。美作守二月任ィ。〔貞観4註〕

◆是春

菅原道真　貞観四春補文章生給（御年十八）。〔寛平5尻〕

◆四月七日

藤原常行　貞観…同四四七右中将〈権中将く〉。〔貞観6尻〕

◆十一月是月

藤原山陰　貞観…同四十一ー蔵人。〈十一月補く〉〔元慶3尻〕

貞観五年

◆正月三日

源　定　右大将。正月三日薨。贈従二位。労五年。嵯峨第六源氏。淳和八郎。仍世号六八歟。後号四条大納言。号陽院大納言。又賀陽院ーーー。、〔貞観5註〕

◇正月七日

藤原家宗　貞観…同六〈五ィ〉正七正五下。〔貞観13尻〕

◇正月十三日

源　直　貞観五二十〈正十三〉山城権守。〔仁和2尻〕

◇正月廿五日

源　弘　正月廿五日薨（労五年）。参木七年。中納言十二年。く号広幡大納言。〔貞観5註〕

◆二月十日

藤原氏宗　左衛門督。使別当。二月十日兼右大将（去別当）。〔貞観5註〕

源　融　右衛門督。近江守。二月十日遷左。〔貞観5註〕

正躬王　二月十日兼刑部卿。同日兼越前権守。〔貞観5註〕

藤原良縄　左大弁。二月十日兼右衛門督。止弁。〔貞観5註〕

春澄善縄　式部大輔。二月十日兼播磨権守。〔貞観5註〕

大枝音人　貞観…同五二十右大弁。〔貞観6尻〕
南淵年名　貞観…同五二十転左大弁（〈勘解由〉長官如元）。〔貞観6尻〕
藤原基経　貞観…同五二十転左中将。〔貞観6尻〕
在原行平　貞観…同五二十大蔵大輔（〈信濃〉守如元）。〔貞観12尻〕
源　舒　貞観五二十左少将。〔貞観17尻〕
藤原山陰　貞観…同五二十転〈右〉少将。〔元慶3尻〕
橘　広相　貞観…五年二〔三く〕十越前権少掾。〔元慶8尻〕
源　直　貞観五二十｛正十三｝山城権守。〔仁和2尻〕
藤原保則　貞観…同五二十式部少丞。〔寛平4尻〕

◇二月十二日

藤原家宗　貞観…同六｛五ィ｝…二月十二日左中弁。〈中宮〉亮如元。〔貞観13尻〕

◇二月十六日

忠貞王　貞観…同五二十六中務大輔。〔元慶3尻〕
藤原国経　貞観…同五二十六兼侍従。〔元慶6尻〕
源　直　貞観五二…同十六日兵部少輔。〔仁和2尻〕

◇二月是月

菅原是善　貞観…同五二ー弾正大弼（〈文章〉博士如元）。〔貞観14尻〕
藤原仲縁　貞観…同五二ー兼美作守。〔貞観14尻〕

◆三月十日

橘　広相　貞観…五年二〔三く〕十越前権少掾。〔元慶8尻〕

◇三月是月

藤原良縄　三月日為使別当。〔貞観5註〕

◆四月一日

源　能有　貞観…同五四一補次侍従。〔貞観14尻〕

◆五月一日

正躬王　五月一日卒。労廿二年。〔貞観5註〕

◆是歳

藤原家宗　貞観六｛五ィ｝…月ー改為皇太后宮亮。〔貞観13尻〕
源　湛　貞観五ー七従五下（無位）。〔寛平5尻〕

貞観六年

◆正月一日

―――　正月一日帝皇御元服（年十五）。　[貞観6註]

◇正月七日

藤原冬緒　貞観…同六正七従四上。　[貞観11尻]

藤原良世　貞観…同六正七従四上。　[貞観12尻]

藤原家宗　貞観…同六〔五イ〕正七正五下。　[貞観13尻]

源　舒　貞観…同六正七正五下。　[貞観17尻]

藤原山陰　貞観…同六正七従五上。　[元慶3尻]

◇正月十二日

平　高棟　正月十二〔十六三実〕日任〈大納言〉。　[貞観6註]

正月十二〔十六三実〕日任大納言。　[貞観6註]

伴　善男　正月十二〔十六原イ及三実〕日任〈大納言〉。民部卿皇太后宮大夫旧如元。　[貞観6註]

民部卿。皇太后宮大夫。正月十二〔十六三実〕日任大納言。　[貞観6註]

藤原氏宗　右大将。正月十二〔十六三実〕日任権大納言。　[貞観6註]

源　融　正月十二〔十六三実〕日任〈中納言〉。　[貞観6註]

源　生　正月十二〔十六三実〕日任〈参議〉。大蔵卿。讃岐権守如元。　[貞観6註]

◇正月十三日

大枝音人　正月十三〔十六三実〕日任〈参議〉。右大弁如元。左京人。先祖本姓土師。延暦天子以外戚。改為大枝。至音人改枝為江。　[貞観6註]

◇正月十六日

藤原良縄　右衛門督。使別当。し五〔正三実〕月十六日兼讃岐守。　[貞観6註]

春澄善縄　式部大輔。正月十六日兼近江守。　[貞観6註]

南淵年名　正月十六日任〈参議〉。く左大弁勘解由長官。弁長官如元。　[貞観6註]

藤原常行　正月十六日任〈参議〉。元蔵人頭左中将〔兼

藤原基経　し〕内蔵頭（中将頭等如元）。〔貞観6註〕
正月十六日任〈参議〉。元蔵人頭左中将。中将如元。家伝云。年十八。於東宮内寝殿上加冠。天皇覧。生年承和三年丙辰。く〔貞観6註〕

在原行平　貞観…同六正十六備前権守。〔貞観12尻〕

藤原良世　貞観六正…十六日讃岐権守（〈皇太后宮〉大夫〉如元）。〔貞観12尻〕

菅原是善　貞観…同六正十六兼近江権守。〔貞観14尻〕

源　舒　貞観六正…十六日兼備中権守（〈左〉少将如元）。〔貞観17尻〕

忠貞王　貞観…同六正十六摂津守。〔元慶3尻〕

源　冷　貞観…同六正十六播磨権守。〔元慶6尻〕

◇正月是月

藤原良世　貞観六…正月—蔵人頭。〔貞観12尻〕

◆二月十二日

藤原家宗　貞観…同六〔五ィ〕…二月十二日左中弁。〈中宮〉亮如元。〔貞観13尻〕

◆三月八日

源　融　三月八日兼按察使。〔貞観6註〕

源　多　三月八日兼左衛門督。〔貞観6註〕

在原行平　貞観六…三月八日左兵衛督（〈備前〉権守如元。〔貞観12尻〕

◇三月是月

菅原是善　貞観六…三月—刑部卿。〔貞観14尻〕

◆四月是月

橘　広相　貞観…同六四—蔵人（廿七）。〔元慶8尻〕

◆五月十六日

藤原良縄　右衛門督。使別当。し五〔正三実〕月十六日兼讃岐守。〔貞観6註〕

◆六月三日

菅原是善　貞観六…六月三日漢書講畢。〔貞観14尻〕

◆八月八日

橘　広相　貞観六…八月八対策及第。〔元慶8尻〕

◆是歳

藤原家宗　貞観六〔五ィ〕…月—改為皇太后宮亮。〔貞観13尻〕

藤原当幹　生年貞観六年甲申。〔天慶4註〕

貞観七年

◆正月廿日
源　光　貞観…同七正廿美作守。　〔元慶8尻〕
◇正月廿七日
藤原基経　左中将。正月廿七日兼阿波守。　〔貞観7註〕
藤原仲縁　貞観…同七正廿七兼紀伊守。　〔貞観14尻〕
◆三月九日
大枝音人　右大弁。三月九日兼播磨権守。　〔貞観7註〕
◇三月廿八日
藤原基経　三月廿八日兼伊与守。〈左〉中将如元。　〔貞観7註〕
◆十月九日
藤原家宗　貞観…同七十九禁色。　〔貞観13尻〕
藤原山陰　貞観…同七十九禁色。　〔元慶3尻〕
◇十月十九日
藤原有実　貞観八正十三左近将監。〔七十九蔵人〕(79)　〔元慶6尻〕
藤原高藤　貞観…同七十十九補蔵人。聴禁色衣服。　〔寛平6尻〕

貞観八年

◆正月七日
源　多　左衛門督。正月七日従三位。　〔貞観8註〕
大枝音人　右大弁。播磨権守。正月七日従四上。　〔貞観8註〕
藤原常行　右中将。内蔵頭。正月七日従四上。　〔貞観8註〕
藤原基経　左中将。伊与守。正月七日従四上。　〔貞観8註〕
在原行平　貞観…同八正七正四下。　〔貞観12尻〕
藤原家宗　貞観…同八正七従四下。　〔貞観13尻〕
源　舒　貞観…同八正七従四下。　〔貞観17尻〕
源　興基　貞観八正七従四位下。　〔寛平3尻〕
藤原保則　貞観…同八正七従五下。　〔寛平4尻〕
◇正月十一日
源　能有　貞観…同八正十一加賀守。　〔貞観14尻〕
◇正月十三日

藤原常行　正月…十三〔廿三三実〕日兼備前権守。〔貞観８註〕

藤原冬緒　貞観…同八正十三く弾正大弼。〔貞観11尻〕

源　勤　貞観…同八正十三兼備中権守。〔貞観12尻〕

源　舒　貞観八正…十三日兼近江介。〔貞観17尻〕

藤原国経　貞観…同八正十三右兵衛権佐。〔元慶６尻〕

藤原有実　貞観八正十三左近将監。〔七十九蔵人〕〔元慶６尻〕

橘　広相　貞観…同八正十三右衛門大尉。〔元慶８尻〕

藤原保則　貞観八正…同十三日任備中権介。〔寛平４尻〕

藤原清経　貞観八正十三右衛門少尉。〔昌泰３尻〕

◇正月廿三日

藤原高藤　貞観…同八正廿三兼美乃権大掾。〔寛平６尻〕

◆三月廿三日

大枝音人　三月廿三日正四位下。〔貞観８註〕

藤原常行　三月廿三日正四位下。〔貞観８註〕

藤原基経　三月廿三日正四下。〔貞観８註〕

藤原諸葛　貞観…同八三廿三正五下。〔元慶３尻〕

◆閏三月十日

伴　善男　閏三月十日夕。以息男右衛門佐従五位上中庸放火。くし焼応天門幷左右楼等。罪当斬。詔降死一等遠流。〔貞観８註〕

◆五月十一日

橘　永名　五月十一日薨。〔貞観８註〕

◆八月十九日

藤原良房　八月十九日重勅摂行天下之政者。〔貞観８註〕

◆九月廿三日

伴　善男　九月廿三日配流伊豆国。〔貞観８註〕

◆十月十五日

大枝音人　○十月十五日改大枝為大江朝臣。〔貞観８註〕

◆十二月八日

藤原基経　十二月八日任〈中納言〉〔超七人〕。〔貞観８註〕

十二月「廿」〔恐衍〕八日従三位。即任中納

言。　［貞観８註］

◇十二月十三日

藤原良相　左大将。十二月十三日上表。停大将。　［貞観８註］

◇十二月十六日

藤原氏宗　右大将。十二月十六日転左大将。　［貞観８註］

藤原常行　十二月十六日兼右大将。　［貞観８註］

◇十二月是月

藤原家宗　貞観十…十二月九日従四上（或云八年十二月叙。又者十二年叙之云々）。　［貞観13尻］

◆是歳

藤原定国　生年貞観八年丙戌。　［延喜６註］

貞観九年

◆正月七日

藤原氏宗　左大将。正月七日正三位。　［貞観９註］

忠貞王　貞観…同［九くし］正七従四上。　［元慶３尻］

藤原国経　貞観…同九正七従五上。　［元慶６尻］

橘広相　貞観…同九正七従五下。　［元慶８尻］

源直　貞観…同九正七正五下。　［仁和２尻］

◇正月十日

源舒　貞観…九年正十従四下（従四下両度如何）。　［貞観17尻］

◇正月十二日

源生　大蔵卿。正月十二日兼相模守。　［貞観９註］

南淵年名　左大弁。正月十二日兼民部卿幷伊与守。止弁。勘長官如元。　［貞観９註］

大江音人　右大弁。播磨権守。正月十二日転左大弁。　［貞観９註］

藤原冬緒　貞観…同九正十二（六ィ）右大弁。　［貞観11尻］

藤原清経　貞観…同九正十二転〈右衛門〉大尉。　［昌泰３尻］

◇正月十四日

藤原基経　正月十四日依宣旨兼左中将如元之由。　［貞観９註］

◇正月是月

藤原有実　貞観…同九正ー蔵人。　［元慶６尻］

◆二月十一日

藤原有実　貞観九…二月十一日兼讃岐権掾。　［元慶６尻］

橘　広相　貞観九…二月十一文章博士〈辞而不就〉。　［元慶８尻］

源　直　貞観九…二月十一木工頭。　［仁和２尻］

◇二月十九日

藤原良縄　右衛門督。使別当。讃岐守。二月十九日兼大皇太后宮大夫。　［貞観９註］

◇二月廿九日

藤原氏宗　二月廿九日転〈大納言〉。左大将。　［貞観９註］
二廿九転正〈大納言〉。　［貞観９註］

藤原山陰　貞観…同九二廿九美乃守〈〈右〉少将如元〉。　［元慶３尻］

菅原道真　貞観九年…二月廿九任下野権掾〈文章得業生〉。　［寛平５尻］

◆三月十二日

藤原常行　右大将。三月十二日曲水宴。叙従三位〈大将如元〉。　［貞観９註］

◇三月廿九日

源　湛　貞観…同九三廿九備後権介。　［寛平５尻］

◆五月十九日

平　高棟　五月十九日薨〈三位労九年。参木八中五大四〉。く　［貞観９註］

◆十月十日

藤原良相　十月十日薨。在官十一年。く詔贈正一位。号西三条大臣。参木四年。中四年。大四年。右大将四年。右大臣十一年。左大将十年。く　［貞観９註］

◇十月十一日

橘　広相　貞観九…十月十一日改博覧為広相。　［元慶８尻］

◆是歳

菅原是善　貞観…九年ー止〈文章〉博士。　［貞観14尻］

橘　広相　首書云貞観…十五年六月廿三〈二く〉日前若狭守従五位下峯範言。秩満帰京嬰病沈。不堪くし向国弁百姓訴。請遣文章博士従五位下橘朝臣博覧相代弁糺。勅。宜遣博覧代父弁之。今案。貞観九年改名広相者。而博覧者如何。〔元慶８尻〕

菅原道真　貞観…同九年転〈文章〉得業生。〔寛平５尻〕

伴　保平　貞観九年丁亥生。〔天暦４註〕

貞観十年

◆正月六日

源　舒　貞観…同十正六〔五廿六く正廿六し〕転〈左〉中将。〔貞観17尻〕

◇正月七日

藤原有実　貞観…同十正七従五下。〔元慶６尻〕

藤原高藤　貞観…同十正七従五下。〔寛平６尻〕

◇正月十六日

源　多　左衛門督。正月十六日兼近江守。〔貞観10註〕

藤原常行　右大将。正月十六日兼讃岐守。〔貞観10註〕

源　生　大蔵卿。正月十六日兼讃岐権守（卿如元）。〔貞観10註〕

南淵年名　民部卿。伊与守。正月十六日兼右衛門督（卿守如元）。〔貞観10註〕

源　冷　貞観…同十正十六相模権守。〔元慶６尻〕

源　直　貞観…同十正十六右中弁。〔仁和２尻〕

源　湛　貞観…同十正十六備前権介。〔寛平５尻〕

◆二月十八日

藤原良縄　右衛門督。別当。大皇太后宮大夫。二月十八日卒。頭四年。参木十一年。別六年。く〔貞観10註〕

◆四月是月

藤原家宗　貞観…同十四ー蔵人頭（左中弁。皇太后宮亮）。〔貞観13尻〕

◆五月三日

藤原氏宗　左大将。五月三（廿六ィ）日止大将。〔貞観10註〕

◇五月廿六日

藤原基経　五月廿六日兼左大将。元左中将。〔貞観10註〕

大江音人　左大弁。播磨権守。五月廿六日兼勘解由長官。〔貞観10註〕

藤原冬緒　貞観…同十五廿六兼勘解由長官（〈右大〉弁如元）。〔貞観11尻〕

在原行平　貞観…同十五廿六兼備中守。〔貞観12尻〕

源　舒　貞観…同十正六（五廿六く正廿六し）転〈左〉中将。〔貞観17尻〕

藤原有実　貞観十…五月廿六日左少将。〔元慶6尻〕

◆九月廿五日

藤原冬緒　貞観十…九月廿五日くし兼美乃権守。〔貞観11尻〕

◇九月是月

大江音人　九月｜兼美乃守。〔貞観10註〕

◆十月十一日

橘　広相　首書云　貞観十十十く一父若狭守峯範奏官云。以仏菩薩及聖賢名号為人名者。既有格制。而舎利仏別号博覧比丘。望請改為広相者。許之。〔元慶8尻〕

◆十二月九日

藤原良世　貞観…同十十二九正四下。〔貞観12尻〕

藤原家宗　貞観十…十二月九日従四上（或云八年十二月叙。又者十二年叙之云々）。〔貞観13尻〕

◆閏十二月廿八日

源　信　閏十二月廿八日薨。在官十二年。く〔貞観10註〕

◆是歳

伴　善男　〈貞観〉…同十年｜｜薨（六十）。〇参木十三別四中五大三。く世云伴大納言。〔貞観8註〕

藤原有実　貞観十…｜｜兵部少輔。〔元慶6尻〕

貞観十一年

◆正月七日

藤原清経　貞観…同十一正七従五下。〔昌泰3尻〕

◇正月十三日

源　融　按察使（正月十三日去之）。〔貞観11註〕

藤原基経　左大将。正月十三日兼按察使。〔貞観11註〕

◇正月十六日

藤原有実　貞観…同十一年正十六補次侍従。［元慶6尻］

◆二月一日

藤原氏宗　二月一日兼皇太子傅。［貞観11註］

南淵年名　右衛門督。民部卿。伊与守。二月一日兼春宮大夫。卿督等如元。［貞観11註］

橘　広相　貞観…同十一二一東宮学士。［元慶8尻］

◇二月十一日

藤原清経　貞観十一…二月十一春宮大進。［昌泰3尻］

◇二月十六日

源　生　讃岐権守。二月十六日兼右衛門督。［貞観11註］

源　能有　貞観…同十一二十六大蔵卿。［貞観14尻］

藤原高藤　貞観…同十一二十六播磨権介。［寛平6尻］

◆三月四日

藤原有穂　貞観十一三四主蔵正。［寛平5尻］

◇三月廿三日

藤原有実　貞観十一年…三月廿三日兼加賀守。［元慶6尻］

◇三月是月

源　信　〈貞観十年〉…明年三月詔贈正一位。号北辺大臣。参木四年。中七四ｌ。右大将二ケ月。左大臣十二年。く［貞観10註］

藤原冬緒　貞観…同十一三ｌ又任大宰大弐。去〈右大〉弁。［貞観11尻］

◆十二月八日

藤原冬緒　十二月八日任〈参議〉。元大宰大弐〈大宰大弐如元く〉。［貞観11註］

◆是歳

藤原扶幹　生年貞観十一年己丑。［天慶元註］

貞観十二年

◆正月十三日

藤原氏宗　正月十三日任〈右大臣〉。［貞観12註］

源　融　正月十三日任〈大納言〉。［貞観12註］

正月十三日任大納言。［貞観12註］

藤原基経　正月十三日任〈大納言〉。［貞観12註］

左大将。按察使。正月十三日任大納言。

［貞観12註］

源　多　正月十三日任〈中納言〉。［貞観12註］
左衛門督。正月十三日任中納言。［貞観12註］

藤原常行　正月十三日任〈中納言〉。［貞観12註］
右大将。正月十三日任中納言。［貞観12註］

大江音人　左大弁。正月十三日兼勘解由長官。［貞観12註］

源　勤　正月十三日任〈参議〉。右兵衛督如元。［貞観12註］

在原行平　正(十二ィ)月十三(十二ィ)日任〈参議〉。［貞観12註］

藤原良世　正月十三日任〈参議〉。元蔵人頭。皇太后宮大夫如元。［貞観12註］

源　舒　貞観…同十二正十三兼備中権守。［貞観17尻］

◇正月十四日

橘　広相　貞観…同十二二〔正ィ〕十四くし民部少輔(〈東宮〉学士如元)。［元慶8尻］

◇正月廿五日

南淵年名　春宮大夫。民部卿。正月廿五兼近江守。［貞観12註］

春澄善縄　式部大輔。正月廿五日兼讃岐守。［貞観12註］

藤原家宗　貞観…同十二正廿五右大弁。［貞観13尻］

菅原是善　貞観…同十二正廿五兼伊与権守。［貞観14尻］

源　能有　貞観…同十二正廿五兼美乃権守(〈大蔵〉卿如元)。［貞観14尻］

藤原仲縁　貞観十二正…廿五日兼備前守。［貞観14尻］

藤原有実　貞観…同十二正廿五兼讃岐権介。［元慶6尻］

源　直　貞観…同十二正廿五左中弁。［仁和2尻］

藤原有穂　貞観…同十二正廿五讃岐権掾。［寛平5尻］

◇正月廿六日

藤原常行　正月…廿六日右大将如元。［貞観12註］

在原行平　正(十二ィ)月…同廿六左兵衛督備中守等く如元。同日補使別当。［貞観12註］

◇正月廿八日
藤原基経　正月…廿八日左大将如元。　［貞観12註］
源　　多　正月…廿八日左衛門督如元。　［貞観12註］

◇正月是月
藤原仲縁　貞観…同十二正―蔵人頭。　［貞観14尻］

◆二月七日
春澄善縄　二月七日叙従三位。…或説云叙三位日止式部大輔。　［貞観12註］

◇二月十四日
菅原是善　貞観十二…二月十四日式部大輔（〈刑部〉卿如元）。　［貞観14尻］
橘　広相　貞観…同十二二〔正ィ〕十四くし民部少輔（〈東宮〉学士如元）。　［元慶8尻］

◇二月十九日
春澄善縄　三〔二原ィ及三実〕月十九日薨。或説云。叙三位日止式部大輔。在官十一年云々。　［貞観12註］

◇二月廿一日
忠貞王　貞観…同十二二廿一弾正大弼。　［元慶3尻］

◇二月是月
藤原氏宗　二月―兼東宮傅如元。　［貞観12註］
藤原基経　二月―按察使如元。　［貞観12註］

◆三月十四日
源　　湛　貞観…同十二三十四侍従。　［寛平5尻］

◇三月十九日
春澄善縄　三〔二原ィ及三実〕月十九日薨。或説云。叙三位日止式部大輔。在官十一年云々。　［貞観12註］

◇三月是月
菅原道真　貞観…同十二三―対策及第。　［寛平5尻］

◆十二月十三日
在原行平　正（十二ィ）月十三（十二ィ）日任〈参議〉。　［貞観12註］

◇十二月廿六日
在原行平　正（十二ィ）月…同廿六左兵衛督備中守等く如元。同日補使別当。　［貞観12註］

◆是歳
藤原家宗　貞観十…十二月九日従四上（或云八年十二

月叙。又者十二年叙之云々）。［貞観13尻］

貞観十三年

◆正月七日

藤原冬緒　大宰大弐。正月七日正四位下。［貞観13註］

藤原諸葛　貞観…同十三正七〔廿七くしイ〕従四下。［元慶3尻］

源　冷　貞観…同十三正七正四下。［元慶6尻］

源　直　貞観…同十三正七従四下。［仁和2尻］

藤原保則　貞観…同十三正七従五上（治国労）。［寛平4尻］

◇正月十三日

藤原国経　貞観…同十三正十三兼備後権介。［元慶6尻］

◇正月廿九日

忠貞王　貞観…同十三正廿九大和守。［元慶3尻］

源　興基　貞観…同十三正廿九任播磨権守。［寛平3尻］

菅原道真　貞観…同十三正廿九任玄蕃助（文章得業生労）。し　［寛平5尻］

藤原保則　貞観十三正…同廿九日任備中守。［寛平4尻］

◆三月二日

藤原家宗　三月二日任〈参議〉。元蔵人頭右大弁。弁如元。［貞観13註］

菅原道真　貞観十三…三月二少内記。［寛平5尻］

◇三月十一日

藤原仲縁　貞観…同十三三十一治部卿（〈備前〉守如元）。［貞観14尻］

藤原諸葛　貞観十三…三月十一日兵部大輔。［元慶3尻］

藤原高藤　貞観…十三三十一任備中権介。くし　［寛平6尻］

在原友于　貞観十三三十一左京少進。［昌泰3尻］

◇三月是月

源　舒　〔頭書云〕貞観十三年三月｜補蔵人頭。［貞観17頭］

◆四月十日

藤原良房　四月十日詔賜封三千戸。或本云。四月一日内舎人二人左右近衛[左右兵衛くし]各六人為随身兵仗。又帯仗資人三十人。年官并准三宮。［貞観13註］

◆五月廿三日

藤原仲縁　貞観十三…五月廿三日兼備前守。［貞観14尻］

◆是歳

藤原時平　生年貞観十三年辛卯。［延喜9註］

貞観十四年

◆正月六日

菅原道真　貞観…同十四正六兼問渤海客使。［寛平5尻］

◆二月十一日

藤原氏宗　二月十一(七三実)日薨。[在官三年。く]贈正二位。［貞観14註］

◇二月十三日

源　勤　二月十三日兼近江守。［貞観14註］

◇二月十五日

大江音人　左大弁。勘長官。二月十五日兼近江権守。［貞観14註］

藤原良世　皇太后宮大夫。兼讃岐守(二十五兼之)。［貞観14註］

◇二月廿九日

藤原家宗　右大弁。二月廿九(廿五ィ)日兼讃岐権守。［貞観14註］

源　光　貞観…同十四二廿九相模権守。［元慶8尻］

◆三月九日

藤原良房　三月九日賜度者八十人。又大赦天下(為救病也)。［貞観14註］

◆四月六日

忠貞王　貞観…同十四四六播磨守。［元慶3尻］

◆八月二日

源　生　右衛門督。讃岐守。八月二日卒(依目病辞退官之後)。或本十五年。先是沈病落髪為僧云々。八月卒。[在官九年。くし]［貞観14註］

◇八月廿五日

源　融　八月廿五日任〈左大臣〉。〔貞観14註〕

八月廿五日任左大臣。〔貞観14註〕

藤原基経　八月廿五日任〈右大臣〉。同日正三位。〔貞観14註〕

源　多　八月廿五日任〈大納言〉。〔貞観14註〕

左衛門督。八月廿五日任大納言。〔貞観14註〕

藤原常行　八月廿五日任〈大納言〉。〔貞観14註〕

右大将。八月廿五日任大納言。旧

南淵年名　八月廿五日任〈中納言〉。同日従三位。兼民部卿。春宮大夫。〔貞観14註〕

藤原良世　八月廿五日任〈中納言〉。同日従三位。皇太后宮大夫如元。但止之歟。〔貞観14註〕

在原行平　八月廿五日補蔵人頭。〔貞観14註〕

菅原是善　八月廿五日任〈参議〉。式部大輔如元。〔貞観14註〕

藤原仲縁　八月廿五日任〈参議〉。兼治部卿如元。元蔵人頭。〔貞観14註〕

源　能有　八月廿五日任〈参議〉。大蔵卿く美乃権守如元。〔貞観14註〕

◇八月廿九日

藤原基経　八月…廿九日左大将如元。〔貞観14註〕

藤原常行　八月…廿九日右大将如元〔五字く作宣旨如元兼右大将〕。〔貞観14註〕

源　勤　右兵衛督。八月廿九日兼右衛門督。〔貞観14註〕

在原行平　左兵衛督。使別当。八月廿九日遷左衛門督（十月十四日如元別当）。〔貞観14註〕

源　能有　八月…廿九日兼左兵衛督。〔貞観14註〕

◇八月是月

藤原良世　八月｜任中納言。〔貞観14註〕

〔頭書云〕蔵人補任云。貞観十四年八月日補蔵人頭。正四位下行左衛門督兼備中守。可尋之。(80)〔貞観12頭〕

南淵年名　民部卿。春宮大夫。近江守。八月｜任中納言。〔貞観14註〕

在原行平　〔頭書云〕蔵人補任云。貞観十四年八月丨補蔵人頭。正四位下行左衛門督兼備中守者。参議蔵人頭。　〔貞観14頭〕

◆九月二日
藤原基経　九月二日叔父忠仁公薨。有猶子之儀。居喪之礼如父子之〔之し无〕。　〔貞観14註〕

◇九月四日
藤原良房　九月四〔二一原イ及三実〕薨。在官廿五年。同四日贈正一位。号白河殿。又染殿。諡曰忠仁公。封美乃国。輟朝三ケ日。是日葬山城国愛宕郡白河辺。摂政十五年。或十四年。く　〔貞観14註〕

◆十月十三日
藤原基経　十月十三日上表辞大臣（初度）。十六日重上表固辞。　〔貞観14註〕

◇十月十四日
在原行平　左兵衛督。使別当。八月廿九日遷左衛門督（十月十四日如元別当）。　〔貞観14註〕

◇十月十六日
藤原基経　十月十三日上表辞大臣（初度）。十六日重上表固辞。　〔貞観14註〕

◆十一月廿九日
藤原基経　十一月廿九日為摂政（良房替）。但無兵仗。兼〈左〉大将之故也。　〔貞観14註〕

貞観十五年

◆正月七日
源　融　正月七日従二位。　〔貞観15註〕
藤原基経　正月七日従二位。左大将。　〔貞観15註〕
菅原是善　正月七日正四下（歴十四年）。式部大輔。　〔貞観15註〕
源　舒　貞観…同十五正七従四上。　〔貞観17尻〕
藤原山陰　貞観…同十五正七正五下。　〔元慶3尻〕
橘　広相　貞観…同十五正七従五上。　〔元慶8尻〕

◇正月十二日
藤原有実　貞観…同十五正十二兼近江介。　〔元慶6尻〕

◇正月十三日
源　融　正月…十三日兼東宮傅（陽成院）。

藤原常行　右大将。正月十三日兼按察使。　［貞観15註］

藤原仲縁　治部卿。正月十三日兼備前守。　［貞観15註］

源　能有　左兵衛督。正月十三日兼美乃守。　［貞観15註］

藤原諸葛　貞観…同十五正十三備中権〔正くイ〕守。　［元慶3尻］

源　冷　貞観…同十五正十三宮内卿。　［元慶6尻］

◆二月廿日

藤原家宗　右大弁。二月廿日転兼讃岐守。　［貞観15註］

◇二月廿二日

源　光　貞観…同十五二廿二讃岐権守。　［元慶8尻］

◆是春

藤原興範　貞観十五春文章生（字常生）。　［延喜11尻］

三善清行　貞観十五年春文章生（字三輝〔耀くし〕）。　［延喜17尻］

◆六月廿三日

橘　広相　首書云…貞観…十五年六月廿三〔二一く〕日前若狭守従五位下峯範言。秩満帰京嬰病沈。不堪くし向国弁百姓訴。請遣文章博士従五位下橘朝臣博覧相代弁糺。勅。宜遣博覧代父弁之。今案。貞観九年改名広相者。而博覧者如何。　［元慶8尻］

◆十二月十八日

在原行平　左衛門督。使別当。蔵人頭。十二月十八日任大宰権帥。叙従三位（止別当督頭等歟）。　［貞観15註］

◇十二月是月

源　直　貞観…同十五十二ー蔵人頭。　［仁和2尻］

藤原定方　生年貞観十五年癸巳。　［承平2註］

藤原忠文　生年貞観十五癸巳。　［天暦元註］

貞観十六年

◆正月七日

大江音人　左大弁。近江権守。正月七日従三位。　［貞観16註］

藤原仲縁　治部卿。備前守。正月七日正四下。　［貞観16註］

藤原有実　貞観…同十六正七従五上。し　［元慶6尻］
源　興基　貞観…同十六正七従四位上。　［寛平3尻］
菅原道真　貞観…同十六正七従五位下。　［寛平5尻］
◇正月十五日
菅原是善　式部大輔。正月十五日兼播磨権守。　［貞観16註］
藤原山陰　貞観…同十六正十五兼備前守。　［元慶3尻］
藤原国経　貞観…同十六正十五兼播磨介。　［元慶6尻］
藤原保則　貞観…同十六正十五備前権守。　［寛平4尻］
藤原有穂　貞観…同十六正十五春宮少進（于時蔵人）。　［寛平5尻］
源　湛　貞観…同十六正十五土左権守。　［寛平5尻］
菅原道真　貞観…同十六正…十五日任兵部少輔。　［寛平5尻］
◇正月廿三日
平　惟範　貞観十六正廿三叙爵。　［延喜2尻］
◆二月廿九日
大江音人　二月廿九日兼左衛門督。止左大弁（〈近江〉権守如元）。　［貞観16註］
藤原冬緒　三〔二くし〕月廿九日兼民部卿。　［貞観16註］
菅原是善　二月廿九日兼勘長官。〈式部〉大輔〈播磨〉権守如元。刑部卿。　［貞観16註］
源　能有　左兵衛督。二月廿九日兼備中権守。　［貞観16註］
藤原家宗　右大弁。讃岐守。二月廿九日転左大弁。　［貞観16註］
源　舒　貞観…同十六二廿九右大弁。〈左〉中将〈備中〉権守如元。　［貞観17尻］
橘　広相　貞観…同十六二廿九右少弁（〈東宮〉学士如元）。　［元慶8尻］
源　直　貞観…同十六二廿九右権中将（止〈左中〉弁）。　［仁和2尻］
菅原道真　貞観十六…二月廿九日任民部少輔。　［寛平5尻］
◇二月是月
南淵年名　春宮大夫。民部卿。三〔二くし〕月辞卿。　［貞観16註］
◆三月七日

大江音人　三月七日為使別当。　[貞観16註]

◇三月廿九日

藤原冬緒　三〔二くし〕月廿九日兼民部卿。　[貞観16註]

◇三月是月

南淵年名　春宮大夫。民部卿。三〔二くし〕月辞卿。　[貞観16註]

◆十二月六日

平　惟範　貞観十六…十二月六〔宣旨く〕補蔵人。　[延喜2尻]

◆是歳

在原行平　大宰権帥。今年辞〈左衛門〉督別当歟。　[貞観16註]

三善清行　貞観…同十六年〈文章〉得業生。　[延喜17尻]

貞観十七年

◆正月七日

源　多　正月七日正三位。　[貞観17註]

藤原常行　右大将。正月七日正三位。　[貞観17註]

源　勤　右衛門督。近江守。正月七日従三位。

藤原冬緒　民部卿。正月七〔十三く〕日兼伊与権守。　[貞観17註]

源　能有　左兵衛督。備中権守。正月七日正四位下。　[貞観17註]

藤原家宗　左大弁。讃岐守。正月七日正四位下。　[貞観17註]

藤原国経　貞観…同十七正七正五下。　[元慶6尻]

源　是忠　貞観十七〔十八しイ〕年正七従五位下。　[元慶8尻]

源　昇　貞観十七正七従五下。　[寛平7尻]

◇正月十三日

藤原仲縁　正月十三日任右兵衛督。　[貞観17註]

◇正月廿一日

藤原山陰　貞観…同十七正廿一従四下。　[元慶3尻]

◇正月是月

源　直　貞観…同十七正ー兼相模権守。　[仁和2尻]

◆二月十七日

藤原常行　二月十七日薨。贈従二位。号西三条右大

将。頭労七年。参七年。右大九年。中二年。大四年。く　[貞観17註]

◇二月廿七日

源　多　二月廿七日兼按察使。　[貞観17註]

藤原良世　皇太后宮大夫。二月廿七日兼右大将（大夫如元）。　[貞観17註]

在原友于　貞観…同十七二廿七春宮少進。　[昌泰3尻]

◇二月是月

源　直　貞観十七…二月ー依病止蔵人頭。　[仁和2尻]

◆三月是月

藤原山陰　貞観十七…三月蔵人頭。　[元慶3尻]

◆六月六日

藤原仲縁　六月六日卒（或本。夜中無病卒去者）。頭二年。参木四年。　[貞観17註]

◆八月十五日

源　直　貞観十七…八月十五日改転〈右〉中将。　[仁和2尻]

平　惟範　貞観…同十七八十五皇太后宮権亮。

[延喜2尻]

◇八月廿五日

藤原山陰　貞観十七…八月廿五転右く権中将（〈備前〉守如元）。　[元慶3尻]

◆九月七日

源　舒　九月七日任〈参議〉。元蔵人頭右大弁左中将（去中将也。大弁如元）。　[貞観17註]

◇九月是月

藤原諸葛　貞観…同十七九ー蔵人頭。　[元慶3尻]

◆是歳

藤原邦基　生年貞観十七年乙未。　[承平2註]

貞観十八年

◆正月七日

藤原冬緒　民部卿。伊与権守。正月七日従三位。　[貞観18註]

藤原諸葛　貞観…同十八正七従四上。　[元慶3尻]

源　光　貞観…同十八正七正四下。　[元慶8尻]

源　是忠　貞観十七（十八しイ）年正七従五位下。

〔元慶8尻〕

源　直　貞観…同十八正七従四上。〔仁和2尻〕

源　湛　貞観…同十八正七従五上。〔寛平5尻〕

藤原高藤　貞観…同十八正七従五上。〔寛平6尻〕

◇正月十四日

藤原冬緒　正月…十四日兼播磨権守（〈民部〉卿如元）。〔貞観18註〕

菅原是善　式部大輔。「刑部卿」〔〈抹恐衍〉勘長官。正月十四日兼近江守。〔貞観18註〕

源　能有　左兵衛督。備中権守。正月十四日遷兼左中将（権守如元）。〔貞観18註〕

源　舒　右大弁。左中将。正月十四日兼伊与権守。〔貞観18註〕

源　光　貞観十八正…十四日左兵衛督。〔元慶8尻〕

橘　広相　貞観…同十八正十四左少弁（〈東宮〉学士如元）。〔元慶8尻〕

藤原保則　貞観…同十八正十四右衛門権佐。〔寛平4尻〕

藤原高藤　貞観十八正…同十四日右兵衛権佐。〔寛平6尻〕

◇正月廿四日

藤原冬緒　正月…或云。廿四日兼権帥。無受領補任。僻事歟〔也し〕。〔貞観18註〕

◆二月十五日

源　舒　二月十五日改兼近江権守。〔貞観18註〕

源　興基　貞観…同十八二十五任弾正大弼。〔寛平3尻〕

藤原保則　貞観十八…同二月十五日任民部大輔。〔寛平4尻〕

◆是春

紀　長谷雄　貞観十八春補文章生（字紀寛）。〔延喜2尻〕

◆十一月廿九日

―――

十一月廿九日清和天皇於染殿院禅位於皇太子（陽成天皇。年九）。〔貞観18註〕

源　融　東宮傅。十一月廿九日止傅（受禅）。〔貞観18註〕

藤原基経　左大将。十一月廿九日宣旨。摂行天下之政如旧。〔貞観18註〕

南淵年名　春宮大夫。十一月廿九日止大夫。依知天下也。〔貞観18註〕
橘　広相　貞観十八…十一月廿九日停〈東宮〉学士〈依踐祚也〉。〔元慶8尻〕

◆十二月廿六日
南淵年名　十二月廿六日任〈大納言〉。〔貞観18註〕
　十二廿六任大納言。〔貞観18註〕
藤原諸葛　貞観十八…十二月廿六日左中将。〔元慶3尻〕
橘　広相　貞観十八…十二月廿六日兼美乃権守。〔元慶8尻〕

◇十二月廿七日
藤原有穂　貞観…同十八十二廿七内蔵権助。〔寛平5尻〕
源　湛　貞観十八…同十二月廿七左兵衛佐。〔寛平5尻〕
在原友于　貞観…同十八十二廿七《くし》主殿権助。〔昌泰3尻〕
藤原清経　貞観…同十八十二廿七日右権〔く无〕少将。〔昌泰3尻〕

貞観十九年（元慶元年）

◆正月三日
―　四月十一日改為元慶元年（正月三日乙亥新帝即位於豊楽殿。年十歳）。〔貞観19註〕
源　融　正月三日正二位。御即位日坊官賞。〔貞観19註〕
南淵年名　正月三日正三位。〔貞観19註〕
藤原良世　右大将。正月三日正三位。大将如元。皇太后宮大夫。〔貞観19註〕
忠貞王　貞観…同十九正三正四下。〔元慶3尻〕
藤原国経　貞観…同十九正三従四下。〔元慶6尻〕
源　是忠　貞観…同十九正三従五上。〔元慶8尻〕
藤原有穂　貞観…同十九正三従五下。〔寛平5尻〕
在原友于　元慶元正三従五下。〔昌泰3尻〕

◇正月七日
藤原家宗　左大弁。讃岐守。正月七日従三位（去大弁）。〔貞観19註〕

源　　舒　右大弁。左中将。近江権守。正月七日正四位下。［貞観19註］

藤原清経　貞観…同十九正七従五上。［昌泰3尻］

◇正月九日

藤原基経　左大将。正月九日辞大将。不許。［貞観19註］

◇正月十三日

橘　広相　貞観…同十九正十三正五上（二階。〈東宮学士労〉）。［元慶8尻］

◇正月十四日

藤原冬緒　民部卿。播磨権守。正月十四日転守ィ。［貞観19註］

◇正月十五日

菅原是善　式部大輔。勘長官。近江守。正月十五日兼刑部卿。兼官如元。［貞観19註］

忠　貞　王　貞観…同十九正…「閏二月〔恐衍〕ィ」十五日河内守。［元慶3尻］

源　　冷　貞観…同十九正十五〔十十八ィ〕讃岐守。［元慶6尻］

藤原国経　貞観十九正…十五日左馬頭。［元慶6尻］

源　是忠　貞観十九正…十五日侍従。［元慶8尻］

橘　広相　貞観十九正…十五日式部大輔（止〈左少〉弁。〈美濃〉権守如元）。［元慶8尻］

源　　直　貞観…同十九正十五兼備中守。［仁和2尻］

源　興基　貞観…十九く正十五左馬頭。［寛平3尻］

藤原保則　貞観…同十九正十五右中弁。［寛平4尻］

源　　湛　貞観…同十九正十五左衛門佐。［寛平5尻］

菅原道真　貞観…同十九正十五任式部少輔。［寛平5尻］

藤原清経　貞観十九正…十五日左権少将。［昌泰3尻］

藤原興範　貞観…同十九正十五大宰少監。［延喜11尻］

◆二月廿日

藤原家宗　二月廿日薨。頭四年。三木大弁七年。［貞観19註］

◇二月廿九日

源　　多　按察使。二月廿九日兼左大将。［貞観19註］

源　　舒　二月廿九日転左大弁。［貞観19註］

藤原山陰　貞観…同十九二廿九右大弁。〈右権〉中将

〈備前〉守等し如元。［元慶3尻］

藤原興範　貞観十九…二月廿九大舎人大允。［延喜11尻］

三善清行　貞観…同十九二廿九越前権少目。［延喜17尻］

◇二月是月

藤原基経　二月遂辞〈左〉大将。賜帯剣。［貞観19註］

藤原国経　貞観十九…二月補蔵人頭。［元慶6尻］

橘　広相　貞観十九…二月ｌ蔵人頭。家伝云。聴昇殿陪近習。禁内衆事無不幹理云。［元慶8尻］

◆閏二月十五日

忠　貞　王　貞観十九正…「閏二月（恐衍）ィ」十五日河内守。［元慶3尻］

◆四月八日

南淵年名　四月八日薨。今日先上表致仕。頭労九年。参木九年。中納言五年。大納言二年。［貞観19註］

◇四月十一日

――　四月十一日改為元慶元年（正月三日乙亥新帝即位於豊楽殿。年十才）。［貞観19註］

◇四月十九日

藤原有穂　元慶元四十九聴禁色（蔵人）。［寛平5尻］

在原友于　元慶元…壬（く无）四月十九聴衣服禁色（蔵人）。［昌泰3尻］

藤原清経　貞観十九…四月十九日宣旨衣服禁色（蔵人歟）。［昌泰3尻］

◆閏四月十九日

在原友于　元慶元…壬[81]（く无）四月十九聴衣服禁色（蔵人）。［昌泰3尻］

◆十月九日

藤原冬緒　十月九日任〈中納言〉。民部卿如元。［貞観19註］

十九任中納言。［貞観19註］

◇十月十八日

在原行平　大宰権帥。十月十八日任治部卿。帥如元。［貞観19註］

源　冷　貞観…同十九正十五（十　十八ィ）讃岐守。［元慶6尻］

貞観十九…十月十八日兼右兵衛督。　［元慶6尻］
藤原有穂　元慶元…十月十八侍従。　［寛平5尻］
菅原道真　元慶元十十八兼文章博士。　［寛平5尻］
◆十一月三日
大江音人　左衛門督。使別当。十一月三日薨（三木十四年。別当四年）。　［貞観19註］
◇十一月廿一日
源　能有　左中将。備中権守。十一月廿一日従三位。　［貞観19註］
橘　広相　元慶元十一廿一従四下（大嘗会）。　［元慶8尻］
源　直　元慶元十一廿一正四下。　［仁和2尻］
平　惟範　元慶元十一廿一従五上。　［延喜2尻］
◆是歳
藤原長良　元慶元贈左大臣正一位。　［斉衡3註］
藤原兼輔　生年元慶元年丁酉。　［承平3註］

元慶二年

◆正月十一日
源　勤　右衛門督。正月十一日兼播磨権守。　［元慶2註］
源　能有　正月十一日兼左衛門督。　［元慶2註］
藤原諸葛　元慶二正十一備中権守（〈左〉中将如元）。　［元慶3尻］
藤原有実　元慶二正十一兼阿波介。　［元慶6尻］
藤原清経　元慶二正十一兼播磨介。　［昌泰3尻］
◆二月十五日
藤原興範　元慶二［二くし］十五治部少丞。　［延喜11尻］
◆五月四日
藤原保則　元慶二五四正五位下。同日兼出羽権守。　［寛平4尻］
◇五月十八日
藤原国経　元慶二五十八（廿八く）兼中宮大夫。　［元慶6尻］
◆七月十七日

藤原基経　七月十七日叙正二位。即賜随身内舎人二人。左右近衛各四人。［元慶２註］

◆八月十四日

忠　貞　王　元慶二八十四大和守。［元慶３尻］

◆十月五日

藤原有穂　元慶…同二十五右衛門権佐。［寛平５尻］

元慶三年

◆正月七日

藤原山陰　元慶三正七従四上。［元慶３尻］

菅原道真　元慶…同三正七従五位上。［寛平５尻］

◇正月十一日

在原行平　治部卿。正月十一日兼備中守。［元慶３註］

源　能有　左衛門督。正月十一日兼美乃権守。［元慶３註］

藤原保則　元慶…同三正十一転〈出羽〉守。［寛平４尻］

在原友于　元慶…同三正十一右兵衛佐。［昌泰３尻］

◇正月十七日

良峯衆樹　元慶三正十七左馬少允。［延喜17尻］

◆二月十五日

藤原高藤　元慶三二十五兼尾張権守。くし［寛平６尻］

平　惟範　元慶…同三二十五兼備後権守。［延喜２尻］

◆四月五日

源　能有　四月五日為使別当。［元慶３註］

◆八月十七日

藤原山陰　元慶三…八月十七日兼肥後権守。［元慶３尻］

藤原有実　元慶…同三八十七伊与権介。［元慶６尻］

◆九月是月

橘　広相　元慶…同三九ー辞〈蔵人〉頭。［元慶８尻］

◆十月廿三日

藤原諸葛　十一〔十し〕月廿三日任〈参議〉。左中将備中権守等如元〔元蔵人頭〕。［元慶３註］

藤原山陰　十月廿三日任〈参議〉。元蔵人頭右大弁右中将備前守。大弁如元。［元慶３註］

◇十月廿五日

忠　貞　王　十月廿五日任〈参議〉。元大和守。［元慶３註］

◆十一月廿三日

藤原諸葛　十一〔十ㇾ〕月廿三日任〈参議〉。左中将備中権守等如元（元蔵人頭）。［元慶3註］

◇十一月廿五日

源　多　十一月廿五日従二位（朔旦）。左大将。按察使。［元慶3註］

藤原冬緒　民部卿。十一月廿五日正三位。［元慶3註］

菅原是善　勘長官。刑部卿。十一月廿五日叙従三位（朔旦。歴十七年）。［元慶3註］

藤原国経　元慶…同三十一廿五従四上。［元慶6尻］

源　昇　元慶三十一廿五従五上。［寛平7尻］

◆是歳

藤原長良　元慶…同三年重贈太政大臣。号枇杷殿。陽成院外祖也。［斉衡3註］

藤原恒佐　生年元慶三年己亥。［天慶元註］

元慶四年

◆正月十一日

藤原良世　右大将。皇太后宮大夫。正月十一日〔二日ㇾ〕兼按察使。［元慶4註］

在原行平　治部卿。正月十一日兼近江守（卿如元）。［元慶4註］

源　能有　左衛門督。別当。正月十一日兼近江権守。［元慶4註］

藤原山陰　右大弁。正月十一日兼備前（中ィ）守（弁如元）。［元慶4註］

平　惟範　元慶…同四正十一兼備前権介。［延喜2尻］

三善清行　元慶四正十一播磨権少目。［延喜17尻］

◆二月廿一日

忠貞王　二月廿一日兼宮内卿。［元慶4註］

橘　広相　元慶…同四二廿一兼勘長官（〈式部〉大輔如元）。［元慶8尻］

◆四月十五日

平　惟範　元慶四…四月十五正五下。［延喜2尻］

◆八月三十日

菅原是善　刑部卿。勘長官。八月卅日辛亥薨。在官九年。［元慶4註］

菅原道真　元慶…同四八卅喪父。［寛平5尻］

◆十月七日
源　興基　元慶四十七兼伊世守。　〔寛平3尻〕

◆十一月八日
藤原基経　十一月八日改摂政為関白。　〔元慶4註〕

◆十二月四日
藤原基経　十二月四日任〈太政大臣〉。旬日之間三上表辞職。優詔不許。　〔元慶4註〕
十二月四任太政大臣。　〔元慶4註〕

◆是歳
藤原忠平　生年し元慶四庚子。　〔天暦3註〕

元慶五年

◆正月十五日
藤原基経　正月十五日従一位。〔超位次上臈融く〕　〔元慶5註〕

◆二月十五日
忠貞王　二月十五日兼刑部卿幷美乃権守等。　〔元慶5註〕
源　舒　左大弁。左中将。二月十五日讃岐守（止弁）。　〔元慶5註〕
源　光　元慶五二十五兼相模守〔権守くし〕。　〔元慶8尻〕
橘　広相　元慶…同五二十五右大弁（〈勘解由〉長官如元）。　〔元慶8尻〕
源　直　元慶…同五二十五兼肥後守〔権守くし〕。　〔仁和2尻〕
源　昇　元慶…同五十一〔二く〕十五土左権守。　〔寛平7尻〕
紀　長谷雄　元慶五二十五讃岐権少目（文章得業生）。　〔延喜2尻〕

◇二月是月
藤原山陰　右大弁。備中（前ィ）守。二月｜転左大弁。　〔元慶5註〕

◆三月八日
藤原清経　元慶…同五三八転〈左〉少将。　〔昌泰3尻〕
藤原興範　元慶…同五三八民部少丞。　〔延喜11尻〕

◆四月廿五日
三善清行　元慶…同五四廿五対策（不第）。　〔延喜17尻〕

◆五月八日

源　勤　右衛門督。播磨権守。五月八日薨（或廿五日又十六日）〔十六日三実〕。号西七条宰相。〔寛平7尻〕

在官十二年。く　〔元慶5註〕

◆七月十六日

源　舒　七月十六日兼右衛門督。止〈左〉中将。〔元慶5註〕

藤原山陰　七月十六日兼播磨権守（〈左大〉弁如元）。〔元慶5註〕

藤原有実　元慶…同五七十六左中将（元少将）。〔元慶6尻〕

元慶五…七月十六日遷権〈左〉中将。〔元慶6尻〕

藤原保則　元慶…同五七十六兼播磨権守。〔寛平4尻〕

藤原清経　元慶五…七月十六兼備中守。〔昌泰3尻〕

◆十月是月

藤原有実　元慶五…十月ー蔵人頭。〔元慶6尻〕

◆十一月十五日

源　昇　元慶…同五十一〔二く〕十五土左権守。

◇十一月廿九日

源　舒　十一月廿九日卒。参議大弁七年。く　〔元慶5註〕

◆十二月十三日

藤原諸葛　左権中将。十二月十三日兼右衛門督。〔元慶5註〕

源　興基　元慶…同五十く二十三左権中将。〔寛平3尻〕

◆是歳

平　伊望　生年元慶五年辛丑。〔天慶2註〕

元慶六年

◆正月七日

藤原諸葛　正月七日正四下。〔元慶6註〕

藤原山陰　左大弁。播磨権守。正月七日正四下。〔元慶6註〕

藤原有実　元慶…同六正七従四上。〔元慶6尻〕

藤原保則　元慶…同六正七従四下。〔寛平4尻〕

藤原清経　元慶…同六正七正五下。　[昌泰3尻]

源　当時　元慶六正七従五下。　[延喜11尻]

◇正月十日

源　多　正月十日任〈右大臣〉。左大将如元。　[元慶6註]

藤原良世　正月十(十三ィ)日任〈大納言〉。右大将按察使大皇太后宮大夫等如元。　[元慶6註]

藤原冬緒　正月十(十三ィ)日任〈大納言〉。民部卿如元。　[元慶6註]

民部卿。正月十(十三ィ)日任大納言。し　[元慶6註]

在原行平　正月十(十三ィ)日任〈中納言〉。　[元慶6註]

治部卿。正十任中納言。　[元慶6註]

源　能有　正月十(十三ィ)日任〈中納言〉。左衛門督。別当。　[元慶6註]

左衛門督。使別当。正十任中納言。　[元慶6註]

◇正月十三日

藤原良世　右大将。按察使。皇太后宮大夫。遷大皇太后宮大夫。正月十三日(十日三実)任大納言。　[元慶6註]

◇正月廿五日

藤原基経　正月廿五日上表復辟。直停随身内舎人二人左右近衛等。勅答。職封資人依請。至随身兵仗者。事有旧貫。敢不虧損。　[元慶6註]

◇正月是月

——　正月日く立皇太后明子為太皇大后。立中宮高子為皇太后。　[元慶6註]

藤原国経　元慶…同六正ー為皇太后宮大夫。　[元慶6尻]

◆二月一日

藤原基経　二月一日有勅。任人賜爵准三宮。如忠仁公之故事。又依請減随身内舎人二人。左右近衛各四人如元。　[元慶6註]

◇二月二日

源　光　元慶…同六二三兼播磨権守。　[元慶8尻]

源　興基　元慶…同六二三兼備前守。　[寛平3尻]

◇二月三日

忠貞王　刑部卿。二月三日兼近江「権」（し无恐衍）守（卿如元）。［元慶６註］

藤原諸葛　右衛門督。二月三日兼近江権守（督如元）。［元慶６註］

源　冷　二月三日任〈参議〉。宮内卿右兵衛督等如元。［元慶６註］

藤原国経　二月三日任〈参議〉。元蔵人頭。皇太后宮大夫如元。［元慶６註］

藤原有実　二月三日任〈参議〉。左中将伊与権介（守し）等如元。元蔵人頭。［元慶６註］

藤原保則　元慶六…同二月三日兼讃岐権守。［寛平４尻］

◇二月十五日

源　直　元慶…同六二十五兼美乃守（受領）。［仁和２尻］

◇二月廿三日

在原行平　二月廿三正三位。［元慶６註］

◆三月九日

源　能有　三月九（十九くし）日如元為別当。［元慶６註］

◇三月廿八日

藤原国経　三月廿八日叙正四位下。［元慶６註］

◇三月是月

在原行平　三月ー兼民部卿ィ。［元慶６註］

源　興基　元慶…六年三月く補蔵人頭。［寛平３尻］

元慶七年

◆正月七日

藤原有実　左中将。伊与権守。正月七日正四下。［元慶７註］

源　貞恒　元慶七正七従四位下（元無位）。［寛平５尻］

◇正月十一日

源　冷　宮内卿。右兵衛督。正月十一日兼伊与権守。［元慶７註］

源　是忠　元慶七正十一左衛門佐。［元慶８尻］

菅原道真　元慶…同七正十一兼加賀権守。［寛平５尻］

藤原高藤　元慶…同七正十一任左近少将。くし　［寛平６尻］

在原友于　元慶…同七正十一一くし右権少将。［昌泰３尻］

藤原興範　元慶…同七正十一式部少丞。［延喜11尻］

◇正月廿一日

藤原国経　皇太后宮大夫。正月廿一（十一ヵ）日兼備中守。［元慶7註］

◆二月十四日

源　湛　元慶七二十四備中守。［寛平5尻］

藤原清経　元慶…同七二十四讃岐介。［昌泰3尻］

藤原枝良　元慶七二十四大皇太后宮少進。［延喜13尻］

◇二月是月

藤原玄上　元慶七二｜刑部少丞（元上野少掾）。［延喜19尻］

◆三月九日

在原行平　三月九日兼民部卿。［元慶7註］

◆五月是月

三善清行　元慶…同七五｜改判（丁第）。［延喜17尻］

◆是歳

藤原冬緒　民部卿。｜｜辞卿。［元慶7註］

元慶八年

◆正月十一日

三善清行　元慶…同八正十一任大学少允。［延喜17尻］

◆二月四日

――　二月四日天皇遷幸二条院。王公百官以神璽等奉一品式部卿時康親王。［元慶8註］

――　二月四日受禅（光孝天皇。年五十五）。［元慶8註］

◇二月五日

――　二月…五日文武百官奉迎。［元慶8註］

源　融　三（二くし）月五日勅授帯剣。［元慶8註］

◇二月廿二日

在原友于　元慶…同八く二月廿二（廿三三実）従五上。［昌泰3尻］

◇二月廿三日

――　二月…同廿三日即位。［元慶8註］

藤原基経　二月廿三日重受関白詔。今日光孝天皇即位。［元慶8註］

在原行平　民部卿。或本云。〔今年し〕二月廿三日正三位。　[元慶8註]

基棟王　二月廿三日叙〈従三位〉。左京大夫如元。　[元慶8註]

橘　広相　元慶…同八二廿三従四上（御即位日）。　[元慶8尻]

藤原有穂　元慶…同八二廿三従五上。　[寛平5尻]

源　希　元慶八二廿三叙従五下。　[寛平7尻]

◇二月是月

十世王　元慶八二ー従四位下（元無位）。　[寛平9尻]

◆三月五日

源　融　三〔二くし〕月五日勅授帯剣。　[元慶8註]

源　当時　元慶…同八三五〔九くし〕侍従。　[延喜11尻]

◇三月九日

藤原冬緒　三月九日兼弾正尹。今日去民部卿ィ。　[元慶8註]

藤原有穂　元慶八…三月九兼備前権介。　[寛平5尻]

藤原高藤　元慶…同八三九兼讃岐介。くし　[寛平6尻]

源　希　元慶八…三月九任内蔵助。　[寛平7尻]

◇三月十一日

藤原有穂　元慶八三月…同十一日聴禁色衣服。　[寛平5尻]

◆是春

藤原菅根　元慶八春補文章生（字右生）。　[延喜8尻]

◆四月一日

源　光　四月一日任〈参議〉。左兵衛督播磨権守等如元。　[元慶8註]

◇四月十三日

源　是忠　元慶…同八四十三賜姓源朝臣。　[元慶8尻]

◆五月五日

藤原基経　五月五日殊有勅行内弁。不可為例。　[元慶8註]

◇五月七日

良峯衆樹　元慶…同八五七〔廿し廿九く〕転〈左馬〉権大允。　[延喜17尻]

◇五月廿五日

藤原基経　五月…廿五日勅聴駕輦出入宮中。　[元慶8註]

◇五月廿六日
橘　広相　元慶八…五月廿六兼文章博士。［元慶８尻］
源　貞恒　元慶…同八五廿六従四上（一世源氏）。［寛平５尻］
紀　長谷雄　元慶…同八五廿六讃岐掾。［延喜２尻］
源　悦　元慶八五廿六越前介。［延喜19尻］
◇五月廿九日
源　是忠　元慶八…五月廿九日正四下。［元慶８尻］
源　昇　元慶…同八五廿九右馬助。［寛平７尻］
◆六月一日
源　是忠　元慶八…六月一日勅授帯剣。［元慶８尻］
◇六月六日
藤原基経　六月六日聴着庁座行政。［元慶８註］
◇六月九日
源　是忠　六月九日任〈参議〉。［元慶８註］
◆八月廿七日
忠貞王　刑部卿。近江守。八月廿七日薨。在官六年。［元慶８註］
◆十一月廿五日
源　興基　元慶…同八十一廿五正四位下。［寛平３尻］
藤原有穂　元慶八…十一月廿五日正五下。［寛平５尻］
◆十二月五日
橘　広相　十二月五日任〈参議〉。元右大弁勘長官文章博士（已上如元）。本名博覧。［元慶８註］
◇十二月廿五日
藤原基経　十二月廿五日帝於内殿賀大臣五十算。［元慶８註］
◆是歳
小野好古　元慶八年甲辰生。［元暦元註］
生年元慶八年甲辰。［康保４註］

元慶九年（仁和元年）

◆正月一日
藤原基経　正月一日天皇御大極殿朝賀行内弁。此官無如此之例。此日別有勅行之。是権時之事也云々。［元慶９註］
◇正月十六日
藤原国経　皇太后宮大夫。正月十六日兼播磨守。

［元慶９註］

源　是忠　正月十六日兼近江守。　［元慶９註］

源　貞恒　元慶…同九年正十六美乃守。　［寛平５尻］

藤原有穂　元慶…同九正十六兼左少将〈〈右衛門権〉佐如元〉。　［寛平５尻］

源　湛　元慶…同九正十六左少将〈〈備中〉守如元〉。　［寛平５尻］

源　希　仁和元正十六任民部少輔。　［寛平７尻］

十世王　仁和元正十六任中務大輔。　［寛平９尻］

藤原興範　仁和元正十六転〈式部〉大丞。　［延喜11尻］

源　悦　仁和元正十六右衛門大尉。　［延喜19尻］

◇正月十九日

藤原扶幹　元慶九正十九周防掾。　［延喜23尻］

◆二月廿日

在原行平　民部卿。二月廿日兼按察使〈卿如元〉。　［元慶９註］

源　希　仁和元…同二月廿任右衛門権佐。　［寛平７尻］

源　昇　仁和元二廿左兵衛佐。　［寛平７尻］

源　悦　仁和元…同二月廿左〈衛門〉大尉。　［延喜19尻］

藤原扶幹　元慶九…二月廿近江権少掾。　［延喜23尻］

◇二月廿一日

――　二月廿一日改為仁和元年。　［元慶９註］

◇二月廿五日

在原友于　仁和元二廿五〔く无〕播磨権介。　［昌泰３尻］

◇二月是月

藤原基経　二月勅聴節会不列群臣直昇殿。　［元慶９註］

◆四月廿日

藤原基経　四月廿日天皇於五ケ寺。各請十僧。転読大般若経限五ケ日。蓋賀大臣五十算也。　［元慶９註］

◇四月廿七日

源　当時　仁和元四廿七周防介。　［延喜11尻］

◆是歳

藤原元名　仁和元年生。　［天徳２註］

生年仁和元年己巳(82)。　［康保元註］

仁和二年

◆正月二日

藤原時平　仁和二正二壬午。太政大臣第一息時平於仁寿殿加元服（年十六）。天皇（小松帝）自手取冠加其首。令蔵人主殿助従五位下藤原未（マヽ）兼理髪。即授時平正五位下。其告身。天皇神筆書し黄紙以賜之。く勅参木左大弁橘広相作告身文。其所須冠巾皆是服御之物也。公卿大夫会太政大臣職院直廬称賀宴飲。雅楽寮挙音楽。賜五位已上禄各有差。　〔寛平2尻〕

仁和二正二五位下。　〔寛平2尻〕

◇正月七日

藤原清経　仁和二正七従四下。　〔昌泰3尻〕

平　惟範　仁和二正七従四下。　〔延喜2尻〕

源　湛　仁和二正七正五下。　〔寛平5尻〕

◇正月十六日

藤原有実　左中将。正月十六日兼近江権守。

菅原道真　仁和二正十六任讃岐守（止〈式部〉少輔〈文　〔仁和2註〕
章〉博士〈加賀〉権守等）。　〔寛平5尻〕

源　希　仁和…同二正十六任右少弁。　〔寛平7尻〕

紀　長谷雄　仁和二正十六少外記。　〔延喜2尻〕

三善清行　仁和二正十六少内記。　〔延喜17尻〕

藤原玄上　仁和二正十六転〈刑部〉大丞。　〔延喜19尻〕

◇正月廿日・廿一日

藤原時平　仁和二正…同廿日庚子。太政大臣く献物。飯六十櫃。酒六十缶。魚六十缶。菜六十缶。納衣物韓櫃廿合。置陳於仁寿殿東庭。供御器物金銀華美。糸竹備奏。清和太上く天皇第八皇子貞数親王。及四位已上童少者十許人。先是教習。此日出儛。くし群臣歓洽。通宵楽飲。賀時平朝臣加冠拝爵也。宴罷之後。賜時平御衣一襲。廿一日勅聴貞数親王帯剣。親王昨儛くし散手。其舞装束帯剣執殳。故特賜親王云々。　〔寛平2尻〕

◆二月十三日

藤原仲平　仁和二〔三くし〕二十三正五下〔新叙〕。　［延喜８尻］

◇二月廿一日

藤原有穂　仁和二二廿一兼右中弁〔去〈右衛門〉権佐。余官如元〕。　［寛平５尻］

源　昇　仁和…同二二廿一左衛門権佐。　［寛平７尻］

藤原扶幹　仁和二二廿一中務少丞。　［延喜23尻］

◇二月廿七日

藤原高藤　仁和二二廿七任兵部大輔。くし　［寛平６尻］

◆四月五日

源　希　仁和二…四月五日兼斎院長官。　［寛平７尻］

◆六月十三日

藤原山陰　六月十三日任〈中納言〉。　［仁和２註］

左大弁。六月十三日従三位。同日任中納言。　［仁和２註］

橘　広相　右大弁。し六月十三日転左大弁。　［仁和２註］

源　直　六月十三日任〈参議〉。右中将美乃守如元。　［仁和２註］

◇六月十九日

在原友于　仁和…同二六十九左権少将。　［昌泰３尻］

◆八月是月

藤原有穂　仁和二…八月転左中弁。　［寛平５尻］

◆是歳

藤原有穂　仁和二月…ーー補蔵人頭〔左中弁兼左少将正五下〕。　［寛平５尻］

源　是茂　生年仁和二年丙午。　［天慶４註］

仁和三年

◆正月七日

源　冷　右兵衛督。正七〔十一廿七ィ〕従三位。　［仁和３註］

藤原有穂　仁和…同三正七従四下。　［寛平５尻］

藤原興範　仁和…同三正七従五下。　［延喜11尻］

藤原枝良　仁和三正七従五下。　［延喜13尻］

三善清行　仁和…同三正七従五下。　［延喜17尻］

◇正月十日

藤原時平　仁和…同三正十〔七く〕従四下。即聴禁色。

◇正月十一日　［寛平２尻］
藤原有穂　仁和三正…十一日任中宮大夫。　［寛平５尻］
◇正月廿二日
源　興基　仁和三正廿二聴禁色衣服。　［寛平３尻］
◆二月二日
源　直　右中将。二月二日兼播磨権守。　［仁和３註］
藤原諸葛　右衛門督。越前権守(兼)。二月二日兼美乃
権守。　［仁和３註］
藤原保則　仁和三二二伊与守。　［寛平４尻］
藤原高藤　［仁和…同三二二兼近江権介。くし］　［寛平６尻］
源　希　仁和…同三二二兼近江権介。　［寛平７尻］
十世王　仁和…同三二二兼加賀権守。　［寛平９尻］
藤原清経　仁和…同三二二兼周防権守。　［昌泰３尻］
三善清行　仁和三…二月二大内記。　［延喜17尻］
◇二月三日
源　興基　仁和三…同二三兼伊世権守。　［寛平３尻］
藤原興範　仁和三…二月三掃部頭。　［延喜11尻］

◇二月十三日
藤原仲平　仁和二〔三くし〕二十三正五下(新叙)。　［延喜８尻］
◇二月十七日
藤原時平　仁和三…同〔四ィ〕年二月十七日任右権中将
(元無官)。　［寛平２尻］
平　惟範　仁和…同三二十七兼民部大輔。　［延喜２尻］
◆四月十三日
藤原冬緒　四月十三日致仕。寛平二五廿五薨。［参九中
六大六前二。く］　［仁和３註］
四月十三日致仕。　［仁和３註］
◇四月廿三日
在原行平　民部卿。按察使。四月廿三(十三ィ)日致仕
(七十)。寛平五七十九薨［(七十六)。参十
三別四頭二中六前七。く］　［仁和３註］
◇四月廿四日
藤原定国　仁和三四廿四補蔵人。　［昌泰２尻］
◇四月是月
在原行平　四月日致仕。　［仁和３註］

◆五月十一日
藤原山陰　五月十一日兼民部卿。［仁和３註］
◇五月十三日
藤原諸葛　五月十三日遷備前権守。［仁和３註］
平　惟範　仁和三…五月十三兼弾正大弼（去〈民部〉大輔）。［延喜２尻］
◇五月十七日
藤原扶幹　仁和…同三五十七従五下（御即位陽成院御給）。［延喜23尻］
◇五月是月
源　是忠　五月ｌ兼按察使。［仁和３註］
◆八月二日
藤原興範　仁和三…八月二筑前守。［延喜11尻］
◇八月廿二日
藤原保則　仁和三…八月廿二日任大宰大弐。［寛平４尻］

注

（1）和銅七年に閏六月はない。『続紀』によれば、中臣意美麿は和銅四年閏六月乙丑（二十二日）に卒しているが、しばらくここに置く。（p. 11）

（2）養老三年二月二日の干支は辛酉、甲子は五日（湯浅吉美編『日本暦日便覧』上巻、汲古書院、一九八八年、による。干支については、以下同じ）。『続紀』は甲子条に置く。（p. 15）

（3）養老四年十月十日の干支は己丑、壬寅は二十三日。『続紀』は壬寅条に置く。（p. 17）

（4）養老八年（神亀元年）の干支は甲子。（p. 21）

（5）神亀五年の干支は戊辰。己巳は同六年（天平元年）。内閣文庫架蔵写本『補任』（函号一四六・七六九。以下「写本」という）は「生年己巳神亀五戊辰生イ」に、旧輯国史大系本は「神亀五年戊辰生。」につくる。戊戌は天平宝字二年で該当しない。（p. 23，26）

（6）神亀六年（天平元年）二月九日の干支は庚午、壬申は十一日。『続紀』は辛未（十日）条に置く。（p. 24）

（7）二月十日の干支は辛未、癸酉は十二日。『続紀』は癸酉条に置く。（p. 24）

（8）二月十六日の干支は丁丑、己卯は十八日。『続紀』は己酉条に置く。（p. 24）

（9）二月二十四日の干支は乙酉、丁亥は二十六日。『続紀』は丁亥条に置く。（p. 24）

（10）底本は「（天平）廿一年四月従五上。八《マヽ》年正月薩摩守。…（宝字）六年正月薩摩守。」につくるが、旧輯本は「（宝字）八年正月薩摩守。」とのみ記し、写本は「（天平）廿一年四月従五上薩摩守」とする。『続紀』によれば、大伴家持は宝字八年正月己未（二十一日）に従五位上で薩摩守に任じている。その生年（天平元年）からみても同八年の任官はあり得ないが、しばらくここに置く。（p. 32）

（11）天平九年九月十三日の干支は甲申、己亥は二十八日。『続紀』は己亥条に置く。（p. 33）

（12）「天平十二年月丙寅」は、『続紀』によると「天平九年十二月丙寅」の誤であろう。『同』十二年十一月甲辰条にみえる記事（従五位上下道真道、正五位下に昇叙）と混同された可能性が高い。（p. 34，37）

（13）天平十五年の干支は癸未、丁丑は同九年。「十五」は「丁丑」を誤写したものか。なお、写本は「天平十五年戊寅生」と記し、十五年を見せ消しにして「五年丁丑」と傍書するが、いずれも干支と合わない。（p. 35，40）

（14）天平十二年の干支は庚辰、甲申は十六年。（p. 37）

（15）天平勝宝元年の干支は己丑、乙未は同七年。（p. 48，54）

（16）　天平勝宝六年の干支は甲午、辛卯は同三年であるが、秋篠安人は弘仁十二年正月、七十歳で薨じている（『紀略』）。この記事によれば生年は天平勝宝四年壬辰となるが、本書ではしばらくここに置く。（p. 53）

（17）　天平勝宝七年の干支は乙未、丙申は同八年であるが、藤原内麿は弘仁三年十月、五十七歳で薨じている（『後紀』）ので、生年は天平勝宝八年となる。（p. 54）

（18）　天平勝宝七年の干支は乙未、丙申は同八年であるが、藤原乙叡は大同三年六月、四十八歳で薨じている（『後紀』）ので生年は天平宝字五年辛丑となるが、本書ではしばらくここに置く。（p. 54）

（19）　天平宝字三年の干支は己亥、四年は庚子。（p. 63, 65）

（20）　天平宝字六年十二月十一日条と十八日条の記事は、『続紀』宝字八年九月乙巳（十一日）条の記事（「即遣使固三関。」まで）と、同九月壬子（十八日）条の記事を合成したものだが、とりあえずここに置く（十二月是月条参照）。（p. 70）

（21）　この条は『続紀』宝字八年九月壬子（十八日）条の記事に相当するが、とりあえずここに置く（十二月是月条参照）。（p. 70）

（22）　『　』内の二十二字は、写本によって補った。（p. 71）

（23）　十二月十一日、十八日条に続く。（p. 71）

（24）　注（22）参照。（p. 74）

（25）　天平宝字八年九月十三日の干支は丁未、戊申は十四日。『続紀』は戊申条に置く。（p. 75）

（26）　九月二十八日の干支は壬戌、癸亥は二十九日。『続紀』は癸亥条に置く。（p. 76）

（27）　恵美押勝の謀反年（天平宝字八年）に置く。（p. 78）

（28）　天平神護二年三月十三日の干支は戊辰、十六日は辛未、丁卯は十二日。『続紀』は丁卯条に置く。（p. 82）

（29）　神護景雲元年の干支は丁未、壬戌は延暦元年。『続紀』によれば、真備が従五位上に叙されたのは天平九年十二月である（注（12）参照）。本書では、しばらくここに置く。（p. 87）

（30）　宝亀元年十一月一日の干支は己未、己丑は十月一日。『続紀』は十月己丑朔に置く。（p. 94）

（31）　宝亀十二年条の「大伴伯麿」尻付部分に、次の記事が見える。

（以下五行く係浜成　旧係家持　恐有誤）
或本云。①天応元年正月正四位上。③十一月十三日従三位。
②二年正月坐事除官位。延暦二年正月④有免罪。更任三木。
春宮大夫。左大弁。弁官補任云。天応元年閏正月坐事
者。又云。②天応二年正月坐事除官位。又云。⑥宝亀元年
十一月甲午任左大弁三木宮内卿越前守如元。兼中宮大

夫。停左大弁。⑤延暦九二十八薨。

この記事は、旧輯本では「大伴家持」の尻付部分に掲げられていたが、新訂増補本は冒頭のような（註記）を付して「大伴伯麿」の尻付部分に置いている。

しかし右の記事のうち、「大伴伯麿」の履歴に一致する部分は必ずしも多くない。それは、①天応元年（宝亀十二年）に正四位上となったこと（但し『続紀』では四月癸卯）、②天応二年（延暦元年）閏正月十三日（正月ではない）「（氷上川継の）事に坐して解官」したこと（『補任』天応二年条註記による）である。このうち②は『続紀』には明記されないものの、天応二年閏正月壬寅（十九日）条に、大伴家持以下、氷上川継の一党が解官されたことが見えるから、伯麿がこの中に含まれていた可能性が高い。ただ、彼はこの後まもなく薨じていて、『続紀』の伯麿薨伝は延暦元年二月丙辰（三日）に掲げられる。これは川継一党が処罰された記事の次に置かれているが、その末尾には「天宗高紹天皇寵幸之。尋授正四位上。歴左大弁衛門督中宮大夫。加従三位。薨時年六十五。」とのみあって変への言及がなく、彼が「官位を除かれた」か否かは疑問が残る。しかし、処罰された同族の家持は同年四月の詔で許され（『補任』）、五月には春宮大夫に任じている（『続紀』）から、事件後間もなく死去した伯麿については、正史は敢えてその処罰を記さなかった可能性もある。したがって②も、あながち虚妄と断ずることはできない。

一方伯麿は、宝亀年間に宮内卿（五年九月）、越前守（七年九月）、参議（九年正月）、左大弁（十年十一月）、延暦元年五月に中宮大夫に任じているが、それはいずれも、宝亀元年十一月時点ではない（そもそも、宝亀元年十一月に「甲午」は存在しない）。また上記のように伯麿の薨去は延暦元年二月三日であって、延暦九年ではあり得ない。写本は「九年」を「元年」に作るが、これらはいずれも信を置くべき記事ではないと思われる。

次に、「大伴家持」の履歴と一致する記事は、③天応元年十一月に従三位に昇叙したこと（『補任』による。『続紀』では十五日）、④川継の乱で官位を除かれたが暫くして許され、参議、春宮大夫、左大弁の官職を復されたこと、の二点である。但しそれは上記のように延暦元年中のことであって、「延暦二年」ではなかった。

第三に、「藤原浜成」にかかわる記事はどうであろうか。浜成が正四位下に昇叙したのは宝亀六年三月、従三位は翌宝亀七年正月である（『続紀』。官位については全く彼の履歴と合致しない。その後天応元年四月には大宰帥となり、同年六月には員外帥に左降された。さらに同二年閏正月には、川継の義父であることを理由に参議・侍従の官職を除かれている（『続紀』）。②の部分は元年と二年の違いこそあるが、浜成の履歴と合致する部分がここにある。また大宰権帥のまま、⑤延暦九年二月十八日に薨じた（『補任』）ことも、彼の履歴に合致する。

　これまでの繁雑な考証の結果、上掲の「大伴伯麿」尻付部分の記事は、大伴伯麿、大伴家持、藤原浜成三者の履歴を混同し、継ぎ接ぎに綴ったものであることがほぼ判明した。そして混乱の背景には、延暦初年の氷上川継の乱があることも推測出来そうである。

　したがって本書では、上掲記事を上記三者に分載して、それぞれに「○○○○カ」と表記することにした。また、何人の履歴とも判じがたい⑥部分については、「某」のものとして掲げた。（p. 94, 114, 115, 118, 119, 123, 138）

（32）　宝亀二年十一月十六日の干支は戊戌、二十七日は己酉。己巳は十月十七日、己酉は十一月二十七日。『続紀』によれは、藤原継縄が従三位に叙された日は十一月己酉。外衛大将に任じた日は神護景雲二年十一月癸未であるが、宝亀二年閏三月戊子朔条に「外衛大将正四位上藤原朝臣継縄為兼但馬守。」とみえるので、同年十一月時点でも大将の官を帯びていたと推察される。（p. 98）

（33）　宝亀六年の干支は乙卯、辛卯は天平勝宝三年。藤原冬嗣は天長三年七月、五十二歳で薨じている（『紀略』）ので、生年は宝亀六年である。（p. 105）

（34）　宝亀八年正月十日の干支は癸亥、戊寅は二十五日。『続紀』は正月戊寅につくる。（p. 107）

（35）　七月五日の干支は甲寅、壬辰は八月十四日。『続紀』は宝亀七年七月壬辰（七日）に置くが、しばらくここに置く。（p. 107）

（36）　宝亀十一年三月二十四日の干支は己丑、丁亥は二十二日。『続紀』は丁亥条に置く。（p. 113）

（37）　宝亀十二年（天応元年）四月一日の干支は己丑、辛卯は三日。『続紀』は辛卯条に置く。（p. 115）

（38）　六月二十七日の干支は甲寅、癸未は六月にない。『続紀』は甲寅条に置く。（p. 117）

（39）　丙寅は六月にない。『続紀』は甲寅（二十七日）条に置く。（p. 117）

（40）　延暦三年正月一日の干支は癸酉、十六日は戊子。（p. 125）

（41）　延暦四年八月に丙午はない。『続紀』は丙子条に置く。（p. 129）

（42）　延暦八年八月十日の干支は己卯、二十一日は庚寅。『続紀』は庚寅条に置く。（p. 137）

（43）　延暦九年二月九日の干支は丙子、二十七日は甲午。『続紀』は甲午条に置く。（p. 138）

（44）　この条（『補任』延暦九年条、大伴潔足尻付）は、底本では次のように記されている。

（延暦）七年三月己巳右衛士督。二月九〔廿七ィ〕日任三木。三月八日兼兵部卿。

旧輯本では、「七年三月己巳右衛士督。」までしか記事がない。一方、写本では次の通りである。

（延暦）七年三月己巳右衛士督九年二月九日任参議三月八日兼兵部卿

『続紀』によれば、潔足は延暦九年二月甲午（二十七日）に参議に補され、同三月壬戌（二十六日）には兵部卿に任じている。よって底本の記事には問題があると判断されるので、本書では延暦九年の条に掲げた。(p. 138)

(45) 写本は「延暦十二年月日少外記」と記す。また『外記補任』には延暦十二年から同十五年まで少外記と見え、十二年条に「二月任」と注記される。一方、延暦十年の少外記は池原諸梶・中科巨都雄の二名である（笠井「校註・外記補任—仁和三年以前㈠—」、『金沢大学教養部論集』人文科学篇、二六—二、一九八九年）。従って本条は、延暦十二年条に置くべきものであろう。(p. 140, 143)

(46) 底本には「五十年」とあるが、旧輯本ならびに写本の該当個所により、「十五年」に改めた。(p. 148)

(47) 延暦十五年十月に甲辰はない。『続紀』は十月甲申（二十七日）条に置く。(p. 149)

(48) 正躬王は、弘仁七年（八一六）、十八歳で文章生となっている（『補任』承和七年尻付）ので、生年を延暦十八年（己卯、七九九）に置く。(p. 156)

(49) 延暦二十一年に閏十月はない。同二十二年の誤りか。(p. 160)

(50) 延暦二十二年の干支は癸未、二十三年は甲申。癸亥は延暦二年。なお、坂上田村麿の任刑部卿は延暦二十二年七月癸亥である（笠井編『八省補任』八木書店、二〇一〇年、他による）から、月次が欠損したものか。(p. 162, 164)

(51) 延暦二十二年の干支は癸未、甲申は二十三年。藤原良房は貞観十四年九月、六十九歳で薨じているので（『三実』同月二日己巳条）、その生年は延暦二十三年である。ここに「廿二年」とあるのは誤りだが、「甲申」の干支は正しい。(p. 162, 164)

(52) 大同二年四月二十二日は己卯、十六日は癸酉。(p. 174)

(53) 大同二年に「閏六月」はない。(p. 175)

(54) 底本には「従位位下」とあるが、旧輯本ならびに写本の該当個所により、「従四位下」に改めた。(p. 177)

(55) 大同四年四月二十五日は「庚子」、「戊子」は同月十三日である。『類史』巻九九、大同四年四月戊子（十三日）条によれば、この日皇太弟（賀美能親王）が受禅しているので、本書ではこの記事を戊子（十三日）条に置く。(p. 181)

(56) 写本は「四年十一月庚子侍従」、旧輯本は「四年十一月庚午侍従」につくる。『逸史』は、『紀略』十一月庚午条の「任官」記事に懸けて庚午（二十八日）条に置く。同年十一月に庚子はない。(p. 184)

(57) 写本には「大輔督等如元。」とあり、「守」の字はない。「督」は左衛門督か。(p. 184)

(58) 写本には「九月辛卯左少弁　丹後守少将如元」とみえる。「介」は「守」の誤か。(p. 189)

(59) 『補任』弘仁十四年条の大伴国道尻付には、「弘仁二正十一任陸奥守。」で始まるもの①と、「弘仁二正十一陸奥少掾。」で始まるもの②とがあって（表1参照）、少なくともその冒頭の記述は矛盾している。一方『後紀』によれば、弘仁二年三月甲寅（二十日）時点での陸奥守は佐伯清岑であり、翌三年正月辛未（十二日）には佐伯耳麻呂がこの官に任じていて、国道の任陸奥守は考えにくい。宮崎康光編『国司補任』（続群書類従完成会、一九九九年）巻二においても、国道は弘仁二年に陸奥少掾、同三年に権介に任じたとする。

　また、その後の記事についても、これを『後紀』（含逸文）の記事と対照すると、②のうち「同(弘仁)四正七従五下。」「(弘仁)七正…尋任宮内少輔。」「同十正－従五上。」「(弘仁十三)十一月廿四正五位下」の四カ条が『後紀』とほぼ一致する。一方、①の記事で『後紀』とほぼ一致するのは、「十三年十一月廿四日正五下。」の一条にすぎない。

　以上を勘案するに、②の信頼度は①に勝ること数段であると思われるが、①のみに見受けられる記事も若干あり、また記事の日次が①・②に共通するのに、『後紀』とは異なるものが検出される（正五位下昇叙の日付など）ので、

表1．大伴国道尻付（弘仁14年）の対比

①大伴国道尻付	②同左（異説）	日本後紀（含逸文）
弘仁二正十一任陸奥守。	弘仁二正十一陸奥少掾。	
	同三正十二任権介。	
同三正七従五上。	同四正七従五下。	四年正月七日正六上→従五下。
	同七正伊世介。尋任宮内少輔。	六年正月十二日　従五下　任宮内少輔。
	同十正ー従五上。	十年正月七日従五下→従五上。
同十一九十六民部少輔。		
同十二二一右中弁。	同十二｛一イ｝九廿六任民部少〔大〕輔。	
	十二年二月一日｛年二イ｝日右中弁(弁官補任不見)。	
	同十三二ー右〔マヽ〕中弁。	
十三年十一月廿四日正五下。	十一月廿四正五位下。	十三年十一月朔従五上→正五下。
十四年四月一日従四下。任右中弁。	十四年四十九左中弁。叙従四下。	
五月十四任参木。即兼右大弁。		
延暦四年依坐父事。配流佐渡国。…		

①・②は同じ原史料をもとに書かれた可能性も捨てきれない。本書では、①・②の記述を共に掲げることにした。(p. 191)

(60) 弘仁三年の干支は壬辰、五年は甲午。但し、源常は斉衡元年六月、四十三歳で薨じている(『文実』、同月丙寅条)ので、生年は弘仁三年が正しい。(p. 195)

(61) 底本では「下野守」であるが、旧輯本ならびに写本は「上野守」に作る。『国司補任』巻二は「下野守」とする。同書によれば、上野国守は弘仁五年正月二十二日に春原五百枝が任じ(『補任』)、同年八月二十八日には右兵衛督を兼ねるも上野守故の如しとあり(『後紀』)、翌弘仁六年正月には下野守に転ずるも代わって阿倍雄能麿が上野守に任じている(『後紀』)ので、朝野鹿取が上野守となる期間はない。「下野守」とするのが妥当であろう。(p. 197)

(62) 弘仁五年七月に「壬午」はなく、閏七月壬午が八日である。『日本後紀』によれば、吉備泉の死去は弘仁五年閏七月壬午(八日)である。(p. 198)

(63) 写本には「六年正月兼美濃守」とあり、『後紀』弘仁六年正月壬午(十日)条に紀百継の任官(兼美濃守)記事がみえる。(p. 200, 205)

(64) 写本は「右」字を「官」につくる。(p. 210)

(65) 二月癸丑(廿六日)条参照。(p. 230)

(66) 十一月甲午(十二日)条参照。(p. 230)

(67) 写本には「使」字がない。(p. 251)

(68) 底本には「班田長月官」とあるが、旧輯本ならびに写本には「月」文字がない。恐らく誤りであろう。(p. 258)

(69) 承和十三年三月に「丙戌」はなく、二十七日は戊辰。『続後紀』によれば、文屋秋津の卒去は承和十年三月辛卯(二日)であり(五十七歳)、承和十三年三月に置くのは誤りであろう。なお、『続後紀』には承和十年三月辛卯条に任官記事を掲げ、続けて「丙辰美濃国山県郡少領外従八位上均田勝浄長等九人賜姓中臣美濃連中臣氏祖津速魂命之苗裔也」なる一文を置き(国史大系本一五四頁)、秋津の卒去記事に続けている。承和十年三月丙辰は二十七日に当たるから、底本頭書が引く『続後紀』の文(承和十年三月廿七日卒)、並びに本条日付はこれに依った可能性が高い。しかし、右の「丙辰云々」記事は衍文であり、既に同年正月丙辰(二十七日)条に見えている。これを要するに本条は、年次干支ともに誤りであるといえよう。(p. 261)

(70) 承和十四年の干支は丁卯である。三善清行の生年については諸説があるが、所功『三善清行』(人物叢書、吉川弘文館、一九七〇年)に従えば、承和十四年が正しい。(p. 264)

(71) 仁明天皇の出家は嘉祥三年三月十九日が正しい。従って本条の「嘉祥三十九〔三三十九〕」は、〔 〕内のみが正

しい記述である。(p. 268, 270)

(72) 嘉祥三年四月十六日の干支は癸亥、甲子は同十七日。『文実』によれば、文徳の即位は四月甲子。(p. 268)

(73) 写本には「右大将十一月七日乙亥叙正二位四十八此日家大《マヽ》人正四位下…」とある。「階」字は「此日」の誤か。(p. 271)

(74) 斉衡三年に閏四月はない。市川久編『蔵人補任』(続群書類従完成会、一九八九年)は、藤原良縄の蔵人頭補任を仁寿三年に置く。『職事補任』の藤原良縄記事「仁寿三年七月補」に依拠したものか。なお、文徳朝で閏四月があるのは斉衡二年のみである。(p. 280)

(75) 『一代要記』仁明天皇条には、

　(嘉祥)三年庚午、円珍入唐、春日二季祭、二月初申日、十一月初申日、云々、

とみえ、永島福太郎氏によれば春秋二季の春日祭は嘉祥三年に始まったと考えられる(『奈良』吉川弘文館、一九六三年)。さてこの条の「(天安二年)二月七日壬申」という日付であるが、二月七日は庚午であって壬申ではない(壬申は九日)。春日祭の期日は二月・十一月の「初申日」であるという右の記事に従って、この条を「二月壬申」に置き、「七日」は錯誤と判断する。(p. 284)

(76) この記事の前は、「〈斉衡〉同四九ー周防権守。」となっているので、ここは「天安」を補って読むべきであろう。『三実』天安二年十月廿六日癸丑条にも、「周防権守従五位下藤原朝臣常行為右近衛権少将。周防権守如故。」とあって、符合する。(p. 285)

(77) 注(76)参照。(p. 285)

(78) 注(76)参照。(p. 286)

(79) 〔七十九蔵人〕については、『蔵人補任』(貞観七年条)が、「〔公補〕一ノ一四〇傍注云、七十九蔵人トアレバ、或ハ七年十月十日藤原高藤ト同時ニ補カ」とする。これに従って、しばらくここに置く。(p. 296)

(80) この頭書は、同日項の在原行平の頭書とほぼ同一であり、その内容も行平と合致し、良世とは合致しない。すなわち、良世が蔵人頭であったのは貞観六年正月から同十二年正月の間であるし、帯位兼官についても良世ではなく行平のそれである(正四位下に叙されたのは貞観八年正月七日、任左衛門督は同十四年正月二十九日、任備中守は同十年五月二十六日)。なおこの記事は、写本においても藤原良世の頭書に掲げられているが、前項の在原行平の頭書が混入したものとも考えられる。(p. 307)

(81) 元慶元年に閏四月はない。(p. 316)

(82) 仁和元年の干支は乙巳。『紀略』によれば、藤原元名は康保二年四月十八日に八十一歳で薨じているので、生年は仁和元年である。(p. 327)

あとがき

本書のもとになった諸稿は、二〇〇五年三月から二〇一〇年三月にかけ、『金沢大学文学部日本史学研究室紀要』（第一号、第二号）、『金沢大学文学部論集』史学・地理学・考古学篇（第二七号、第二八号）、『金沢大学歴史言語文化学系論集』史学・考古学篇（第一号、第二号）に掲載した。しかし多年に亙って順次成稿したため、記事採録の基準や体裁に不統一があり、誤植や脱漏なども目立つ不充分なものであった。本書は旧稿に抜本的な改訂を加え、形式的な統一のみならず、記事内容をも精査して刊行するものである。

このような史料的編著は、さきに八木書店から刊行して頂いた『八省補任』（二〇一〇年）についで二冊目である。私は十代の半ば、高校のクラブ活動で古文書の魅力に惹かれ、できれば史料の編纂を生涯の仕事にしたいと願った。幸運にも私の近くには、先考清の講義を聞かれた宮川秀一先生（当時、甲陽学院高等学校教諭）がおられたので、私は歴史学的な思考から史料撮影の技術まで、様々な手ほどきを受けることが出来た。竹内理三氏の『平安遺文』について熱心に語られた日々のことは、今も記憶に新しい。私が大阪大学国史（日本史）研究室の門を叩き、史料に基づく研究を志したのは、一に先生の誘掖によるものである。学業や就職についても常々ご配慮頂いたが、僅かしかご期待に応えることが出来なかった。誠に心苦しい限りである。

さて、『公卿補任』記事の編年的整理を思い立ったのは、古代官職制度研究のためであることは言うまでもないが、職を得た金沢大学教養部で、特定研究「人文・社会科学系分野における、情報処理機器の利用と実践に関する研究」（代表、細川英雄氏）に、研究分担者として加えて頂いたことにも因っている。私は、「『日本後紀』を中心とする九世紀史料の編年整理とその基礎的研究（中間報告）」（一九八九年三月）なる一文を草し、「『公卿補任』記事のデータ入力と編年整理・「官職名索引」の編集」を公約した。当時は情報処理機器が漸く普及しつつあったが、これを人文・社会系の研究に応用したものは未だ尠なかった。私は同学の先輩・舟尾好正氏からワードプロセッサーの使用を勧められて、夙に富士通のＯＡＳＹＳを所持しており、これも先輩から教えていただいたソフトを駆使して、最初の原稿を作成したものである。

爾来、四半世紀余が経過し、ワープロ専用機も親指シフトキーボードも製造中止となる中で、私の仕事のみ進捗しなかった。柄にもなく引き受けた種々の役職は何とかこなしたが、研究や基礎作業はますます遅滞していった。不肖の極みと恥じる他はない。

昨年三月、三三年間勤務した金沢大学を定年退職し、私は郷里で研究を続けることが出来るようになった。研究・教育の場を与えてくださっている畏友・西本昌弘氏には、この機会に厚く御礼申し上げたい。ただ、二十歳前から教えを受けた長山泰孝先生が本年三月に他界され、本書をお見せできなかったことが悔やまれてならない。

なお本書の出版にあたっては、前編著と同じく米田雄介先生のご紹介を得て、和泉書院から出版して頂けることになった。大阪市立大学／神戸女子大学名誉教授・阪口弘之先生にも大層お世話になった。和泉書院社長／編集長・廣橋研三氏のご厚情とご理解と共にここに銘記し、深甚の謝意を捧げたい。また、本書のもととなった諸稿について校正等の手伝いをしてくださった、皆川明弘君はじめ金沢大学文学部（人文学類）古代史ゼミ受講生諸氏にも、心から御礼申し上げる。

最後に私事にわたるが、家族の平穏と健康に心を砕いてくれる妻・津加佐に感謝したい。これから老境にかけて共に学び、研鑽を深めることが出来る日々を、有難く思うこの頃である。

二〇一五年八月三〇日

笠井純一

人名索引

凡　例

一、この索引は、本書に収録した公卿の履歴を、人別・年代順に排列したものである。

一、人名の読みは、慣例の読みに従った。

一、排列は、一字目の50音順とした。一字目が同じ読みの場合は字画順とし、さらに二字目以下の50音順とした。

一、改氏名は、⇨で示した。

一、公卿以外で本書に集録したものには、「＊」印を付した。

一、同一内容の記事が複数の月次・日次に重複して記載されたものは、それらを「/」で区切って示した場合がある。

一、〔 〕｛｝などの符号は、本文に準拠した。

一、本書の収録年代以外の記事は、斜体文字で示した。但し、宇多践祚以降の記事は、公卿に補された年次と薨卒年次等に止めた。

目　次

あ…1	い…4	え…6	お…6
か…11	き…11	く…15	こ…16
さ…17	し…17	す…18	
た…20	ち…23	と…24	
な…24			
は…25	ひ…26	ふ…26	ほ…47
ま…47	み…47	も…53	
や…53	ゆ…53	よ…53	
わ…54			

〔あ〕

県犬養石次

養老4.正.甲子(従五下),10.戊子(弾正少弼)

養老5.6.辛巳(中《マヽ》衛士佐,従五上)

天平4.9.乙巳(右少弁)

天平5.12.庚申(少納言)

天平9.9.己亥(正五下,従四下)

天平11.4.19(参議,兼式部大輔)

天平14.10.3(右〔左〕京大夫),10.是月/11.1(卒)

秋篠安人

勝宝6.是歳(生)

延暦3.2.是月(少内記)

延暦6.3.是月(転大内｛外｝記)

延暦8.正.是月(外従五下)

延暦9.3.是月(大外記,兼右兵衛佐)

延暦10.正.7(従五下),2.甲辰(遷大判事,外記如元),2/3.辛巳(少納言,佐如元,後兼備中守)

延暦12.正.是月(兼丹波介｛守｝)

延暦15.正.壬子(丹波守),正.是月(従五上),8.丁亥(左少弁)

延暦16.2.是月(正五下｛上｝)

延暦17.2.丁巳(左中弁,守如元)

延暦18.2.是月(兼中衛少将,弁守如元)

延暦19.正.7(従四下)

延暦21.正.是月(兼阿波守)

延暦22.5.是月(兼勘解由長官),7.15(兼近衛少将)

延暦24.正.14/17(参議,弁長官少将如元),正.丙戌(右大弁)

延暦25.4.14(従四上),4.18(右中将),5.19(兼春宮大夫),5.24(停参議号,為北陸道観察使),7.14(転左大弁)

大同2.4.22(停参議号),8.14(兼侍従),11.14(坐事左遷造西寺長官,他官

皆停），11.是月（止官）
大同4.6.丙子（右大弁，転左大弁）
大同5.正.壬子（兼尾張守），4.27（兼大舎人頭），9.11（更任参議，兼左大弁如元），9.18（兼越後守，弁如元），9.27（遷左兵衛督，弁如元），9.是月（還参議）
弘仁2.6.1（遷左兵衛督），7.乙卯（兼備中守，弁如元）
弘仁3.正.是月（兼備前守，弁督如元）
弘仁4.正.是月（正四下）
弘仁5.2.是月（辞左兵衛督）
弘仁6.正.7（従三）
弘仁9.6.16（兼備前守，弁如元）
弘仁11.正.11（兼近江守），正.23（解左大弁），正.27/是月（致仕），12.是月（上表乞骸骨）
弘仁12.2.10（薨）

朝野鹿取

延暦21.4.15（遣唐録事）
延暦25.4.是月（大宰大典，式部少録）
大同4.4.是月（左少史），6.13（右近将監）
大同5.3.10（蔵人）
弘仁2.正.7（従五下），正.28（蔵人頭），4.23.（左衛士佐），10.是月（改左衛士佐為左衛門佐）
弘仁3.正.11（近江介）
弘仁5.正.11（兼下野守），正.23（左少将）
弘仁7.正.癸巳（主殿頭，少将如元），11.壬戌（兼因幡介）
弘仁8.正.丁卯（従五上）
弘仁9.6.甲子（兼内蔵頭）
弘仁10.正.7（正五下），2.己酉（兵部大輔兼相模守）
弘仁11.閏正.是月（依病辞職，大輔如元，従四下），5.18（兵部大輔）
弘仁12.正.10（中務大輔），5.13（民部大輔），6.7（遷中務大輔）
弘仁14.4.17/是月（止頭，還補頭），5.13（左中弁）
天長4.正.癸未（従四上），2.是月（大宰大弐，止弁）
天長10.6.8（任参議），11.9（兼式部大輔）
天長11.7.1（兼左大弁，止大輔）
承和2.12.24（辞大弁）
承和3.5.15（兼民部卿）
承和7.正.7（正四下）
承和9.正.13（兼越中守），7.25（従三）
承和10.6.11（薨）

阿（安）倍兄雄

延暦19.正.丙午（従五下）
延暦20.2.丁酉（少納言）
延暦25.2.丁酉（中衛少将），4.己巳（兼内膳権正），5.18（正五下），5.19（従四下），5.24（大膳大夫，兼近江守），閏6.14（兼山陰〔陽〕道観察使），閏6.30（准（権）参議），7.14（兼右京大夫），8.12/13（右兵衛督）
大同2.正.4（近衛中将），4.16（停参議号，使）
大同3.正.25（正四下），5.28（遷畿内観察使，元東山道），10.18（賜病料物），10.19（卒）

阿倍毛人

天平18.4.是月（従五下）
天平19.2.是月（玄蕃頭）
宝字3.5.是月（文部少輔），6.是月（従五上），11.是月（仁部大輔）
宝字6.正.是月（左中弁）
宝字7.正.是月（正五下，河内守）
宝字9.閏10.是月（従四下）
神護2.9.是月（畿内巡察使）
宝亀2.11.8（任参議），11.是月（正四下），是歳（正四下）
宝亀3.11.癸巳（卒）

阿倍沙弥麿

天平9.9.是月（従五下）
天平10.7.是月（少納言）
天平12.11.是月（従五上，遷左中弁）
天平15.5.是月（正五下）
天平17.正.是月（正五上）
天平18.4.是月（従四下）
天平21.是歳（従四上）
勝宝9.5.是月（正四下），8.3/4（参議）
宝字2.3.是月/4.20（卒），8.1（兼大宰帥，兼中務卿），

阿倍島（嶋）麿

勝宝4.5.是月（伊予守，従五下）

宝字4.8.1/是月(従四下,参議)
宝字5.正.14(従四上),3.是月(正四下),3.9/10.乙未(卒)

阿倍宿奈麿

慶雲2.4.20(中納言)
慶雲5.7.1(正四上),9.是月(造平城宮長官)
和銅2.正.7(従三)
霊亀3.正.7(正三)
養老2.2/2.是月/3.3/5.3(大納言)
養老4.正.10(薨)

阿倍広庭

和銅4.4.是月(正五上)
養老2.正.是月(従四上)
養老5.正.壬子(正四下),6.辛丑(左大弁)
養老6.2.1(参議)
養老7.正.10(正四上)
神亀3.是歳(兼河内和泉国事)
神亀4.10.5(中納言,従三)
天平2.是歳(兼河内和泉国事)
天平4.2.22(薨)

安倍寛麿

延暦22.6.是月(中務少丞)
延暦25.閏6.5(伯耆掾〔介〕)
大同3.11.16(従五下)
弘仁4.是歳(侍従)
弘仁5.正.21(民部少輔),2.戊子(斎宮頭),7.10(兼伊勢権介)
弘仁7.正.癸酉(従五上)
弘仁8.正.10(正五下),5.是月(治部卿),8.1(伊勢権守,卿如元)
弘仁9.正.是月(従四下)
弘仁10.3.1(参議,卿如元),7.己未(兼大宰大弐)
弘仁11.11.11(卒)

阿倍御主人(布施御主人⇨)

文武5.3.21(正三,大納言,従二,右大臣)
大宝3.閏4.1(薨)

安倍安仁

延暦14.是歳(生)
弘仁11.2.是月(昇殿)
弘仁12.2.是月(中務丞)
弘仁14.是歳(民部少丞)
弘仁年中(依校書殿労任山城大掾)
天長初年(近江権大掾)
天長3.正.是月(蔵人)
天長5.正.7(従五下,信濃介)
天長8.正.7(従五上)
天長10.3.是月(蔵人頭),11.17(正五下,兵部少輔)
天長11.7.是月(転兵部大輔,遷兼近江介)
承和2.2.是月(遷刑部大輔,嵯峨院別当),11.是月(治部大輔)
承和3.正.7(従四下)
承和5.正.10(参議),8.庚寅(兼刑部卿)
承和7.6.10(兼左大弁)
承和9.正.13(遷大蔵卿)
承和10.正.是月(兼下野守),5.是月(兼弾正大弼)
承和11.正.7(従四上,兼下野守),10.是月(河内和泉班田長官)
承和13.正.7(正四下),正.13(兼右大弁)
承和15.正.10(中納言,従三),正.13(兼民部卿,春宮大夫如元)
嘉祥3.3.21(止春宮大夫),4.17(従三)
斉衡2.正.是月(兼按察使,卿如元)
斉衡3.10.是月(権大納言,卿使如元)
斉衡4.4.18(大納言),4.19(兼右大将,卿使如元)
天安2.11.21(止大将)
天安3.4.23(薨)

在原友于

貞観13.3.11(左京少進)
貞観17.2.27(春宮少進)
貞観18.12.27(主殿権助)
貞観19.正.3(従五下),4/閏4.19(禁色(蔵人))
元慶3.正.11(右兵衛佐)
元慶7.正.11(右権少将)
元慶8.2.22(従五上)
元慶9.2.25(播磨権介)
仁和2.6.19(左権少将)
昌泰3(参議従四上)
延喜10(薨,参議正四下)

在原行平

弘仁9.是歳(生)
天長3.是歳(賜姓在原朝臣)
承和7.正.是月(蔵人),12.是月(辞蔵人),

承和8.11.20（従五下）
承和10.2.10（侍従）
承和13.正.7（従五上），正.13（左兵衛{右衛門}佐），5/7.27（左少将）
仁寿3.正.7（正五下），正.16（兼備中権介，少将如元）
仁寿4.3.14（備中介）
斉衡2.正.7（従四下），正.15（因幡守）
斉衡4.正.19（兼兵部大輔，守如元），4.2（左馬頭）
天安3.正.13（播磨守）
貞観2.6.5（内匠頭），8.26（左京大夫）
貞観4.正.7（従四上），正.13（信濃守）
貞観5.2.10（大蔵大輔，守如元）
貞観6.正.16（備前権守），3.8（左兵衛督，権守如元）
貞観8.正.7（正四下）
貞観10.5.26（兼備中守）
貞観12.正.13（参議），正.26（督守如元，使別当），12.13（参議），12.26（督守如元，使別当）
貞観14.8.25/是月（蔵人頭），8.29（遷左衛門督），10.14（使別当如元）
貞観15.12.18（大宰権帥，従三）
貞観16.是歳（辞督別当歟）
貞観19.10.18（治部卿，帥如元）
元慶3.正.11（兼備中守）
元慶4.正.11（兼近江守，卿如元）
元慶6.正.10/13（中納言），2.23（正三），3.是月（兼民部卿）
元慶7.3.9（兼民部卿）
元慶8.2.23（正三）
元慶9.2.20（兼按察使，卿如元）
仁和3.4.23/是月（致仕）
寛平5（薨，前中納言正三）

粟田真人
大宝2.5.17（参議）
大宝4.7.甲申朔（自唐至），11.癸巳（賜大和国田穀）
慶雲2.4.20（中納言），8.1（従三）
慶雲5.3.12（兼大宰帥）
和銅8.4.19/是月（正三）
養老2.2/3.2（或本 薨）
養老3.2.2/2.5/6.2（薨）

粟田道麿
宝字3.是歳（内薬佐，旹従七下，賜朝臣）
宝字8.正.是月（外従五下），9.11（参議），10.是月（権中将兼因幡守）
宝字9.正.是月（勲二〔三〕等），7/8.是月（飛騨員外介，或本云 坐事左降幽死）

〔い〕

飯高諸高＊
持統元.是歳（生）
宝亀7.4.是月（従三）
宝亀8.5.戊寅（薨，旹典侍）
宝亀9.是歳（薨歟）

五百枝王（⇨春原五百枝）
宝字3.是歳（生）
宝字4.是歳（生ヵ）
宝亀12.2.17（母能登内親王薨），8.癸丑（従四下），10.己巳（侍従）
天応2.閏正.甲子（美作守），6.辛未（越前守），6.壬申（右兵衛督侍従，守如元）
延暦3.11.乙丑（従四上）
延暦4.是歳（坐事配流伊予国）
延暦21.6.是月（聴居府下）
延暦25.3.是月（復本位，宮内卿），5.己卯（賜春原朝臣姓）

池田王
宝字2.8.1（従三）

石川石足
慶雲5.3.是月（河内守，旹正五上）
霊亀3.5.是月（治部卿）
養老2.9.是月（治部卿，従四下）
養老3.正.壬寅（従四上）
養老4.10.戊子（左大弁）
養老5.2.辛丑/6.是月（大宰大弐）
養老7.正.是月（正四下）
神亀6.2.2（従三），2.是月（権参議），3.2（従三，兼左大弁），8.9（薨）

石川年足
持統2.是歳（生）
天平7.4.戊子/是月（従五下，出雲守，元少判事）
天平12.正.是月（従五上）

天平15.正.是月(正五下)
天平16.9.是月(東海道巡察使)
天平18.4.是月(陸奥守, 正五上), 9.是月(春宮権亮), 11.是月(左大弁)
天平19.正.是月(従四下), 2.是月(春宮大夫)
天平20.3.22(参議, 従四下)
天平21.7.2(従四上)
勝宝3.正.7(兼左大弁), 9.乙巳/乙丑(従三, 兼大宰帥)
勝宝4.9.是月(或本 従三, 兼大宰帥)
勝宝5.9.16(従三, 兼大宰帥)
勝宝9.6.8(兼神祇伯兵部卿)8.3(権中納言), 8.4(中納言)
宝字2.8.1(正三), 8.25(大納言, 卿伯如元)
宝字4.正.11/正.是月/是歳(御史大夫, 卿伯如元)
宝字6.9.是月(薨)

石川豊成

宝字6.正.是月(従四下), 4.是月(兼尾張守), 12.1(参議, 兼右大弁)
宝字8.正.7(従四上), 9.12(正四下), 10.是月(兼大蔵卿, 右大弁如元)
宝字9.8.是月(大宰帥), 9.1(従三),
神護2.是歳(止右大弁)
景雲2.11.癸未(兼宮内卿)
景雲3.6.是月(右京大夫)
景雲4.6.甲午(不詳), 6.是月(右京大夫), 10.1(正三)
宝亀2.3.13(中納言, 卿大夫如元)
宝亀3.9.乙酉(薨)

石川名足

宝字5.正.戊子(従五下), 正.11(下野守)
宝字7.正.是月(伊勢守)
宝字8.10.是月(従五上), 12.是月(備前守)
神護2.8.是月(正五下)
神護3.正.11(陸奥守, 鎮守府将軍)
景雲2.2.是月(大和守, 元備前守)
宝亀2.閏3.是月(兵部大輔), 7.是月(民部大輔)
宝亀4.6.是月(大宰大弐), 9.是月(従四下)
宝亀6.7.是月(大宰大弐)
宝亀8.10.辛卯(造東大寺長官)
宝亀9.2.10(参議, 兼伊勢守), 2.庚子(右大弁)
宝亀11.2.是月(或/弁官補任 参議)
宝亀12.4.15(従四上), 5.7(右大弁), 5.17(兼右京大夫)
天応2.6.13(正四下), 8.乙亥(美作守, 弁如元)
延暦2.正.是月(正四上), 2.壬申(兼播磨守, 弁如元), 7.13(或 正四上)
延暦3.12.1(従三)
延暦4.7.是月(転左大弁), 11.1(中納言), 11.25(左大弁如元), 11.是月(中納言)
延暦5.2.是月(兼中宮大夫), 4.1(転皇后宮大夫, 守如元), 6.9(兵部卿, 大夫守如元, 止弁)
延暦7.2.是月(兼大和守左京大夫), 6.4(薨)

石川真守

神護2.7.是月(従五下, 近江介)
神護3.7.庚戌(右京亮)
景雲2.11.癸未(中務少輔)
景雲4.9.乙亥(少納言)
宝亀2.11.1(従五上)
宝亀3.4.庚午(遠江守), 4.丁丑(越中守)
宝亀7.3.癸巳(中務少輔), 3.丙申(式部少輔)
宝亀11.正.癸酉(正五下)
宝亀12.5.癸未(兼武蔵守, 少輔如元)
天応2.8.乙亥(式部大輔, 守如元)
延暦2.正.癸巳(正五上), 5.辛卯(従四下, 大宰大弐)
延暦6.是歳(或本 参議, 如何)
延暦9.2.9(参議), 7.戊子(或本 兼右大弁)
延暦10.正.是月(従四上), 7.癸亥(右京大夫, 弁如元)
延暦11.2.丁亥(兼大和守), 4.是月(転兼左京大夫)
延暦12.3.是月(大宰大弐)
延暦13.正.是月(正四下)
延暦14.正.是月(兼下総守), 7.26(正四下

衍）
延暦15.7.28（正四上）
延暦16.3.丁酉（刑部卿）
延暦17.4.乙丑（致仕），8.19（卒）

石上乙麿
天平4.正.甲子/是月（従五上），9.乙巳/是月（丹波守）
天平8.正.辛丑/是月（正五下）
天平9.9.己亥（正五上）
天平20.2.1/是月（従三，中務卿如元），3.10/22（参議，卿如元）
天平21.7.2/是歳（中納言，卿如元）
勝宝2.9.1（薨）

石上　麿
文武5.3.19（中納言，従三），3.21（大納言，正三）
大宝2.8.16（兼大宰帥）
大宝4.正.7（右大臣，従二）
慶雲5.正.7（正二），3.12（左大臣）
霊亀3.3.3（薨，贈従一）

石上宮麿
斉明元.是歳（生）
和銅6.正.7（従三），12.5（卒《マヽ》）

石上宅嗣（⇨物部宅嗣⇨石上宅嗣）
神亀5.是歳（生）
神亀6.是歳（生）
勝宝3.正.7（従五下，治部少輔）
勝宝9.5.是月（正五下｛従五上｝），6.是月（相模守），是歳（紫微少弼）
宝字3.正/5.是月（三河守）
宝字5.正.是月（上総守），8.是月（遣唐副使）
宝字7.正.是月（文部大輔）
宝字8.正.是月（大宰少弐），10.是月（正五上，常陸守）
宝字9.正.是月（従四下），2.是月（中衛中将，守如元）
神護2.正.8（参議，中将如元），10.27（正四下）
景雲2.正.7（従三）
景雲4.9.是月（兼大宰帥，中将如元）
宝亀2.3.是月（遷式部卿），11.23（中納言）
宝亀4.12.甲申（改物部朝臣姓）
宝亀8.10.是月（中務卿）
宝亀10.10/11.是月（改石上大朝臣姓）
宝亀11.2.1（大納言，兼卿）
宝亀12.4.15（正三），6.24（薨，贈正二，贈右大臣歟）

石上家成
延暦23.6.癸亥（薨）

壱志濃王
神亀5.是歳（生）
天平5.是歳（生）
神護2.正.己巳（従五下）
宝亀2.11.丁未（従四下）
宝亀9.8.癸巳（縫殿頭）
宝亀10.9.是月（右大舎人頭）
宝亀11.9.是月（左大舎人頭）
宝亀12.4.癸卯（従四上）
天応2.閏正.甲子（讃岐守兼頭），2.丁卯（治部卿）
延暦5.正.戊戌（正四下）
延暦6.8.16（参議，卿如元）
延暦12.正.乙巳（兼越前守），6.是月（従三）
延暦13.10.27（中納言，兼治部卿）
延暦17.7.5（兼弾正尹），8.16（大納言，正三，兼弾正尹）
延暦24.11.11（薨，贈従二）

〔え〕

円興禅師
神護2.10.20（参議），10.23（准大納言）

〔お〕

大江（枝）音人
延暦年中（本姓土師，以外戚改為大枝）
天長10.是歳（文章生）
承和4.是歳（秀才）
承和5.是歳（備中目）
承和9.是歳（配流尾張国）
承和11.是秋（帰京）
承和12.4.19（献策）
承和13.正.13（少内記）
承和15.正.7（従五下），2.24（大内記）
嘉祥3.11.25（兼東宮学士）
仁寿2.11.1（民部少輔，学士如元）
仁寿3.7.1（更大内記，少輔如元），10.是月

(改判下第)
仁寿4.正.7(従五上)
斉衡3.正.11(兼左少弁,学士如元,兼修理東大寺大仏長官)
天安2.3.18(丹波守,止弁),11.7(正五下),11.25(式部少輔,止守),12.8(兼右中弁)
天安3.12.是月(権左中弁,少輔如元)
貞観2.11.16(従四下,策労三年)
貞観3.正.13(左中弁,少輔如元)
貞観5.2.10(右大弁)
貞観6.正.13(参議,弁如元)
貞観7.3.9(兼播磨権守)
貞観8.正.7(従四上),3.23(正四下),10.15(改大江朝臣姓)
貞観9.正.12(転左大弁)
貞観10.5.26(兼勘解由長官),9.是月(兼美濃守)
貞観12.正.13(兼勘解由長官)
貞観14.2.15(兼近江権守)
貞観16.正.7(従三),2.29(兼左衛門督,止弁,権守如元),3.7(使別当)
貞観19.11.3(薨)

大伴牛養

和銅2.正.丙寅(従五下),5.戊午(遠江守)
養老4.正.甲子(正五下)
天平9.9.己亥(正五上),是歳(従四下ヵ)
天平10.閏7.是月(摂津大夫)
天平11.4.19(参議,兼大夫)
天平15.5.3(従四上)
天平16.是歳(兼兵部卿)
天平17.正.7(従三)
天平18.4.是月(兼山陽西海両道鎮撫使)
天平21.4.1(中納言,正三),閏5.19/27(薨)

大伴兄麿

天平3.正.是月(従五下),4.是月(尾張守)
天平9.11.是月/12.壬戌(主税頭)
天平10.4.是月(美作守)
天平13.閏3.是月(正五下)
天平17.2.是月(美濃守)
天平18.4.是月(従四下)
天平20.2.是月(正四下)
天平21.7.2(参議),8.9(兼紫微大弼),11.是月(正四上)
勝宝3.正.7(従三)
勝宝9.是歳(兼左大弁)
宝字2.是歳(謀叛)

大伴伯麿

勝宝2.8.是月(従五下)
勝宝4.11.是月(上野守)
宝字8.正.是月(伊豆守),10.是月(右{左}衛門佐)
宝字9.正.7(従五上),正.11(右少弁)
神護2.11.是月(正五下),12.是月(正五上)
神護3.2.是月(兼造西大寺次官),7.是月(兼駿河守,弁次官如元)
景雲2.7.是月(兼遠江守)
景雲3.4.是月(従四下),5.是月(権右中弁,次官如元)
景雲4.10.是月(右{左}中弁)
宝亀2.正.是月(兼春宮亮),11.是月(従四上)
宝亀5.9.是月(宮内卿)
宝亀6.正.7(正四下)
宝亀7.9.是月(兼越前守,卿如元)
宝亀9.正.9/9.是月(参議,卿守如元)
宝亀10.11.甲午(左大弁,卿守如元)
宝亀12.正.是月(正四上),閏正.是月(坐事),4.15(正四上),5.4(兼左衛門督),5.17(兼中宮大夫,止弁)
天応2.正.是月(従三),閏正.13(坐事解官),2.3/丙辰(薨)

大伴乙麿

延暦14.是歳(従三)
大同4.5.癸酉(薨)

大伴潔足

宝字8.正.乙巳(従五下,刑〔義ヵ〕部少輔)
神護3.7.庚戌(大判事),8.戊子(因幡介)
景雲4.8.丁巳(因幡守)
宝亀2.11.戊申(従五上),11.庚戌(正五下)
宝亀3.4.庚午(治部大輔)
宝亀7.3.癸巳(播磨守)
宝亀11.正.癸酉(正五上),4.甲寅(左兵衛督)

宝亀12.5.癸未(美濃守)
延暦2.正.癸巳(従四下)
延暦4.正.辛未(兵部大輔),8.丙子(近衛中将),10.甲子(大蔵卿)
延暦6.正.7(従四上)
延暦7.3.己巳(右衛士督)
延暦9.2.9(参議),3.8/壬戌(兵部卿)
延暦11.8.19/10.2(卒)

大伴国道
延暦4.是歳(坐父事配流佐渡国,或 獄死)
延暦24.是歳(恩赦入京)
弘仁2.正.11(陸奥少掾/守)
弘仁3.正.7(従五上),正.12(陸奥権介)
弘仁4.正.7(従五下)
弘仁7.正.是月(伊勢介,宮内少輔)
弘仁10.正.是月(従五上)
弘仁11.9.16/26(民部少〔大〕輔)
弘仁12.2.1(右中弁),9.26(民部少〔大〕輔),12.1(右中弁)
弘仁13.2.是月(右中弁),11.24(正五下)
弘仁14.4.1(従四下,右中弁),4.19(左中弁,従四下),5.14(参議,兼右大弁)
弘仁15.9.20(兼勘解由長官)
天長2.正.7(従四上),正.11(兼按察使武蔵守,弁長官如元)
天長3.正.21(兼相模守),3.3(改兼武蔵守,弁長官使如元)
天長5.11.12(卒),是歳(復兼按察使)

大伴古慈斐
文武5.是歳(生)
宝亀6.正.5(従三)
宝亀8.是歳(大和守),8.4(薨)

大伴駿河麿
天平15.5.是月(従五下)
天平18.9.是月(越前守)
景雲4.5.是月(出雲守,従五上)
宝亀4.7.是月(兼陸奥守,旹鎮守府将軍)
宝亀6.9.27(正四下,参議,勲三等),11.乙未(正四下,兼陸奥出羽按察使)
宝亀7.2/3.壬辰(於任所薨),4.3/7.7(贈従三)
宝亀8.7.5(或本 卒)
宝亀年中(肥後守,正五下)

大伴旅人
和銅2/3.正.6(大将軍,正五上)
和銅4.4.壬午(従四下)
和銅8.正.是月(従四上),5.是月(中務卿)
養老2.3.3(中納言,兼卿)
養老3.正.7(正四下,兼卿),9.是月(兼山背国摂官,征隼人持節大将軍)
養老4.3.是月(征隼人持節大将軍)
養老5.正.5/7(従三),3.是月(給帯刀資人)
養老8.2.4/是月(正三)
神亀3.是歳(兼知山城国事)
天平2.10/11.1(大納言)
天平3.正.7/是月(従二),7.1(薨)

大伴道足
慶雲5.3.是月(讃岐守,従五上)
和銅5.正.是月(正五下)
養老4.正.是月(正五上),10.是月(民部大輔)
養老7.正.是月(従四下),8.是月(兼右大弁,参議),11.是月(南海道鎮撫使)
神亀6.2.是月(権参議,大宰大弐,兼弾正尹),3.是月(正四下,兼尹),8/9.是月(兼右大弁)
天平3.8.是月(参議),11.是月(南海道鎮撫使)
天平13.是歳(兼右大弁,卒)
天平14.是歳(不見)

大伴御行
文武4.8.是月(正広三)
文武5.正.5(大納言,正三),正.15(薨),正.20(贈正広二右大臣)

大伴家持
神亀6.是歳(生)
天平8《マヽ》.正.是月(薩摩守)
天平17.正.是月(従五下)
天平18.3.是月(宮内少輔),6.是月(民《マヽ》部大輔,越中守)
天平21.4.是月(従五上)
勝宝2.4.是月(兵部少輔)
勝宝9.6.是月(兵部大輔)
宝字2.6.是月(因幡守)
宝字6.正.是月(薩摩守)
神護3.8.是月(大宰少弐)

景雲4.9.是月(左中弁兼中務大輔),10.6(民部大輔).10.是月(正五下)
宝亀2.11.是月(従四下,弁官補任正五上)
宝亀3.2.是月(兼式部{権}大輔)
宝亀5.3.是月(相模守,止弁),9.是月(兼左京大輔上総守)
宝亀6.11.是月(衛門督)
宝亀7.3.是月(兼伊勢守)
宝亀8.正.7(従四上)
宝亀9.正.14(正四下)
宝亀11.2.1(参議),2.9(兼右大弁,春宮大夫(中宮大夫))
宝亀12.4.14(兼春宮大夫),4.15(正四上),5.4(兼左大弁),8.1(復参議(ィ左大弁),11.13(従三)
天応2.閏正.是月(坐事免),4.是月(宥罪,後更任参議,兼官如元),5.5(更任春宮大夫),6.是月(兼陸奥出羽按察使)
延暦2.7.13/是月(中納言,兼按察使,春宮大夫如元)
延暦3.2.是月(持節征東将軍)
延暦4.8.庚寅(薨),追除名
延暦25.3.辛巳(復従三)

大伴安麿

文武5.3.19(中納言,従三),3.21(停中納言為散位)
大宝2.正.7/正.17/4.7(式部卿),5.17(参議),6.19(兼兵部卿)
慶雲2.4.20(中納言),8.1(大納言),11.14(兼大宰帥)
慶雲5.3.12(正三,辞帥)
和銅7.5.1(薨,贈従二)

大中臣清麿(中臣清麿⇨)

景雲3.6.19(為大中臣)
景雲4.4.4/7.1(大納言,正三,兼東宮傅或云六年正月七日兼傅)
宝亀2.正.11(兼皇太子傅),3.13/是月(右大臣,従二,傅如元)
宝亀3.2.戊辰(正二,傅如元),5.是月(停傅)
宝亀4.正.14(兼東宮傅)
宝亀5.12.是月(乞骸骨,不許,勲四等)
宝亀6.正.7/是月(兼傅)
宝亀12.6.是月(致仕)
延暦7.7.28(薨)

大中臣子老

神護年中(従五下)
景雲2.2.癸巳(中務少輔)
景雲3.3.戊寅(美作守{介})
宝亀2.5.己亥(伊勢守)
宝亀3.4.庚午(神祇大副)
宝亀4.正.己巳(従五上)
宝亀8.正.10(神祇伯),正.是月(従四下),10.辛卯(兼式部大輔)
宝亀12.4.癸亥(従四上),6.27(参議,兼神祇伯,兼式部大輔)
天応2.9.是月(兼左京大夫)
延暦4.7.是月(右大弁,伯如元)
延暦5.正.7(正四下),6.丁卯(宮内卿)
延暦8.正.26(卒)

大中臣諸魚

宝亀2.正.是月(皇后宮少進),7.是月(右衛士大尉)
宝亀6.3.是月(中衛将監)
宝亀7.正.庚寅(従五下),3.癸巳(衛門権佐)
宝亀8.10.辛卯(転衛門佐)
宝亀9.2.辛巳(兼備前介)
宝亀10.2.甲午(兼下野守),9.癸酉(中衛少将,守如元)
宝亀11.9.壬戌(右衛士佐)
天応2.閏正.甲午(少納言)
延暦2.正.己卯(従五上),4.壬寅(兵部大輔,少納言如元),12.己巳(正五下)
延暦4.正.辛亥(兼山背守,少納言如元),正.癸亥(右{左}中弁,守如元),7.己亥(兼左兵衛督),11.丁巳(正五上)
延暦5.2.是月(式部大輔),4.庚午(左京大夫)
延暦6.3/5.壬寅(従四下)
延暦7.2.甲申(兼播磨守)
延暦8.2.丁丑(兼近江守),3.戊午(神祇伯,大輔督守如元)
延暦9.2.9(参議,伯大輔督守如元)
延暦11.4.乙巳(兼近衛大将)
延暦13.正.是月(従四上),2.戊辰(兵部

卿),10.27(正四下)
延暦14.2.19(兼左大弁)
延暦15.7.28(正四上)
延暦16.2.21(卒)

大野東人
養老3.3.壬寅(従五下)
養老8.2.是月(従五上)
神亀2.正.是月(正五下,或従四下)
天平3.正.是月(従四上,官至陸奥出羽按察使兼大養徳守)
天平11.4.19(参議,按察使如元)
天平12.9.是月(大将軍)
天平13.閏3.1(従三,依勲功)
天平14.11.11(薨,勲四等)

大原　明＊
弘仁6.10.丁巳(薨,旹散事従三)

大神高市麿
文武4.是歳(従三,旹中納言)
文武5.3.21(廃中納言,左京大夫)
慶雲3.2.庚辰(卒,贈従三)

多　入鹿
延暦10.2.是月(少外記)
延暦12.是歳(少外記)
延暦15.2.是月(式部少丞)
延暦16.正.是月(兼播磨大目),2.是月(遷権少掾)
延暦17.正.7(従五下),正.是月(少掾),2.是月(兵部少輔)
延暦19.正.7(従五下)
延暦20.6.是月(少納言)
延暦21.是歳(兼近衛将監)
延暦25.4.是月(転近衛少将,兼武蔵権介),8.6(左中弁),8.是月(中衛少将)
大同2.正.是月(近衛少将),7.是月(兼尾張守),8.是月(兼上野守),10/11.是月(兼木工頭)
大同3.正.10(右少弁,少将如元),正.25(正五下),2.是月(民部少輔)
大同4.6.8(従四下),9.19(山陽道観察使,兼左京大夫,止右中弁),9.是月(左京大夫)
大同5.正.10(兼相模守,大夫如元),2.是月(参議),6.是月(停観察使為参議),9.10/是月(解任,左降讃岐権守,或本　遷安芸守),10.是月(遷安芸守)

刑部親王
大宝3.正.20(知太政官事)
慶雲2.5.7(薨)

小野毛野
天武4.10.是月(筑紫大弐)
大宝2.5.9/17(参議,本官如元)
慶雲2.11.1(中務卿,正四上)
慶雲5.3.12/是月(中納言)
和銅2.正.7(従三)
和銅7.4.5/1(薨)

小野　篁
弘仁13.9.是月(文章生)
弘仁15.9.是月(巡察弾正)
天長2.3.是月(弾正少忠)
天長5.8.是月(大内記)
天長7.正.是月(蔵人),2.是月(式部少丞)
天長9.正.7(従五下),正.11(大宰少弐)
天長10.3.13(東宮学士),3.24(弾正少弼)
天長11.正.13(美作守),正.29(遣唐副使)
承和2.正.7(従五上),正.11(備前権守),2.7(刑部少輔)
承和3.正.7(正五下),7.5(転刑部大輔)
承和5.6.是月(依病不能進発),10.15/12.15/12.是月(配流隠岐国)
承和7.4.是月(召返),6.是月(拝謝)
承和8.閏9.19(復本位正五下),10.15(刑部大輔)
承和9.5.11(陸奥守),8.4(東宮学士),8.11(式部少輔)
承和12.正.7(従四下),7.是月(蔵人頭)
承和13.5.23(権左中弁,学士如元),9.14(転左中弁)
承和14.正.12(参議),4.23(兼弾正大弼,山城班田使)
承和15.正.13(兼左大弁,兼信濃守),3.3(山城班田長官),4.3(勘解由長官)
嘉祥2.正.7(従四上),5.是月(依病辞官,停左大弁)
嘉祥3.4.17(正四下),10.是月(止長官)
嘉祥4.正.11(兼近江守)
仁寿2.正.10(復左大弁),12.19(従三),12.22(卒《マヽ》)

貞観2.10.2(或本云 卒)

小野峯守

延暦22.4.是月(権少外記),5.是月(春宮少進)
延暦25.3.是月(少外記),5.是月(春宮少進)
大同2.正.20(畿内観察使判官)
大同3.正.是月(畿内観察使判官),4.是月(従五下,右少弁,兼春宮亮)
大同4.4.12(従五下,右少弁),4.14(兼春宮亮),11.庚午(式部少輔,亮如元)
大同5.9.丁未(兼近江介),9.癸丑(内蔵頭,少輔如元)
弘仁3.正.辛未(兼美濃守,少輔如元)
弘仁4.正.辛酉(従五上)
弘仁5.正.23(兼左馬頭,守如元)
弘仁6.正.10(陸奥守)
弘仁10.正.7(正五下)
弘仁11.正.甲申(阿波守),正.27(兼治部大輔)
弘仁12.正.7(従四下),正.10(兼皇后宮大夫),2.2(兼近江守)
弘仁13.3.20(参議,兼大宰大弐)
天長3.正.甲戌(従四上)
天長5.2.9(勘解由長官),閏3.9(兼刑部卿,長官如元)
天長7.4.19(卒)

小野好古

元慶8.是歳(生)
天暦元(参議従四下)
安和元(薨,前参議従三)

〔か〕

葛城王(⇨橘諸兄)

天武元.是歳(生)
天平3.8.是月(参議,兼左大弁)
天平4.正.7(従三)
天平8.11.17(賜橘宿祢姓,改名諸兄,旹左大弁兼侍従左右馬内匠催造監)

栢(檜)原東人＊

天平21.是歳(駿河守)

河内王

天武8.是歳(生)
天武10.是歳(生)
宝字2.8.是月(従三)
宝字4.5.4(正三)

〔き〕

吉備　泉

天平12.是歳(生)
神護2.9.19(従五下)
神護3.2.丁未(近衛将監,大学員外助),是歳(従五上)
景雲3.2.乙丑(正五下),6.乙巳(右衛士督)
景雲4.7.辛巳(従四下),8.庚戌(大学頭)
宝亀9.2.庚子(造東大寺長官)
天応2.2.庚申(造東大寺長官),6.辛未(兼伊予守)
延暦3.3.丙申(免伊予守)
延暦4.10.甲子(召降佐渡守)
延暦25.3.是月(従四上(下)),5.甲申(式部大輔),5.21/24(南海道観察使),6.26(右京大夫),6.30(参議),閏6.3/30(准参議),閏6.26(右〔左〕京大夫),7.14(兼右大弁)
大同2.4.癸酉(停参議号,使),4.22(停参議号,右大弁)
大同3.正.25(従四上),5.23/是月(左大弁),6.28(兼刑部卿),11.18(正四下)
大同4.3.是月(召殿上給衣被 衍ヵ)
大同5.正.11(兼伊勢守),6.10(参議),6.丙申(停使如故為参議),7.16/11.14(兼武蔵守),9.10(解左大弁)
弘仁3.12.10(致仕),12.是月(兼左衛門督)
弘仁4.正.7(正四上)
弘仁5.閏7.8(卒)

吉備真吉備

持統8.是歳(生)
霊亀2.是歳(入唐)
天平7.3.是月(自唐至),4.是月(献唐礼他,正六下,大学助)
天平8.正.是月(外従五下)
天平11.是歳(大宰少弐)
天平12.是歳(従五上,賜吉備朝臣姓)
勝宝2.是歳(左降筑前守,俄遷肥前守)

勝宝4.是歳(入唐副使)
勝宝5.是歳(漂流)
勝宝6.正.是月(着紀伊国),6.是月(正四下,大宰大弐)
勝宝7.是歳(遷造東大寺長官)
宝字8.9.11(従三勲二等,参議中衛大将,後正三),是歳(致仕,召入内)
宝字9.正.7(兼中衛大将,従三),正.是月(勲二等)
神護2.正.8/是月(中納言,大将如元),3.13/是月(大納言,大将如元),10.20(右大臣,従二,大将如元)
景雲3.2.癸亥(正二)
景雲4.6.辛丑(知中衛左右衛士事),9.7(乞骸骨),10.是月(止大将)
宝亀2.3.是月(致仕)
宝亀6.10.2(薨)

紀　飯麿

神亀6.3.是月(外従五下)
天平5.3.是月(従五上)
天平12.9.是月(討藤原広嗣大〔副〕将軍)
天平13.閏3.是月(従四下),11.是月(右大弁)
天平16.9.是月(畿内巡察使)
天平18.9.是月(常陸守)
天平21.2.是月(大和守),7.是月(従四上)
勝宝5.9.是月(大宰大弐)
勝宝6.4.是月(大蔵卿),8.是月(右京大夫)
勝宝9.7.是月(右大弁),8.1(参議,正四下,後兼右大弁紫微大弼),8.3(右大弁)
宝字2.是歳(兼河内守)
宝字3.6.1(正四上),11.4(兼民部卿(或義部卿),守如元)
宝字4.正.是月(兼美作守,兼義部卿)
宝字5.7/10.是月(転左大弁)
宝字6.正.4(従三),正.是月(従三,依病解官,上表乞骸骨,許之),7.20(給役夫),7.是月(致仕,薨),是歳(致仕)

紀　梶長(⇨紀　勝長)

延暦4.11.丁巳(従五下)
延暦5.正.乙卯(近江守)
延暦10.正.戊辰(従五上)
延暦11.9.己卯(兵部少輔)
延暦12.正.丙戌(正五上),5.辛巳(兵部大輔)
延暦13.正.辛巳(従四下),2.戊辰(式部大輔)
延暦14.2.丁巳(右中弁,兼右衛門督),6.庚申(兼右兵衛督美作守),6.戊辰(兼造東大寺長官)
延暦15.正.7(参議,兼式部大輔)
延暦16.3.27(兼右京大夫)
延暦17.正.是月(兼近江守)
延暦18.2.20(兼左兵衛督,長官守如元)
延暦19.正.是月(従四上)
延暦20.正.是月/4.28(正四下)
延暦21.正.7(正四上),11.戊寅(従三)
延暦22.10/11.是月(従三)
延暦25.4.18(中納言,改名勝長)

紀　勝長(紀　梶長⇨)

延暦25.4.18(中納言,改名勝長),10.3(薨)

紀　古佐美

宝字8.10.10(従五下)
神護3.3.己巳(丹波守)
宝亀2.閏3.戊子(兵部少輔{征夷副使},閏3.辛丑(式部大輔)
宝亀5.3.甲辰(伊勢守)
宝亀9.12.庚子(右少弁)
宝亀11.正.癸酉(従五上),3.癸巳(征東副使)
宝亀12.5.乙酉(兼陸奥守,止弁),9.10(従四下),9.丁丑(正五上)
天応2.閏正.甲子(左兵衛督),2.庚申(兼但馬守,督如元),6.戊寅(左中弁)
延暦2.5.辛卯(兼式部大輔,督守如元,止弁),11.丁巳(従四上,兼春宮大夫)
延暦4.正.9(兼近{中}衛中将,守如元),10.1/11.25(兼春宮大夫,両度兼之),10.13/11.25(従四上,参議),11.是月(式部大輔,守如元)
延暦5.2.丁丑(右大弁),6.9(転左大弁)
延暦6.5.14(正四下)
延暦7.7.2(「転大将同日 衍」兼大和守,弁中将大夫如元),7.3(征夷将軍

〔征東大使〕)
延暦9.2.9(正四上)
延暦11.2.是月(兼但馬守),4.是月(兼右衛門督,大夫弁如元)
延暦12.正.是月(従三)
延暦13.10.27(中納言),10.28(正三)
延暦14.正.丁巳(兼式部卿)
延暦15.7.28(大納言,卿如元)
延暦16.2.乙丑(兼皇太子傅),4.4(薨),4.13(贈従二)

紀　長谷雄
承和12.是歳(生)
貞観18.是春(文章生)
元慶5.2.15(讃岐権少目,得業生)
元慶8.5.26(讃岐掾)
仁和2.正.16(少外記)
延喜2(参議従四下)
延喜12(薨,中納言従三)

紀　広純
宝字7.正.是月(従五下,大宰員外少弐)
宝字9.2.是月(左降薩摩守,後陸奥守)
宝亀2.閏3.是月(右少{中}弁)
宝亀5.3.是月(河内守)
宝亀8.5.是月(以按察使兼任常陸{陸奥}守,正五下,尋転按察使)
宝亀11.2.1(参議),2.是月(従四下,参議),3.24(卒,被殺)

紀　広庭
宝字8.11.是月(従五下,上総介)
宝亀6.9.27(従四下,参議)
宝亀8.正.是月(美濃守),6.12/是月(或本云 卒),10.是月(得替歟)
宝亀9.6.12/是月(卒)

紀　広浜
延暦14.2.8(長門介)
延暦16.6.6(式部大丞),9.4(勘解由判官),是歳(少判事,ィ長門介同日任也)
延暦18.5.7(従五下,任肥後守)
延暦24.6.25(従五上)
大同2.2.3(正五下),2.29(右中弁),9.16(兼内蔵頭)
大同3.正.25(従四下),7.是月(左京大夫),8.辛未(美濃守),11.甲辰(右京大夫,守如元)
大同4.9.19(畿内観察使,右大弁兼内蔵頭上野守),9.28(弁頭如元)
大同5.正.11(兼上野守),4.16(左京大夫),6.10(停観察使),8.15(右大弁),8.21(兼大学頭),9.10(改使為参議,兼弁頭)
弘仁2.6.1(遷左兵衛督,弁頭守如元)
弘仁6.正.7(従四上)
弘仁7.正.10(兼大宰大弐,去弁歟)
弘仁10.正.是月(正四下),7.戊寅(卒)

紀　船守
天平3.是歳(生)
勝宝9.是歳(授刀)
宝字8.9.是月(依功授従五下勲五等)
景雲2.11.己亥(検校兵庫軍監)
景雲3.3.戊寅(兼紀伊介,近衛将監如元)
景雲4.8.丁巳(兼紀伊守,将監如元)
宝亀2.閏3.戊子(兼但馬介),11.丁亥(従五上)
宝亀5.是歳(兼内厩助)
宝亀6.9.戊午(近衛員外少将)
宝亀8.正.戊寅(土佐守)
宝亀9.12.庚子(近衛少将,守如元)
宝亀10.正.癸丑(正五上)
宝亀11.9.癸卯(従四下)
宝亀12.4.癸丑(従四上),5.乙丑(近衛権中将),6.27甲寅(参議,権中将如元),7.丁卯(兼内蔵頭)
天応2.6.13(正四下),6.辛未/8.乙亥(兼常陸守,本官如元)
延暦2.2.5(転中将),6.辛未(兼常陸守),7.13(正四上)
延暦3.7.是月(兼中宮大夫),12.是月(従三)
延暦4.11.1(中納言),11.25(兼近衛大将,中宮大夫如元)
延暦5.2.9(兼式部卿,大将常陸守如元)
延暦9.2.9(正三)
延暦10.正.16(大納言,兼官如元)
延暦11.4.2(薨,贈右大臣正二)

紀　麿
文武5.3.19(中納言,従三),3.21(大納言,従三)
慶雲2.7.10(薨)

紀　麻路

養老4.正.甲子(従五下)
養老5.6.辛丑(式部少輔)
養老6.正.17(従五上)
天平15.5.5(参議,従四下)
天平18.3.1(兼民部卿),4.15(従四上),4.是月(兼南海道鎮撫使,卿如元),8.1/9.25(兼右衛士督)
天平20.2.1(正四上)
天平21.7.2(中納言,正三),8.10(兼式部卿)
勝宝2.正.7(兼卿)
勝宝4.8/9.1(兼大宰帥)
勝宝8.是歳(薨歟)
勝宝9.是歳(薨)

紀　百継

延暦19.6.是月(右衛士少尉)
延暦22.是歳(従五下)
延暦23.6.是月(右〔左〕将監)
延暦25.正.13(越後介),4.是月(右衛士権佐)
大同2.9.是月(右衛士佐)
大同3.7.是月(左衛士佐,兼越後介)
大同5.6.1(従五上),9.是月(右少将)
弘仁3.正.7(正五下),8.是月(従四下,右中将)
弘仁6.正.是月(兼美濃守)
弘仁7.正.是月(兵部大輔)
弘仁8.正.7(従四上)
弘仁9.正.10(兼相模守),正.是月(兼美濃守),是歳(兼相模守)
弘仁10.2.是月(内蔵大舎人頭)
弘仁12.正.7(正四下)
弘仁13.11.24(従三.右衛門督如元),是歳(兼播磨権守)
弘仁14.正.11(兼播磨権守)
天長5.是歳(兼信濃守)
天長6.正.13(近江守)
天長8.正.7(正三)
天長10.11.18(従二)
承和2.7.20(参議,辞督,守如元)
承和3.9.19(薨)

紀　家守

宝亀2.正.7(従五下)
宝亀7.正.7(従五上,美濃守),3.是月(丹波守),是歳(春宮亮)
宝亀8.10.是月(美濃守)
宝亀12.5.乙丑(右少弁),5.癸未(転左中弁,兼左兵衛督),7.是月(遷右兵衛督),8.是月(正五下)
天応2.4.是月(従四下),5.是月(内蔵頭),6.13(参議,兼中宮大夫)
延暦3.正.己卯(従四上),3.是月(兼備前守),4.19(卒)

基貞禅師

神護2.10.20(法参議,旹大律師正四上),10.23(准参議)

清原夏野

天応2.是歳(生)
延暦22.5.是月(内舎人)
延暦23.6.甲子(賜清原朝臣姓,改名夏野)
大同2.2.是月(中監物),5.是月(大舎人大允)
大同4.4.是月(中監物)
大同5.3.10(蔵人),9.是月(或 春宮大進),10.11(或 春宮亮)
弘仁2.6.8(従五下),7.是月(宮内少輔),9.是月(春宮大進)
弘仁4.正.是月(兼讃岐守)
弘仁5.8.11(従五上)
弘仁7.正.丙子(兼讃岐守)
弘仁11.正.是月(兼伯耆守)
弘仁12.正.是月(兼下総守)
弘仁13.正.7(正五下)
弘仁14.4.27(従四下),4.是月(蔵人頭),5.1(兼左中将近江守),11.25(参議,中将守如元)
弘仁15.正.7(従四上)
天長2.正.7(正四下),7.2(中納言,従三),8.是月(兼左衛門〔兵衛〕督)
天長3.8.22(兼左大将),9.23(兼民部卿)
天長5.3.19(権大納言,大将卿如元)
天長7.9.11(転大納言,大将卿如元)
天長8.正.7(正三)
天長9.11.2(右大臣,大将如元),11.3(着座)
天長10.3.6(従二)
天長11.4.辛巳朔(太上天皇降臨,賜息栄

爵）
承和4.6.7（辞大将），7.7（薨），8.是月（贈正二），10.7（薨）
清原長谷
延暦10.是歳（賜姓清原真人）
延暦17.是歳（賜姓清原真人ィ）
延暦22.正.是月（陸奥大掾）
弘仁3.3.9（雅楽助），9.17（兼播磨権少掾）
弘仁5.正.13（春宮少進），正.是月（蔵人）
弘仁6.正.12（転春宮大進）
弘仁7.正.7（従五下），正.20（宮内少輔）
弘仁8.正.辛未（山城介）
弘仁10.正.是月（遠江守）
弘仁14.6.23（右衛門権佐），11.20（従五上）
天長2.正.7（正五下），正.11（従四下，近衛中将）
天長3.正.21（安芸守，中将如元）
天長6.正.16（讃岐権守），2.22（左衛門督）
天長7.8.4（兼按察使）
天長8.7.11（参議，督使如元）
天長9.正.是月（従四上）
天長10.3.是月（辞按察使），11.1（兼信濃守，督如元，止使歟）
天長11.11.26（卒）
清原峯成
天長5.正.是月（近江大掾，旹正六上美能王）
天長6.正.7（従五下），2.27（筑後守）
天長7.10.13（近江介）
天長9.正.7（従五上）
天長10.6.是月（改美能為峯成，賜清原真人姓），11.18（正五下）
天長11.正.7（従四下）
承和11.正.11（越前守），11.是月（依犯除名）
承和13.7.20（正五下）
承和14.正.12（大和守）
承和15.正.7（従四下）
嘉祥2.7.1（美濃守），7.是月（弾正大弼），11.是月（賜清原真人姓），12.9（左中弁）
嘉祥3.4.是月（蔵人頭）
仁寿2.2.18（越前守，受領，止弁），8.22（大弼）
斉衡2.正.7（従四上），2.是月（右大弁）
斉衡4.6.18（大蔵卿，止弁）
天安2.正.16（兼因幡守）
天安3.10.21（参議，卿守如元）
貞観2.正.16（大宰大弐）
貞観3.2.29（卒）

〔く〕

百済敬福
天武10.是歳（生）
天平21.4.1（従三）
勝宝4.10.2（常陸守）
神護2.6.壬子（薨，歴左大弁出雲守讃岐権守）
百済勝義
宝亀10.是歳（生）
延暦25.2/3.是月（大学少允）
大同4.2.是月（右京少進）
大同5.正.是月（蔵人，左衛門大尉）
弘仁7.2.是月（従五下）
弘仁10.2.是月（左衛門佐）
弘仁11.正.是月（兼相模介）
弘仁12.10.是月（従五上）
弘仁13.3/6.是月（遷但馬守）
天長4.正.是月（兼美作守，正五下）
天長6.2.是月（従四下，右京大夫）
天長10.11.是月（遷左衛門督）
承和4.正.是月（相模守），6.是月（宮内卿）
承和6.2.25（従三）
承和9.正.是月（相模守）
斉衡2.7.是月（薨）
百済南典
天智5.是歳（生）
天平9.9.13（従三）
宝字2.是歳（薨歟）
百済明信＊
弘仁6.10.壬子（薨，旹散事従二）
栗栖王
天武10.是歳（生）
勝宝4.7.8（従三）
勝宝5.10.甲戌（薨　国史），是歳（薨　国史）
宝字2.是歳（薨歟）

〔こ〕

巨勢祖父
和銅4.是歳(従五下)
和銅5.正.是月(従四下),5.是月(中務卿)
養老2.3.3(中納言)
養老3.正.7(正四下)
養老5.正.7(従三),3.是月(給帯刀資人)
養老8.2.4(正三),6.5(薨)

巨勢堺麿
天平14.正.是月(授内階)
天平15.5.是月(従五上)
天平17.9.是月(式部少輔)
天平18.11.是月(式部大輔)
天平19.正.是月(正五下)
天平20.2/3.是月(正五上)
天平21.7.是月(従四下,兼紫微少弼)
勝宝5.4.是月(丹波守)
勝宝8.5.19(ィ従四上)
勝宝9.6.9(兼下野守,旹紫微少弼),7.2(従三),7.8(兼左大弁),8.3(参議,弁如元,兼紫微大弼兵部卿下総守),是歳(従四上)
宝字5.3/4.1(薨)

巨勢奈弖麿
天智4.是歳(生)
天智5.是歳(生)
神亀6.3.是月(外従五下)
天平3.正.丙子(従五下)
天平8.正.辛丑(正五下)
天平9.8.己亥(従四下)
天平10.正.是月(民部卿,兼春宮大夫)
天平11.4.19(参議,兼民部卿)
天平13.閏3.1(従四上),7.1(左大弁,兼神祇伯),7.辛酉(正四上),11.是月(正四上)
天平14.2.1(従三)
天平15.5.5(中納言,弁如元)
天平18.4.是月(兼北陸道山陰道鎮撫使)
天平20.2/3.1(正三,停弁)
天平21.4.1(大納言,従二)
勝宝5.3.30(薨)

巨勢野足
天平21.是歳(生)
延暦8.10.23(従五下,鎮守副将軍)
延暦11.9.27己卯(兼陸奥介)
延暦14.2.是月(正五下)
延暦15.10.27(兼下野守)
延暦19.7.是月(兵部大輔)
延暦20.11.己丑(従四下)
延暦21.4.25(兼内蔵頭),11.己丑(従四下)
延暦22.正.是月(兼下野守)
延暦25.正/2.是月(左衛門督),4.14(遷左兵衛督,守如元),5.24(兼左京大夫)
大同2.8.14(兼侍従)
大同3.正.25(従四上),5.14(兼近江守,督大夫如元),11.13(兼春宮大夫,守如元)
大同4.2.是月(遷左近中将),4.是月(正四下)
大同5.3.10(蔵人頭),8.15(兼中務大輔),9.11(参議,中将大輔如元),10.2(兼備中守,兼官如元)
弘仁2.6.1(従三勲三等,兼右大将),7.乙卯(兼備前守)
弘仁3.正.12(中納言,右大将如元)
弘仁6.正.10(兼按察使)
弘仁7.12.1(正三,止大将),12.14(薨)

巨勢　麿
和銅4.正.是月(正四上)
和銅6.正.7/是月(従三)
和銅8.5.7/是月(中納言)
霊亀3.正.21(薨)

高麗福信
和銅2.是歳(生)
天平年中(外従五下,春宮亮)
勝宝初年(従四,紫微少弼,賜姓高麗朝臣,遷信部大輔)
宝字9.正.7/是歳(従三,造宮卿歴武蔵近江守)
神護3.3.20(法王宮大夫)
宝亀12.5.4(弾正尹,兼武蔵守)
延暦8.10.8(薨)

〔さ〕

佐伯今毛人

養老4.是歳(生)
天平21.12.是月(従五下)
勝宝2.12.是月(正五上)
勝宝8.正.是月(春宮大夫)
勝宝9.5.是月(従四下),7.己卯(兼右京大夫,春宮大夫如元),11.是月(摂津大夫)
宝字2.是歳(受領補任 摂津大夫)
宝字3.正.壬子(造西寺長官),是歳(或云摂津大夫)
宝字7.正.是月(造東大寺長官)
宝字8.正.己未(宮城監),8.己巳(肥前守,監如元)
宝字9.3.是月(大宰大弐)
神護3.8.丙午(左大弁,長官如元)
景雲3.3.戊寅(因幡守),4.辛酉(従四上)
景雲4.6.甲辰(兼播磨守)
宝亀2.11.乙酉(正四下)
宝亀8.是歳(停左大弁)
宝亀10.9.是月(大宰大弐)
宝亀12.4.癸卯(正四上)
天応2.4.己卯(左大弁),6.13(従三,弁大和守如元),6.辛未(兼大和守)
延暦2.4.19(兼皇后宮大夫,守如元)
延暦3.12.2/是歳(参議,兼左大弁)
延暦4.6.5(正三),7.1(兼民部卿,大夫如元,止弁)
延暦5.4.1(大宰帥)
延暦8.正.10/8.是月(停職致仕),8.10(罷参議)
延暦9.10.是月(薨)

佐伯永継

天長3,正.是月(従三,左衛門督,元前蔵人頭)
天長5.11.甲午/是歳(薨)

坂上苅田麿

神亀5.是歳(生)
宝字8.是歳(以功徳授従四下勲二等,賜大忌寸姓,中衛中将兼甲斐守)
宝字年中(授刀少尉)
宝亀初年(正四下,陸奥鎮守府将軍,近衛員外中将,丹波伊予等守)
宝亀12.是歳(正四上,遷右衛士督)
延暦4.2.8(従三),7.1(兼左京大夫,下総守右衛士督如元)
延暦5.正.7(薨),是歳(改忌寸為宿禰)

坂上田村麿

宝字2.是歳(生)
延暦4.11.癸巳(従五下)
延暦6.3.丙午(内匠助,将監如元),9.丁卯(近衛少将,助如元)
延暦7.6.甲申(越後介)
延暦9.3.丙午(兼〔転〕越後守,少将助如元)
延暦11.3.戊辰(従五上)
延暦14.2.乙巳(従四下),2.丁巳(兼木工頭,少将如元)
延暦15.正.25(陸奥出羽按察使,兼陸奥守),10.甲辰(鎮守府将軍)
延暦16.11.5(征夷大将軍)
延暦17.閏5.癸酉(従四上)
延暦18.5.是月(近衛権中将)
延暦20.11.乙丑(従三),12.是月(転中将,大将軍使守如元)
延暦22.7.癸亥/是歳(刑部卿,中将使如元)
延暦23.5.是月(造西寺長官),是歳(刑部卿)
延暦24.6.23(参議,大将軍中将使長官如元)
延暦25.4.18(中納言,勲二等),4.23(兼中衛大将)
大同2.4.22(改中衛大将為右近衛大将),8.14(兼侍従),11.16(兼兵部卿,大将軍等兼官如元)
大同4.3.29(正三)
大同5.9.10(大納言,卿侍従大将如元)
弘仁2.5.23(薨),5.27(贈従二)

〔し〕

塩焼王(⇨氷上塩焼)

勝宝9.8.3(賜氷上真人姓,従三)

滋野貞主

延暦年中(父家訳賜滋野宿弥姓)
大同2.是歳(奉文章生試及第)

弘仁2.2.是月(少内記)
弘仁5.2.是月(少内記)
弘仁6.正.是月(転大内記)
弘仁8.正.是月(蔵人),6.是月(大内記)
弘仁11.正.7(外従五下),正.甲申(因幡介)
弘仁12.正.7/是月(入内)
弘仁13.是歳(図書頭,兼権介)
弘仁14.正.是月(賜姓朝臣),4.28(兼東宮学士)
弘仁15.9.是月(兼因幡介)
天長6.正.7(従五上)
天長8.是歳(撰秘府略)
天長9.正.是月(兼下総守),2.是月(内蔵頭),3.16(正五下),12.7(宮内大輔)
天長11.正.7(従四下),7.1(兼相模守)
承和2.8.14(兵部大輔)
承和5.11.20(弾正大弼)
承和6.正.7(従四上),正.11(兼大和守)
承和7.8.22(大蔵卿,守使如元)
承和8.正.7(兼讃岐守)
承和9.正.是月(式部大輔,守如元),7.25(参議,大輔守如元)
承和11.10.是月(兼大和班田長官),11.14(勘解由長官,兼官如元),是歳(捨宅為伽藍)
承和12.是歳(陳便宜十四事)
承和13.11.是月(止長官)
嘉祥2.9.26(兼宮内卿)
嘉祥3.4.17(正四下),8.5(兼相模守)
仁寿2.8/12.10(卒)

下毛野古麿

大宝2.2.是月(詔 賜田賜封),3.是月(賜田),5.17(参議)
慶雲2.4.20(従四上,兼兵部卿)
慶雲5.3.13(兼式部卿),7.1(正四下,大将軍)
和銅2.12.16(卒)

白壁王

慶雲5.是歳(生)
和銅2.是歳(生ヵ)
天平9.8.甲申(従四下,従四上),是歳(従四下)
勝宝9.5.是月/是歳(正四下)
宝字2.是歳(正四上)
宝字3.6.1/是月(従三)
宝字4.3.1(従三 衍文)
宝字6.12.1(中納言)
宝字8.9.11(正三)
宝字9.正.是月(勲二等)
神護2.正.8(大納言)
景雲4.8.4(皇太子),10.1(即位)

〔す〕

菅野真道

宝亀9.2.是月(少内記)
宝亀11.是歳(近江少目)
天応2.是歳(右{左}衛士少尉)
延暦2.正.20(外従五下),5.辛卯(近江大掾)
延暦3.4.壬寅(摂津介),11.是月(左兵衛佐)
延暦4.11.25(入内,東宮学士,佐如元)
延暦7.2.甲申(兼伊予介),6.甲申(兼図書助)
延暦8.正.己酉(従五上),3.戊午(図書頭,学士佐介如元)
延暦9.3.丙午(兼伊予守),7.辛巳(上表改連賜朝臣,賜菅野朝臣)
延暦10.正.己丑(治部少輔,兼官如元),7.辛巳(正五下)
延暦11.2.乙未(治部大輔,学士佐守如元),6.丙戌(民部大輔,兼官如元)
延暦13.正.是月(正五上),7.是月(従四下)
延暦14.2.丁巳(左兵衛督,大輔学士守如元)
延暦15.6.庚申(兼造宮亮)
延暦16.正.是月(伊予守),2.己巳(従四上),3.丁酉(左大弁,兼官如元),7.23(伊勢守),9.丙戌(勘解由長官,兼官如元)
延暦17.10.是月(左衛士督,兼官如元)
延暦20.閏正.甲子(兼相模守,弁学士如元)
延暦22.正.是月(兼但馬守,兼官如元)
延暦24.正.14/是月(参議)

延暦25.正.28（兼大宰大弐，止弁歟），5.18（正四上）
大同2.4.22（停参議），6.8（兼刑部卿），11.15（民部卿）
大同3.6.28（遷左大弁），11.是月（兼大蔵卿）
大同4.3.29（従三），4.13（遷東海道観察使（元山陰道）），6.6（宮内卿），11.2（大蔵卿）
大同5.正.11（兼近江守），6.10（如故為参議），7.戊午（常陸守，宮内卿等）
弘仁2.正.10/是月（致仕）
弘仁5.6.29（薨）

菅原清公

宝亀2.是歳（生）
延暦17.2/3.25（策），4.13（判，不第），5.2（処申上第，大学少允）
延暦年中（補秀才，美濃少掾）
弘仁2.是歳（従五下）
弘仁3.是歳（左京亮，同月遷大学頭）
弘仁4.是歳（遷主殿頭）
弘仁5.正.是月（従五上，右少弁），5.是月（左少弁，遷式部少輔）
弘仁10.正.是月（正五下，兼文章博士，侍読文選）
弘仁11.正.是月（正五下，兼文章博士，侍読文選）
弘仁12.是歳（従四下，式部大輔，左中弁，左京大夫）
弘仁14.是歳（弾正大〔少〕弼）
天長11.正.12（兼摂津権介〔守〕）
承和2.11.7（兼但馬権守）
承和3.2.是月（但馬守）
承和6.正.7（従三，大夫博士如元，牛車宣旨）
承和9.10.17（薨）

菅原是善

承和2.是歳（徴侍従殿上，秀才）
承和6.7.26（策），11.是月（判，中上）
承和7.6.10（大学大（少）允）
承和9.2.10（転大学助），7.25（大内記）
承和11.正.7（従五下）
承和12.3.11（文章博士）
承和13.2.29（兼越後介）
承和14.5.10（兼春宮学士，大内記博士如元）
嘉祥2.正.13（兼讃岐権介，博士学士如元）
嘉祥3.4.17（正五下），10.是月（加賀権守，博士権介如元）
嘉祥4.4.5（始講文選）
仁寿3.正.16（大学頭，権介博士如元），10.22（奏請）
斉衡2.正.7（従四下），3.21（文選講畢）
斉衡3.3.2（左京大夫，博士如元，修理東大寺大仏使長官）
斉衡4.5.8（兼美作権守），8.29（始講漢書）
天安2.正.16（兼伊予守，博士如元），5.21（兼備前権守），9.是月（兼播磨権守）
貞観2.11.16（従四上）
貞観5.2.是月（弾正大弼，博士如元）
貞観6.正.16（兼近江権守），3.是月（刑部卿），6.3（漢書講畢）
貞観9.是歳（止博士）
貞観12.正.25（兼伊予権守），2.14（式部大輔，卿如元）
貞観14.8.25（参議，大輔如元）
貞観15.正.7（正四下）
貞観16.正.15（兼播磨権守），2.29（勘長官，大輔権守如元，刑部卿）
貞観18.正.14（兼近江守）
貞観19.正.15（兼刑部卿，兼官如元）
元慶3.11.25（従三）
元慶4.8.30（薨）

菅原道真

貞観4.是春（文章生給）
貞観9.2.29（下野権掾，文章得業生），是歳（転得業生）
貞観12.3.是月（対策及第）
貞観13.正.29（玄蕃助），3.2（少内記）
貞観14.正.6（兼問渤海客使）
貞観16.正.7（従五下），正.15（兵部少輔），2.29（民部少輔）
貞観19.正.15（式部少輔），10.18（兼文章博士）
元慶3.正.7（従五上）
元慶4.8.30（喪父）
元慶7.正.11（兼加賀権守）

仁和2.正.16(任讃岐守, 止少輔博士権守)
寛平5(参議従四下)
延喜元(配流, 右大臣従二)
延長3(薨)

鈴鹿王

和銅3.正.是月(従四下)
神亀3.正.庚子(従四上)
天平3.8.是月(正四上, 参議, 兼大蔵卿)
天平4.正.7(従三)
天平9.9.是月(知太政官事, 准大臣)
天平10.正.13(正三)
天平11.5.是月(兼式部卿)
天平12.2.是月(留守), 11.4(兼式部卿)
天平15.5.3(従二, 兼式部卿)
天平17.9.2(薨)

〔た〕

多治比県守

和銅3.3.是月(宮内卿)
和銅8.8.是月(遣唐押使, 旹従四下)
養老3.正.是月(正四下), 7.是月(管領相模上野下野三国, 旹武蔵守)
養老5.正.7(正四上), 6.是月(中務卿)
神亀6.2.是月(権参議), 3.2(従三, 兼大宰大弐), 3.是月(参議)
天平3.正.是月(民部卿), 8.是月(参議), 11.是月(兼山陽道鎮撫使)
天平4.正.20/21/是月(中納言), 8.丁亥(山陰道鎮撫使)
天平6.正.7/是月(正三)
天平9.6.18/25(薨)

多治比池守

慶雲5.3.丙午(民部卿, 従四下), 9.戊子(平城宮長官, 従四上)
和銅6.4.是月(正四下)
和銅7.正.7(従三)
和銅8.5.7(大宰帥, 或云 大弐)
養老2.3.3(中納言)
養老5.正.11(大納言)
養老7.正.10/是月(正三)
養老8.2.甲午(益封)
神亀2.2.己丑/11.己丑/是歳(賜霊杖幷絹綿)
神亀4.正.7/是月(従二)
天平2.9.8(薨)

多治比今麿

勝宝5.是歳(生)
延暦13.3.17(大{中}判事), 3.29(式部少丞)
延暦16.7.7(従五下), 7.13(肥後守)
延暦24.10.己亥(式部少輔)
延暦25.正.是月(勘解由次官), 2.16(左{右}少弁), 6.3(美作介)
大同3.11.26(大宰少弐), 11.是月(従五上)
大同5.正.7(正五下), 正.24(右中弁), 6.己卯(遷因幡守), 7.16(民部大輔), 9.11(従四下, 遷春宮大夫)
弘仁2.11.是月(式部大輔)
弘仁5.正.是月(大蔵卿)
弘仁6.10.1/11.壬子(式部大輔)
弘仁7.正.10(下野守), 2.3(左京大夫)
弘仁8.正.辛未(兼摂津守), 10.1(参議, 卿如元), 11.18(賜兼字, 摂津守如元)
弘仁9.6.5(遷兼宮内卿)
弘仁11.正.7(従四上, 正四下), 12.5(従三, 大宰帥)
天長2.8.29(薨)

多治比子姉＊

延暦11.閏11.乙酉(卒)

多治比　島

文武4.8.26(左大臣)
文武5.3.21(正二), 7.21(薨)

多治比長野

慶雲3.是歳(生)
宝字9.正.己亥(従五下)
神護3.12.乙酉(東大寺次官)
景雲3.8.甲寅(大和守), 11.癸酉(従五上)
宝亀2.7/11.丁未(正五下)
宝亀3.4.庚午(三河守)
宝亀7.正.丙申(正五上), 3.癸巳(出雲守)
宝亀8.10.辛卯(民部大輔)
宝亀9.正.癸亥(従四下)
宝亀10.9.是月(摂津大夫)
宝亀12.4.乙巳(伊勢守), 是歳(受領補任云 不任)
延暦2.6.丙寅(刑部卿)
延暦3.正.己卯(従四上), 3.乙酉(受領補

任云　任伊勢守)
延暦4.正.癸卯(正四上{下})
延暦5.正.乙卯(近江守)
延暦6.正.壬辰/7(従三,守如元)
延暦7.7.是月(兵部卿)
延暦8.正.7(参議,卿守如元),12.22(薨)

多治比土作

天平12.正.是月(従五下)
天平15.5.是月(摂津守)
天平18.4.是月(民部少輔)
天平21.7.是月(兼紫微大忠)
勝宝6.4.是月(尾張守)
勝宝9.5.是月(従五上)
宝字7.正.是月(正五下)
宝字8.4.是月(文部大輔)
神護2.11.是月(従四下)
景雲2.正.是月(兼相模守,皆左京大夫)
景雲4.7.13/是月(参議,従四上,兼治部卿,左京大夫讃岐守如元)
宝亀2.6.20(卒)

多治比広足

霊亀2.正.壬午(従五下)
養老5.正.是月(従五上),9.是月(造宮大輔)
神亀3.正.庚子(正五下)
天平4.2.21(或本　薨)
天平5.10.是月(上総守)
天平10.8.是月(武蔵守)
天平20.2.22/3.22/3.23(正四下,参議,或本不任参議)
天平21.7.2(中納言,正四上)
勝宝2.正.7(従三)
勝宝9.8.戊寅/3(依耄罷中納言)
宝字4.正.2/21(薨)
宝亀9.7.3(或本　解官)

多治比広成

慶雲5.2.是月(下野守)
霊亀3.正.是月(正五下)
養老3.7.是月(管能登越中越後三国,皆越前守)
養老4.正.是月(正五上)
養老8.是歳(従四下)
天平3.正.是月(従四上)
天平4.8.是月(遣唐使)
天平7.正.戊申(正四上)
天平9.8.19(参議),9.13(中納言,従三)
天平10.正.13(兼式部卿)
天平11.4.7(薨)

多治比三宅麿

霊亀3.9.是月(民部卿,皆従四上)
養老3.正.7(正四下),9.是月(河内国摂官)
養老5.正.7(正四上,参議),是歳(参議)

平　惟範

貞観16.正.23(叙爵),12.6(蔵人)
貞観17.8.15(皇太后宮権亮)
貞観19.11.21(従五上)
元慶3.2.15(兼備後権守)
元慶4.正.11(兼備前権介),4.15(正五下)
仁和2.正.7(従四下)
仁和3.2.17(兼民部大輔),5.13(兼弾正大弼,去大輔)
延喜2(参議従四上)
延喜9(薨,中納言従三)

平　伊望

元慶5.是歳(生)
延長5(参議従四下)
天慶2(薨,大納言従三)

平　高棟

弘仁14.正.7(従四下),9.丁卯(侍従)
弘仁15.9.22(大学頭)
天長2.閏7.癸酉/是歳(賜平朝臣姓)
天長3.9.13(中務大輔)
天長4.6.9(兵部大輔)
天長5.閏3.9(大舎人頭)
天長7.正.7(従四上),10.13(大蔵卿)
天長8.是歳(刑部卿)
承和9.正.7(正四下),8.11(大蔵卿)
承和10.4.14(従三,卿如元)
嘉祥4.12.25/是月(参議,卿如元)
仁寿4.8.28(兼春宮大夫,卿如元)
天安2.8.17(止大夫,権中納言),9.14(権中納言),11.7(正三)
天安3.12.21(兼按察使)
貞観2.正.16(転中納言)
貞観6.正.12(大納言)
貞観9.5.19(薨)

高枝王
仁寿4.正.7(従三),8.28(大蔵卿)
斉衡4.6.18(宮内卿)
天安2.5.乙亥(薨)
高向　麿
大宝2.5.17(参議)
慶雲2.4.20(中納言,正四下)
慶雲5.正.7(従三,兼摂津大夫),8/閏8.5(薨)
竹野王
天智10.是歳(生)
天平15.5.5(従三歟)
天平16.2.是月(従三)
天平21.4.14(正三)
宝字2.是歳(薨歟)
忠貞王
天安2.正.7(従四下)
貞観3.3.8(大学頭)
貞観5.2.16(中務大輔)
貞観6.正.16(摂津守)
貞観9.正.7(従四上)
貞観12.2.21(弾正大弼)
貞観13.正.29(大和守)
貞観14.4.6(播磨守)
貞観19.正.3(正四下),正/閏2.15(河内守)
元慶2.8.14(大和守)
元慶3.10.25(参議)
元慶4.2.21(兼宮内卿)
元慶5.2.15(兼刑部卿幷美濃権守等)
元慶6.2.3(兼近江「権」守,卿如元)
元慶8.8.27(薨)
橘　氏公
大同5.3.是月(昇殿)
弘仁4.正.11(左衛門大尉),11.是月(遷右近将監,還昇)
弘仁5.正.是月(蔵人)
弘仁6.正.7(従五下),正.10(左衛門佐)
弘仁7.正.10(兼因幡介),11.1(兼美作守)
弘仁8.正.7(従五上),正.10(但馬守)
弘仁10.正.7(正五下,右馬助),2.5(右馬頭)
弘仁11.正.18(従四下),正.21(右衛門督)
弘仁13.正.27(従四上),正.是月(蔵人頭),5.27(従四上),10/11.25(右中将)
弘仁14.正.是月(辞蔵人頭),4.27(正四下)
天長2.正.11(刑部卿)
天長3.7.15(宮内卿)
天長6.正.13(兼但馬守)
天長10.正.7(従三),3.24(兼右大将),6.8(参議,大将如元)
承和5.正.10(中納言,大将如元)
承和8.11.20(正三)
承和9.3.4(大納言,大将如元),7.11(止大将)
承和11.7.2(右大臣)
承和12.正.7(従二)
承和14.12.19(薨,贈正〔従〕一)
橘　澄清
貞観3.是歳(生)
延喜13(参議従四下)
延長3(薨,中納言従三)
橘　常主
弘仁2.正.29(大学少允)
弘仁4.正.25(式部少丞)
弘仁7.正.是月(蔵人),2/3.3(転大丞)
弘仁8.正.7(従五下),2.2(少納言),9.29(右{左}馬頭)
弘仁9.正.13(権左少弁)
弘仁10.3.是月(蔵人頭),6.29(左中弁)
弘仁11.正.7(従五上),8.10(右少将),10.是月(左少将)
弘仁12.正.7(正五下),正.10(兼式部大輔,少将如元),4.1(従四下,兼修理大夫),5.是月(兼中務大輔,大夫如元),9.1(兼式部大輔)
弘仁13.3.是月(参議,大夫大輔如元)
弘仁15.4.9(兼弾正大弼)
天長2.2/10.27(兼下野守)
天長3.6.1(卒)
橘　永名
貞観3.是歳(従三)
貞観8.5.11(薨)
橘　奈良麿
天平12.5.是月(従五下),11.是月(従五上)
天平13.7.是月(大学頭)

天平15.5.是月(正五下)
天平17.9.是月(摂津大夫)
天平18.3.是月(民部大輔)
天平19.正.是月(従四下)
天平21.4.是月(従四上),閏5.是月(侍従),7.2(参議)
勝宝2.正.是月(改宿禰賜朝臣)
勝宝4.11.是月(但馬因幡按察使,兼令検校伯耆出雲石見非違事)
勝宝6.正.16(正四下)
勝宝9.5.是月(左大弁),7.2(謀反伏誅 或遠流),7.是月(遠流),是歳(謀)
承和10.8.15(贈従三,贈太政大臣正二)

橘　広相

承和4.是歳(生)
貞観2.4.是月(文章生)
貞観5.2/3.10(越前権少掾)
貞観6.4.是月(蔵人),8.8(対策及第)
貞観8.正.13(右衛門大尉)
貞観9.正.7(従五下),2.11(文章博士(辞而不就)),10.11/是歳(改名広相)
貞観10.10.11(改名広相)
貞観11.2.1(東宮学士)
貞観12.正/2.14(民部少輔,学士如元)
貞観15.正.7(従五上),6.23(代父若狭守峯範弁)
貞観16.2.29(右少弁,学士如元)
貞観18.正.14(左少弁,学士如元),11.29(停学士),12.26(兼美濃権守)
貞観19.正.13(正五下,学士労),正.15(式部大輔,止弁,権守如元),2.是月(蔵人頭),11.21(従四下)
元慶3.9.是月(辞頭)
元慶4.2.21(兼勘長官,大輔如元)
元慶5.2.15(右大弁,長官如元)
元慶8.2.23(従四上),5.26(兼文章博士),12.5(参議,弁長官博士如元)
仁和2.6.13(転左大弁)
寛平2(薨,参議従四上)

橘　峯継

大同2.是歳(生)
天長6.3.是月(内舎人)
天長7.正.是月(蔵人,常陸少掾),6.是月(遷相模掾)
天長9.正.7(従五下),正.是月(相模権守)
天長10.3.是月(右少将,遷兵衛権佐),11.是月(左少将)
承和3.正.7(従五上),正.11(兼丹波守,少将如元)
承和6.正.7(正五下)
承和7.正.7(従四下),3.5(兵部大輔,少将如元),6.10(転右中将)
承和9.正.是月(蔵人頭)
承和11.正.11(参議,中将如元)
承和13.正.13(兼右衛門督),2/11/12.是月(兼相模守)
承和14.正.7(従四上)
嘉祥2.正.7(従三),正.13/2.27(権中納言)
嘉祥3.4.17(従三),是歳(権中納言)
斉衡2.正.7(正三)
斉衡3.11.3(転中納言)
貞観2.10.29(薨)

橘　諸兄(葛城王⇨)

天平8.11.17/是月(上表 賜橘宿禰姓)
天平9.9.13(大納言)
天平10.正.13/是歳(右大臣,正三)
天平11.正.13(従二)
天平12.11.14(正二)
天平15.5.3(従一),5.5(左大臣)
天平18.4.5(兼大宰帥)
天平21.4.14(正一)
勝宝2.正.7(改宿禰賜朝臣)
勝宝8.2.是月(上表致仕)
勝宝9.正.6(薨)

〔ち〕

知努王(⇨文室知努・文室浄三)

持統7.是歳(生)
霊亀3.正.是月(従四下)
養老2.9.丁未(大舎人頭)
神亀3.正.乙巳(従四下),9.是月(左大舎人頭)
天平19.正.7(従三)
勝宝4.8.23/9.22(改王姓為文室真人)

〔と〕

十世王
元慶8.2.是月(従四下)
元慶9.正.16(中務大輔)
仁和3.2.2(兼加賀権守)
寛平9(参議従四上)
延喜16(薨,参議従三)

道鏡禅師
宝字7.9.11(少僧都)
宝字8.9.13(大臣)
宝字9.閏10.1(太政大臣)
神護2.10.乙巳(法王料准供御),10.23(授法王位)
景雲2.正.是月(居西宮前殿,大臣以下賀拝)
景雲4.8.7(下野国薬師寺別当),8.21(配流)
宝亀3.4.28(入滅)

友上王＊
延暦17.12.24(賜清原真人姓)

舎人親王
養老2.正.5(一品)
養老4.8.4(知太政官事,准大臣)
神亀5.3.28(列左大臣上　皆参議一品),6.22/23(論奏注)
天平7.11.14(薨),11.21/22(贈太政大臣)
宝字3.6.是月(追称崇道尽敬天皇)

伴　保平
貞観9.是歳(生)
天慶2(参議従四上)
天暦8(薨,前参議従三)

伴　善男
延暦4.是歳(禁勲)
弘仁2.是歳(生)
承和8.2.是月(大内記,元校書殿)
承和9.正.是月(蔵人),8.11(式部大丞)
承和10.正.23(従五下),2.10(讃岐権介)
承和11.2.8(右少弁)
承和14.正.7(従五上),正.10(蔵人頭),正.12(右中弁)
承和15.正.7(従四下,越階),2.2(参議),2.14(兼右大弁),2.是月(河内和泉班田使)
嘉祥2.正.是月(兼下野守),2.27(兼右衛門督,弁如元),6.14(検非違使別当),9.26(兼式部大輔,止弁)
嘉祥3.4.16(従四上),4.是月(兼皇太后宮大夫)
嘉祥4.正.11(兼美作守,兼官如元)
仁寿2.5.是月(停別当),9.是月(兼式部大輔)
仁寿3.正.7(正四下),4.是月(兼中宮大夫,大輔如元)
仁寿4.正.16(兼讃岐守,大夫大輔如元)
斉衡2.正.7(従三)
天安2.4.18(正三)
天安3.正.13(兼伊予権守),4.18(或本云正三),12.18(兼民部卿,大夫如元)
貞観2.正.16(中納言,大夫卿如元)
貞観6.正.12(大納言,卿大夫如元)
貞観8.閏3.10(降死一等遠流),9.23(配流伊豆国)
貞観10.是歳(薨)

〔な〕

中臣意美麿
慶雲4.4.是月(左大弁)
慶雲5.正.是月(或本云　従三),3.12(中納言,兼神祇伯),7.1(正四下)
和銅4.4.1(正四上),6/閏6.是月(卒)
和銅7.閏6.是月(或本云　薨)

中臣清麿(⇨大中臣清麿)
天平15.5.癸卯(従五下),6.丁酉(神祇大副)
天平19.5.丙子(尾張守)
勝宝3.正.戊戌(従五上)
勝宝6.4.庚午(復神祇大副),7.丙午(左中弁,歴文部大輔)
勝宝9.5.丁卯(正五下)
宝字3.6.庚戌(正五上)
宝字6.正.是月(従四下),12.1(参議,兼左大弁,神祇伯{大副歟})
宝字7.4.是月(兼摂津大夫)
宝字8.正.7(従四上),9.10(正四下)
宝字9.正.是月(勲四等),11.1(従三)
景雲2.2/3.18(中納言,伯如元)

長屋王
和銅2.11.1(従三),11.是月(宮内卿)
和銅3.4.23(遷式部卿)
霊亀2.正.7(正三)
養老2.3.3(大納言)
養老5.正.5(従二),正.11(右大臣),正.18(給帯仗十八人)
養老8.2.4(正二,左大臣)
神亀6.2.5(囲其宅),2.9(究問罪),2/3.10(自尽),2.16(縁坐者赦除),2.24(見存者給禄)

直世王
宝亀6.是歳(生)
延暦23.5.是月(縫殿大允)
大同3.2.是月(右大舎人允),8.是月(大舎人大允)
大同4.5.是月(内蔵助)
大同5.正.7(従五下),正.24(内匠頭),9.16(兼相模守)
弘仁2.6.1(従五上,遷中務大輔)
弘仁7.正.是月(正五下),3/11.是月(蔵人頭),8.是月(右{左}京大夫)
弘仁9.正.4(従四下,兼但馬守),10.5(遷左京大夫)
弘仁12.正.9(参議),正.10(兼左大弁,大夫如元)
弘仁13.3.20(兼近江守,弁大夫如元),11.24(従四上)
天長3.正.21(兼越前守)
天長4.正.7(正四下)
天長7.6.1(中納言,従三),8.4(兼中務卿)
天長10.3.11(兼弾正尹),3.24(遷中務卿)
天長11.正.4(薨)

〔は〕

春澄善縄
弘仁15.是歳(文章生)
天長初年(奉試及第,文章生,献策)
天長4.3.是月(常陸少目,旹大初下猪名部善縄)
天長5.11.是月(賜春澄宿禰姓,後朝臣,停俊士号,文章得業生)
天長7.6.是月(少内記)
天長8.正.是月(大内記兼播磨少掾)
天長9.正.7(従五下)
天長10.3.是月(兼東宮学士)
天長11.正.是月(兼摂津権介)
承和3.7.是月(兼但馬介)
承和9.正.7(従五上),7.是月(左遷周防権守)
承和10.3.是月(文章博士)
承和13.正.是月(権備中介,本官博士)
承和15.正.7(正五下),2,是月(備中守)
嘉祥3.4.17(従四下)
嘉祥4.10.是月(解任)
仁寿2.正.是月(但馬守)
仁寿3.10.是月(賜姓朝臣)
仁寿4.9.是月(刑部大輔,守如元)
斉衡4.正.14(伊予守),12.是月(右京大夫,兼字)
天安2.正.7(従四上)
貞観2.正.16(参議)
貞観3.正.13(兼式部大輔)
貞観4.正.7(正四下)
貞観5.2.10(兼播磨権守)
貞観6.正.16(兼近江守)
貞観12.正.25(兼讃岐守),2.7(従三,或説止大輔),2/3.19(薨)

春原五百枝(五百枝王⇨)
延暦25.3.5.己卯(賜春原朝臣姓)
大同2.8.乙亥(武蔵守),8.辛巳(讃岐守)
弘仁2.4.是月/5.丁未(宮内卿),6.癸亥(正四下)
弘仁3.正.27(従三)
弘仁5.正.庚午(兼下(上)野守),8.是月(右(左)兵衛督)
弘仁6.正.丙戌(兼上(下)野守)
弘仁7.正.丙子(兼相模守)
弘仁8.4.是月(右衛門督)
弘仁10.3.己卯/1(参議)
弘仁11.正.27(兼治部卿)
弘仁14.9.27(兼刑部卿),12.丙申(左(右)京大夫)
天長2.7.是月(民部卿)
天長3.正.21(兼美濃守),5.是月(転民部卿),9.13(中務卿,守如元)
天長5.正.7(正三),7.壬子(上表辞退)
天長6.2.15/12.19(薨),是歳(猶注参議)

〔ひ〕

氷上塩焼(塩焼王⇨)
宝字2.8.1(従三)
宝字6.正.1(鎮国驍騎将軍兼美濃飛騨信濃按察使),正.4(参議),11.是月/12.1(中納言),12.是月(兼美作守)
宝字8.8.2(兼式部卿),9.10(被誅)

〔ふ〕

布勢御主人(⇨阿倍御主人)
文武4.8.是月(正広三)
文武5.正.5(中納言,従三)

藤原有実
貞観7.10.19(蔵人)
貞観8.正.13(左近将監)
貞観9.正.是月(蔵人),2.11(兼讃岐権掾)
貞観10.正.7(従五下),5.26(左少将),是歳(兵部少輔)
貞観11.正.16(次侍従),3.23(兼加賀守)
貞観12.正.25(兼讃岐権介)
貞観15.正.12(兼近江介)
貞観16.正.7(従五上)
元慶2.正.11(兼阿波介)
元慶3.8.17(伊予権介)
元慶5.7.16((権)左中将,元少将),10.是月(蔵人頭)
元慶6.正.7(従四上),2.3(参議,中将権介〔守〕如元)
元慶7.正.7(正四下)
仁和2.正.16(兼近江権守)
延喜14(薨,参議正三)

藤原有穂
貞観11.3.4(主蔵正)
貞観12.正.25(讃岐権掾)
貞観16.正.15(春宮少進,于時蔵人)
貞観18.12.27(内蔵権助)
貞観19.正.3(従五下),4.19(禁色(蔵人)),10.18(侍従)
元慶2.10.5(右衛門権佐)
元慶8.2.23(従五上),3.9(兼備前権介),3.11(禁色),11.25(正五下)
元慶9.正.16(兼左少将,佐如元)
仁和2.2.21(兼右中弁,去権佐,余官如元),8.是月(転左中弁),是歳(蔵人頭)
仁和3.正.7(従四下),正.11(中宮大夫)
寛平5(参議従四上)
延喜7(薨,中納言従三)

藤原家宗
承和15.2.14(勘解由判官)
承和年中(文章生)
嘉祥2.11.27(春宮少進)
嘉祥3.11.27(春宮少進)
仁寿4.11.是月(蔵人)
斉衡3.正.7(従五下),5.是月(大炊頭)
斉衡4.2.16(兵部少輔),6.18(右少弁)
天安2.11.7(従五上),11.25(中宮亮,弁如元)
貞観3.5.28(右中弁,亮如元)
貞観5.正.7(正五下),2.12(左中弁,亮如元),是歳(改為皇太后宮亮)
貞観6.正.7(正五下),2.12(左中弁,亮如元),是歳(改為皇太后宮亮)
貞観7.10.9(禁色)
貞観8.正.7(従四下),12.是月(従四上)
貞観10.4.是月(蔵人頭),12.9(従四上)
貞観12.正.25(右大弁),是歳(従四上)
貞観13.3.2(参議,弁如元)
貞観14.2.29(兼讃岐権守)
貞観15.2.20(転兼讃岐守)
貞観16.2.29(転左大弁)
貞観17.正.7(正四下)
貞観19.正.7(従三,去大弁),2.20(薨)

藤原家依
天平15.是歳(生)
宝字9.11.是月(従五下)
景雲2.2.是月(侍従,式部少輔)
景雲3.2.是月(正五下),8.是月(大和守,少輔侍従如元),11.是月(正五上,遷兼丹波守)
景雲4.7.是月(従四下),10.是月(従四上)
宝亀2.正.是月(兼皇后宮大夫),閏3.是月(式部大輔,兼近江守)
宝亀5.3.是月(治部卿)
宝亀6.正.7(正四下)
宝亀7.正.是月(正四上),3.是月(兼右衛門督)

宝亀8.10.13(参議,卿督如元)
宝亀12.5.是月(兼下総守),7.是月(兵部卿,兼侍従,守如元),11.11(従三)
延暦4.6.25(薨),6.是月(或本 中納言)

藤原魚名

養老5.是歳(生)
天平20.2.1(従五下,侍従)
勝宝9.2.是月(備中守),5.10(従五上,備中守)
宝字2.11.是月(上総守)
宝字3.6.是月(正五上)
宝字5.正.7(従四下)
宝字8.是歳(従四上,宮内卿)
神護3.正.7(正四下)
景雲2.2.18(参議,従三),11.是月(従三)
景雲3.8.19(兼左京大夫 旹大蔵卿)
景雲4.8.18(兼但馬守),10.1(正三,兼左京大夫)
宝亀2.3.13/是月(大納言,公卿伝云 是日任中納言九月任大納言),9.是月(大納言)
宝亀4.是歳(兼近衛大将,旹中務卿)
宝亀5.9.是月(兼中務卿)
宝亀8.正.7(従二),10.是月(兼大宰帥)
宝亀9.3.3/30(内臣),3.30(忠臣,近衛大将帥如元)
宝亀10.正.1(内大臣,大将帥如元)
宝亀12.正.10(正二),6.27癸未(左大臣,兼大宰帥)
天応2.6.乙丑/14(坐事配流,於難波留連)
延暦2.5.丁亥(令還京),7.25(薨),7.是月(其男等令入京)

藤原氏宗

延暦14.是歳(生)
大同2.是歳(生)
天長9.正.是月(上総大掾)
天長10.6.是月(中務大丞),12.是月(蔵人,式部大丞,上総大掾如元)
承和5.正.7(従五下),正.是月(式〔民〕部少輔)
承和7.6.是月(遷左少将),8.21(兼右少弁),是歳(右少将)
承和8.正.是月(兼美濃守,弁少将如元)
承和9.10.4(陸奥守,止弁),10.5(従五上)
承和13.2/9.是月(式部少輔)
承和14.2.是月(右衛門権佐),5.是月(遷左衛門権佐)
承和15.正.7(正五下),2.是月(春宮亮)
嘉祥2.2.27(更任右中弁)
嘉祥3.正.7(従四下),4.是月(蔵人頭),5.是月(兼右中将,弁如元),11.7(右大弁,中将如元)
嘉祥4.7.2(禁色宣旨),12.7(参議,弁中将如元)
仁寿2.5.15(使別当)
仁寿3.正.7(従四上),7.是月(兼近江守)
仁寿4.8.28(転左中将,弁別当如元)
斉衡3.8.是月(兼左衛門督,弁別当如元)
斉衡4.4.是月(兼伊予権守)
天安2.11.17(正四下),是歳(従三)
天安3.正.13(兼美作守),11.19(従三)
貞観3.正.13(中納言),8.17(更為使別当,督如元)
貞観4.2.是月(美作守)
貞観5.2.10(兼右大将,去別当)
貞観6.正.12(権大納言)
貞観8.12.16(転左大将)
貞観9.正.7(正三),2.29(転大納言)
貞観10.5.3(止大将)
貞観11.2.1(兼皇太子傅)
貞観12.正.13(右大臣),2.是月(兼東宮傅如元)
貞観14.2.11(薨,贈正二)

藤原内麿

勝宝7.是歳(生)
宝亀12.10.23(従五下)
天応2.閏正.甲子(甲斐守)
延暦4.4.庚午(左衛門佐),8.7(従五上),8.丙午{子}(中衛少将),10.甲戌(兼越前介{守})
延暦5.正.7(正五下),正.乙卯(越前守)
延暦6.5.19(従四下)
延暦8.3.是月(左衛士督,守如元)
延暦11.6.是月(刑部卿)
延暦13.10.27(参議,卿如元)
延暦14.3.是月(兼陰陽頭,卿如元)
延暦15.正.壬子(従四上,兼但馬守).3/7.壬辰(正四下),6.是月(造東大寺長

官)
延暦16.3.11(兼近衛大将, 守如元), 9.4(兼勘解由長官, 守如元)
延暦17.閏5.24(正四上, 大将守如元), 8.16(中納言, 従三)
延暦18.4.是月(兼造宮大夫)
延暦25.4.18(大納言), 5.18(正三, 大将如元), 5.19(右大臣, 大将如元), 8.14(兼侍従)
大同2.4.22(改近衛為左近衛大将), 8.14(兼侍従), 10.是月(従二　如何)
大同4.正.1(従二, 大将如元)
大同5.是歳(従二　如何)
弘仁3.10.6(薨), 10.9(贈太政大臣従一)

藤原宇合
霊亀2.8.癸亥(遣唐副使), 8.己巳(従五下)
養老3.正.是月(正五上), 7.是月(管安房上総下総三国, 旹常陸守)
養老5.正.壬子/是月(正四上)
神亀2.閏正.19(或云　従三)
神亀3.正.7/10.庚午(従三, 式部卿), 10.是月(知造難波宮事)
神亀5.10.是月(知造難波宮事)
天平3.8.是月((権)参議, 卿如元, 歴大宰大弐), 11.是月(鎮撫使副惣官)
天平4.8.是月(西海道節度使　或云大宰帥)
天平6.正.7/是月(正三, 兼式部卿)
天平9.8.5(薨)

藤原枝良
承和12.是歳(生)
元慶7.2.14(大皇太后宮少進)
仁和3.正.7(従五下)
延喜13(参議従四上)
延喜17(薨, 参議従四上)

藤原恵美朝獦
勝宝9.7.是月(従五下, 陸奥守)
宝字3.6.是月(正五下)
宝字5.10.是月(従四下, 仁部卿)
宝字6.12.1(参議)
宝字8.9.18(伏誅)

藤原恵美押勝(藤原仲麿⇨)
宝字2.8.25(大保, 勅加姓中恵美両字, 改名押勝, 擬右大臣官)
宝字3.11.是月(賜帯刀資人)
宝字4.正.7/是月(従一), 正.11/11.是月(大師)
宝字6.2.1(正一), 5.是月(給帯刀資人). 12.11/18(宝字8年9月記事の竄入), 12.是月(男等皆任参議衛府国司)
宝字8.8.乙巳(免官位并藤原姓字), 9.2(都督使), 9.11(逆謀頗泄), 9.12(止官位), 9.18(被斬)

藤原恵美訓儒麿
宝字2.8.是月(従五下)
宝字3.5.是月(美濃守), 6.是月(従四下)
宝字5.正.是月(大和守)
宝字6.12.1(参議)
宝字7.4.是月(兼丹波守, 左右京尹如元)
宝字8.9.18(伏誅)

藤原恵美真光
宝字2.4/8.是月(従五上)
宝字3.6.是月(従四下)
宝字5.正.是月(従四上　歴鎮国衛驍騎将軍, 兼美濃飛騨按察使)
宝字6.正.1(参議), 12.1(正四上, 兼大宰帥)
宝字8.9.18(伏誅)

藤原興範
貞観15.是春(文章生)
貞観19.正.15(大宰少監), 2.29(大舎人大允)
元慶2.2.15(治部少丞)
元慶5.3.8(民部少丞)
元慶7.正.11(式部少丞)
元慶9.正.16(転式部大丞)
仁和3.正.7(従五下), 2.3(掃部頭), 8.2(筑前守)
延喜11(参議従四上)
延喜17(薨, 参議正四下)

藤原小黒麿
天平5.是歳(生)
宝字8.10.丙寅(従五下), 10.甲戌(伊勢守)
神護3.3.己巳(式部少輔)
景雲2.2.是月(安芸守)
景雲4.9.是月(中衛少将), 10.己丑(従五

上）
宝亀2.正.辛巳（正五下），閏3.戊子（兼美濃守）
宝亀6.11.是月（左京大夫）
宝亀7.3.癸巳（右衛士督）
宝亀8.3.辛巳（兼出雲守），10.辛卯（兼常陸守）
宝亀9.正.癸亥（従四上）
宝亀10.12.20（参議）
宝亀11.9.甲申（正四下，持節征東大使，右衛門督）
宝亀12.正.庚申（兼陸奥按察使，督守如元），4.26（従三），5.4（兵部卿），7.丁卯（転民部卿），8.26（征伐功，正三）
天応2.2.是月（ィ兼按察使）
延暦2.7.16（兼右〔左〕京大夫，卿如元）
延暦3.正.1（正三），正.21（中納言，卿如元），7.是月（転左京大夫）
延暦4.7.1（中務卿）
延暦6.正.11（兼美作守）
延暦7.7.3（兼皇后宮大夫）
延暦9.2.9（大納言，卿大夫守如元）
延暦12.2.是月（兼民（式）部卿）
延暦13.7.1（薨，贈従二）

藤原緒嗣

宝亀5.是歳（生）
延暦7.2.3（於殿上加冠，正六上，内舎人，賜封）
延暦10.2.3（従五下），4.是月（侍従）
延暦12.正.是月（中衛少将）
延暦15.正.是月（兼常陸介，内厩頭），6.是月（遷衛門佐）
延暦16.7.16（正五下，兼内蔵頭），7.18（従四下），7.25（衛門督），8.是月（兼出雲守）
延暦17.12.是月（兼造西寺長官）
延暦20.9.是月（停衛門督為右衛士督）
延暦21.6.19/是月（参議）
延暦22.2.癸亥（山城守）
延暦23.2/3.是月（兼山城守）
延暦25.正.癸巳（兼但馬守，督如元），4.13（従四上），5.24（山陽道観察使），閏6.14（或本　俄遷畿内観察使），閏6.19（畿内観察使）
大同2.4.22（停参議，或本　停参議為畿内観察使），閏6.14（俄遷畿内観察使），8.是月（兼侍従），11.16（兼左大弁，観察使右衛門督如元），11.19（辞弁不許）
大同3.正.是月（上表），3.是月（兼刑部卿），5.8（兼陸奥出羽按察使），6.21（上表卿督），6.是月（右衛門督　恐衍），11.29（正四下）
大同4.3.是月（辞見内裏，召殿上給衣服），4.是月（止東山道観察使歟）
大同5.6.10（如故為参議），9.10（兼右兵衛督），9.16（兼美濃守），9.27（遷右衛士督，停按察使，兼近江美濃守侍従）
弘仁3.正.21（兼美濃〔近江〕守）
弘仁4.8.21（辞督，遷宮内卿，守如元）
弘仁5.8.21（依辞表停右衛門督，遷宮内卿）
弘仁6.正.7（従三）
弘仁7.正.是月（河内守）
弘仁8.正.辛未（兼河内守），10/11.1（権中納言，卿如元）
弘仁9.6.5（遷民部卿，止宮内卿），6.15（正三）
弘仁12.正.9（大納言，卿如元），是歳（兼民部卿）
弘仁13.是歳（兼民部卿）
弘仁14.4.11（従二），4.18（皇太子傅），4.25（兼東宮傅）
天長2.4.5/是月（右大臣，傅如元）
天長9.11.2（転左大臣，傅卿如元，但卿不兼歟）
天長10.2.4（止傅），3.6（正二）
承和10.正.戊戌（上表致仕，不許），正.辛丑（復上表），正.庚戌（子春津従四下），正.是月（請致仕，不許），7.23（薨，贈従一）

藤原弟貞（山背王⇨）

天平4.正.是月（従三，兼坤宮大弼，但馬守如元）
天平21.4.14（正三）
宝字6.12.1（参議）

宝字7.10/11.丙戌(薨),是歳(礼部卿)

藤原乙縄

勝宝9.7.是月(日向員外掾,背正六上)
宝字8.10.是月(従五下)
神護3.2.是月(大蔵大輔),12.是月(大判事)
景雲2.正.7(従五上)
景雲4.8.是月(従四下),9.是月(土佐守,兼美作守)
宝亀9.正.7(従四上),
宝亀10.9.12(参議,兼刑部卿)
宝亀12.6.6(卒)

藤原乙麿

天平21.11.是月(正五上)
勝宝2.3.是月(大宰少弐),11.1(従三位,大宰帥)
勝宝3.是歳(薨,但不詳)
勝宝9.6.乙酉(美作守)
宝字2.是歳(以後不見)
宝字3.11.丁卯(式(武ヵ)部卿)
宝字4.6.癸卯(薨ヵ)

藤原雄友

延暦2.正.癸巳(従五下),2.壬申(美作守)
延暦4.4.是月(兵部少輔),8.己巳(従五上),9.己未(左衛士督,守如元)
延暦5.正.戊戌(正五上),2.丁丑(兵部大輔兼右衛門督)
延暦6.5.壬寅(従四下)
延暦7.是歳(左京大夫,大輔督如元)
延暦8.2.是月(兼播磨守,督大輔大夫如元)
延暦9.2.9(参議,兼大夫督守)
延暦11.4.乙巳(大蔵卿)
延暦13.正.是月(従四上)
延暦15.7.7(正四下),12.4(兼中衛大将)
延暦16.3.11(兼大宰帥,止大将)
延暦17.8.16(中納言,従三)
延暦18.2.是月(兼中務卿),6.是月(兼民部卿)
延暦20.正/閏正.丙寅(摂津守)
延暦23.10.10(正三)
延暦25.4.18(大納言,兼民部卿)
大同2.5.11(坐事配流伊予国)
大同5.4.5(免罪授本位,宮内卿)
弘仁2.4.23(薨,贈大納言)

藤原楓麿

宝字2.8.是月(従五下),11.是月(文部少輔)
宝字4.2.是月(但馬介)
宝字7.正.是月(大判事)
宝字8.9.是月(従四下),10.是月(美濃守)
宝字9.7.是月(右衛士〔兵衛〕督)
神護3.正.是月(大宰大弐)
景雲3.7.是月(信濃守)
宝亀2.5.是月(讃岐守　背右衛士督)
宝亀3.4.19(参議,正四下,兼讃岐守)
宝亀5.正.7(正四上),5.4(従三)
宝亀6.12.是月(兼摂津大夫),是歳(大蔵卿)
宝亀7.6.13(薨)

藤原葛野麿

天平21.是歳(生)
勝宝7.是歳(生)
延暦4.正.癸卯(従五下)
延暦6.2.庚辰(陸奥介)
延暦10.7.癸未(少納言),11.甲子(右少弁)
延暦13.正.辛巳(従五上),2.戊辰(兼春宮亮),3.29(兼左〔右〕少弁),10.丁卯(正五下)
延暦14.2.辛巳(右中弁),4.是月(従四下),7.是月(転左中弁,亮如元)
延暦15.4.是月(従四上{下})
延暦16.2.9(兼春宮大輔,伊予守)
延暦17.2.丁巳(右大弁)
延暦18.正.甲戌(大宰大弐)
延暦20.8.庚子(遣唐大使,兼右大弁越前守)
延暦23.正.己未(従四上),3.是月(賜餞),4.是月(授節刀)
延暦24.正.甲申(刑部卿),7.25(上節刀唐国答信物),7.25/9.壬辰(従三)
延暦25.2.16(春宮大夫),3.18(権参議),4.18(参議,兼式部卿),5.24(遷東海道観察使)
大同2.4.22(停参議,下向),6.甲子(観察使)
大同3.2.是月(中納言,卿如元)

大同4.3.29(正三),4.14(兼皇太子傅,卿如元)
大同5.9.13(去傅)
弘仁2.12.己丑(兼民部卿)
弘仁3.12.4(兼民部卿)
弘仁9.11.10(薨)

藤原兼輔

貞観19.是歳(生)
延喜21(参議従四下)
承平3(薨,中納言従三)

藤原清河

天平12.11.是月(従五下)
天平13.7.是月(中務少輔)
天平15.5.是月(正五下,大養徳守)
天平17.正.是月(正五上)
天平18.4.是月(従四下)
天平21.7.2(参議)
勝宝3.3.是月(遣唐大使,民部卿,正四下)
勝宝4.3.是月(遣唐大使,民部卿,正四下)
宝字4.正.是月(詔),2.是月(文部卿)
宝字5.3.是月(正四下　或本),8.是月(迎使至自唐国)
宝字7.正.是月(常陸守)
宝字8.正.7(従三)
宝亀9.是歳(自唐告薨由)
宝亀10.2.乙亥(贈従二,或自唐告薨由),6.是月(贈従二)
承和2.是歳(贈従一)

藤原清経

貞観8.正.13(右衛門少尉)
貞観9.正.12(転大尉)
貞観11.正.7(従五下),2.11(春宮大進)
貞観18.12.27(右(権)少将)
貞観19.正.7(従五上),正.15(左権少将),4.19(禁色)
元慶2.正.11(兼播磨介)
元慶5.3.8(転少将),7.16(兼備中守)
元慶6.正.7(正五下)
元慶7.2.14(讃岐介)
仁和2.正.7(従四下)
仁和3.2.2(兼周防権守)
昌泰3(参議従四上)
延喜15(薨,参議従三)

藤原浄本

天長7.5.是月(従三,元蔵人頭大舎人頭),7.21(卒)

藤原国経

天安2.10.是月(蔵人,左衛門大尉)
天安3.11.29(従五下)
貞観3.正.13(備後権介)
貞観4.正.13(播磨介)
貞観5.2.16(兼侍従)
貞観8.正.13(右兵衛権佐)
貞観9.正.7(従五上)
貞観13.正.13(兼備後権介)
貞観16.正.15(兼播磨介)
貞観17.正.7(正五下)
貞観19.正.3(従四下),正.15(左馬頭),2.是月(蔵人頭)
元慶2.5.18(兼中宮大夫)
元慶3.11.25(従四上)
元慶6.正.是月(皇太后宮大夫),2.3(参議,大夫如元),3.28(正四下)
元慶7.正.21(兼備中守)
元慶9.正.16(兼播磨守)
延喜8(薨,大納言正三)

藤原邦基

貞観17.是歳(生)
延喜21(参議従四下)
承平2(薨,中納言従三)

藤原蔵下麿

天平6.是歳(生,任内舎人出雲介等)
宝字7.正.是月(従五下,少納言)
宝字8.正.是月(備前守),9.11(従三)
宝字9.2.是月(近衛大将,兼左京大夫,伊予土左按察使),是歳(近衛中将)
景雲4.是歳(兵部卿)
宝亀2.4.是月/5.己亥(大宰帥),11.是月(春宮大夫)
宝亀5.5.5/是月(参議,帥如元)
宝亀6.7.1(薨)

藤原巨勢麿

宝字4.正.7(従三)
宝字5.正.7(ィ従三)
宝字6.正.4/是月(参議),11.是月(遣香椎廟)
宝字7.是歳(薨歟,未詳)

宝字8.9.18(伏誅)

藤原是公

神亀4.是歳(生)
宝字5.正.戊子(従五下,旹正六上,神祇大副)
宝字8.10.壬申(播磨守),11.戊戌(山城守)
宝字9.正.己亥(従五上),2.己巳(左兵衛佐),8.戊申(左衛士督)
神護2.正.己亥(従四下),10.甲申(従四上)
神護3.5.癸酉(内豎大輔,督下総守如元)
景雲2.11.癸未(兼侍従内蔵頭),12.癸丑(兼下総守)
宝亀5.正.7(正四下),3.甲辰(兼春宮大夫,式部大輔侍従如元),5.5(参議,兼左大弁,大夫侍従督大輔如元)
宝亀8.正.丁巳(正四上,左衛士督),10.是月(兼左大弁,侍従)
宝亀10.正.7(従三,遷式部卿,止弁,大夫督侍従如元)
宝亀12.4.15(正三),9.2(中納言,兼中衛大将,卿如元)
天応2.6.13(大納言,卿大将如元)
延暦2.7.19/是月(右大臣,卿大将如元)
延暦3.正.1(従二)
延暦8.9.19(薨,贈従一)

藤原定方

貞観15.是歳(生)
延喜9(参議従四下)
承平2(薨,右大臣従二)

藤原定国

貞観8.是歳(生)
仁和3.4.24(蔵人)
昌泰2(参議従四上)
延喜6(薨,大納言従三)

藤原貞嗣

延暦13.正.甲申(従五下)
延暦16.3.癸丑(民部少輔)
延暦17.7.甲戌(備前守)
延暦22.3.己巳(典薬頭)
延暦23.6.壬子(左少弁)
延暦25.正.癸巳(兼丹後守,止典薬頭),2.戊申(従五上),2.庚戌(右中弁,守如元)
大同3.是歳(停弁,遷官日不詳)
大同5.正.戊申(正五下),9.10(近江守),11.戊午(従四下)
弘仁3.2.己亥(右京大夫)
弘仁6.7.是月(従四上,皇后宮大夫))
弘仁7.11.是月(蔵人頭)
弘仁9.正.10(兼伊予守)
弘仁10.3.1(参議,大夫守如元),7.是月(兼治部卿,大夫守如元)
弘仁11.正.27(遷右大弁),11.是月(正四下)
弘仁12.正.7(従三),正.9(中納言),正.11(兼宮内卿)
弘仁15.正.4(薨)

藤原貞守

弘仁15.9.是月(大学少允,転大允)
天長2.2.是月(内匠助)
天長3.2.是月(兼皇太后宮少進)
天長4.正.是月(蔵人)
天長5.正.7(従五下)
天長7.2.10(右少弁),5.5(式部少輔,止弁),8.是月(兼右少弁)
天長9.正.11(兼讃岐介)
天長10.2.18(従五上),2.29(兼春宮亮,止弁)
承和7.正.30(豊前守,亮如元)
承和8.正.是月(兼信濃介,亮如元)
承和9.7.26(左遷,越後権守)
承和15.正.13(備中守),2.14(式部少輔)
嘉祥3.正.7(正五下),正.15(兼備前守),11.7(右中弁,守如元)
嘉祥4.11.26(従四下)
仁寿2.2.28(左中弁),2.是月(蔵人頭)
仁寿3.正.16(右大弁),8.8(参議,大弁如元)
仁寿4.正.16(兼下野守,弁如元)
斉衡2.正.7(従四上),2.是月(兼式部大輔,止弁)
天安3.5.1(卒)

藤原菅根

斉衡3.是歳(生)
元慶8.是春(文章生)
延喜8(薨,参議従四上)

藤原扶幹

貞観11.是歳(生)
元慶9.正.19(周防掾),2.20(近江権少掾)
仁和2.2.21(中務少丞)
仁和3.5.17(従五下)
延長元(参議従四上)
天慶元(薨,大納言正三)

藤原宿奈麿(⇨藤原良継)

霊亀2.是歳(生)
天平12.是歳(座兄事流伊豆国)
天平14.是歳(免罪,少判事)
天平18.6.是月(従五下,越前守),9.是月(遷上総介),是歳(従五下,越前守)
勝宝4.11.是月(相模守)
宝字5.正.是月(上野守)
宝字8.是歳(従四下勲四等,正四上,大宰帥)
神護2.11.5/是歳(従三)
景雲4.7.13/是月(参議),8.20(中納言,兼大宰帥),8.是月(兼大宰帥),9.是月(兼式部卿),10.1(正三)

藤原園人

勝宝7.是歳(生)
宝亀10.正.癸丑(従五下),2.甲午(美濃介)
宝亀12.5.癸未(備中守)
延暦2.2.是月(少納言)
延暦4.正.癸未(右少弁),10.甲子(安芸守)
延暦8.正.7(従五上),2.是月(備後守)
延暦10.正.癸未(豊後守)
延暦17.2.丙午(大和守),閏5.壬寅(右京大輔,守如元),8.16(従四下),11.癸丑(治部大輔)
延暦18.9.辛亥(右大弁,守如元)
延暦20.7.是月(大蔵卿,止弁)
延暦22.正.7(従四上,兼相模守)
延暦25.2.16(宮内卿,守如元),3.18(権参議),4.18(転参議),5.5(兼皇太子傅,正四下勲三等),5.24(山陽道観察使,兼宮内卿,傅守)
大同2.4.22(停参議号使)
大同3.4.是月(摂行北陸道事),6.25(兼民部卿,傅如元)
大同4.3.是月(従三),4.13(正三,止傅),9.19(中納言,卿如元)
大同5.2.8(大納言,卿如元),9.18(兼皇太子傅),12.13(奏上)
弘仁3.12.5(右大臣)
弘仁5.正.7(従二)
弘仁9.12.19(薨,贈正一左大臣)

藤原田麿

養老6.是歳(生)
天平12.是歳(坐兄事流隠岐国)
天平14.是歳(宥罪徴還,隠居蜷淵山)
宝字5.正.是月(従五下,西海道節度使)
宝字7.正.是月(美濃守),7.是月(陸奥出羽按察使)
宝字8.正.是月(正五下),10.是月(右中弁,兼外衛中将)
宝字9.正.是月(正五上),2.是月(転外衛大将)
神護2.7.12(参議),7.是月(外衛大将兼丹波守従四下,歴大将大宰帥兵部卿),12.12(従四上,大将如元)
神護3.2.是月(右兵衛督)
景雲2.11.是月(大宰大弐,去大将歟,検校兵庫{副}将軍)
景雲4.11.1(正四下)
宝亀2.閏3.是月(ィ兼左衛門督,三河守),7.是月(兵部卿),11.16(従三),11.戊申(正四上)
宝亀7.10.是月(兼摂津大夫)
宝亀9.12.辛酉(ィ兼中衛権大将)
宝亀10.9.是月(中務卿),12.是月(転中衛権大将)
宝亀11.2.1(中納言,正三,中衛大将如元,兼春宮傅)
宝亀12.4.是月(止傅),6.27(大納言,転兼近衛大将)
天応2.6.13(右大臣,大将如元,従二,兼皇太子傅)
延暦2.3.丙申/19(薨,贈正二),是歳(左大臣)

藤原乙叡

勝宝7.是歳(生)
宝亀9.2.是月(内舎人)
天応2.6.是月(兵部少丞)

延暦3.5.乙丑(従五下),7.壬午(侍従)
延暦4.正.癸亥(権少納言)
延暦5.正.戊戌(従五上),6.丁卯(転少納言)
延暦6.3.丙午(右衛士佐),5.戊申(中衛少将),10.己亥(正五下)
延暦7.2.甲申(兼下総守)
延暦8.11.是月(大蔵少輔)
延暦9.3.丙午(兼信濃守),3.壬戌(兵部大輔{卿},兼衛門督{右兵衛督},侍従守如元)
延暦10.10.10(従四下)
延暦11.4.乙巳(右{左}兵衛督,大輔侍従如元)
延暦12.5.辛巳(左京大夫)
延暦13.10.27(参議,兼大夫)
延暦14.2.丁巳(兼主馬首,大夫山城守如元),2.庚午(兼侍従守)
延暦15.正.壬子(兼伊予守),6.庚申(兼右衛士督)
延暦16.正.是月(従四上),2.是月(兼越前守),3.是月(中衛大将)
延暦18.正.是月(正四下),4/6.是月(兼兵部卿)
延暦19.正.丙午(従三,兼兵部卿)
延暦20.8.1(兼山城守)
延暦21.正.丙子(近江守),閏10.27(或本権中納言)
延暦22.正.丙寅(兼近江守),閏10.27(権中納言,大将守如元)
延暦25.4.18(転中納言),4.21(兼兵部卿),5.24(兼衛門督)
大同2.5.11(坐事解官)
大同3.5/6.3(薨)

藤原高藤

貞観4.正.13(右近将監)
貞観7.10.19(蔵人,許禁色)
貞観8.正.23(兼美濃権大掾)
貞観10.正.7(従五下)
貞観11.2.16(播磨権介)
貞観13.3.11(備中権介)
貞観18.正.7(従五上),正.14(右兵衛権佐)
元慶3.2.15(兼尾張権守)
元慶7.正.11(左近少将)
元慶8.3.9(兼讃岐介)
仁和2.2.27(兵部大輔)
仁和3.2.2(兼近江権介)
寛平6(非参議従三)
昌泰3(薨,内大臣正三)

藤原　助

弘仁13.9.是月(少判事),11.是月(兵部少丞)
弘仁14.2.是月(大学助)
弘仁15.2.是月(出雲介)
天長4.正.是月(蔵人,春宮少進)
天長5.閏3.9(式部少丞)
天長6.正.7(従五下),正.13(遠江介)
天長8.6.7(春宮亮),7.是月(蔵人頭)
天長10.2.29(右少将),3.6(正五下),3.24(右権中将)
天長11.正.7(従四下)
承和2.7.30(右中将)
承和4.正.12(尾張守)
承和6.正.7(従四上)
承和9.7.11(左兵衛佐),7.25(右衛門督)
承和10.2.10(参議,督如元)
承和11.10.是月(摂津国班田使長官)
承和12.正.11(兼加賀守)
承和13.正.12(兼治部卿,守如元,止督)
承和14.正.12(兼下野守)
承和15.正.13(兼左兵衛督,守如元,止卿歟),3.是月(兼大弼),4.3(兼官如元)
嘉祥3.4.17(正四下)
嘉祥4.正.11(信濃守)
仁寿3.正.16(兼近江守,督如元),5.29(卒)

藤原忠文

貞観15.是歳(生)
天慶2(参議正四上)
天暦元(薨,参議従四下)

藤原忠平

元慶4.是歳(生)
昌泰3(参議従四下)
天暦3(薨,関白太政大臣(前摂政)従一)

藤原縄主

宝字5.是歳(生)

延暦2.4.是月(従五下),6.丙寅(近衛少将)
延暦3.3.己酉(兼伊予 {勢} 介)
延暦4.正.辛亥(兼美濃守 {美作介})
延暦5.正.己未(中衛少将)
延暦6.2.庚申(右衛士佐),3.丙午(少納言,佐如元),5.是月(左衛士佐)
延暦7.2.甲申(兼備前介,佐少納言如元),7.庚午(近衛少将,少納言如元)
延暦9.7.是月(兼式部少輔,少将介如元)
延暦10.正.是月(従四下),2.25(左中弁)
延暦14.2.戊子(遷式部大輔)
延暦16.7.戊子(兼左京大夫,大輔少将守如元)
延暦17.8.16(参議,兼近江守,大輔少将如元),8.丁巳(式部大輔,少将如元)
延暦18.4.乙酉(春宮大夫)
延暦19.正.11(転中将),正.是月(従四上)
延暦20.正.是月(兼大和守,大夫中将大輔如元)
延暦21.12.15(正四下)
延暦25.2.庚戌(兼陰陽頭),5.18(従三,大宰帥,弁官補任云五月十八日正四上 誤歟)
大同2.4.22(停参議号)
大同5.6.10(如故為参議)
弘仁3.12.5(中納言,兼兵部卿)
弘仁8.9.16(薨)
弘仁15.12.16(贈従二)

藤原縄麿

天平21.4.甲午朔(従五下)
宝字2.11.是月(備中守),是歳(正五下)
宝字8.9.11/乙巳(従四下,参議)
宝字9.正.是月(勲二〔三〕等,兼勅旨卿侍従)
神護2.10.20(正四下)
景雲2.正.7/乙卯(従三),11.是月(兼民部卿)
宝亀2.3.13/是月(中納言)
宝亀10.9.是月(兼中衛大将),12.己酉(薨,贈従二大納言)

藤原種継

天平13.是歳(生)
神護2.11.是月(従五下)
景雲2.2.癸巳(美作守)
宝亀2.3.是月(伊予 {紀伊} 守),9.是月(山背守)
宝亀5.正.是月(従五上)
宝亀6.9.是月(近衛少将)
宝亀8.正.7(正五下)
宝亀9.2.是月(左京大夫)
宝亀11.3.是月(下総守),12.5(正五上)
宝亀12.正.7(従四下),2/3.是月(或本 参議),4.是月(従四上),5.是月(兼近江守,大夫如元),6.13(正四下),6/7.丁卯(左衛士督,守如元)
天応2.2.26/3.25/3.26(参議,督守如元)
延暦2.4.17(従三),7.16(兼式部卿)
延暦3.正.22(中納言,兼卿左衛門督按察使),3.26(続紀 参議),12.1(正三)
延暦4.9.23(被射,明日薨,贈正一左大臣)
大同4.4.12(贈太政大臣)

藤原愛発

大同4.是歳(文章生)
大同5.9.是月(春宮大進)
弘仁2/3.10.11(式部少丞)
弘仁4.正.正.25(転大丞),是月(蔵人)
弘仁6.正.7(従五下),正.12(兵部少輔),9.3(中務大輔)
弘仁9.正.是月(近江介)
弘仁13.6.8(民部大輔),11.1(従五上)
弘仁14.正.11(左少弁),4.己酉(右中弁),4.27(正五下)
弘仁15.正.7(従四下),6.是月(蔵人頭)
天長2.3.是月(申勧学院庄事,中納言)
天長3.2/3.3(参議,大輔如元,止弁),3.甲子(勧学院事,中納言),9.13(兼大蔵卿)
天長5.正.12(兼下総守),閏3.9(兼春宮大夫,守如元)
天長6.正.甲午(従四上)
天長7.5.5(兼式部大輔,止大夫),6.1(正四下),8.4(兼左大弁,止大輔,守如元)
天長9.6.1(兼左兵衛督,弁如元),11.2/是月(中納言,従三),11.7(兼民部卿,督如元)
承和3.5.15(辞卿)

承和7.正.7(正三),8.7(大納言)
承和8.3.20(兼民部卿)
承和9.7.是月(坐事免官)
承和10.9.16(薨)

藤原継縄

神亀4.是歳(生)
宝字6.12.乙巳(ィ従五下)
宝字7.正.9(従五下)
宝字8.正.是月(信濃守),8.是月(越前守)
宝字9.正.7(従五上),11.是月(正五下,尋従四下)
神護2.3.是月(右大弁),5.甲子(或云 参議),7.22(参議,弁如元)
景雲2.11.癸未(兼外衛大将,弁如元)
景雲4.8.是月(遣伊勢奉幣),11.1(従四上)
宝亀2.正.11(正四下),閏3.戊子(兼但馬守),11.16(従三)
宝亀3.2.丁卯(大蔵卿,兼左兵衛督),11.丁丑(転兼宮内卿)
宝亀5.9.是月(転兵部卿,督如元)
宝亀11.2.1(中納言),3.是月(征東将軍,卿如元)
宝亀12.5.4(兼中務卿),7.丁卯(兼左京大夫),9.戊午(正三)
延暦2.7.19/是月(大納言,卿如元)
延暦4.7.1(兼大宰帥),11.1(兼皇太子傅)
延暦5.4.1(従二,兼民部卿),6.丁卯(兼造東大寺長官)
延暦7.正.甲子(帝皇元服共加冠)
延暦8.10/11.1(兼中衛大将,傅如元)
延暦9.2,27(右大臣,傅大将如元)
延暦13.10.27(正二)
延暦15.7.16(薨,贈従一)

藤原継業

宝亀10.是歳(生)
延暦15.是歳以降(内舎人,従五下,侍従,兼常陸介,改兼信濃介,尋遷大学頭左兵衛佐,兼信濃守,漸加正五上)
大同3.是歳(従四下,大和守,俄遷右馬頭)
大同5.是歳(従四上,近江守,尋兵部大輔,転神祇伯,後出伊予権守,自此帰第不復任)
弘仁14.是歳(正四下)
天長3.正.7(従三)
承和9.7.5(薨)

藤原継彦

天長3.正.7(従三,元前刑部卿)
天長5.2.癸丑(薨 類史),是歳(卒歟)

藤原綱継

宝字7.是歳(生)
延暦16.2.9(春宮少進)
延暦17.閏5.17(転大進)
延暦18.4.11(民部大丞)
延暦19.5.8(兼播磨少掾)
延暦22.正.7(従五下),正.丙寅(播磨介)
延暦25.2.16(治部少輔),4.12(少納言),5.18(従五上)
大同2.6.26(左〔右〕衛門督),9.己丑(美濃守)
大同4.11.庚午(侍従)
大同5.4.戊子(正五下),7.甲寅(因幡守)
弘仁3.8.戊戌(民部大輔)
弘仁5.正.7(従四下),正.辛酉(大舎人頭)
弘仁6.正.丙戌(右京大夫),7.13(播磨守)
弘仁13.正.11(兵部大輔),閏9/10.25(神祇伯)
弘仁14.4.27(従四上),8.19(左兵衛督)
弘仁15.6.是月(蔵人頭)
天長2.7.1(参議,督如元)
天長3.正.21(兼武蔵守),2.3(兼相模守),9.3(兵部卿,督守如元,止督歟),是歳(右〔左〕京大輔)
天長5.正.7(正四下),5.27(致仕)
天長7.正.7(従三)
天長8.是歳(正三)
承和8.10.10(正三)
承和14.7.24(薨,贈正二)

藤原恒佐

元慶3.是歳(生)
延喜15.6.25(参議従四下)
天慶元.5.5(薨),5.19(贈正二)

藤原常嗣

弘仁9.正.是月(昇殿),11.11(遭憂父)
弘仁11.2.是月(右京少進)
弘仁12.正.是月(蔵人)
弘仁13.是歳(式部大丞)
弘仁14.正.7(従五下),正.11(下野守),3.

21(山城介),4.18(春宮亮),9.丁卯(右少弁)
弘仁15.4.9(式部少輔,止弁),9.20(勘解由次官)
天長3.正.7(従五上)
天長5.正.7(正五下)
天長7.正.22(刑部少輔,左遷),8.是月(蔵人頭),9.20(兼勘解由次官)
天長8.正.7(従四下),正.23(転長官),7.11(参議,長官如元)
天長9.正.11(兼下野守),11.7(右大弁,長官守如元)
天長10.11.18(従四上)
天長11.正.11(兼相模守),正.19(遣唐大使),5.是月(兼備中権守),7.1(兼近江権守,弁如元)
承和2.12.2(借正二),12.是月(転左大弁,大使如元)
承和3.正.7(正四下)
承和4.2.13(大宰権帥,弁使如元),2.16(出鴻臚館発向大宰府)
承和6.9.16(進節刀),9.27/28(従三)
承和7.4.23(薨)

藤原常行

仁寿3.正.是月(蔵人,蔭孫无位)
仁寿4.正.是月(右衛門少尉)
斉衡2.正.7(従五下,右衛門佐)
斉衡4.9.是月(周防権守)
天安2.10.26(右近権少将,権守如元),10.是月(蔵人頭),11.7(従五上)
貞観2.4.25(正五下),8.26(転右少将,権守如元),11.16(従四下),11.27(兼内蔵頭,少将権守如元)
貞観4.4.7(右〔権〕中将)
貞観6.正.16(参議,中将内蔵頭如元)
貞観8.正.7(従四上),正.13(兼備前権守),3.23(正四下),12.16(兼右大将)
貞観9.3.12(従三,大将如元)
貞観10.正.16(兼讃岐守)
貞観12.正.13(中納言),正.26(大将如元)
貞観14.8.25(大納言),8.29(大将如元)
貞観15.正.13(兼按察使)
貞観17.正.7(正三),2.17(薨,贈従二)

藤原時平

貞観13.是歳(生)
仁和2.正.2(元服,正五下),正.20・21(賀宴)
仁和3.正.10(従四下,禁色),2.17(右権中将)
寛平2(非参議従三)
延喜9(薨,左大臣従二)

藤原豊成

大宝4.是歳(生)
養老7.是歳(内舎人,兼兵部大丞)
養老8.2.壬子(従五下,兵部少輔)
天平4.正.甲子(従五上)
天平9.2.戊午(正五上),9.己亥(従四下),12.1/11(参議,兼兵部卿)
天平11.正.13(正四下,兼兵部卿)
天平12.正.是月(兼中衛大将,卿如元)
天平14.是歳(兼中務卿,大将如元,止卿)
天平15.5.3(従三),5.5(中納言,大将如元)
天平18.4.是月(兼東海道鎮撫使)
天平20.3.22(大納言,従二,大将如元)
天平21.4.14(右大臣,大将如元)
勝宝9.5.19(正二,左大臣),7.2(坐事左降大宰員外帥)
宝字7.是歳(帰京)
宝字8.9.13(更任右大臣,従一),9.28(復官位),9.是月(従一)
宝字9.11.27(薨)

藤原仲成

延暦4.11.25(従五下)
延暦11.2.是月(出羽守),12.是月(出雲守)
延暦16.正.7(従五上),7.是月(右少弁)
延暦17.2.是月(左少弁),3.是月(左中弁),8.是月(越後守)
延暦18.正.是月(越後守),5.8(正五下),9.是月(山城守,兼治部大輔)
延暦19.5.是月(兼主馬頭)
延暦20.正.7(従四下),7.是月(大宰大弐)
延暦25.正.是月(大和守),2.是月(兼兵部大輔)
大同3.正.是月(左兵衛督),5.21(兼右大弁)

大同4.4.13(北陸道観察使),4.是月(兼常陸守),5.是月(右兵衛督),6.是月(兼大蔵卿),8.是月(伊勢守),「9.10(遷佐渡権守),9.11(伏誅) 衍」
大同5.6.10(参議),7.戊午(近江守,督卿如元),8.29/是月(伊勢守),9.10(左遷佐渡権守),9.11(伏誅),是歳(右兵衛督)

藤原仲平

仁和2.2.13(正五下)
仁和3.2.13(正五下)
延喜8(参議従四下)
天慶8(出家,薨,左大臣正二)

藤原仲麿(⇨藤原恵美押勝)

天平6.是歳(従五下,自内舎人遷大学〔少〕允)
天平15.5.5(従四上,参議,民部卿如元),6.5(兼左京大夫,卿如元),是歳(武智麿三男)
天平17.正.7(正四上),正.是月(正四下/正四上),9.是月(兼近江守)
天平18.3.1(兼式部卿),4.15(従三),4.是月(兼東山道鎮撫使)
天平20.3.3(正三,式部卿如元,兼中務卿)
天平21.7.1/2(大納言),7.12/8.10/8.是月(兼紫微令)
勝宝2.正.7(従二,兼中務卿),是歳(中務卿)
勝宝9.5.19(紫微内相,其官禄皆准大臣,兼中衛大将近江守),5.是月(紫微内相)
宝字2.8.25(大保,勅加姓中恵美両字,改名押勝,擬右大臣官)

藤原永手

和銅7.是歳(生)
勝宝2.是歳(従四上)
勝宝6.正.13(従三)
勝宝8.5.19(従三,権中納言,式部卿如元)
勝宝9.5.19(転中納言,或本 権中納言)
宝字7.正.是月(兼兵部卿)
宝字8.9.10/是月(大納言,正三)
宝字9.正.7(正三 恐衍),正.是月(従二勲二等)
神護2.正.7(右大臣),正.16(左大臣,正二),10.20(転左大臣ィ)
景雲2.2.是月(従一)
景雲3.2.壬寅(従一)
景雲4.6.辛丑(摂知近衛外衛左右兵衛事),10.1(正一),12.乙未(賜山)
宝亀2.2.22(薨),2.庚戌(贈太政大臣)

藤原仲縁(仲統)

天長10.3.是月(蔵人)
承和2.正.7(従五下)
承和3.正.7(従五下)
承和4.12.是月(侍従)
承和7.正.是月(右兵衛{衛門}佐),7.是月(服解),9.是月(復任)
承和13.正.13/是月(右〔左〕少将),5.是月(兼伊勢介)
承和14.正.7(従五上)
嘉祥2.正.是月(転伊勢守)
嘉祥4.7.2(禁色),是歳(蔵人頭)
仁寿2.正.是月(兼備前介)
仁寿3.正.7(正五下)
斉衡2.正.7(従四下),正.是月(転権守)
斉衡3.正.是月(兼左馬頭)
斉衡4.9.是月(民部大輔),12.是月(兼加賀守)
天安2.11.25(兵部大輔,守如元)
貞観4.正.7(従四上)
貞観5.2.是月(兼美作守)
貞観7.正.27(兼紀伊守)
貞観12.正.25(兼備前守),正.是月(蔵人頭)
貞観13.3.11(治部卿,守如元),5.23(兼備前守)
貞観14.8.25(参議,兼治部卿如元)
貞観15.正.13(兼備前守)
貞観16.正.7(正四下)
貞観17.正.13(右兵衛督), 6.6(卒)

藤原長良

延暦21.是歳(生)
弘仁12.2.是月(昇殿)
弘仁13.2.是月(内舎人),3.是月(還昇),8.是月(依不出仕止昇殿)
弘仁14.11.是月(蔵人)
弘仁15.正.7(従五下)
天長2.2.是月(侍従)

天長4.正.21(従五上)
天長10.2.29(左兵衛権佐),3.是月(左衛門佐)
天長11.正.12(兼加賀権守,佐如元),4.16(正五下)
承和3.正.7(従四下),正.11(右馬頭{助},佐如元)
承和6.正.11(左馬頭)
承和7.3.是月(蔵人頭,従四上権中将者如何)
承和9.7.25(左兵衛督)
承和10.正.是月(兼相模守)
承和11.正.7(従四上),正.11(参議,督守如元)
承和13.9.是月(兼官如元,兼讃岐守)
承和15.正.13(左衛門督)
嘉祥3.正.15(兼伊勢守,督如元),4.17(正四下),8/9.10(従三),9.23(従三文実),11.25(正三)
嘉祥4.11.26(或本云 正三)
仁寿4.8.28/是月(権中納言,督如元)
斉衡3.6.23(従二),7.3(薨)
貞観19.是歳(贈左大臣正一)
元慶3.是歳(贈太政大臣)

藤原浜成

養老8.是歳(生)
勝宝3.正.是月(従五下)
勝宝9.5.是月(大蔵少輔)
宝字5.正.11(大判事)
宝字7.4.是月(民部大輔)
宝字8.9.甲寅(従五上,正五下),10.是月(従四下)
宝亀2.閏3.是月(刑部卿)
宝亀3.4.19(参議),11.是月(従四上,大蔵卿)
宝亀5.正.7(正四下),3.是月(刑部卿,兼武蔵守)
宝亀6.2/3.是月(正四上)
宝亀7.正.7(従三)
宝亀10.是歳(弾正尹)
宝亀12.4.乙巳(大宰帥),6.是月(左降 員外帥)
天応2.正.是月(坐事除官位),閏正.辛丑(解参議侍従,員外帥如元)
延暦9.2.18(薨)

藤原玄上

斉衡3.是歳(生)
元慶7.2.是月(刑部少丞,元上野少掾)
仁和2.正.16(転大丞)
延喜19(参議従四上)
承平3(薨,参議従三)

藤原人数＊

大同4.8.1(薨 散事従三)

藤原房前

慶雲2.12.20(従五下)
和銅4.4.壬子(従五上)
霊亀3.10.丁亥(従四下),10/11.20(参議)
養老3.正.7(従四上)
養老5.正.5/7(従三)
養老8.2.4/是月(正三)
神亀3.是歳(授刀長官,兼近江若狭按察使)
神亀6.8.是月(兼中務卿),9.乙卯(或本兼中務卿,按察使如元),9.是月(兼民部卿)
天平2.10.1/是歳(中衛大将)
天平4.8.丁亥(東海東山道節度使),是歳(東海道節度使)
天平9.4.17(薨),10.7(贈左大臣正一)
宝字4.8.7(贈太政大臣)

藤原藤嗣

延暦12.5.是月(常陸掾)
延暦16.11.15(中務少丞)
延暦18.2.20(式部大丞)
延暦20.5.10(従五下,因幡守)
延暦22.10.15(権右少弁)
延暦23.正.庚子(大宰大弐)
延暦25.5.18(従五上),6.29(従四下)
大同3.正.21(兼右京大夫),5.壬寅(兵部大輔)
大同4.4.14(従四上,春宮大夫),6.2(右大弁)
大同5.8.10(陸奥出羽按察使),8.29(兼春宮大夫),9.丁未(兼右近中将,大夫如元),9.16(兼摂津守,中将如元)
弘仁2.4.14(兼右京大夫,中将如元)
弘仁3.正.13(参議.兼大宰大弐)
弘仁8.3.24(卒)

藤原不比等
文武5.正.是月(正広一),3.19(中納言,従三(恐誤)),3.21(停中納言為大納言,改直広一授正三)
大宝4.正.7(従二)
慶雲2.5.是月(賜度)
慶雲5.正.7(正二),正.11/3.12(右大臣)
和銅3.3.是月(建興福寺金堂)
養老2.是歳(太政大臣,固辞)
養老4.3.是月(加授刀資人),8.1(賜度),8.3(薨),10.8(火葬),10.10(贈太政大臣正一)
宝字4.8.7(為淡海公)
藤原冬緒
大同3.是歳(生)
承和10.正.10(勘解由判官)
承和11.正.11(式部少丞)
承和13.正.13(転大丞),正.是月(蔵人),2.11(春宮少進)
承和14.正.7(従五下),正.12(右少弁)
嘉祥2.正.13(伊予介,止弁)
嘉祥3.11.25(春宮亮)
嘉祥4.7.8(兼遠江権守)
仁寿2.2.28(右少弁,亮権守如元)
仁寿3.正.16(左少弁,兼官如元)
仁寿4.正.7(従五上)
斉衡2.8.辛亥(肥後守,止弁)
天安3.11.19(正五下),12.21(右中弁)
貞観2.11.16(従四下)
貞観3.5.20(大宰大弐,弁如元)
貞観6.正.7(従四上)
貞観8.正.13(弾正大弼)
貞観9.正.12(右大弁)
貞観10.5.26(兼勘解由長官,弁如元),9.25(兼美濃権守)
貞観11.3.是月(又任大宰大弐,去弁),12.8(参議,大弐如元)
貞観13.正.7(正四下)
貞観16.2/3.29(兼民部卿)
貞観17.正.7(兼伊予権守)
貞観18.正.7(従三),正.14(兼播磨権守,卿如元),正.24(或云兼権帥)
貞観19.正.14(転播磨守),10.9(中納言,卿如元)
元慶3.11.25(正三)
元慶6.正.10(大納言,卿如元)
元慶7.是歳(辞卿)
元慶8.3.9(兼弾正尹,去卿ィ)
仁和3.4.13(致仕)
寛平2.5.25(薨)
藤原冬嗣
宝亀6.是歳(生)
延暦20.閏正.6(大判事)
延暦21.3.是月(左{右}衛士大{少}尉),5.14(左衛士大尉)
延暦22.3.是月(左{右}衛士大{少}尉),5.14(左衛士大尉)
延暦25.5.10/10.9(従五下,春宮大進)
大同2.正.23(春宮亮)
大同4.正.16(侍従,亮如元),4.13(正五下),4.14(従四下,左衛士督),5.5(大舎人頭,督如元),12.庚午(兼中務大輔)
大同5.正.壬子(兼備中守,大輔守如元).2.是月(兼右少弁,亮侍従如元,大舎人頭督如元),3.10(蔵人頭),4.是月(停官),7.16(兼美作守),8.是月(兼春宮大夫,尋兼中務大輔),9.10(遷式部大輔,督守如元),11.23(従四上),11.是月(遷中務大輔)
弘仁2.正.28/29(参議,兼官如元),6.是月(兼左衛門督),10.是月(停式部大輔,守如元)
弘仁3.正.是月(兼美作守,恐衍),10.是月(遭喪去職),12.5(正四下,遷兼左大将)
弘仁5.4.乙巳(従三,大夫守如元)
弘仁7.正.丙子(兼近江守),10.28(権中納言,大将大夫如元)
弘仁8.正.11(陸奥出羽按察使),2.2(転中納言,大将大夫按察使如元)
弘仁9.6.16(大納言,大将按察使如元),6.24(正三)
弘仁12.正.9(右大臣,大将如元)
弘仁13.正.7(従二)
弘仁14.4.27(正二)
天長2.4.5(転左大臣,大将如元)
天長3.2.是月(辞大将),7.24(薨),7.26

(贈正一)
嘉祥3.7.17(贈太政大臣)

藤原真楯(藤原八束⇨)

宝字4.正.7(従三,大宰帥,改名真楯)
宝字6.12.1(中納言,兼治(信ィ)部卿)
宝字8.9.11(正三勲二等,兼授刀大将)
宝字9.正.是月(勲二等)
神護2.正.8(大納言,式部卿如元),3.16(薨,贈太政大臣)

藤原真友

宝亀11.正.7(従五下),3.壬午(少納言)
天応2.閏正.甲子(衛士佐)
延暦3.4.丁未(越前介)
延暦4.正.7(従五上),10.甲戌(下総守)
延暦6.正.壬辰(正五下),3.丙午(右大舎人頭,守如元)
延暦7.2.丙午(中務大輔)
延暦10.正.戊辰(従四下)
延暦11.4.是月(兼右京大夫)
延暦13.10.27(参議,大夫大輔如元)
延暦14.2.是月(兼下総守,大輔大夫如元)
延暦15.正.7(従四上)
延暦16.2.是月(兼大蔵卿),6.25(卒)

藤原真夏

宝亀5.是歳(生)
延暦22.正.7(従五下),5.丙寅(中衛権少将),7.癸亥(兼春宮権亮)
延暦24.7.癸亥(ィ兼春宮権亮)
延暦25.5.18(従四下,ィ正五下ィ十九日従四下)
大同2.4.28(右近中将),6.丙子(兼武蔵守),6.壬午(兼河内守,内蔵頭ィ),8.乙亥(中務大輔,中将頭守如元),11.16(或本 美作守)
大同4.4.13(山陰道観察使)
大同5.正.24(造平城宮使ィ),4.21(正四下),6.10(参議),7.是月(伊勢守),8.是月(兼按察使,中将如元),9.10(解参議,左降備中権守),9.是月(左降備中権守)
弘仁13.正.7(従三)
天長5.是歳(刑部卿歟)
天長7.10.是月/11.10(薨)

藤原麻呂

霊亀3.11.癸丑(従五下,元美濃介)
養老5.正.7(従四上),6.辛丑(左京大夫),6.是月(左京大夫)
神亀3.正.庚子(正四上)
神亀6.3.2/是月(従三)
天平3.3.是月(兵部卿),8.是月(参議,卿如元,歴左京大夫侍従),11.是月(山陰道鎮撫使)
天平9.7.13(薨)

藤原当幹

貞観6.是歳(生)
延長元(参議従四下)
天慶4(薨,参議従三)

藤原三守

延暦4.是歳(生)
延暦25.5.是月(東宮主蔵正,美作権掾)
大同4.4.14(助),6.8(従五下,内蔵助),8.25(兼右近少将),12.是月(兼美作権介)
弘仁2.2.是月(蔵人頭),9.是月(内蔵頭,兼春宮亮,少将守如元),11/12.22(従五上)
弘仁4.正.7(正五下)
弘仁5.正.7(従四下),正.22(式部大輔),正.是月(兼右兵衛督),8.27(左兵衛督,大輔如元)
弘仁7.正.14(兼但馬守),10.27(参議,大輔督守如元)
弘仁9.6.16(兼春宮大夫,督大輔守如元)
弘仁10.是歳(撰格)
弘仁11.正.7(従四上),11.10(正四下)
弘仁12.正.7(従三),正.9(権中納言,督如元),3.是月(兼皇后宮大夫,止春宮大夫)
弘仁13.3.20(兼皇太后宮大夫,督如元)
弘仁14.4.18(春宮大夫,辞左兵衛督),4.是月(辞武官,侍上皇院),5.是月(転中納言),7.11(上表辞職,不許,或皇后宮大夫宮内卿如元),11.20(正三),11.22(重上表辞職,不許,致仕)
弘仁15.12.16(宮内卿)
天長3.7.15(遷刑部卿)

天長5.3.19(大納言),閏3.9(兼兵部卿)
天長6.是歳(遷弾正尹)
天長7.6.4(弾正尹),10.7(撰格)
天長10.3.6(従二),3.15(兼太子傅),11.是月(兼太子傅)
承和5.正.10(右大臣,傅如元)
承和7.7.7(薨,贈正一)

藤原御楯

宝字3.6.1(参議,従四上)
宝字4.8.是月(正四下)
宝字5.7.6(正四上),8.是月(或書云　正四上,後伊賀近江按察使),10.9(従三)
宝字8.6.1(薨)

藤原道明

斉衡3.是歳(生)
延喜9(参議従四下)
延喜20(薨,大納言正三)

藤原道雄

延暦8.是歳(内舎人)
延暦14.2.19(大学大允)
延暦15.4.癸未(従五下),6.庚申(兵部大{少}輔)
延暦17.2.丁巳(兼武蔵介,少輔如元)
延暦19.正.是月(兼阿波守),2.是月(兼大学頭,守如元)
延暦20.6.癸巳(兵部少輔),7.是月(従五上,守如元)
延暦22.正.丙寅(河内守)
延暦23.正.丙寅(河内守),6.壬子(宮内大輔),6.己丑(散位頭)
延暦24.6.壬子(宮内大輔)
延暦25.正.是月(兼上総守),2.是月(刑部卿,守如元),5.24(内匠守,兼但馬守),7.14(右中弁)
大同2.8.20(兼美作守),11.16(大学頭)
大同3.5.28(治部大輔),11.是月(正五下)
大同4.8.26(大学頭)
大同5.7.16(能登守),8.26(右中弁),9.丁未(左中弁)
弘仁2.正.11(紀伊守,止弁)
弘仁9.2.1(典薬頭),2.20(宮内大輔)
弘仁10.正.7(従四下),2.1(兼大学頭)
弘仁11.閏正.25(兵部大輔),5.18(大舎人頭)
弘仁12.正.10(右大弁)
弘仁13.3.是月(蔵人頭)
弘仁14.正.7(従四上),5.14(参議,兼宮内卿,止弁),9.23(卒)

藤原武智麿

天武9.是歳(生)
和銅4.4.壬午(従五上{下})
和銅6.正.是月(従四下{上})
養老2.9.是月(式部卿),是歳(従三　僻事歟)
養老3.正.是月(正四下{上})
養老4.是歳(或止非参議)
養老5.正.7(従三),正.11(中納言),3.是月(給帯刀資人)
養老8.2.4(正三)
神亀3.是歳(兼知造宮司事)
神亀6.3.4(大納言)
天平3.9.27(兼大宰帥)
天平6.正.7(従二),正.16(右大臣)
天平9.7.21(正二,左大臣),7.丁酉(正一,左大臣),7.27(薨)
宝字4.8.7(贈太政大臣)

藤原基経

承和3.是歳(生)
仁寿2.正.是月(蔵人,旹蔭孫無位)
仁寿4.正.是月(左兵衛少尉),10.11(従五下,侍従),11.2(侍従)
斉衡2.正.15(左兵衛佐),4/閏4.20(蔵人)
斉衡4.3.是月(少納言,兼左兵衛佐,侍従如元)
天安2.正.15(兼左兵衛佐,少納言侍従如元),9.14(左少将,少納言如元),10.是月(蔵人頭),11.25(兼播磨介,少納言少将如元)
貞観2.11.16(正五下)
貞観3.正.8(従四下)
貞観5.2.10(転左中将)
貞観6.正.16(参議,中将如元)
貞観7.正.27(兼阿波守),3.28(兼伊予守,中将如元)
貞観8.正.7(従四上),3.23(正四下),12.8(従三,中納言)
貞観9.正.14(兼左中将如元)

貞観10.5.26(兼左大将)
貞観11.正.13(兼按察使)
貞観12.正.13(大納言),正.28(左大将如元),2.是月(按察使如元)
貞観14.8.25(右大臣,正三),8.29(左大将如元),9.2(叔父忠仁公薨),10.13(辞表),10.16(辞表),11.29(摂政)
貞観15.正.7(従二,左大将)
貞観18.11.29(摂政)
貞観19.正.9(辞大将,不許),2.是月(辞大将,賜帯剣)
元慶2.7.17(正二,賜随身等)
元慶4.11.8(改摂政為関白),12.4(太政大臣)
元慶5.正.15(従一)
元慶6.正.25(上表),2.1(勅答)
元慶8.2.23(重受関白詔),5.5(内弁),5.25(聴駕輦出入宮中),6.6(聴着庁座行政),12.25(五十賀)
元慶9.正.1(内弁),2.是月(節会直昇殿),4.20(五十賀)
寛平3(薨,太政大臣(前摂政関白)従一)

藤原元名

元慶9.是歳(生)
天徳2(参議従四上)
康保元(出家,前参議正四下)
康保2(薨)

藤原百川

宝字3.6.是月(従五下,後智部少輔)
神護2.9.是月(正五下,山陽道巡察使,後左中弁,兼侍従内匠頭)
神護3.2.是月(右兵衛督,余官如元)
景雲2.2.是月(武蔵守,本官如元),10.是月(従四下),11.是月(中務大輔,検校兵庫副将軍)
景雲3.3.是月(兼宮内大輔),10.是月(河内守,左中弁,右兵衛督,内匠頭,余官如元,俄従四上)
景雲4.8.4(策立白壁皇太子,尋兼越前守,後右大弁,余官如元),11.1(正四下)
宝亀2.3.13(大宰帥,後止内匠頭),3.是月(大宰帥),11.8(参議,右大弁内匠頭内豎大輔越前守如元),
宝亀3.是歳(ィ兼内豎大輔)
宝亀5.正.7(正四上)
宝亀8.10.是月(式部卿,右大弁如元,右兵衛督(止弁任右兵衛督歟,任日不見))
宝亀10.正.是月(従三),7.9(薨,贈従二)
延暦2.2.是月(追贈右大臣)
弘仁14.5.6(贈太政大臣正一)

藤原諸葛

承和12.正.11(但馬介),正.是月(蔵人)
仁寿3.正.7(従五下)
斉衡2.正.15(加賀権介)
貞観2.11.20(従五上)
貞観3.2.25(中務少輔),4.9(少納言),11.16(従五上)
貞観8.3.23(正五下)
貞観13.正.7(従四下),3.11(兵部大輔)
貞観15.正.13(備中権〔正〕守)
貞観17.9.是月(蔵人頭)
貞観18.正.7(従四上),12.26(左中将)
元慶2.正.11(備中権守,中将如元)
元慶3.10/11.23(参議,中将権守如元)
元慶5.12.13(兼右衛門督)
元慶6.正.7(正四下),2.3(兼近江権守,督如元)
仁和3.2.2(兼美濃権守),5.13(遷備前権守)
寛平7(薨,前中納言従三)

藤原八束(⇨藤原真楯)

和銅8.是歳(生)
天平6.是歳(右衛士督,兼式部大輔大和守)
天平20.3.22/23(参議,従四下,兼大宰帥,又兼信部卿)
勝宝4.4.是月(兼摂津大夫)
勝宝5.正.壬子(従四上)
勝宝6.正.16(従四上)
勝宝9.8.3(正四下),8.是月(正四下,中務卿)
宝字2.8.是月(正四下,中務卿)
宝字3.6.1(正四上)

藤原保則

斉衡2.3.是月(治部少丞)
斉衡3.正.丙辰(民部大丞)

天安2.是歳(兵部少丞)
天安3.3/12.21(転兵部大丞)
貞観5.2.10(式部少丞)
貞観8.正.7(従五下),正.13(備中権介)
貞観13.正.7(従五上),正.29(備中守)
貞観16.正.15(備前権守)
貞観18.正.14(右衛門権佐),2.15(民部大輔)
貞観19.正.15(右中弁)
元慶2.5.4(正五下,兼出羽権守)
元慶3.正.11(転出羽守)
元慶5.7.16(兼播磨権守)
元慶6.正.7(従四下),2.3(兼讃岐権守)
仁和3.2.2(伊予守),8.22(大宰大弐)
寛平4(参議従四上)
寛平7(薨,参議従四上)

藤原山陰

仁寿4.正.是月(左馬大允)
斉衡3.正.是月(右衛門少尉),3.是月(遷左衛門少尉)
天安2.3.是月(春宮少進),9.14(右近権将監),10.是月(蔵人),11.7(従五下,権将監如元)
天安3.3.22(備後権介)
貞観2.8.26(右権少将)
貞観3.正.13(兼伊予介)
貞観4.11.是月(蔵人)
貞観5.2.10(転右少将)
貞観6.正.7(従五上)
貞観7.10.9(禁色)
貞観9.2.29(美濃守,少将如元)
貞観15.正.7(正五下)
貞観16.正.15(兼備前守)
貞観17.正.21(従四下),3.是月(蔵人頭),8.25(転右権中将,守如元)
貞観19.2.29(右大弁,中将守如元)
元慶3.正.7(従四上),8.17(兼肥後権守),10.23(参議,大弁如元)
元慶4.正.11(兼備前(中)守,弁如元)
元慶5.2.是月(転左大弁),7.16(兼播磨権守,弁如元)
元慶6.正.7(正四下)
仁和2.6.13(従三,中納言)
仁和3.5.11(兼民部卿)
仁和4(薨,中納言従三)

藤原吉野

弘仁4.是歳(美濃少掾)
弘仁7.是歳(春宮少進)
弘仁10.正.7(従五下)
弘仁11.正.7(従五下),正.10(駿河守),10.是月(駿河守)
弘仁14.5.13(中務少輔),9.16(左少将)
弘仁15.正.7(従五上),5.21(左少弁)
天長3.正.21(兼伊勢守),2.是月(蔵人頭),8.13(正五下)
天長4.正.是月(従四下),2.是月(兼皇太后宮大夫),3.是月(遷右兵衛督)
天長5.閏3.13(遷右兵衛督),5.27(参議)
天長6.2.22(兼式部大輔)
天長7.5.5(遷春宮大夫,督如元),8.乙巳(正四下),8.4(兼右大将,大夫如元)
天長9.正.11(兼美作守,大将大夫如元),2.26(遷伊予守),11.2(権中納言,従三,大将大夫如元)
天長10.3.6(正三),3.15(辞大将,陪淳和院)
天長11.2.丙戌(転中納言)
承和9.7.是月(左降大宰員外帥)
承和13.8.12(薨)
承和15.8.13(或云薨)

藤原良縄

承和4.2.1(内舎人)
嘉祥3.正.15(左馬大允),4.1(内蔵権助),4.是月(蔵人)
嘉祥4.7.2(禁色)
仁寿2.正.29(従五下)
仁寿3.4.1(侍従,権助如元),4.10(転内蔵助),4/7.是月(蔵人頭),7.1(侍従,助如元)
仁寿4.正.16(兼播磨介,助侍従如元),8.28(兼春宮亮,三官如元),11.是月(兼左兵衛権佐)
斉衡3.正.7(従五上),正.14(右中弁,去佐,他官如元),2.是月(兼内蔵権頭),4.24(蔵人頭),閏4.20(蔵人頭)
斉衡4.正.7(正五下),正.14(兼備前権守)正.19(兼右中将,弁権頭権守如元),

4.9(従四下),4.19(転左中将),6.18(転右大弁,中将権頭如元),9.10(兼勘解由長官)
天安2.正.16(改兼讃岐守(受領)),9.14(参議,弁中将長官守如元),11.7(従四上)
天安3.12.21(兼備前守)
貞観2.11.16(正四下)
貞観3.正.13(転左中弁,中将如元)
貞観5.2.10(兼右衛門督,止弁),3.是月(使別当)
貞観6.正/5.16(兼讃岐守)
貞観9.2.19(兼大皇太后宮大夫)
貞観10.2.18(卒)

藤原良継(藤原宿奈麿⇨)

宝亀2.3.13(内臣)
宝亀5.正.7(従二)
宝亀8.正.2(内大臣),9.18(薨,贈従一)
大同元.6.9(贈太政大臣正一)

藤原良房

延暦22.是歳(生)
天長2.正.是月(蔵人),2.是月(中判事)
天長3.正.是月(蔵人)
天長5.正.7(従五下),閏3.9(大学頭)
天長7.5.是月(春宮亮),11.是月(兼越中権守),閏12.是月(加賀守)
天長10.2.是月(左〔権〕少将,兼守,蔵人頭),3.6(従五上),8.14(正五下),11.18(左中将,守如元,従四下)
天長11.7.9(参議,中将如元)
承和2.正.7(従四上),4.7(権中納言,従三),4.15(兼左兵衛督)
承和6.正.11(兼按察使,督如元)
承和7.8.8(転中納言,督使如元)
承和9.正.7(正三),7.11(兼右近大将) 7.25(大納言,使如元,兼右大将),8.11(兼民部卿,去使)
承和11.2.是月(重兼按察使)
承和13.是歳(抗表,不許)
承和15.正.10(右大臣,大将如元)
嘉祥2.正.7(従二)
嘉祥4.11.7(正二,夫人従三)
仁寿3.2.庚寅(天皇幸第),3.甲午(夫人正三)
仁寿4.8.28(転左大将)
斉衡3.是歳(或本云 左大臣)
斉衡4.2.19/是月(太政大臣),2.20(上表,不許),4.19(従一)
天安2.11.7/是歳(摂政)
貞観8.8.19(重勅摂政)
貞観13.4.10(賜内舎人等),4.10(賜封)
貞観14.3.9(賜度者),9.4(薨,贈正一)

藤原良相

弘仁8.是歳(生)
天長11.正.是月(蔵人),9.是月(右衛門大尉)
承和2.8.14(右兵衛権大尉)
承和3.10.7(内蔵助)
承和5.正.7(従五下)
承和6.閏正.11(転内蔵頭)
承和7.正.30(兼因幡守),6.10(兼左少将,頭守如元)
承和8.11.21(従五上)
承和10.正.7(正五下),正.13(兼阿波守)
承和11.正.是月(蔵人頭,正五上)
承和13.正.7(従四下),正.13(左近中将)
承和15.正.10(参議,中将如元)
嘉祥2.正.是月(兼相模守),5.是月(兼按察使,春宮大夫ィ),9.26(任右大弁,中将如元)
嘉祥3.正.7(従四上),4.17(正四下),11.29(転左大弁,兼官如元)
嘉祥4.12.25/是月(権中納言,従三,中将大夫使如元)
仁寿4.8.28(権大納言,按察使如元),9.23(兼右大将,按察使如元)
斉衡2.正.7(正三)
斉衡3.是歳(転大納言歟)
斉衡4.2.19/是月(右大臣,右大将如元),4.19(転兼左大将,従二)
天安3.11.19(正二)
貞観8.12.13(上表,止大将)
貞観9.10.10(薨,贈正一)

藤原良世

承和8.8.14(内舎人)
承和14.正.12(左馬権少允),4.23(転大允)
承和15.4.23(右兵衛大尉)

嘉祥3.4.是月(蔵人,右衛門少尉),5.是月(転大尉)
嘉祥4.11.26(従五下)
仁寿2.2.是月(転右衛門権佐)
仁寿3.8.是月(左兵衛権佐)
仁寿4.正.16(右兵衛佐)
斉衡2.正.15(兼伊予介)
斉衡4.正.7(従五上)
天安2.9.14(左権少将,介如元),9.23(転少将),11.7(正五下)
貞観2.8.26(従四下,皇太后宮大夫)
貞観6.正.7(従四上),正.16(讃岐権守,大夫如元),正.是月(蔵人頭)
貞観10.12.9(正四下)
貞観12.正.13(参議,大夫如元)
貞観14.2.15(兼讃岐守),8.25/是月(中納言,従三,大夫如元),8.是月(蔵人頭,可尋)
貞観17.2.27(兼右大将,大夫如元)
貞観19.正.3(正三,大将如元)
元慶4.正.11(兼按察使)
元慶6.正.10(大納言,大将按察使大夫如元),正.13(遷太皇太后宮大夫,大納言)
寛平8(致仕,左大臣従二)
昌泰3(薨)

船　王

宝字2.8.1(従三)

文室秋津

大同5.9.是月(右衛門督〔大尉〕,右近将監)
弘仁5.12.是月(蔵人)
弘仁7.7/12.是月(従五下,右馬助,左近将監)
弘仁8.5.是月(甲斐守)
弘仁9.8.19(武蔵介)
弘仁13.10.25(木工頭),12.19(甲斐守)
弘仁15.正.7(従五上),正.11(右兵衛権佐)
天長2.7.8(左中将),7.9(正五下)
天長3.正.21(兼因幡守),8.是月(従四下)
天長4.6.是月(蔵人頭)
天長7.正.13(参議),8.4(兼右大弁,中将如元)
天長8.正.7(従四上)
天長9.正.21(兼武蔵守,弁将如元),11.10(転左大弁,中将守如元)
天長10.2.30(兼春宮大夫,弁将守如元)
天長11.正.27(使別当),7.2(去弁)
承和2.4.辛巳(右中将),7.20(兼右衛門督,大夫如元),7.是月(止中将)
承和7.正.25(兼丹波守)
承和8.11.1(正四下)
承和9.7.是月(坐謀反事,左降出雲権守)
承和10.3.2/27(卒)
承和13.3.27(卒)

文室大市

大宝4.是歳(生)
天平年中(従四下,刑部卿)
勝宝4.9.7(賜文室真人姓)
勝宝9.5.是月(正四下),6.是月(弾正尹)
宝字3.11.是月(節部卿)
宝字5.10.是月(出雲守)
宝字8.9.是月(正四上,民部卿)
宝字9.7.7(従三,出雲按察使如元)
神護2.7.11(参議,兼外衛大将,丹波守如元(按察使如元))
景雲2.11.癸未(兼外衛大将)
景雲4.8.是月(或員外中納言),10.1(正三),11.1(或本 中納言正三同日)
宝亀2.2.22(詔使,貲中納言兼中務卿),2.27(兼弾正尹),2.是月(中納言 国史),3.13(中納言/大納言),3.是月(中納言),7.27(兼弾正尹),11.27/庚戌(従二),12.是月(兼治部卿)
宝亀3.2.是月(上表乞骸骨,不許)
宝亀5.3.是月(転中務卿),7.11(致仕 続紀),7.是月(上表乞致仕,不許,停卿),11.甲辰(正二)
宝亀8.10.5(致仕)
宝亀11.11.28(薨,贈右大臣)

文室浄三(知努王・文室知努⇨)

宝字5.正.14(正三,改名知努為浄三)
宝字6.正.4(御史大夫),9.是月(賜策杖),12.1(神祇伯)
宝字8.正.7(従二,伯如元),9.1(致仕)
景雲4.10.9(薨)

文室知努(知努王⇨・⇨文室浄三)
勝宝4.8.23/9.22(改王姓為文室真人)
勝宝6.4.是月(摂津大夫)
勝宝9.6.8(参議,兼治部卿),6.是月(従三),是歳(参議)
宝字2.6.是月(兼出雲守),是歳(参議)
宝字3.是歳(参議)
宝字4.正.11(中納言)
宝字5.正.14(正三,改名知努為浄三)

文室綿麿
延暦14.2.乙巳(従五下),7.是月(右大舎人助)
延暦15.10.甲申(近衛将監)
延暦18.正.甲戌(近江大掾)
延暦20.閏正.己丑(出羽権守),11.乙丑(正五上)
延暦22.5.丙寅(転近衛少将,守如元)
延暦25.正.18(従四下),4.乙巳(播磨守),5.甲子(兼侍従),5.18(従四下),6.16(兼中務大輔)
大同2.正.5(右兵衛督,守如元),2.29(右京大夫,督守如元)
大同3.正.21(左大舎人頭)
大同4.正.是月(改三諸姓賜三山朝臣),4.乙丑(左兵衛督,守如元),5.庚戌(大膳大夫,督守如元),6.是月(改三山姓賜文室真人,兵部大輔)
大同5.2.7(播磨守),9.11(参議,正四上),9.16(兼大蔵卿,陸奥出羽按察使)
弘仁2.12.13(従三勲二等)
弘仁3.12.己丑(遷左衛門(兵衛)督,卿使如元)
弘仁5.8.27(遷右衛門督,按察使如元)
弘仁7.正.10(兼備前守),3.3(兼右京大夫),12.1(遷右近大将,督大夫守如元)
弘仁8.11.18(兼兵部卿)
弘仁9.6.16(中納言,大将卿如元,勲四等)
弘仁14.4.24(薨),4.是月(遷左衛門〔兵衛〕督,大膳大夫,卿如元)

〔ほ〕

穂積親王
慶雲2.9.3(知太政官事)
慶雲3.2.辛巳(准右大臣皇孫法季禄給之)
和銅8.正.7(一品),7.13(薨)

〔ま〕

正躬王
延暦18.是歳(生)
弘仁7.是歳(文章生)
天長6.正.7(従四下)
天長8.11.1(侍従)
天長9.11.7(兼弾正大弼)
天長10.5.10(刑部大輔)
天長11.是歳(右京大夫)
承和6.正.是月(兼丹波守)
承和7.8.8/是月(参議,丹波守如元)
承和8.正.12(兼大和守)
承和9.正.7(従四上),正.13(兼左大弁)
承和11.正.17(兼遠江守,弁如元),10.是月(兼山城班田長官)
承和12.正.11(兼讃岐守)
承和13.正.13(解弁),11.6(除官位)
承和15.正.是月(更従四下,民部卿〔恐衍〕),12.27(更従四下)
嘉祥3.正.17(治部卿)
嘉祥4.12.26(従四上)
仁寿3.正.16(兼丹波守),11.26(従四上)
斉衡2.正.7(正四下),正.15(大宰大弐)
貞観3.正.13(更参議),2.16(兼弾正大弼)
貞観5.2.10(兼刑部卿,兼越前権守),5.1(卒)

〔み〕

三原王
天平20.2.1(従三)
天平21.8.9(中務卿),11.3(正三)
勝宝4.7.1(薨)

三原春上
大同4.6.是月(弾正大忠)
弘仁2.正.是月(民部大丞),4.是月(式部大丞)
弘仁8.正.是月(蔵人)
弘仁9.是歳(式部少丞)
弘仁11.正.7(従五下),正.11/11.是月(伊賀守)
弘仁14.4.癸卯(中務少輔),5.1(右少弁),

9.27(主殿頭, 止弁), 11.20(従五上)
弘仁15.正.11(兼下{上}総守), 12.27(正五下)
天長2.正.7(従四下), 2.5(兵部大輔), 7.是月(蔵人頭), 9.13(兼弾正少弼)
天長3.9.是月(転大弼, 大輔守如元)
天長5.3.19(参議)
天長6.正.13(右大弁, 止弾正)
天長7.6.5(兼相模守), 8.4(式部大輔, 止弁, 守如元)
天長8.正.7(従四上), 9.庚子(兼弾正大弼, 止大輔)
天長9.11.7(治部卿, 守如元)
天長10.正.7(正四下)
天長11.7.1(兼弾正大弼)
承和6.9/10.5(伊勢守)
承和7.10.18(復任弾正大弼)
承和10.4.是月(致仕), 12.18(卒)
承和12.11.18(続後紀　卒)

三諸大原＊

延暦11.是歳(改三諸朝臣姓, 元文屋真人)
大同元.11.戊戌(卒, 前散位従四下)

三善清行

承和14.是歳(生)
貞観15.是春(文章生)
貞観16.是歳(得業生)
貞観19.2.29(越前権少目)
元慶4.正.11(播磨権少目)
元慶5.4.25(対策不第)
元慶7.5.是月(改判丁第)
元慶8.正.11(大学少允)
仁和2.正.16(少内記)
仁和3.正.7(従五下), 2.2(大内記)
延喜17(参議従四上)
延喜18(薨《マヽ》, 参議従四上)

南淵年名

天長9.是歳(文章生)
天長10.正.11(少内記)
承和2.正.11(丹波権大掾)
承和5.正.13(式部少丞)
承和7.正.是月(蔵人)
承和8.正.13(従五下, 任筑前守)
嘉祥3.正.15(尾張守), 11.29(式部少輔)
仁寿3.2.7(従五上)
斉衡3.6.是月(蔵人頭), 10.是月(兼春宮権亮)
斉衡4.5.8(正五下, 式部大輔, 権亮如元), 9.14(転春宮亮)
天安2.正.7(従四下), 3.23(兼右京大夫, 大輔如元), 5.21(復春宮(権)亮), 9.14(兼信濃守), 11.7(正四下)
天安3.2.13(兼勘解由長官, 大輔守如元)
貞観3.正.13(右大弁, 長官大輔如元)
貞観5.2.10(転左大弁, 長官如元)
貞観6.正.16(参議, 弁長官如元)
貞観9.正.12(兼民部卿幷伊予守, 長官如元)
貞観10.正.16(兼右衛門督, 卿守如元)
貞観11.2.1(兼春宮大輔, 卿督如元)
貞観12.正.25(兼近江守)
貞観14.8.25/是月(中納言, 従三, 兼民部卿春宮大夫)
貞観16.2/3.是月(辞卿)
貞観18.11.29(止大夫), 12.26(大納言)
貞観19.正.3(正三), 4.8(薨)

南淵(坂田)弘貞

宝亀7.是歳(生)
延暦25.5.24(少内記), 8.16(少外記)
大同5.12.2(大内記)
弘仁4.正.10(美作掾), 正.25(式部少丞)
弘仁6.正.是月(蔵人), 6.1(転大丞)
弘仁7.正.7(従五下), 正.10(但馬介)
弘仁9.4.23(但馬守)
弘仁11.6.4(主計頭), 是歳(不任弁)
弘仁12.正.10(伊勢介), 正.15(備中守), 7.13(東宮学士), 9.乙卯(主税頭兼備中守), 10.5(右少弁)
弘仁13.正.7(従五上), 2.1(左少弁, 学士如元), 是歳(左少弁歟)
弘仁14.正.丙寅(伊予守, 止弁), 4.18(式部少輔), 4.27(正五下), 9.27(左〔右〕少将), 12.乙未(賜南淵朝臣姓)
弘仁15.4.9(式部大輔, 守少将如元), 5.21(従四下)
天長2.7.1(参議, 大輔如元)
天長4.正.7(従四上)

天長5.正.12(下野守,大輔如元)
天長6.正.13(宮内卿)
天長7.5.5(兼刑部卿),6.1(正四下),8.4(右兵衛督,守卿如元)
天長8.正.7(従三)
天長10.正.11(兼信濃守),9.18(薨)

源　明

天長9.正.26(大学頭),正.是月(従四上)
承和5.正.13(兼加賀守)
承和6.正.11(兼近江守)
承和9.正.13(兼播磨守),8.1(左京大夫)
承和13.正.7(正四下),正.13(刑部卿)
承和14.正.13(兼越中守)
承和15.正.13(兼阿波守)
嘉祥2.2.27(参議,卿守如元)
嘉祥3.12.是月(出家,法名素然)
仁寿2.12.是月(入滅)

源　生

承和3.11.29(従四上)
承和10.正.是月(加賀守)
嘉祥3.是歳(山城守)
嘉祥4.2.是月(左京大夫)
仁寿4.正.是月(兼美作守)
斉衡2.2.是月(治部卿)
天安2.11.7(正四下)
貞観2.2.14(大蔵卿)
貞観3.正.13(兼筑前権守)
貞観4.正.是月(兼讃岐権守)
貞観6.正.12(参議,卿権守如元)
貞観9.正.12(兼相模守)
貞観10.正.16(兼讃岐権守,卿如元)
貞観11.2.16(兼右衛門督)
貞観14.8.2(卒)

源　興基

貞観8.正.7(従四下)
貞観13.正.29(播磨権守)
貞観16.正.7(従四上)
貞観18.2.15(弾正大弼)
貞観19.正.15(左馬頭)
元慶4.10.7(兼伊勢守)
元慶5.12.13(左権中将)
元慶6.2.2(兼備前守),3.是月(蔵人頭)
元慶8.11.25(正四下)
仁和3.正.22(禁色),2.3(兼伊勢権守)
寛平3(参議正四下,薨)

源　是茂

仁和2.是歳(生)
承平4(参議正四下)
天慶4(薨,権中納言従三)

源　是忠

貞観17.正.7(従五下)
貞観18.正.7(従五下)
貞観19.正.3(従五上),正.15(侍従)
元慶7.正.11(左衛門佐)
元慶8.4.13(賜源朝臣姓),5.29(正四下),6.1(勅授帯剣),6.9(参議)
元慶9.正.16(兼近江守)
仁和3.5.是月(兼按察使)
寛平3(為親王,中納言従三)

源　貞恒

元慶7.正.7(従四下)
元慶8.5.26(従四上)
元慶9.正.16(美濃守)
寛平5(参議従四上)
延喜8(薨,大納言正三)

源　定

弘仁7.是歳(生)
天長5.是歳(賜源氏姓)
天長9.正.7(従三),3.26(美作守),11.1(兼治部卿)
天長10.8.25(参議,守如元),11.是月(中務卿)
天長11.2.5(兼中務卿,守如元)
承和5.正.13(兼播磨守,卿如元)
承和7.8.15(辞参議,猶卿守)
承和14.正.12(更参議,猶卿)
承和15.正.13(兼尾張守)
嘉祥2.正.13/是月(中納言,卿如元)
嘉祥3.4.17(正三)
仁寿2.8.是月(兼右兵衛督,止卿)
仁寿3.正.是月(兼左兵衛督)
斉衡4.6.18(辞左督)
天安2.11.21(兼右大将)
天安3.12.21(大納言,右大将如元)
貞観5.正.3(薨,贈従二)

源　冷

承和2.是歳(生)
嘉祥2.正.21(従四上)

仁寿4.8.28(右馬頭)
斉衡3.正.是月(但馬守)
斉衡4.正.14(近江守)
貞観3.正.13(伊勢守)
貞観6.正.16(播磨権守)
貞観10.正.16(相模権守)
貞観13.正.7(正四下)
貞観15.正.13(宮内卿)
貞観19.正.15/10.18(讃岐守),10.18(兼右兵衛督)
元慶6.2.3(参議,卿督如元)
元慶7.正.11(兼伊予権守)
仁和3.正.7(従三)
寛平2(薨,参議従三)

源　湛

貞観5.是歳(従五下)
貞観9.3.29(備後権介)
貞観10.正.16(備前権介)
貞観12.3.14(侍従)
貞観16.正.15(土佐権守)
貞観18.正.7(従五上),12.27(左兵衛佐)
貞観19.正.15(左衛門佐)
元慶7.2.14(備中守)
元慶9.正.16(左少将,守如元)
仁和2.正.7(正五下)
寛平5(参議従四下)
延喜14(致仕,大納言従三)
延喜15(薨)

源　勤

承和14.正.7(従四上),正.12(山城守)
嘉祥4.正.11(阿波守)
仁寿4.9.23(右中将)
斉衡2.正.15(兼伊予守,中将如元)
斉衡4.正.是月(右{左}兵衛督)
天安2.正/7.5(宮内卿),9.14(左〔右〕兵衛督)
天安3.正.13(兼相模守)
貞観2.11.16(正四下)
貞観8.正.13(兼備中権守)
貞観12.正.13(参議,右兵衛督如元)
貞観14.2.13(兼近江守),8.29(兼右衛門督)
貞観17.正.7(従三)
元慶2.正.11(兼播磨権守)
元慶5.5.8(薨)

源　融

弘仁13.是歳(生)
承和3.是歳(生)
承和5.11.27(正四下)
承和6.正.2(侍従)
承和8.正.12(兼相模守)
承和9.9.8(遷近江権守)
承和14.正.是月(兼近江守)
承和15.2.14(右中将),2.是月(兼美作守)
嘉祥3.正.7(従三),5.17(右衛門督)
嘉祥4.8.是月(兼伊勢守)
仁寿4.8.庚辰(兼伊勢守)
斉衡3.9.是月(参議,兼督守)
斉衡4.正.是月(兼備中守)
天安3.正.13(兼備中守,督如元),11.19(正三)
貞観2.正.16(兼近江守)
貞観5.2.10(遷左衛門督)
貞観6.正.12(中納言),3.8(兼按察使)
貞観11.正.13(去按察使)
貞観12.正.13(大納言)
貞観14.8.25(左大臣)
貞観15.正.7(従二),正.13(兼東宮傅)
貞観18.11.29(止傅)
貞観19.正.3(正二)
元慶8.2/3.5(勅授帯剣)
寛平7(薨,左大臣従一)

源　常

弘仁3.是歳(生)
弘仁5.5.5(賜源朝臣姓,貫右京),是歳(生)
弘仁6.7.9(貫右京〻条)
天長5.正.24(従四下)
天長7.6.5(従四上,兵部卿)
天長8.正.7(従三,卿如元)
天長9.11.2(中納言,卿如元)
天長10.3.6(正三)
承和4.6.23(兼左大将)
承和5.正.10(大納言,大将如元)
承和7.8.7(右大臣,大将如元)
承和8.11.20(従二),11.21(兼皇太子傅)
承和9.7.丙辰(止傅,大将如元),8.4(又兼傅)

承和11.7.2/是月(左大臣, 大将傅如元)
承和15.是歳(兼皇太子傅)
嘉祥3.3.21(停傅, 大将如元), 4.17(正二)
仁寿4.6.13(薨), 6.14(贈正一)

源　直

仁寿4.正.7(従五下)
斉衡2.8.23(侍従)
斉衡4.10.27(中務少輔)
天安2.5.11(兵部少輔), 11.7(従五上)
貞観5.正.13/2.10(山城権守), 2.16(兵部少輔)
貞観9.正.7(正五下), 2.11(木工頭)
貞観10.正.16(右中弁)
貞観12.正.25(左中弁)
貞観13.正.7(従四下)
貞観15.12.是月(蔵人頭)
貞観16.2.29(右権中将, 止弁)
貞観17.正.是月(兼相模権守), 2.是月(依病止蔵人頭), 8.15(改転右中将)
貞観18.正.7(従四上)
貞観19.正.15(兼備中守), 11.21(正四下)
元慶5.2.15(兼肥後〔権〕守)
元慶6.2.15(兼美濃守(受領))
仁和2.6.13(参議, 中将守如元)
仁和3.2.2(兼播磨権守)
昌泰2(出家薨, 参議従三)

源　希

元慶8.2.23(従五下), 3.9(内蔵助)
元慶9.正.16(民部少輔), 2.20(右衛門権佐)
仁和2.正.16(右少弁), 4.5(兼斎院長官)
仁和3.2.2(兼近江権介)
寛平7(参議従四下)
延喜2(薨, 中納言従三)

源　舒

承和12.正.是月(蔵人)
承和14.2.是月(辞蔵人)
承和15.正.7(従五下)
斉衡2.正.5(美濃権介)
天安2.4.2(雅楽頭), 9.14(左兵衛権佐), 11.7(従五上)
貞観5.2.10(左少将)
貞観6.正.7(正五下), 正.16(兼備中権守, 少将如元)
貞観8.正.7(従四下), 正.13(兼近江介)
貞観9.正.10(従四下)
貞観10.正.6/5.26(転左中将)
貞観12.正.13(兼備中権守)
貞観13.3.是月(蔵人頭)
貞観15.正.7(従四上)
貞観16.2.29(右大弁, 中将権守如元)
貞観17.9.7(参議, 去中将, 弁如元)
貞観18.正.14(兼伊予権守), 2.15(改兼近江権守)
貞観19.正.7(正四下), 2.29(転左大弁)
元慶5.2.15(讃岐守, 止弁), 7.16(兼右衛門督, 止中将), 11.29(卒)

源　昇

貞観17.正.7(従五下)
元慶3.11.25(従五上)
元慶5.2/11.15(土佐権守)
元慶8.5.29(右馬助)
元慶9.2.20(左兵衛佐)
仁和2.2.21(左衛門権佐)
寛平7(参議従四下)
延喜18(薨, 大納言正三)

源　光

貞観2.11.16(従四上)
貞観3.5.14(次侍従)
貞観7.正.20(美作守)
貞観14.2.29(相模権守)
貞観15.2.22(讃岐権守)
貞観18.正.7(正四下), 正.14(左兵衛督)
元慶5.2.15(兼相模〔権〕守)
元慶6.2.2(兼播磨権守)
元慶8.4.1(参議, 督権守如元)
延喜13(薨, 右大臣正二)

源　弘

弘仁3.是歳(生)
天長5.正.24(従四下)
天長7.8.5(従四上, 宮内卿)
天長9.正.11(兼播磨権守)
天長10.3.24(兼信濃守, 卿如元)
天長11.正.7(正四下)
承和2.5.20(刑部卿)
承和3.正.11(兼美作守)
承和5.8.5(兼治部卿, 守如元)
承和9.7.25(参議, 卿如元)

承和12.正.11(兼尾張守,卿如元)
承和13.正.13(兼左大弁,守如元,解任),12.是月(山城班田長官)
承和14.正.7(従三)
承和15.正.10(中納言)
嘉祥4.11.26(正三)
天安3.12.21(大納言)
貞観5.正.25(薨)

源　信

大同4.是歳(生)
弘仁9.5.8(賜姓,貫左京為戸主)
天長2.10.20(従四上)
天長3.正.27(侍従),2/7.3(治部卿)
天長5.正.13(兼播磨権守)
天長8.7.11(参議,卿権守如元)
天長9.正.7(正四下),11.7(兼左兵衛督,去卿)
天長10.3.8(従三)
承和2.正.7(正三),正.11(兼近江守,督如元),4.庚寅(兼左中将)
承和4.6.23(兼左衛門督,守如元)
承和8.7.8(兼武蔵守)
承和9.7.15(父太上天皇崩 服解),7.25(中納言)
承和15.正.10(大納言)
嘉祥3.4.17(従二),11.25(兼皇太子傅)
仁寿4.8.28(兼右大将,傅如元),9.23(止大将)
斉衡4.2.19/是月(左大臣,傅如元)
天安2.11.7(正二,止傅)
貞観10.閏12.28(薨)
貞観11.3.是月(贈正一)

源　当時

元慶6.正.7(従五下)
元慶8.3.5(侍従)
元慶9.4.27(周防介)
延喜11(参議従四上)
延喜21(薨,中納言従三)

源　多

天長8.是歳(生)
嘉祥2.正.7(従四上)
嘉祥3.正.15(阿波守),3.19(出家),10.9(出家)
仁寿2.正.15(阿波守),2.是月(宮内卿)
仁寿3.正.16(美作守),3.16(卿如元),7.1(兼備中守,卿如元)
仁寿4.8.28(参議,卿守如元)
斉衡2.正.15(兼越前権守,卿如元)
斉衡4.6.18(兼左兵衛督,止卿,守如元)
天安2.正.16(兼信濃守),6.1(兼伊勢権守),11.14(正四下)
貞観3.正.13(兼備前守)
貞観6.3.8(兼左衛門督)
貞観8.正.7(従三)
貞観10.正.16(兼近江守)
貞観12.正.13(中納言),正.28(督如元)
貞観14.8.25(大納言)
貞観17.正.7(正三),2.27(兼按察使)
貞観19.2.29(兼左大将)
元慶3.11.25(従二)
元慶6.正.10(右大臣,大将如元)
仁和4(薨,右大臣正二)

源　能有

承和12.是歳(生,某年賜源朝臣姓)
貞観4.正.7(従四上)
貞観5.4.1(次侍従)
貞観8.正.11(加賀守)
貞観11.2.16(大蔵卿)
貞観12.正.25(兼美濃権守,卿如元)
貞観14.8.25(参議,卿権守如元),8.29(兼左兵衛督)
貞観15.正.13(兼美濃守)
貞観16.2.29(兼備中権守)
貞観17.正.7(正四下)
貞観18.正.14(遷兼左中将,権守如元)
貞観19.11.21(従三)
元慶2.正.11(兼左衛門督)
元慶3.正.11(兼美濃権守),4.5(使別当)
元慶4.正.11(兼近江権守)
元慶6.正.10(中納言),3.9(別当如元)
寛平9(薨,右大臣正三)

源　悦

斉衡3.是歳(生)
元慶8.5.26(越前介)
元慶9.正.16(右衛門大尉),2.20(左大尉)
延喜19(参議従四上)
延長8(薨,参議従三)

神　王
天平15.是歳(生)
神護3.是歳(従五下)
景雲3.正.庚午(従五下)
景雲4.11.甲子(従四下)
宝亀2.閏3.庚午(左大舎人頭)
宝亀5.3.甲辰(兼美作守)
宝亀7.閏8.甲辰(兼下総守)
宝亀8.10.辛卯(兼大蔵卿)
宝亀11.3.14/是月(正四下,参議,兼大蔵卿如元)
延暦初年(正四下,弾正尹)
延暦4.5.甲寅(弾正尹)
延暦5.正.戊戌(正四上)
延暦9.3.丙午(兼下総守)
延暦12.正.丙戌(従三),是歳(従三,続紀中納言)
延暦13.10.27(中納言,尹如元)
延暦15.7.28/是歳(大納言),8.是月(従二)
延暦17.閏5.17(中務卿),8.16(右大臣,或云 従二)
延暦25.4.24(薨),5.4(贈正二),12.乙丑(賜度)

〔も〕

基棟王
元慶8.2.23(従三,左京大夫如元)
仁和3.是歳(非参議従三 以後不見)
物部宅嗣(⇨石上宅嗣)
宝亀8.10.是月(中務卿)

〔や〕

山背王(⇨藤原弟貞)
持統8.是歳(生)
勝宝9.7.是月(従三),8.是月(賜藤原朝臣姓)
山村王
養老6.是歳(生)
天平18.4.22(従五下)
宝字2.4.是月(紀伊守)
宝字3.5.17(紀伊守)
宝字7.9.是月(正五下)
宝字8.正.是月(少納言),8.乙巳(収中宮鈴印),9.9(左兵衛督),9.11(参議,従三)
宝字9.正.7(兼治部卿左兵衛督)
神護2.2.是月(賜功田)
神護3.11.22(薨)
和　家麿
天平6.是歳(生)
延暦5.正.7(従五下),正.乙卯(伊勢大掾〔介〕)
延暦7.2.壬辰(造酒正)
延暦8.5.己巳(造兵正)
延暦10.正.己丑(内廐助)
延暦11.正.壬戌(従五上),2.丁亥(兼美濃介,助如元)
延暦12.正.丙戌(正五上{下}),2.是月(兼治部大輔),4.庚戌(従四下),5.是月(兼大和守,大輔如元)
延暦14.2.是月(兼相模守,大輔如元)
延暦15.3.壬辰(参議,大輔守如元),7.28(正四下)
延暦16.3.13(兼左衛士督),7.是月(兼兵部卿)
延暦17.8.癸巳(中納言,従三,衛士督如元)
延暦18.6.己丑(中務卿)
延暦22.5.是月(転宮内卿)
延暦23.4.27(薨,贈従二大納言)

〔ゆ〕

弓削浄(清)人
宝字8.5.11(従四下),9.11(参議,正三),11.11(上総守,正三)
宝字9.2.是月(従四上)
神護2.10.20(中納言,正三)
神護3.7.是月(内豎卿,衛門督守如元)
景雲2.3.18/是月(大納言),11.是月(兼帥,検校兵庫将軍内豎卿衛門督,守如元)
景雲3.10.1(従二,大宰帥,改宿禰為朝臣)
景雲4.8.21(坐事配流)

〔よ〕

良峯衆樹
元慶3.正.17(左馬少允)
元慶8.5.7(転権大允)

延喜17(参議従四上)
延喜20(卒, 参議従四上)

良峯安世

延暦4.是歳(生)
延暦21.12.27(賜良峯朝臣姓, 貫右京)
大同2.11.是月(右衛士大尉)
大同3.正.是月(左衛士大尉)
大同4.4.是月(右近将監), 6.8(従五下), 6.12(転右近権少将), 6.30(転右近少将), 12.4(雅楽頭, 少将如元)
大同5.正.11(兼丹後介), 7/8.戊辰(権右中 {少} 弁, 丹後守), 9.16(兼但馬介), 9.辛卯(左少弁, 少将介如元), 弘仁2.2.27(蔵人頭), 6.1(従五下)
弘仁3.11.4/12.5(正五下, 兼左衛門権佐)
弘仁4.正.是月(兼但馬守, 弁佐如元)
弘仁5.正.7(従四下), 正.13(右馬頭, 止弁), 正/5.23(左兵衛督, 守如元), 2.是月 (遷左馬頭), 8.27(遷左衛門督, 守如元)
弘仁6.7.13(左京大夫, 更改貫左京)
弘仁7.正.10(右大弁, 兼美作守, 督如元), 10.27(参議, 督弁如元), 11.1(兼近江守)
弘仁11.正.7(従四上), 正.24(正四下), 正.27(転左大弁, 督如元)
弘仁12.正.7(従三), 正.9(中納言, 督如元), 2.5(兼按察使, 督如元)
弘仁13.3.20(兼春宮大夫, 督使如元)
弘仁14.4.27(正三), 5.1(兼右近大将, 使如元), 8.是月(兼春宮大夫)
弘仁15.8.是月(春宮大夫)
天長3.7.是月(同母兄冬嗣薨, 不上)
天長5.2.20(大納言, 右大将如元)
天長7.7.6(薨), 7.7(贈正二)

能原長枝＊

大同年中(賜能原宿禰姓)
弘仁年中(従七上)

〔わ〕

和気王

勝宝7.是歳(賜岡真人姓, 因幡掾)
宝字2.是歳(従四下)
宝字3.是歳(従四下)
宝字5.10.是月(節部卿)
宝字7.正.是月(伊予守)
宝字8.正.是月(従四上), 9.11(従三, 参議), 10.是月(兵部卿丹波守)
宝字9.3.是月(賜功田), 8.是月(坐謀反)

和気清麿

延暦15.是歳(従三)
延暦18.2.乙未(薨, 旹民部卿造宮大夫《マヽ》)

和気真綱

延暦22.5.17(内舎人)
延暦23.5.17(内舎人)
大同4.2.13(治部少丞), 6.29(中務少丞)
弘仁2.6.1(播磨少掾)
弘仁3.正.12(播磨大掾)
弘仁4.正.是月(蔵人)
弘仁5.正.13(春宮少進)
弘仁6.正.7(従五下), 正.12(春宮大進)
弘仁8.8.16(刑部少輔)
弘仁11.閏正.10(右少弁), 8.10(左少将), 是歳(従三, 右少弁, 去弁如何)
弘仁12.正.10(左少弁), 4.1(右少将), 6.7(従五上)
弘仁14.4.1(兼内蔵頭), 4.19(兼民部大輔), 5.13(兼中務大輔), 6.23(兼越前〔中〕守), 9.28(兼修理大夫)
弘仁15.正.11(兼河内守)
天長4.5.2(右〔左〕中弁), 6.9(兼内匠頭, 止弁)
天長5.正.7(従四下), 閏3.9(兼摂津守)
天長7.2.7(兼宮内大輔)
天長8.2.2(兼刑部大輔)
天長10.2.6(兼伊予権守), 8.8(木工頭)
天長11.2.5(内蔵頭)
承和2.12.24(右大弁)
承和3.2.7(止内蔵頭)
承和4.正.7(従四上), 2.20(兼左中将, 弁如元)
承和5.7.7(従四上), 11.是月(兼美作守)
承和7.8.7(参議, 右大弁如元)
承和8.11.是月(兼美作守)
承和9.是歳(或説云　使別当)
承和11.正.是月(兼美作守)
承和13.正.15(解右大弁), 9.15(卒, 贈正三)

■編者紹介

笠井純一（かさい じゅんいち）

一九四八年八月　兵庫県に生まれる
一九六七年三月　兵庫県立神戸高等学校卒業
一九七二年三月　大阪大学文学部史学科卒業
一九七五年九月　大阪大学大学院文学研究科博士後期課程退学
一九七五年一〇月　大阪大学文学部助手（国史学第一講座）
一九八一年四月　金沢大学教養部助教授
一九九五年一〇月　金沢大学教養部教授
一九九六年四月　金沢大学文学部教授
二〇〇八年四月　金沢大学人間社会研究域歴史言語文化学系教授に配置換
　この間二〇〇一年から、金沢大学資料館長、評議員、共通教育機構長、経営協議会委員、歴史言語文化学系長などに併任
二〇一四年三月　金沢大学を定年退職
二〇一四年四月　金沢大学名誉教授　関西大学非常勤講師
編著書　『八省補任』（八木書店、二〇一〇年一二月）

索引叢書53

公卿補任記事編年索引
文武四年―仁和三年八月

二〇一五年一〇月一〇日初版第一刷発行　（検印省略）

編者　笠井純一
発行者　廣橋研三
印刷所　亜細亜印刷
製本所　渋谷文泉閣
発行所　有限会社　和泉書院
大阪市天王寺区上之宮町七―六
〒五四三―〇〇三七
電話　〇六―六七七一―一四六七
振替　〇〇九七〇―八―一五〇四三

ISBN978-4-7576-0768-2 C3321

索引叢書

雲州往来享禄本研究と総索引 索引編	三保忠夫・三保サト子 編著	41	二三〇〇〇円
二葉亭四迷『あひゞき』の表記研究と本文・索引	太田紘子 編著	42	一二〇〇〇円
五井蘭洲『萬葉集詁』本文・索引と研究	北谷幸冊 編著	43	一〇〇〇〇円
古風土記並びに風土記逸文語句索引	橋本雅之 編	44	品切
万治御点 校本と索引	上野洋三 編	45	九五〇〇円
公宴続歌 本文編・索引編	公宴続歌研究会 編・井上宗雄 監修・三村晃功 代表	46	四〇〇〇〇円
近古史談 注釈索引篇	菊池真一 編	47	八〇〇〇円
易林本節用集漢字語彙索引	今西浩子 編	48	九五〇〇円
枳園本節用集索引	西崎亨 編	49	九〇〇〇円
『交隣須知』本文及び索引	高橋敬一・不破浩子・若木太一 編	50	九〇〇〇円

（価格は本体価格）

日本史研究叢刊

書名	著者	番号	価格
日本中世の説話と仏教	追塩千尋著	11	九〇〇〇円
戦国・織豊期城郭論 丹波国八上城遺跡群に関する総合研究	八上城研究会編	12	九五〇〇円
中世音楽史論叢	福島和夫編	13	品切
近世畿内政治支配の諸相	福島雅藏著	14	八〇〇〇円
寺内町の歴史地理学的研究	金井年著	15	七〇〇〇円
戦国期畿内の政治社会構造	小山靖憲編	16	八〇〇〇円
継体王朝成立論序説	住野勉一著	17	七〇〇〇円
「花」の成立と展開	小林善帆著	18	六〇〇〇円
大塩平八郎と陽明学	森田康夫著	19	八〇〇〇円
中世集落景観と生活文化 阿波からのまなざし	石尾和仁著	20	八五〇〇円

（価格は本体価格）